《易經》三十天快譯通

作者：於光泰

於光泰

籍貫：中國，江蘇省，常洲。

1957年出生於台灣桃園市。

學經歷：

台北科技大學建築系、土木系

明道大學中文所碩士

輔仁大學中文(易經)博士

中央大學哲學博士生

相關著作：

1.八字基礎會通

2.周易六爻預測

3.擇日學演義

4.《易經》三十天快譯通

5.周易哲學與卜卦

6.易經與陽宅規劃學

7.「梁學八字大破譯」教學錄影帶

8.「梁學陽宅內局大解碼」教學錄影帶

9.「三合派與形家風水會通」教學錄影帶

10.「梁學八字基礎整合」教學錄影帶

11.「擇日十週會通」教學錄影帶

出版者序

　　《易》本卜筮之書，其體例本是一種用來解釋筮例的工具書，是技術官僚及後來民間從業人員的職業手冊(技術官僚指的是春官下的占人、太卜、卜人等)。上句話的『書』是應該加上引號的。據古人所能見到的資料，在夏商周三代各擁一套解釋夢象、卜象或筮象的工具書，如此便有九套數術之名目了。後世多有據此偽造書目者，此且不論；若暫依此說，則《周易》確實只是這九門數術當中被保存並被發展得最好的一種，它本是九分之一，在後世幾乎成為了一分之一。

　　夏王朝距離我們太遠 ，不論是欲證其有或欲證其無，總要透過些商王朝時期之記述，凡關乎夏代的論點尤為複雜難立，因為今人對於殷商記載夏王朝的動機還是眾說紛紜的；1993(癸酉)年出土之湖北王家台十五號秦墓有《歸藏》4000 餘言，序者追隨一種學界意見，認為此出土文獻支撐了清代馬國翰等人的《歸藏》輯本，但文獻年代仍不夠古，學界對其與商王朝的必定關聯性仍無定論；從另一面來看，殷商出土之金文與甲骨文品件數量已繁，在這方面，學者已經確認了《周易》本文中一部分文字與出土的殷商甲骨文卜辭確有重複，這不必單純解釋為《周易》也脫胎自《商龜／瓦兆》或突出《周易》脫胎自《商易／歸藏》之定見，此處只需先辨明一理——在描述吉凶時，殷商晚期與周初所使用的文字系統（及詞彙）並沒有斷層，就中原本位來說，周文明是以繼承者的身分登場的，殷商甲骨文做為一種文明內容經歷了繼承（或選擇性繼承）的現象本身就是正常的。既是工具書，用字就必定精鍊，再考量到當時刻寫載體之侷限，自不難理解何以某些爻辭至今竟是如此難讀了，因為它們可能是殷商時期的成語典故。不光是今人難讀，北宋人也難讀；不光是北宋人難讀，東漢人也難讀；不光是東漢人難讀，就連東周魯國的大學者也難讀，這裡說的大學者自然是孔子了。孔子讀商末周初的文字確也有過費解之時。《周易》之中

既有商王朝晚期的詞藻，則晚商文明之高，自是不必一竿子打翻的了。

　　吾人若就個人立場來表達認可：殷商確也可能有三套——乃至於更多套——工具書用以解釋夢象、卜象及筮象，信非純屬妄臆。要知道，《周易》本來的文字部分也是非常精簡的，今本《周易》在本文部分也只比傳聞中的《歸藏》多出小一千多字，這並不是一段很大的差距，約是五與四之比。

　　在出土文獻潮推動了上世紀末的國學進展之前，古往今來質疑這九套數術名目者不乏有根據刻版印象而先入為主者，先受了《周易》歷經兩千多年發展，其論述之累積已極的結果影響，便用了嚴苛的標準來衡量三代，或以今本《周易》為範例，依今本《周易》簡牘的字數規模為基準，又以《易傳》的文學造詣與哲學深度來衡量三代數術了，吾人倘若也依照這種基準，那麼三代暫時也確實沒什麼別的數術可談了。讀者們讀過本書，看光泰先生如實詳述西周的政治哲學與先秦的儒家理念在《易傳》中之發揚經過，則可知始末。

　　真正使《周易》成為「群經之首」、「大道之源」及「中華第一書」的原因——真正使《周易》與《歸藏》拉開差距者——就在於周易『經』與『傳』兩部分中的哲學思想，後世將這些思想歸之於儒家者眾，我與作者較為接近此論，另也有論者將這些思想經過辨析後歸之於道家者，無論如何，後世儒家、道家與道教都在這一部《周易》中汲取養分已是不爭之論，將《周易‧繫辭傳》定位為中國哲學的活水源頭者亦所在多有，其重要性是研究者不能輕忽之事實，亦是易占者應當繼承之資產才是。

　　據傳周文王在羑里作《周易》，有卦名、卦象及卦辭，後有周公旦繫爻辭，這裡誠然就已有豐富的思想可談了，不光以『傳』解『經』可以，以『經』解『經』亦甚有可觀者。到後來，《易》在漢初被列為經學之時也收錄了戰國《易

傳》的內容，自此《周易》從『三易』之一，翻身成為了《易》的等義詞，與此同時，戰國《易傳》的內容也合法地成為了『經』。自此『經』與『傳』的區別就只留在研究者的層次了。這裡應當提到的是，在歐陽修以前古人多承舊說，舊說採信整部《周易／易經》都出自孔子的編撰，是以神聖感（或稱之為宗教學意義上來說的啟示文學／天啟文學性質）就更增顯了。經的地位既得，於是更有了許多易學(Yiology)發展，可謂漢有漢易、魏晉有魏晉易…唐、宋、明、清均有其易學性格及旨趣。

稱易學體系龐雜亦可，不啻更是贊其豐富。易占是一套半封閉的詮釋系統，解卦者需要輔以相當之人情歷練方能提升準確率。吾人在這套半開放又半封閉的詮釋系統內首先受到了**先驗的**（a priori）且**被給定的**規則所制約，然而在取象（或取半象）、類比、旁通之後，信息量又可能是數倍增加的；最後，依照解卦之人的見識、道德、學問及其對《易經》文句的熟讀並理解程度又有精粗深淺之別，因此不同人又能看到不同的風景。《左傳‧昭公十二年》的惠伯與《左傳‧襄公九年》的穆姜，這兩人同樣面對到吉辭但以德行不配而論凶，並不以爻辭字面意思論吉，就是最典型的兩個例子。

筆者因此想起了一段話：攝影不是用相機拍照，「我們帶到攝影中的，是我們曾經讀過的書、看過的電影、聽過的音樂、走過的路、愛過的人。」(Ansel E. Adams, 1902-1984)。解卦也是如此，調動的可謂是吾人整體的國學素養、人生閱歷、人生哲學乃至宗教信仰等方方面面。

雖然事在卦中成象，卦象既成，便有了可以『死看』之學理；但事理更與天道符應，**生生不息**的才是**易**，此乃《周易》旨趣所在，學人不可不辨；可以死絕的只是一椿接過一椿的**際遇**，仍能繼續的乃是僅此一遇的**人生**；面對事，誠可以『死看』，但是面對生命，吾人也應當『活看』。生命既有向前奔流的方

向性，吾人的道德感悟亦有著向上昇華之終極趨向性，前者趨向消亡，後者邁向不朽，兩者可以並行不悖。易經因此既解決了實際的人生疑難，同時又指引吾人找到人生的終極價值。我們已經看到，做為《周易》判斷吉凶依據的時、中、當位、有應…等等美辭，自身就包含了一套價值哲學，終將成就君子「敬以直內，義以方外」「窮理盡性以至於命」之境界，若到達此境界則「可以無大過矣」（《論語》），也可以謂：「善為《易》者不占」了（《荀子》）。斷卦究竟要死看或是活看？究竟又可以活看到何種程度？這既仰仗解卦者之學養，更依賴問事者能否感悟此中之深義，是謂《易》之為書「廣大悉備」「周流六虛」「不可為典要」「唯變所適」了，是矣。

訓詁難，道德難，象數義理無有不難，曾感易學之雜難，黃宗炎遂解之曰：「《易》書廣大悉備…，學者…誠能采集諸子百家之說，各棄其蔽錮之短而取其領悟之長，復會通以象辭變占四聖之精義入神，無不可覩」（《周易尋門餘論》）。此處「會通」貳字緊扣本書名。縱以會通易占為原始目標之初學者，諸家《易》注亦無不可涉獵，象數、義理、圖書、史事亦無不可玩。解卦靈通之上限，囿於解卦人的學力與見識，序者深信此理不疑。千里之行仍須始於足下，讀者手中的這部書介紹了易學沿革之梗概，如實報導了儒家思想貫穿《易傳》之情況，正確定義了易占之專有名詞，從裝卦到安世應、安六親、安六獸…逐步演示，附六十四卦斷決，並於正書篇幅詳列了每卦每爻之釋義──延續了作者前一部著作《周易與六爻預測》之專題，從學理到實務，詳實地介紹了這套『京房易-文王卦-火珠林』的**學**與**術**。光泰先生研究每個題目必深耕不綴，令人佩服，本書當可做為極佳的易學起點。做為一部書名所揭示的入門書，我以為光泰先生稍微謙虛了一些些，本書的可讀性不只如此；而做為一本工具書，本書當可長久立於案頭了，學易者「玩其辭」乃是一生的事業，是以，我笑稱此書與讀者的緣分，是想當然地不會只有二十天了。

於光泰先生之前從事建築業三十餘年，因工作需要而研究陽宅風水，進而涉及易經領域，又經由研讀易經闡發對子平命理之興趣，經過朋友推薦投入家父　梁湘潤門下，成為入室弟子。光泰先生今年畢業於輔仁大學中國文學研究所博士班，博士論文為『唐代以前《周易》象數與義理研究』，指導教授為趙中偉博士，口試委員賴貴三教授、陳睿宏教授、陳福濱教授、胡正之教授等，均為國內當代易經領域之精銳。目前光泰先生又為中央大學哲學博士生，論文方向在《三命通會》中國哲學精神之研究，凡光泰先生認準之題目必深耕不綴，我們也靜待光泰先生將來更多的研究成果發布，相信在這個新世紀，子平法將會與中國哲學更有廣泛深刻之連結。是為序。

行卯出版社社長 **梁翰**

序於庚子年 台灣

治《易》的津梁，明《易》的船筏

《易經》嶄新的快譯通

序

　　《易經》，有「智海」之稱。居於儒家群經之首，是大道之源，為中華文化的源頭活水。

　　德國作家諾貝爾文學獎桂冠得主赫塞（Hermann Hesse，1877-1962，85 歲），認為《易經》是一本最古老的智慧與巫術之書。

　　如此重要的一部經典，應如何下手，方能「得其環中，超以象外」？並能「如運諸掌」，且能明白瞭解？

一、《易經》是「智海」，範圍天地，知周萬物，道濟天下！

　　首先，我們要問《易經》的價值為何？可歸納為六點：

　　其一是就思想啟蒙來說，為五經之首，大道之源，是我國經書根本。此就學術價值言。五經——《易》、《書》、《詩》、《禮》、《春秋》，是我國最早的書籍，也是儒家最重要的經典。東漢・班固（32-92，60 歲）《漢書・藝文志》說：「五者（指《樂》、《詩》、《書》、《禮》、《春秋》），蓋五常之道（指仁、義、禮、智、信），相須而備，而《易》為之原。」這包含兩層意思：一是《易經》是我國最古老的經典之一，居於群經之首，大道之源，為中華文

1

化的首席經典，更為中華文化的活水源頭。二是傳統文化中的主要哲學形上思維，道德倫常思想，皆根源於《易經》，相須而備。因此，《易經》思想博大精深，無所不包，「夫《易》廣矣大矣，以言乎遠則不禦（禦，指停止），以言乎邇則靜而正，以言乎天地之間則備矣（〈繫辭上傳‧第6章〉）」。充分說明《易經》內涵的無所不包，就高遠言，它是永無止境；就近處說，它是寧靜方正；就天地之道來說，則它又具備萬理。因此，就學術價值言，為五經之首，是我國經書的根本。

　　其二是就儒家思想來說，是儒學的根本，內聖外王，化成天下。此就儒家思想價值言。儒家是我國思想的根本，《易經》又是儒家經典的根本，是以儒家重要思想，皆以《易經》為根本。這包括有仁愛思想，「君子體仁足以長人（〈乾卦‧文言〉）」。君子以仁為體，體現仁愛襟懷，致能「己欲立（指立於道）而立人，己欲達（指行道）而達人」，必然能成為眾人之尊長。天人思想，「夫大人者，與天地合其德，與日月合其明，與四時合其序，與鬼神合其吉凶（〈乾卦‧文言〉）」。即是若能秉持至公之德，就能與天地覆載萬物之德相契合；若能展現明察之德，就能與日月普照萬物沐化不已相契合；若能施政井然有序，就能與四時的時序相契合。若能施政賞罰分明，就能與鬼神福善禍淫的宗旨相契合。內聖外王思想，「知周乎萬物，而道濟天下（〈繫辭上傳‧第4章〉）」。即是瞭解《易經》，就能智慧周遍貫通萬物之理，修持完美道德匡濟天下。這就是完美人格與政治理想結合。此外，《易經》也是五經中兼具形上思維的經典，致使儒家思想，由倫理道德的修證，提升至探求萬物本根的形上哲學，為儒家思想跨出一大步。因此，就儒家思想言，《易經》是儒學的根本，內聖外王，化成天下。

其三是就哲學內涵來說，包含古代哲學內容及重要範疇。**此就我國哲學價值言**。我國古代哲學，就其所依據的思想資料來說，影響深遠的有 4 種經典：即是儒家的《易經》，道家的《老子》、《莊子》，以及佛教典籍。《易經》雖為儒家經典，然其影響並不限於儒家，其他系統的哲學，例如道家哲學和魏晉玄學，就與易學發展有密切的關係。不研究易學，對玄學的形成和演變，對道教的煉丹理論等，都難以作出正確的評論。就儒家系統言，《易經》中的《易傳》，除了論述政治及道德問題外；並對自然觀及宇宙論皆有較為完整系統的論述，易學哲學所提出的範疇，例如太極、乾坤、陰陽、道器、理事、理氣、形上形下、象數、言意及神化等，都對古代哲學發展起了深刻的影響。同時，我國哲學中「最常見、最有代表性的天、道、理、氣、心、性、仁、知、變、神等」10 個範疇（參見張立文（1935-）主編《道》），皆包含在《易經》的哲學之中。

其四是就形上學來說，**體證生命的最高價值意義。此就哲學之形上學價值言**。形上學，是第一哲學。《易傳》建立形上預設——「道」或「太極」，作為宇宙化生的根源，萬有形成的根據。同時，「道」或「太極」亦是萬有的本根，沒有「道」或「太極」的化生，就沒有生命的誕生。因之，「道」或「太極」為生命追求的終極關懷及價值。而為體悟此價值，必須經由道德實踐，作為下學上達的體證模式。且以正己正人，推及天下化成為目標，充分彰顯了我們生命的價值意義。因此，《易傳》特別指出：「夫易（此為形上本體）何為者也？夫易開物成務（此指開創萬物，成就事物），冒（指包括）天下之道，如斯而已者也（〈繫辭上傳・第 11章〉）。」《易經》的內涵廣大，天下的萬事萬理，皆由「道」或「太

極」的變化形成。基於此，我們體證了《易經》的價值內容，自然就會興起「天之生此民也，使先知覺後知，使先覺覺後覺也。予，天民之先覺者也，予將以斯道覺斯民，非予覺之而誰也（《孟子‧萬章上》）」！明瞭「道」或「太極」在爾躬，自能以旺盛的生命力，朝乾夕惕，進德修業，先知覺後知，先覺覺後覺，化民成俗，方能毋忝爾所生。

其五是就生活應用來說，相關哲理及辭彙，成為日用生活的指導準則。此就生活應用價值言。《易經》為儒家第一經典，古人無論在哲學、文學、歷史等著書立說，或成語典故等，皆加以應用；且應用涵蓋面極大，包羅廣泛。一則作為待人接物，應世處事的座右銘，例如「貞下起元」、「否極泰來」、「由剝而復」等。再則，古代帝王，更以書中相關辭語，表示皇權尊貴象徵。例如「九五之尊」、「飛龍在天」、「保和殿」、「太和殿」、「乾清宮」、「坤寧宮」等。不僅於此，由於《周易》源於卜筮，占斷吉凶，預測未來，具有神秘莫測的特質，民間信仰極深。所謂「以卜筮者，尚其占。是以君子將有為也，將有行也，問焉而以言（此指詢問《易經》，而《易經》則以卦、爻辭來回應）（〈繫辭上傳‧第 10章〉）」。這就是說，由於《周易》的功能之一是占筮，是以君子將有行動作為的時候，就自然的使用占筮，詢問其吉凶；並藉以防範，以達到趨吉避凶的效果。同時，並根據其寓含的哲理，作為日用生活的指導原則。

其十二是就整體價值來說，《周易》是一部「智海」，內容高明博厚，精闢深邃。《周易》可說是一部「智海」，具有精闢深邃的哲理，含蘊幽深的智慧。其書的最主要價值，就在於「以通神明之德，以類萬物之情（〈繫辭下傳‧第 2 章〉）」。即是探賾萬化

的本源，以感通神明之德，達到天人相合、「尊生」的目的；並明瞭事物規律，以按類區分，歸納整合萬物之情，臻於「知周」的境界。進言之，易道的精神之一，就是以清明深邃的智慧，仰觀俯察，上明天文，中通人事，下知地理，以掌握天地間偶然性的現象，以及必然性的規律。因此，《易傳》說：「範圍（此指包括）天地之化（指化育之功）而不過（指過頭），曲成（此指曲折成就）萬物而不遺（指遺漏）（〈繫辭上傳·第4章〉）。」《周易》內涵天道的普遍至理，以及萬物變化之規律，致能匡濟天下，普利萬有，誠為的論。

二、於光泰博士，研究易學，深造自得，大作問世， 值得稱許！

《《易經》三十天快譯通》一書，是於光泰博士，治《易》多年，深造自得，學有所成的著作。他一心想為眾人解惑，冀望能在最快的時間瞭解這部經典，探賾索隱，鉤深致遠，窺《易經》的堂奧。

此書以平易之道，寄寓精闢內涵，深入淺出，言簡意賅，包羅了易學的精華與重點，誠為治《易》的津梁，明《易》的船筏，實值得一讀。

另外，此書尚具有三大特色：

第一《易經》重要內容－－理、象、數、圖，占，皆已蒐羅， 研讀此書，掌握樞機。

《易經》內容豐碩，除了《四庫全書總目提要》所提的兩派六宗，即是義理派，包含老莊宗、儒理宗、史事宗；以及象數派，

包含象數宗、機祥（此指事鬼求神）宗、造化（此指創造化育）宗外，加上醫藥、堪輿、丹道、星相等宗，稱為兩派十宗。《四庫全書總目・經部・易類》說：「《易》道廣大，無所不包。旁及天文、地理、樂律、兵法、韻學、算術，以逮方外之爐火，皆可援《易》以為說。而好異者又援以入《易》，故《易》說愈繁。」

然而，《易經》經由經、傳、學的傳承與賡續，主要在理、象、數、圖，占五類。本書皆有蒐羅。理，指研究《易經》經義之理。象，就是將宇宙萬物符號化、數量化，用以說《易》；並推測宇宙事物關係與變化的學說。數，即指筮數、爻數、陰陽數、大衍數、天地數等，為《周易》占筮求卦的基礎，是《周易》的數理表達，對象的定量研究。圖，為宋易象數學派代稱，注重〈太極圖〉、〈先天圖〉、〈河圖〉、〈洛書〉等圖式的研究；並以此圖式解說《周易》原理和宇宙化生的過程。占，指，通過占筮之術，卜得易卦，預知未來，定吉凶。

因此，想要瞭解《易經》一書的內容，掌握《易經》的樞要，此書將是一本極佳的入門書。

第二注重占斷，極數知來趨吉避凶，自天祐之。

南宋大儒朱熹（1300-1200，79 歲）就說：「易本為卜筮而作。古人淳質，初無文義，故畫卦爻以『開物成務』（南宋・黎靖德（？）編《朱子語類》（卷 66））。」占斷，本就是《易經》初立時的宗旨之一，是以在研究此書時，千萬不要忽略它的存在。在《易傳》並清楚的說，「君子所居而安者（此指居處而安穩），《易》之序（此指（依照）六爻條理之序位）也；所樂而玩者，爻之辭也。故君子居則觀其象而玩其辭，動（指行動）則觀其變而玩其占，是以『自天祐之，吉无不利（此二句源於〈大有卦・上九爻辭〉）』（〈繫

辭上傳‧第 2 章〉)」。

「動則觀其變而玩其占」，就是要能「《易》有聖人之道四焉，……以卜筮者尚其占。是以君子將有為也，將有行也，問焉而以言（此指占卜語言詢問《周易》），其受命也如響（響，指回聲。此指《周易》以卦爻辭如同回聲一樣的快速回答），无有遠近幽深（此指幽隱深奧），遂知來物（此指未來的事物），非天下至精（指精深），其孰能與於此（〈繫辭上傳‧第 10 章〉）」？充分說明易占的功能與特色以及在我們生活中的作用。。

本書的一大特色，本於《易經》宗旨，不廢占斷，從其中能夠趨吉避凶，彰往察來；並藉由占斷，我們能夠「自天祐之，吉无不利」！

第三邏輯嚴縝，意義開題，條理井然，清晰明白。

《易經》這麼一大部經典，如何說清楚，講明白，是一項大工程。於光泰博士以嚴縝的邏輯，清晰的條理，按部就班，有條不紊，將這部中華文化的首席經典，考鏡源流，一目瞭然的呈現，使初學者按圖索驥，就能夠輕輕鬆鬆的研究。

全書共分十七章，包括緒論、太極生兩儀、兩儀生四象，四象生八卦、八卦相疊六十四卦、《易經》術數本原、術數學基礎認識、《易經》與六爻預測、《易經》斷卦基礎知識、六十四卦（上經）、六十四卦（下經）、〈象傳〉會通儒道義理、〈文言傳〉與乾坤兩卦、〈象傳〉的儒家義理觀、〈繫辭傳〉象數與義理內涵、〈說卦傳〉〈序卦傳〉〈雜卦傳〉內涵、《易經》哲學基本概念等。眉目清晰，綱舉目張。

哲學大家鄔昆如（1933-2015，82 歲）教授在《形上學》中表示：「人有兩樣事物，雖是後天所得，但卻是純屬個人，不但無法

7

給予，也無法轉讓；這就是知性努力學習得來的『知識』，以及德性所修持得來的『德行』。一個人有無知識，全看其有否努力學習；一個人有無德行，全看其有無修練。別人無法授予，當事人亦無法用賭偷騙搶的方式獲得。」

如果您想要得到《易經》的寶藏，就必須自己戮力學習，是無法假手他人的！

《《易經》三十天快譯通》，讓我們能夠在三十天內掌握《易經》的菁華，真是《易經》嶄新的快譯通。

趙中偉

2020 年 7 月 2 日

作者說明：
業師趙中偉教授服務於輔仁大學中文系，歷經數項要職，講授儒、道、易數十年，春風化雨，誨人不倦，願提筆為本書作序，增益本書可觀性，學生作者於光泰，深表謝意，僅以此書「二籙可用享」，答謝數年栽培教誨之恩。

目次

第一章　緒論

一、《易經》的來源

　　《易經》是殷末周初完成的著作，因為相傳完成在周文王時期，所以稱為《周易》。經過春秋戰國至西漢，陸續出現解釋《周易》的著作，稱為《易傳》或《十翼》。漢朝置五經博士，出現《易經》之名詞，後續歷代專門研究《易經》之學問，不論是文句的注解、義理的引申、歷史的附會、卦象預測的研究等，均稱為《易》學。《易傳》與《易》學的概念與原本《易經》不同，但也有聯繫。《易經》《易傳》《易》學整體構成一個龐大的知識系統，價值在學而不在術，與之相關的有哲學、文學、史學、美學、宗教學、思維系統、儒家人文、道家養生術數等。《易》學價值在提供人生準則，雖然在命理、相法、堪輿等方面提供相當之質量，然而荀子說：「善為易者不卜」，其意在指精於《易》學者，處世依據《易》學之準則，而不在取決於卜筮靈驗或然率的高低。換言之，學《易》重在「人文」而不在「神文」。《易經》的來源不外：

（一）、古聖人設卦觀象，仰觀天文，俯察地理（自然觀）

　　〈繫辭傳〉說：「易與天地準，故能彌綸天地之道。仰以觀於天文，俯以察於地理，是故知幽明之故，原始反終，故知死生之說。」《易》是講天地之間一切存在的道

理，古聖人「知幽明之故」，以幽明代表陰陽，從觀察天文地理與大自然運作變化，探索出天地本源。「原始反終」，由天道至人道，由陰陽對立、正反、互變、和諧，又由觀察宇宙循環輪迴生生不息的精神，下落到社會倫理的建立。「故知死生之說」，以至於探索出人之所以為人的生命價值與意義。故《易經》始源於人類觀察宇宙，而欲天地人一體共存的欲望，其「仰以觀於天文，俯以察於地理」是指人廣泛的運用經驗與理性思維，探索宇宙自然與社會人生等知識的過程，所以《易經》非一人一時之著作。「原始反終，故知死生之說」就是哲學的反思，例如：知，我能夠知道甚麼？行，我能夠做甚麼？欲，我可以希望甚麼？我如何活得有價值？我生存的意義何在？我如何面對人生必然的死亡？

〈繫辭傳〉又說：「聖人設卦觀象，繫辭焉而明吉凶，剛柔相推而生變化。是故，吉凶者，失得之象也。悔吝者，憂虞之象也。變化者，進退之象也。剛柔者，晝夜之象也。」所謂「設卦觀象」，是指人利用各種思維，例如直觀思維、形象思維、邏輯思維、辨證思維、象數思維等，設立幾個符號而符合自己所觀察出來的宇宙時空現象。例如乾卦，天行健，以完整的三根直線三個陽爻為代表。坤卦，地勢坤，厚德載物，以三根折斷的直線代表柔弱包容，大地包容一切污穢並承載萬物。《易經》雖然設置出抽象的卦象，但是並不足以說明浩瀚的宇宙天地所呈顯的現象，因此隨著文字學進步，卦象陸續有古聖人製作卦爻辭等文字，以增加知識涵義，供後人理解學習。包括先秦至漢代之間所著作之《易傳》，往後漢代象數學，魏晉

玄學易，宋元明易學，清代易學、現代易學各有論述。

　　〈繫辭傳〉再說：「六爻之動，三極之道也。是故，君子所居而安者，易之序也。所樂而玩者，爻之辭也。是故，君子居則觀其象而玩其辭，動則觀其變而玩其占，是以自天祐之，吉无不利。」由三畫卦重疊組成六十四卦，「六爻之動，三極之道」，指六十四卦各有六爻，故有三百八十四爻的變化足供探討，因為六爻可以各自發動，初爻、二爻為地，三爻、四爻為人，五爻、六爻為天，天地人組成人生萬象的一切縮影。《易經》的道理能安定社會家庭秩序，提供休閒的人文活動，若遇有變動可以用卦理推敲事物之運作變化，合於《易經》天人之道，故能得天庇佑，凡事避凶趨吉。後學者陸續加入時代課題，所以《易》學長流是與中華文化共存同流的。

（二）、人更三聖，世歷三古，憂患意識的文化洪流（人文學）

　　討論到《易經》作者何人？有說來自於遠古文字形象，八卦卦象乾、坤、巽、震、坎、離、艮、兌，在古代分別是天、地、風、雷、水、火、山、澤的古文字，後來逐漸演變為八卦。在《漢書・藝文志》：「易曰宓戲氏仰觀象於天，俯觀象於地，觀鳥獸之文與地之宜，近取諸身，遠取諸物，於是始作八卦，以通神明之德，以類萬物之情。至於殷周之際，紂在上位，逆天暴物，文王以諸侯順命而行道，天人之占可得而效，於是重易六爻，作上下篇，孔子為〈彖〉〈象〉〈繫辭〉〈文言〉〈序卦〉之屬十篇，故曰易道深矣。人更三聖，世歷三

古。及秦燔書，而《易》為卜筮之事，傳者不絕。」三聖指伏
羲畫八卦，周文王演為六十四卦並作卦、爻辭，孔子作傳解
經。伏羲為上古，文王為中古，孔子為下古。也有認為三古為
神話傳說時代，夏商周時代，春秋戰國時代、此說亦通。依據
其中卦爻辭所述史事與周王朝建立封建時代有關聯。

　　〈繫辭下〉：「《易》之興也，其于中古乎？作《易》
者，其有憂患乎？」指稱《易》的卦辭爻辭起於中古，而卦爻
象則是上古伏羲所設置，當時民風純樸，聖道凝寂，以簡單的
卦象就足以教化百姓。但中古文王之時，事漸澆浮，溝通更為
複雜，卦象不足以設教立訓，故須繫以文辭，示其變動吉凶。
作《易》者，預見社會人事將隨著時代的變動而擴大矛盾，所
以憂患在先，將卦象之意義逐一說明，以訓示於後人。〈繫辭
下〉的憂患九卦是天澤履、地山謙、地雷復、雷風恒、山澤
損、風雷益、澤水困、水風井、巽為風等九卦。這九卦俱為脩
德防患的基本實踐功夫，也促進了《易經》的發展，其意義說
明在〈繫辭傳〉義理涵義章節中。

二、《易經》的架構

（一）、爻、三畫卦、六十四卦（符號系統）

　　陽爻「▅▅」，陰爻「▅ ▅」，三個爻組成一個卦。《易
經》的基本單位是卦，卦與掛同音；漢代大儒鄭玄說：「卦
者，有司主書地認爻者。」清人張惠言解釋說，占卦的儀式有
專人負責將得到的爻畫在地面。因此，卦中有兩個「土」一個

「卜」也就足供聯想了。乾、兌、離、震、巽、坎、艮、坤八個卦，朱熹《周易本義》提供記憶的方法：「乾三連，坤六斷；震仰盂，艮覆碗；離中虛，坎中滿；兌上缺，巽下斷。」八卦象徵自然界八種事物，乾為天，坤為地，震為雷，巽為風，坎為水，離為火，艮為山，兌為澤。一個卦必然有卦象、卦名、卦辭、爻辭。

八卦互相重疊，共計六十四卦。將《易經》分為上下，上經有三十卦，下經有三十四卦。由下而上分別為初、二、三、四、五、上；陰爻稱六，陽爻稱九。例如乾卦六爻皆陽，依序稱為初九、九二、九三、九四、九五、上九。卦象放在每一卦之開始，後面文字加以說明，乾卦就在卦象後寫一個「乾」，再之後的「元、亨、利、貞」是卦辭；卦辭是用來說明這一卦的整體概要內容與主題。卦辭後面就是爻辭，每一條爻辭前面都有爻題，例如初九、九二之類的，有六爻就有六條爻辭。爻辭是用來說明每一爻的內容和性質，由於每一爻的位置和陰陽性質不同，所以爻辭不同，解釋也不同。但乾坤兩卦則另外附有「用九：見羣龍，无首，吉。」「用六：利永貞。」兩個爻辭。所以有人附會稱爻辭有三百八十六，因為不是針對特定卦爻說明，所以有人持反對看法。

朱熹《周易本義》記載有〈卦名次序歌〉：

乾坤屯蒙需訟師，比小畜兮履泰否。

同人大有謙豫隨，蠱臨觀兮噬嗑賁。

剝復无妄大畜頤，大過坎離三十備。

咸恒遯兮及大壯，晉與明夷家人睽。

蹇解損益夬姤萃，升困井革鼎震繼。

艮漸歸妹豐旅巽，兌渙節兮中孚至。
小過既濟兼未濟，是為下經三十四。

　　前六句講上經三十卦，後八句講下經三十四卦。六十四卦
的分類排序，除此外還有西漢京房易的八宮卦排法，將八經卦
的重卦稱為「八宮」，按照乾、震、坎、艮、坤、巽、離、兌
順序排列，再將六十四卦分別納入八宮。

（二）、卦辭與爻辭（文字系統）

　　卦辭是說明《易經》的卦義，在每卦每一爻後面繫上一定
的文字，方便占筮者說明吉凶，其來源《周禮·春官》說：
「凡卜筮，既事，則繫幣以比其命，歲終，則計其占之中
否。」也就是卜筮者紀錄後，年終將應驗之部分作為下一次卜
筮的依據，但經過編排與文字修整。六十四卦辭的內容，各有
主題，均在陳述人生觀、倫理觀、政治觀等，高亨認為以性質
區分有記事之辭、取象之辭、說事之辭、斷占之辭等。大略可
分類如下：

1、處世

　　謙卦，諸行之善，屈躬下物，先人後己，以此待物，利用
侵伐，謙道所行皆亨通。謙卦〈彖傳〉：「天道虧盈而益謙，
地道變盈而流謙，鬼神害盈而福謙，人道惡盈而好謙。謙尊而
光，卑而不可踰，君子之終也。」

　　〈遯〉卦，二陰爻往上發展，陰邪氣勢囂張，故君子隱退

逃避，不居遯尾，利用好遯、嘉遯、肥遯，故無所疑而「小利貞」。遯卦〈彖傳〉：「剛當位而應，與時行也。小利貞，浸而長也，遯之時義大矣哉！」九五當位剛健而拒初六、六二兩陰爻進犯。

〈无妄〉卦，震為雷，下卦震動；上卦乾為天，天道剛健不息，感應下卦震撼，故氣勢雄渾，使事物均不敢詐偽虛妄，俱行實理。无妄卦〈彖傳〉：「剛自外來而為主于內，動而健，剛中而應。大亨以正，天之命也。『其匪正有眚，不利有攸往』。无妄之往，何之矣？天命不祐，行矣哉！」九五與六二均當位居中，萬物無敢虛妄詐偽，如果本身有虛妄反省之虞，以虛妄之言行舉止，又能前往何處？有虛妄必然不獲天命庇佑，何處可行？反之，無虛妄不獲天命庇佑也能亨通達道。

2、安逸

〈泰〉卦，安逸舒適。〈彖傳〉：「泰，小往大來，吉亨，則是天地交而萬物通也，上下交而其志同也。內陽而外陰，內健而外順，內君子而外小人。君子道長，小人道消也。」事物上下交通，以天地之交比喻萬物生養，又恐因過於亨通，失去節制。九三：无平不陂，无往不復，故〈象傳〉勉勵云：「后以財成天地之道，輔相天地之宜。」指君王應該利用天時、地利，勤政愛民輔助人民有安逸舒適的生活。天地之道，指春生、夏暑、秋殺、冬寒之道。天地之宜，指萬物各安其性，物盡其用。

〈豫〉卦，〈彖傳〉：「天地以順動，故日月不過，而四

時不忒。聖人以順動，則刑罰清而民服。豫之時義大矣哉！」取逸豫之象。剛動在上，柔順在下，剛柔相應而志行，不可鳴豫。豫卦只有九四為陽爻，以陽爻帶動全卦，雷在上卦積極奮進，地中初六也相感而應。故天地日月四時順天而動，反映到社會人事則是和諧而賞罰清明。〈象傳〉云：「先王以作樂崇德。」古人逸樂，不可冥豫過甚，故神鬼殷鑑而推崇道德。

3、感情

〈咸〉卦，〈彖傳〉：「咸，感也。柔上而剛下，二氣感應以相與。止而說，男下女。是以亨，利貞，取女吉也。天地感而萬物化生，聖人感人心而天下和平。觀其所感，而天地萬物之情可見矣。」下經以〈咸〉卦開始，上卦為兌，卦義喜悅柔順；下卦為艮，卦義剛健，婚姻是男方親迎，以取悅女方，男女感情發生在咸其拇、咸其腓、咸其股、咸其脢、咸其輔、頰、舌等一串反應；男方願意卑而居下，女方則願意共相感應。〈象傳〉：「山上有澤，咸。君子以虛受人。」山體上承，澤性潤下，六爻皆陰陽相應，君子空虛其懷，接納萬物。

〈姤〉卦，指邂姤而言。〈彖傳〉：「姤，遇也。柔遇剛也。『勿用取女』，不可與長也。天地相遇，品物咸章也。剛遇中正，天下大行也。姤之時義大矣哉！」姤卦為五陽爻一陰爻，施之於人事，一女周旋於五男之間，若過於淫壯則曾經滄海難為水，不宜取為婚嫁對象。娶之為妻，若不婉約溫順，何可久長？「天地相遇」，指人事交往必須是陰陽得宜，互相彰顯化生。五陽男僅九四得以匹配初六，姤卦之意義在於啟示人倫教化陰陽和諧。

4、婚姻

　　〈歸妹〉卦，歸妹指婦人出嫁。〈彖傳〉：「歸妹，天地之大義也。天地不交，而萬物不興。歸妹，人之終始也。說以動，所歸妹也。『征凶』，位不當也。『無攸利』，柔承剛也。」天地陰陽交合，匹配人間倫理，故生生不息。歸妹卦，震卦剛動在上，兌卦柔順在下，有天地交合之象，夫妻相處是地老天荒的事，故婚儀重視誠意，不在意成筐无實，刲羊无血，才能圓滿而繼嗣不絕。「征凶」，因為二、三、四、五爻皆不當位。「柔承剛」，六三、六五以陰居於九二、九四之上，以賤凌貴，陰邪當道，故不利所往。〈象傳〉：「澤上有雷，歸妹。君子以永終知敝。」永終，白首偕老。敝，夫妻反目的原因。君子戮力經營婚姻，和諧的家庭是成功的保障。

　　〈恒〉卦，恒，久也。恒久之道，所貴變通，必須隨時變通。〈彖傳〉：「恒，久也。剛上而柔下，巽而動。剛柔皆應，恒『亨，无咎，利貞』，久于其道也。天地之道，恒久而不已也。『利有攸往』，終則有始也。日月得天而能久照，四時變化而能久成，聖人久于其道而天下化成。觀其所恒，而天地萬物之情可見矣。」雷乘風而遠颺，風挾雷而氣盛，剛上柔下，天地正位陰陽和諧的象徵。天道四時變化而能久成，人道久於其道而天下化成，恒道是觀察天地萬物，而後體會終則有始，無窮無盡，故六五云：「恒其德貞，婦人吉，夫子凶」。六五陰爻相應於九二，陰從陽，從一而終吉，故「婦人吉」。六五居尊位，夫子應制斷事義，從婦柔晦而幽暗不明，故凶。

5、教育

　　〈蒙〉卦，〈彖〉：「蒙，山下有險，險而止，蒙。『蒙，亨』，以亨行時中也。『匪我求童蒙，童蒙求我』，志應也。初筮告，以剛中也。再、三瀆，瀆則不告。瀆，蒙也。蒙以養正，聖功也。」上卦艮山有阻止之義，下卦中有坎險；退則困在險中，進則有山隔閡，不知所適。稚童蒙昧無知，向智慧清明者提問(指九二)，故〈大象傳〉云：「山下出泉，蒙，君子以果行育德。」但如果態度曖昧，再三瀆問，則不予理會。經由發蒙、包蒙、女蒙、困蒙、童蒙、擊蒙，蒙以養正，聖功教化之德。〈象傳〉：「山下出泉，蒙。君子以果行育德。」出泉是默默懷藏，童蒙問筮是果行，育德則是培養道德。

　　〈賁〉卦，上卦艮山為剛，下卦離火為柔，以火照耀羣山叢嶺，有如剛柔交錯，修飾成文。〈象傳〉：「賁『亨』，柔來而文剛，故『亨』。分剛上而文柔，故『小利有攸往』。天文也。文明以止，人文也。觀乎『天文』，以察時變；觀乎『人文』，以化成天下。」「柔來而文剛」，泰卦上六與九二交換就成為賁卦，指文飾才華。「分剛上而文柔」，指乾卦九二分發到上六，雖才華洋溢，但下承陰爻自身又不得位。經由賁其趾，賁其須，賁如濡如，賁如皤如，賁於丘園，白賁等變動，返回清靜。君子觀乎天文以察時變，觀乎人文以化成天下。

6、家庭

　　〈家人〉卦，各自脩一家之道，〈象傳〉云：「家人，女正位乎內，男正位乎外。男女正，天地之大義也。家人有嚴君焉，父母之謂也。父父、子子、兄兄、弟弟、夫夫、婦婦而家道正。

正家而天下定矣。」女主內，男主外，天地之大義是指天尊地卑，先定乾坤之體，則萬事綱領底定。指家道端正，寧可家人嗃嗃，不可婦子嘻嘻。有威如之吉，反身自省，天下自然平定。〈象傳〉：「風自火出，家人。君子以言有物而行有恒。」火藉風而方熾，風又從火出，內外相成，家正而天下正。

〈蠱〉卦，蠱，惑亂之事，必須等待有為之時。〈彖傳〉：「蠱，剛上而柔下，巽而止。蠱。蠱元亨，而天下治也。『利涉大川』，往有事也。『先甲三日，後甲三日』，終則有始，天行也。」面對蠱惑疑亂，艮卦剛上，能制斷事理；巽卦柔下，能授命施令，「巽而止」，有事柔婉相待而無競爭之患，依循此理則天下循治。「利涉大川，往有事」，正是勇於面對蠱惑危難之時。君子頒布新令，先後三日，殷殷告誡，再三申令于全民。〈大象傳〉云：「山下有風，蠱。君子以振民育德。」君子面對迷惑，應振作民心，養育萬物，繼承家業，對家父之蠱過應剛強，對家母之蠱過應包容。故功成身退，能不事王侯，志向足以作為準則。

7、司法

〈訟〉卦，〈彖傳〉：「訟，上剛下險，險而健，訟。『訟有孚，窒惕中吉』，剛來而得中也。『終凶』，訟不可成也。『利見大人』，尚中正也。『不利涉大川』，入于淵也。」上卦乾主剛健，下卦坎險柔弱，若以下位而心懷險惡，性又剛健，故犯上爭訟不休。「訟有孚」，指訴訟中必須維持誠信，窒塞訟端；「窒惕中吉，剛來而得中」，訴訟可以及時以吉利終場，必須有中正之主九二聽訟斷案。「終凶，訟不可

成」，訴訟是凶事，打官司這種事豈可成立？運氣好的遇見中正法官，但「涉大川」終究是損人不利己，如同墜入無底深淵。不永所事，不堅持己見而陷入纏訟，「小有言」，小小的言語冒犯，就以言語化解。〈大象傳〉云：「天與水違行，訟，君子以作事謀始。」防範訟源，故初六不永所事；上九以訟受服，不足為敬。

〈噬嗑〉卦，〈彖傳〉：「頤中有物，曰『噬嗑』。噬嗑而亨。剛柔分動而明，雷電合而章，柔得中而上行，雖不當位，『利用獄』也。」上卦為離火，下卦為震動，故剛柔分動而明，雷電合而光明震攝，離火與震動相合的卦象，動而明，故相得益彰，斷獄清明。「柔得中而上行」，指六五不當位，但居中而意在尚仰慕古聖人。〈大象〉：「雷電，噬嗑，先王以明罰勑法。」噬嗑，指物在口中，上下之間，有物相隔，先王須用明罰勑法去除，乃得亨通。當初九有屨校滅趾之憂時，應該懸崖勒馬，以免終極有「何校滅耳」之凶。

8、患難

〈屯〉卦，〈彖傳〉：「屯，剛柔始交而難生，動乎險中，大亨貞。雷雨之動滿盈。天造草昧，宜建侯而不寧。」上卦為坎險，下卦震為雷，天地草創之時，「剛柔始交而難生」，剛柔二氣始欲相交，磨合之初疑難萌生，險象環生，以雷動御險，初九應合六二、六四，宜掌握初機建立諸侯事業，以撫恤萬方之物。「雷雨之動滿盈」，初春雷雨適合生養萬物，比喻滿盈亨通之卦象，此時自無安寧舒適可言，故君子自勵以經綸天下。初九磐桓，春雨帶雷，〈小象傳〉云：「雖磐

桓，志行正也；以貴下賤，大得民也。」上六警惕以乘馬班如，泣血漣如。

〈否〉卦，〈彖傳〉：「『否之匪人，不利君子貞，大往小來』，則是天地不交，而萬物不通也；上下不交，而天下无邦也。內陰而外陽，內柔而外剛，內小人而外君子，小人道長，君子道消也。」上卦為乾，剛健往上，下卦為坤，柔順而下，兩卦相悖而行，天地不交，萬物不通。〈象〉：「天地不交，否。君子以儉德辟難，不可榮以祿。」君子在此否塞之時，以節儉為德，不可貪圖榮華富貴。九五大人雖吉，其亡其亡，繫于包桑。上九「傾否，先否後喜」，否道已傾，風雨如晦，雞鳴不已。

〈蹇〉卦，〈彖傳〉：「蹇，難也，險在前也。見險而能止，知矣哉！蹇『利西南』，往得中也。『不利東北』，其道窮也。『利見大人』，往有功也。當位『貞吉』，以正邦也。蹇之時用大矣哉！」外卦坎水，內卦艮止；有難而不進，能止而不犯，暫時困在原地不妄動，是明智的作法。利西南，西南是坤卦地勢平順；不利東北，東北艮為山，山勢險峻難行。蹇卦利於大人濟難脫險，故〈大象傳〉云：「山上有水，蹇，君子以反身修德。」若冒險前進，將罹於風險之中，艮止於內，相機而動，反求諸己，智者不為蹇勢所困。

九、進展

〈晉〉，〈彖傳〉：「晉，進也。明出地上，順而麗乎大明，柔進而上行。是以『康侯用錫馬蕃庶，晝日三接』也。」

上卦離火，下卦坤地，離火代表文明，明出地上，離火逐漸由地中上升。「順而麗乎大明，柔進而上行」，離火中女代表柔順，緩緩高升到六五爻位；卦辭「康侯，用錫馬蕃庶，晝日三接。」得意寵幸之時，門前車水馬龍，焉知禍患悄然逼近？。〈大象傳〉云：「明出地上，晉，君子以自昭明德。」晉升之時只宜昭顯德性，嚴防功高震主。初六「晉如摧如」，進退應拿捏適當。六二「受茲介福」，依賴六五中道。六五大明之主「失得勿恤」，凡事推誠任用。上九「維用伐邑，道未光」，訴之武力，下下之策。

〈大壯〉卦，〈彖傳〉：「『大壯』，大者壯也。剛以動，故壯。『大壯，利貞』，大者正也，正大而天地之情可見矣。」「大」，指陽爻，陽爻由初爻到四爻，故稱「壯」。「剛以動」，上卦震雷，下卦剛健，剛而動，天地以壯大恢弘為本。盛極之時，好生驕溢，故〈彖傳〉說：「雷在天上，大壯。君子以非禮弗履。」壯而無禮，大壯上六「羝羊觸藩，不能退，不能遂。」志無所定，惟艱無咎。而履卦有「素履往」，「履道坦坦」，「履虎尾」、「視履考祥」等。

〈震〉卦，〈彖傳〉：「『震，亨。』『震來虩虩』，恐致福也。『笑言啞啞』，後有則也。『震驚百里』，驚遠而懼邇也。出，可以守宗廟社稷，以為祭主也。」上下卦皆為震動，驚懼以威，威風凜凜，則物皆整齊，由恐懼憂慮而亨通。初九震來虩虩，因畏懼而自修其學養，如臨深淵，自我警惕，必能積善納福。〈大象〉：「洊雷，震。君子以恐懼脩省。」六二「億喪貝」，乘剛而擔憂失去物資。六三「震蘇蘇」，陰

爻居陽位而不安。六四「震遂泥」，陽爻陷入群陰中。六五「震往來厲。意无喪，有事。」長男登上尊位，宗廟社稷不可喪，承擔國事。上六「震索索，視矍矍」，失去中道，應居高不驕，臨危不亂。

三、《易經》哲學價值勝於卜筮術數作用

（一）、《易經》的哲學價值

　　《易經》的人生觀在〈象傳〉中有豐富的題材。例如道德功夫：乾卦「自強不息」。坤卦「厚德載物」。否卦「儉德辟難，不可榮以祿」。頤卦「君子以慎言語、節飲食」。大有卦「遏惡揚善，順天保命」。頤卦「慎言語，節飲食」。升卦「君子以順，積德小以高大」。艮卦「君子以思不出其位」。處世立身例如：訟卦「君子以做事謀始」。坎卦「君子以常德行，習教事」。師卦「君子以容民畜眾」。謙卦「君子以裒多益寡」。大過卦「獨立不懼，遯世无悶」。既濟卦「君子以思患而豫之」。未濟卦「君子以慎辨物居方」等。

　　《易經》表現出宇宙創生本體的現象，故而無處不在，時時刻刻的發生作用，因此以兼善天下為己任。〈繫辭傳〉云：「天地之大德曰生，聖人之大寶曰位，何以守位？曰仁，何以聚人？曰財。理財正辭，禁民為非曰義。」聖人有天地之胸襟，以廣生萬物為志向；因此正其位，行仁道，為萬民生發財利，以聚集民心。民心聚集而富庶，應制定法令，明禁非法而違背義理的行為。〈象傳〉政治觀例如：觀卦「先王以省方、

觀民、設教。」噬嗑卦「先王以明罰敕法」，賁卦「君子以明庶政，无敢折獄。」夬卦「君子以施祿及下，居德則忌。」旅卦「君子以明慎用刑，而不留獄。」鼓勵人生滿懷崇高的價值理想，成為創立人文世界的終極根源。

《易傳》進一步闡明八卦、六十四卦、卦爻辭的內在義理，剖析《周易》的陰陽、八卦、六十四卦等義理，不難理解《周易》象數是藉以喻示義理。六十四卦是從自然界及人類社會中概括出來的代表性事物，均喻示著某種具體的事理在特定環境、條件下的處事方法、人生哲理、自然規律等。且六十四卦旨趣又共同貫串會通而表現出古人對自然、社會、人生等運動變化中，規律發展的基本認識，並涵蓋豐富的哲理。程頤〈易序〉云：

> 六十四卦、三百八十四爻，皆所以順性命之理，盡變化之道也。散之在理，則有萬殊；統之在道，則無二致。

八卦、六十四卦就是窮盡各卦之間的變化，例如先天八卦雷風相搏，有互相鼓動發揚的意義；後天八卦帝出乎震，齊乎巽，相見乎離，有人道順隨天道的意義。分別諸卦來看，各卦六爻之間在某些事物、現象的變動、發展規律的象徵性，也是一卦哲學內容的具體內涵。非錯即綜的變化，也代表人生事物有對立面互相轉化，以解決矛盾的道理，例如地天泰變成天地否，表現為物極必反。卦爻辭也反應時代的思想，革卦是順應民心改革，興利除弊。觀卦「先王以省方觀民設教」，反應當時的政治觀。

（二）、《易經》卜筮術數作用

　　《四庫全書總目提要》云：「易道廣大，無所不包，旁及天文、地理、樂律、兵法、韻學、算術，以逮方外之爐火，皆可援易以為說，而好易者又援以入易，故易說至繁。」因為《易經》總結西周初期的生活經驗、歷史經驗、道德教訓，所以幾乎現今所有學問多少都可以用《易經》沾光。《易經》作用何在？〈繫辭傳〉提出看法：「《易》有聖人之道四焉：以言者尚其辭，以動者尚其變，以制器者尚其象，以卜筮者尚其占。」《易經》有優美的言辭，以「言者尚其辭」，不但可以促進文學，而且對於美學、史學、哲學都有很大貢獻。至於「動者尚其變」，是以《易經》作為行為準則，以易簡、變易、不易作為陰陽變化的依據；因此言辭與動變偏向於義理內涵。而「制器者尚其象」，是提供直觀思維、形象思維、象數思維等作用，提供形而下的準則。「卜筮者尚其占」，《易經》雖起源於巫術文化，提供卜筮神秘管道，故當人類盡了最大人事努力，即有安頓人心的作用，也是數術文化的存在根源。

　　數術文化是否足以提供趨吉避凶之道，對於《易經》哲理是否可以提供相當之貢獻，以盡文化功能，也是值得探討的。總之，古聖人普施政經民教，有所經營動化，造制形器，以陰陽五行預測吉凶等，皆依據《易經》的道理運作。如果不理解《易經》的占筮語言，缺乏人文義理與憂患意識，我們是否能深入其哲理？如果不顧及哲學涵義，一昧盲求卜筮靈驗度，是否陷入一片荒謬迷信之中？對這個問題，朱熹提出「《易》本是卜筮之書」的命題，說到「今欲凡讀一卦一爻，便如占筮所

得，虛心以求其辭義之所指，以為吉凶可否之次。然後考其象之所以然者，求其理之所以然者。」意思說閱讀《易經》卦爻辭，應以虔誠的心態追求卦爻辭的義理，揣摩如何行事而得以趨吉避凶。換言之，以象數為根源，由象數申論出義理，作為放諸四海皆準之行為準繩，是《易經》存在的最終價值。

第二章　太極生兩儀

一、太極生成圖

　　〈繫辭傳〉記載：「太極生兩儀，兩儀生四象，四象生八卦，八卦定吉凶，吉凶生大業。」八卦重疊成六十四卦，俱皆包含空間與時間之蘊涵。兩儀就是陰爻與陽爻。陰爻與陽爻重疊，生老陽、少陽、老陰、少陰。由老陽少陰生出乾、兌、離、震；由老陰少陽生出巽、坎、艮、坤。〈說卦傳〉記載：「雷以動之，風以散之，雨以潤之，日以烜之，艮以止之，兌以說之，乾以君之，坤以藏之。」〈說卦傳〉記載：「乾，天也，故稱乎父。坤，地也，故稱乎母。震，一索而得男，故謂之長男。巽，一索而得女，故謂之長女。坎，再索而得男，故謂之中男。離，再索而得女，故謂之中女。艮，三索而得男，故謂之少男。兌，三索而得女，故謂之少女。」

太極生成圖

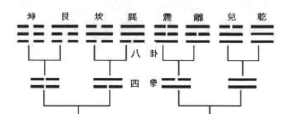

二、太極的意義

北宋周敦頤以陰陽未分為太極，著有《太極圖說》：「無極而太極，太極動而生陽，動極而靜，靜而生陰。靜極復動。一動一靜，互為其根。分陰分陽，兩儀立焉。陽變陰合而生水火木金土，五氣順布，四時行焉。五行一陰陽也，陰陽一太極也，太極本無極也。五行之生也，各一其性。無極之真，二五之精，妙合而凝。乾道成男，坤道成女。二氣交感，化生萬物。萬物生生，而變化無窮焉。惟人也，得其秀而最靈。形既生矣，神發知矣。五性感動，而善惡分，萬事出矣。聖人定之以中正仁義而主靜，立人極焉。故聖人與天地合其德，日月合其明，四時合其序，神鬼合其吉凶。君子修之吉，小人悖之凶。故曰：立天之道，曰陰與陽；立地之道，曰柔與剛；立人之道，曰仁與義。又曰：原始反終，故知死生之說。大哉《易》也，斯其至矣。」

〈繫辭傳〉云：「易有太極，是生兩儀，兩儀生四象，四象生八卦，八卦定吉凶，吉凶生大業。」「太極」何義？，太，即大，指盡頭，物極必反，必變，必化。太極的涵義各家說法不同。

1、孔穎達《周易正義》

「太極謂天地未分之前，元氣混而為一。」鄭玄則說太極是「淳合未分之氣」。

2、以虛無本體為太極

王弼以「一」為太極，認為此「一」不是數，而是「無」，「無」為四十九之策數形成的根據，有必始於無。

3、大衍之數的四十九數未分為太極

崔憬說：「四十九數合而未分，是象太極也。今分而為二，以象兩儀矣。」不以不用之一為虛無實體，以四十九數未分為太極，而八卦含蘊在大衍之數中。

4、道為太極

邵康節說：道為太極。又說：心為太極。「太極既分，兩儀立矣。陽下交於陰，陰上交於陽，四象生矣。陽交於陰，陰交於陽，而生天之四象。剛交於柔，柔交於剛，而生地之四象，於是八卦成矣。八卦相錯，然後萬物生焉。」

5、朱熹的太極說

朱熹以「理」說太極，「極是道理之極致，總天地萬物之理便是太極。」在具體的事物中，也有太極之理，故云：「人人有一太極，物物有一太極。」

朱熹《朱子語類》提出：「心之理是太極，心之動靜是陰陽。」《易學啟蒙卷二》說：「易有太極：太極者，象數未形而其理已具之稱，形器已具而其理無朕之目，在《河圖》《洛書》，皆虛中之象也。周子(周敦頤)曰：『無極而太極』、邵子曰『道為太極』、又曰『心為太極』，此之謂也。」儒家將

仁、義、禮、智、信，視為我固有之，所以能盡心知性，人心所具有的善性，能感於外物而動，故見赤子將入於井，奮不顧身拯救，將此善性下落實踐於社會現實面之理，就是太極。因此朱熹的太極之理，稱為「心之理」。

其他還有張載以「一物而兩體，其太極之謂與？」為代表，認為無有陰陽，其合一則變化莫測，其對立則相互推移，以此說明太極乃天地萬物運動變化的根源。

三、太極生兩儀

北宋張載解釋「兩儀」說：「兩不立，則一不可見。一不可見，則兩之用息。兩體者，虛實也，動靜也，聚散也，輕濁也，其究一而已。」兩不立，指萬物皆由正反兩面對立而成，此「一」即是太極。朱熹說「心之動靜是陰陽」，〈繫辭傳〉說：「一陰一陽之謂道」，朱熹《朱子語類》說：「陰陽、五行、萬物各有一太極。」因此太極普遍存在於萬物中，而不是在陰陽五行之外。兩儀為太極所生，但兩儀並未離開太極，朱熹《太極圖說解》「合而言之，萬物統體一太極也。分而言之，一物各具一太極也。所謂天下無性外之物，而性無不在者，於此尤可以見其全矣。」萬物作為一個整體，其本體為一太極；分開來說，一物又各有一太極，引申至術數堪輿學，亦可應用於羅盤定位，即整戶是一個太極，各房間又各有一太極。

王弼太極說，以四十九為數字極限，一居於數之外，而孔穎達認為此「不用之一」，居於五十數之內，對「一」解釋自

然而有，自然不造作。孔穎達疏王弼所注：「但賴五十者，自然如此，不知其所以然。云則其一不用者，經既云五十，又云其用四十九也。既稱其用，明知五十之內，其一是不用者也。」因為「一」表示自然而有，以虛無而不用。故云：

> 萬物之策，凡有萬一千五百二十。其用此策，推演天地之數，唯用五十策也。一謂自然，所須策者唯用五十。就五十策中，其所用揲蓍者，唯用四十有九。其一不用，以其虛無非所用也，故不數之。

孔穎達圍繞大衍義的問題，解釋了太極，以太極元氣說否定了虛無實體說，拋棄了《易緯》中的太易說和大一神說。「一」不是太極，太極不是居於四十九之上的單一實體，因此孔穎達解釋云：「分而為二以象兩者，五十之內，去其一，餘有四十九，合同未分，是象太一也。今以四十九，分而為二，以象兩儀也。」此外，其對太極的解釋，從筮法說，以四十九之數合而未分為太極，揚棄了從漢易到王弼派玄學以其一不用之「一」為太極的觀點；從哲學上說，又繼承了漢易的太極元氣說，否定了王弼的太極虛無實體說。對〈繫辭傳〉的「易有太極」注釋云：

> 太極謂天地未分之前，元氣混而為一，即是太初、太一也。故老子云：道生一，此即是太極是也。又謂混元既分，即有天地，故曰太極生兩儀，即老子云：一生二也。不言天地而言兩儀者，指其物體，下與四象相對，故曰兩儀，謂兩體容儀也。兩儀生四象者，謂金木水火稟天地而有，故云兩儀生四象。土則分王四季，又地中之別，故唯云四象也。四象生八卦者，若謂震木、離火、兌金、坎水各主一時，又巽同震木，

乾同兌金，加以坤艮之土，為八卦也。

孔穎達拋棄了王弼的「太極虛無說」，繼承並發揮漢易的元氣說，即《易緯》說的「太初」和「太一」，其分而為兩儀，兩儀即天地。「易有太極」即老子說的「道生一」。「一生二」即是兩儀生出，四象即是金木水火，因為由天地而來，所以四時與五行相配。漢易提出太極元氣說，王弼、韓康伯以虛無實體解釋太極，到孔穎達又以太極元氣說否定虛無實體說，使漢人講的太極元氣具有明顯的原初物質的涵義。〈彖傳・乾〉說：「大哉乾元，萬物資始，乃統天。」〈彖傳・坤〉說：「至哉坤元，萬物資生，乃順承天。」由一生二，兩儀的抽象作用，經由乾坤兩卦具體發動。

《易學啟蒙卷二》說：「是生兩儀：太極之判，始生一奇一偶，而為一畫者二，是為兩儀。其數則陽一而陰二。在《河圖》《洛書》，則奇偶是也。周子所謂『太極動而生陽，動極而靜，靜而生陰，靜極復動，一動一靜，互為其根，分陰分陽，兩儀立焉。』」邵子所謂『一分為二』者，皆謂此也。」兩儀啟發二分法的概念，以陰陽二氣互相感應而言，陰陽和諧則萬物化生，君子所感則施行仁義，夫妻所感則家和亨通，職場所感則利達三江，《周易正義》說：「乾，陽物也；坤，陰物也。陰陽合德而剛柔有體，以體天地之撰，以通神明之德。」乾坤、陰陽、剛柔、仁義諸般作用，即兩儀相推各得其宜之闡揚。

四、陰陽兩儀，乾卦與坤卦

　　兩儀就是陰與陽，剛與柔，天與地等諸般種種抽象意義，俞琰說：「儀也者，一陰一陽對立之狀也。」《爾雅》云：「儀，匹也。謂其陰陽相併也。」渾然一體的太極分解為二，《道德經》：「道生一，一生二，二生三。」因為乾卦六爻全陽，坤卦六爻全陰，所以乾坤兩卦也代表兩儀。王弼注〈繫辭傳〉「天尊地卑，乾坤定矣」說：「乾坤其易之門戶，先明天尊地卑，以定乾坤之體。」意思是說，天以陽剛而尊貴，以人事而言，代表君王、家父、領導等。地以卑順而居下位，代表庶民、家母、部屬等。乾坤兩卦就是陰陽對立、正反、互補、諧和等現象。〈繫辭傳〉說：「天尊地卑，乾坤定矣。卑高以陳，貴賤位矣。動靜有常，剛柔斷矣。方以類聚，物以群分，吉凶生矣。在天成象，在地成形，變化見矣。是故，剛柔相摩，八卦相盪。鼓之以雷霆，潤之以風雨。日月運行，一寒一暑。乾道成男，坤道成女。乾知大始，坤作成物。乾以易知，坤以簡能。」以尊卑、乾坤、卑高、貴賤、動靜、剛柔、吉凶、天地、象形、剛柔、日月、寒暑、男女、大始成物、易知簡能等，作為陰陽之對立。

　　《易緯》說：「卦者掛也，言懸掛物象，以示於人，故謂之卦。」僅靠陰陽兩爻很難成就萬物之象，《老子》說：「三生萬物」，因此以三畫卦以象三才，畫出天地、雷風、水火、山澤之象。三畫卦難以包羅萬象，故八卦重疊窮天下之能事，以六畫卦代表宇宙現象。乾卦為首，卦辭「元亨利貞」，元，始也。亨。通也。利，和也。貞，正也。乾卦，六爻皆陽，自

然能以陽氣始生萬物，而得元始亨通；因此物性和諧，各得其利。聖人體會此卦而行善道，以長生萬物為「元」。又當以嘉美萬物之志，使萬物開通為「亨」。又當以義理協調萬物，使物各得其理為「利」。又當以貞固幹事，使萬物各得其正而為「貞」。仁人君子由乾卦體會元、亨、利、貞四德。

坤卦，六爻皆陰，卦辭「元，亨，利牝馬之貞」，與乾卦比較多出「牝馬之」三個字，也就是說，「貞」只利於牝馬，牝馬本性柔順與坤卦相符，所以乾、坤對立又合體，乾能元亨利貞，坤地承載萬物，亦能始生萬物，各得亨通。但乾是針對萬事萬物，「坤」是陰柔之道，以牝馬比喻而不以牛比喻，是因牛雖然柔順，但行地无疆不如馬。而馬雖然不如龍，但行地廣遠能勝任地勢寬廣的中原。坤卦辭又說「君子有攸往，先迷後得主利。西南得朋。東北喪朋，安貞吉。」坤卦象柔順，故君子利於附會此道，「先迷後得主利」，因為柔順即不可為天下先，當待唱而後和，凡有所為，若在物之先即迷惑，在物之後即可得利，猶臣不可先君，卑微不據尊位，信奉老二哲學。「西南得朋。東北喪朋」，坤卦在西南屬陰，西南得朋，君子應離開狐群狗黨等陰朋濫友，尚同東北陽君；以人事而言「象人臣離其黨而入君之朝，女子離其家而入夫之室」。使人由陰柔而剛正，安於柔順之道，但貞定陽剛進路，吉無不利。

第三章　兩儀生四象，四象生八卦

　　兩儀就是太極從渾然一體的元氣分解為二，形成天地萬物的現象。陽儀與陰儀對比例如：強旺/弱衰。奇數/偶數，光明/黑暗，左方/右方，上揚/下墜，外觀/內在，剛動/陰靜，富貴/貧賤等。兩儀可以抽象的代表二分法觀念，陰陽可以對立、協調、互益、相應等。

一、四象的意義

　　四象是抽象的意義，即太陽(老陽)、少陰、少陽、太陰(老陰)。以乾卦而言，前述之元、亨、利、貞即是四象。又因為元、亨、利、貞具有循環現象，因此春、夏、秋、冬也是四象的表現。孔穎達《周易正義》解釋：「『兩儀生四象』者，謂金、木、水、火，稟天地而有，故云『兩儀生四象』，土則分王四季，又地中之別，故唯云四象也。『四象生八卦』者，若謂震木、離火、兌金、坎水，各主一時，又巽同震木，乾同兌金，加以坤、艮之土為八卦也。」四象經由前述擴大解釋便成為後天八卦。後天八卦中的四正位，坎北，離南，震東，兌西。四隅卦(四維卦)，乾西北，坤西南，巽東南，艮東北。《周易正義》解釋「易有四象」說：「上兩儀生四象，七八九六之謂也。故諸儒有以四象為七八九六，今則從以為義。」

　　也有說「四象」，謂六十四卦之中，有實象、有假象、有義象、有用象。關於實象、假象《周易正義》云：「先儒所云

此等象辭，或有實象，或有假象。實象者，若『地上有水，比』也，『地中生木，升』也，皆非虛，故言實也。假象者，若『天在山中』，『風自火出』，如此之類，實无此象，假而為義，故謂之假也。雖有實象、假象，皆以義示人，總謂之『象』也。」所謂「實象」者，指現象界所可能之存在，例如「地上有水」、「地中生木」。所謂「假象」者，指現象難以存在，必須憑自我想像，兩者都可引申出義理。簡單說，實象、假象皆以講述義理為主旨。

二、四象生八卦

四象各以陰陽爻疊加，即成立八卦。《易傳》中的〈說卦傳〉後半部專門討論術數的卦象闡明，〈說卦傳〉記述八卦所象徵的事物，一般認為成書於戰國末期。第一段解說《周易》天、地、人三道完備，无理不盡，又能窮極萬物奧妙的來源。第二段解說八卦的空間與時序的基本意義，因八卦相錯，故水火相逮，雷風不相悖，山澤通氣，以致妙萬物而神。第三段解說八卦的引申象徵意義，乾為天，坤為地，震為雷，巽為木，坎為水，離為火，艮為山，兌為澤等。〈說卦傳〉由八卦的形成和性質與象徵的八種自然現象，相配空間方位，然後解說卦象和卦義，是對春秋以來卜筮術數中取象和取義說的集結整理。

《周易正義》疏云：「〈說卦〉者，陳說八卦之德業變化及法象所為也。」這是說明〈說卦傳〉談到人文道德事業與卦象的涵義，八卦為六十四卦元素，足以引而申之，觸類而長之，將天下事縮影包含之。〈繫辭傳〉說「八卦成列，象在其

中矣。因而重之，爻在其中矣。」又說：「古者包犧氏之王天下也，仰則觀象於天，俯則觀法於地，觀鳥獸之文與地之宜，近取諸身，遠取諸物，於是始作八卦，以通神明之德，以類萬物之情。」然而引申之，猶自未明；仰觀俯察，近身遠物之象，亦為未見。故有《易》學者更完備的說明重卦之理由，及八卦所代表之卦象與意象。由於八卦方位，四時五行等說法，明顯穿插戰國後期陰陽家思想，故其著作時期絕不會太早。〈說卦傳〉後段的卦象推類，例如乾為馬，坤為牛，乾為首，坤為腹，乾為天為圜，坤為地為母等，引申出占驗數術家以卦象解《易》的迴旋空間。

三、〈說卦傳〉的八卦象數內涵

　　〈說卦傳〉先論述「和順于道德而理于義，窮理盡性，以至于命」、「三才六位成章」等義理內涵後，再論述象數內涵。先講天地定位的先天八卦，其次，帝出乎震，齊乎巽等後天八卦的方位特質。又將八卦配以家屬名稱，大自然現象，民生用途，天文氣候，卦義推理，生肖屬性，人體相對部位，周邊空間環境等，由卦象為基礎推廣占驗數術說理。例如生肖發展出姓名學，人體相對部位聯想成健康問題，先天八卦數字提供梅花易數，後天八卦方位配合陽宅風水，六親則是吉凶應驗之對象；如此，任何占驗事項的人、事、時、地、物等，都可以具有說明的方向。

（一）、先後天八卦與時空六親倫理的關係

〈說卦傳〉陳說八卦德業與形象，乾為天，坤為地，艮為山，兌為澤，震為雷，巽為風，離為火，坎為水。因八卦相疊可以齊備天地人事，故「理備於往則順而知之，於來則逆而數之」意思說，知道天地過往的事理(陰陽五行)，就能用相同的原理逆推將來的事情。先天八卦〈說卦傳〉云：

> 天地定位，山澤通氣，雷風相薄，水火不相射，八卦相錯，數往者順，知來者逆，是故易逆數也。

《周易正義》說：「若使天地不交，水火異處，則庶類无生成之用，品物无變化之理，所以因而重之，令八卦相錯，則天地人事莫不備矣。故云天地定位而合德，山澤異體而通氣，雷風各動而相薄，水火不相入而相資。既八卦之用變化如此，故聖人重卦，令八卦相錯，乾、坤、震、巽、坎、離、艮、兌，莫不交互而相重，以象天、地、雷、風、水、火、山、澤莫不交錯，則易之爻卦與天地等，成性命之理、吉凶之數，既往之事，將來之幾，備在爻卦之中矣。」所謂「八卦相錯」，是指定位、通氣、相薄、正反相對立的性質。先天八卦是基於古聖賢對於天地自然的觀察心得而建立，有了這種上知天文，下知地理的學識，可以逆數以推算未來。〈說卦傳〉說明先天八卦的義理如下：

> 雷以動之，風以散之，雨以潤之，日以烜之，艮以止之，兌以說之，乾以君之，坤以藏之。

八卦之作用與形象有關，由乾、坤定位起，產生其他六

卦，每一卦在產生宇宙萬物上有其一定的作用。「雷以動之」，春雷一響，萬物俱動，故現實世界以震卦為動力的泉源，人事則振民育德，恐懼脩省。「風以散之」，雷電響起，巽風柔順，無所不入；故雷的威力乘風擴散，驚動八荒，無遠弗屆。「雨以潤之」，萬物賴水分潤養滋生。「日以烜之」，烜，乾也。離卦火性有乾燥的作用，萬物以水滋養後，再提供日曬的光合作用，由天地萬物生生不息，轉出人文世界的準則。「艮以止之」，艮指大山，有阻止、崇尚的作用，凡事豫則立。又指少男血氣方剛，應內斂涵養。「兌以說之」，兌指湖泊、沼澤，皆使人身心愉悅，有益養生，兌又指少女、秋收喜悅之象。「乾以君之」，乾指天，天道主宰萬物運作，指領導者，一國之君，一家之主。「坤以藏之」，天道運作是形而上的法則，而形而下的物質世界藉由坤道實現，且土中蘊藏生活物資。〈說卦傳〉繼續說明後天八卦方位與義理：

> 帝出乎震，齊乎巽，相見乎離，致役乎坤，說言乎兌，戰乎乾，勞乎坎，成言乎艮。

「帝出乎震」者，天帝為生養萬物之主，春天萬物甦醒震動營生，故其勢震而動之，象徵提醒帝王應負擔的責任。「齊乎巽」者，巽風柔順，無往不利，利於絜齊萬物，巽風吹拂四方。「相見乎離」，帝王坐北向南，萬民呼擁齊聚離方，離為火，代表光明、文明，利於帝王明察施政。「致役乎坤」者，土地必須以勤勉利用，坤為一家之母，甘為勞役而奔波四方。「說言乎兌」者，「說」是喜悅、和悅、秋收，兌為一家少女，喜悅是兌卦的象徵。「戰乎乾」者，秋轉為冬天，也意謂太陽下山由白天轉為黑夜，應加緊秋收，抗寒如同作戰。「勞

乎坎」者，勞是憂勞，辛勞後漫長的冬天，大地一片蕭瑟，正是慰勞辛苦一年的時候，家家團圓彼此慰勞，此為坎卦的功能，故曰：「勞乎坎」。嚴冬時戶外活動全部休止，「成言乎艮」，「艮」是「止」的意思，即一年至此接近尾聲，應檢討一個階段的得失，等待進入另一個春天的循環。

　　後天八卦方位形成的原理，據傳是文王因應社會進化需求所作的。故當時後天八卦進步至討論八卦應用的原理，即如何把先天八卦性質應用到實際的經驗事物中去，因此與社會人文貼切。文王作成後天八卦，乃是把先天八卦應用到時間上的四時春、夏、秋、冬及空間上的四正東、西、南、北與四隅東南、西南、西北、東北所形成的，且所形成的後天八卦與太陽一天之路徑方位相同，也與一年氣候現象相近，以利應用到一切經驗事物上面。〈說卦傳〉作出方位與卦象綜合解釋：

> 萬物出乎震，震，東方也。齊乎巽，巽，東南也。齊也者，言萬物之絜齊也。離也者，明也。萬物皆相見，南方之卦也。聖人南面而聽天下，嚮明而治，蓋取諸此也。坤也者，地也。萬物皆致養焉，故曰致役乎坤。兌，正秋也，萬物之所說也，故曰說言乎兌。戰乎乾，乾，西北之卦也，言陰陽相薄也。坎者，水也，正北方之卦也，勞卦也，萬物之所歸也，故曰勞乎坎。艮，東北之卦也，萬物之所成終而所成始也，故曰成言乎艮。

　　「萬物出乎震」者，震是東方之卦，東方為日出之處，象徵陽之始及萬物之始。斗柄指東為春，春時萬物萌芽，震動提供而生成能量。「齊乎巽，巽，東南也。齊也者，言萬物皆絜

齊也。」萬物出生後，至巽而齊一完滿，「絜」即「潔」，即整齊完滿，自然界生態的完美，可以感應而促進社會人事的和諧。「離也者，明也，萬物皆相見，南方之卦也」，離為日，日表光明，萬物在光明之下才能相見，「離，南方之卦也」，太陽正中時偏南方，故離卦放在南方。即說「聖人南面而聽天下，嚮明而治，蓋取諸此也。」聖明的君主面向南方，「天聽自我民聽，天視自我民視」，明君傾聽天下之意見，「離」就是光明的政治。「坤也者，地也，萬物皆致養焉，故曰：致役乎坤」，坤是地，萬物要依靠地來滋養，故曰「致役乎坤」。

「兌，正秋也，萬物之所說也，故曰：說言乎兌」，炎夏之後，正秋八月，萬物皆成，令人和悅，又有歡呼收割的喜悅現象。「戰乎乾」，乾，西北陰地之卦，乾為純陽，陰陽相薄，不免交戰。「勞乎坎」，有如水之不捨晝夜一樣，而冬天萬物閉藏，為收納而勞動，勉勵君子慎勿功虧一簣。「艮，東北之卦也，萬物之所成終而所成始也，故曰；成言乎艮」，指萬物皆歸於休養，即萬物生息至此成終，而準備開始另一過程。「艮」又是「止」，即告一段落，故以「艮」來代表方位，艮之前的坎卦代表冬天，位在北方，坎之後為艮，一方面代表一年萬物終成，一方面又代表來年的萬物初始，故其位置應在北方與東方之間；〈說卦傳〉闡述時間與空間的觀念。前述〈說卦〉要旨：萬物出乎震，震，東方也。及至巽東南。離南方。坤者西南方。兌正秋西方。乾西北之地。坎者正北方。艮東北之卦，故曰成言乎艮。以八卦配合方位與四時，正如以五行配合四方與四時的作用一樣，也是術數學的基本理論。

〈說卦傳〉接續說明八卦的作用，云：「神也者，妙萬物而為言者也。動萬物者，莫疾乎雷。撓萬物者，莫疾乎風。燥萬物者，莫熯乎火。說萬物者，莫說乎澤。潤萬物者，莫潤乎水。終萬物始萬物者，莫盛乎艮。故水火相逮，雷風不相悖，山澤通氣，然後能變化，既成萬物也。」此言八卦相錯成物之功。〈說卦傳〉討論社會倫理，以得陽爻父氣者為男，以得陰爻母氣者為女。〈說卦傳〉也解釋六親關係：

> 乾，天也，故稱乎父。坤，地也，故稱乎母。震，一索而得男，故謂之長男。巽，一索而得女，故謂之長女。坎，再索而得男，故謂之中男。離，再索而得女，故謂之中女。艮，三索而得男，故謂之少男。兌，三索而得女，故謂之少女。

前述「天地定位」是由觀察大自然所產生先天八卦的起源概念，與自然觀貼切。春夏秋冬的順序，順時鐘排列出後天八卦順序。先天八卦不足以應付人文思想之進步與社會與日俱增的複雜性，必須由後天八卦繼續補充。後天八卦的構成原理，是基於社會經驗、人文義理的需求；雖然乾、坤二卦依序誕生其他六卦，但誕生後與其他六卦同為大家庭中之一分子，成為平等互動之八卦。

（二）、八卦數術卦象

〈說卦傳〉提出一系列取象解釋占卦的說法，有的引申思維清楚，有的則過於曲折隱晦，但大體都是由八經卦基本性質闡述，但並無對六十四卦進行個別分析，只是在時間與空間方

位作出概略指點，這應該是為解釋卦象者預留周旋空間，以供便宜行事。〈說卦傳〉云：

> 乾，健也。坤，順也。震，動也。巽，入也。坎，陷也。離，麗也。艮，止也。兌，說也。乾為馬，坤為牛，震為龍，巽為雞，坎為豕，離為雉，艮為狗，兌為羊。乾為首，坤為腹，震為足，巽為股，坎為耳，離為目，艮為手，兌為口。

孔穎達《周易正義》疏曰：「乾象天，天體運轉不息，故為健也。坤，順也，坤象地，地順承於天，故為順也。震，動也，震象雷，震奮動萬物，故為動也。巽，入也，巽象風，風行無所不入，故為入也。坎，陷也，坎象水，水處險陷，故為陷也。離，麗也，離象火，火必著於物，故為麗也。艮，止也，艮象山，山體靜止，故為止也。兌，說也，兌象澤，澤潤萬物，故為說也。」〈說卦傳〉所賦予的八卦形象，提供〈大象傳〉將上下卦之形象並聯，解釋出義理之端萌。例如〈蒙〉卦〈大象傳〉云：「山下出泉，蒙，君子以果行育德。」山下出泉，遇到艮山應知止，見到坎水應知險，君子若未有所適之處，即生蒙昧之象，故應「果行育德」，囤積能量。

〈說卦傳〉在第三段部分就八卦廣明卦象，首先談「乾為天」，天動運轉，故為圜，為君，為父。「坤為地」、「震為雷」、「巽為木」、「坎為水」、「離為火」、「艮為山」、「兌為澤」等。〈說卦傳〉解釋乾卦說：

> 乾為天，為圜，為君，為父，為玉，為金，為寒，為冰，為大赤，為良馬，為老馬，為瘠馬，為駁馬，為木果。

　　八卦形象各種事物，故象數派之《易》理注解，大量引用〈說卦傳〉。乾為天，為圜，因天體運轉如圓弧。為君，因天道運作故為萬物之主，取其尊道貴德，為萬民景仰。為父，乾為首，父為一家之主導。為玉，取清脆陽剛剔透之象。為金，西北方屬金，金為堅毅蕭瑟。為寒為冰，乾在西北方，為寒冷之地。為大赤，取乾卦三爻皆陽，以太陽火紅色為大赤。為良馬，天行健，良馬代表健行。行健長久，故為老馬。為瘠馬，瘠馬多骨，骨是陽，故象瘠馬。又為駁馬，駁馬是顏色不純之馬，此馬甚猛而無法馴服，有牙如鋸齒，能食虎豹，亦是至健之馬，故乾象駁馬。為木果，星星附著於天，木果為附著樹上的果實，果實有仁，乾為仁，故象木果，為天之附屬品。〈說卦傳〉解釋坤卦說：

> 坤為地，為母，為布，為釜，為吝嗇，為均，為子母牛，為大輿，為文，為眾，為柄，其於地也為黑。

　　坤象地，大地生育萬物，故為母。布可柔軟包覆，地廣載萬物，故坤象布。釜，烹飪用的鍋，釜與「資」並用，象徵坤道資生萬物，故坤又象釜。「為吝嗇」者，地生物而不轉移，生物各適其所，象徵吝嗇，故坤象吝嗇。地生育萬物，平等對待，故為均，平均也。「為子母牛」，受孕之牛為子母牛，坤本為牛，地生育萬物，故又象受孕之子母牛也。「為大輿」者，「輿」是載貨的車子，象徵地載萬物，故坤亦象大輿。「為文」，文是文采，即斑斕色雜，故坤象文。「為眾」，眾多也，取其地載萬物非一也，故象眾。「為柄」者，「柄」是依託之意，地為萬物依託之本，故坤象柄。「其於地也為黑」，坤為陰，天清地濁，陰暗灰黑之色，為坤之象。〈說卦

傳〉解釋震卦說：

> 震為雷，為龍，為玄黃，為旉，為大塗，為長子，為
> 決躁，為蒼筤竹，為萑葦。其於馬也，為善鳴，為馵
> 足，為作足，為的顙。其於稼也，為反生。其究為健
> ，為蕃鮮。

〈震〉卦陽氣主動，從下而上，雷電震動，古人以為從地下往上衝起。「震為雷」者，為龍，震動之義。「為玄黃」者，玄是黑而幽深的顏色，指烏雲蔽日，雷電交加時之天色，黃指土地的顏色，所以玄黃代表天地相雜而成蒼色之義。「為旉」，「旉」是散佈的意義，取冬天萬物凍結凝聚，春雷發動使萬物發散，以至春氣和煦，草木皆吐。「為大塗」者，「大塗」為大的路途，車水馬龍之象，又取雷動之時萬物生長，順大道而行，萬物之所生。「為長子」者，因一索得男，震為長子。「為決躁」者，「決」是疾速，「躁」是躁急，皆比喻陽氣剛動。「為蒼筤竹」者，此係初生之竹，震陽氣初動，竹初生之時色蒼筤，比喻春生之翠艷絕美。「為萑葦」者，「萑葦」為下實上虛的蘆葦，震卦下一陽而上二陰，陽爻象實，陰爻象虛，故象萑葦。

「其於馬也為善鳴」者，雷聲響亮而遠聞，故以雷之象與馬之善鳴並比。「為馵足」者，「馵足」為馬之後足呈白色者，足走動時白色閃光，象徵雷電之閃光，故象馵足。「為作足」者，「作足」為馬兩足並舉，為動躍行健之象，故為作足。「為的顙」者，「的顙」是白額之馬，動而易見，故象「的顙」。「其於稼也為反生」者，「稼」是稼穡，即農事，

「反生」是難生，始生時戴甲而出，故象徵天災等稼穡難生時，為震卦之象。〈震〉卦一陽在下，二陰在上，陽之生長受二陰之覆蓋，故難生長為震之象。「其究為健」者，〈震〉卦體為〈坤〉與〈乾〉初交所得之卦，陽動之來源為乾，乾為健，故〈震〉卦之究極為健旺。「為蕃鮮」者，「蕃」是繁殖茂盛，「鮮」是鮮明，取其春時草木蕃殖茂盛而鮮明之象。〈說卦傳〉解釋巽卦說：

> 巽為木，為風，為長女，為繩直，為工，為白，為長，為高，為進退，為不果，為臭。其於人也，為寡髮，為廣顙，為多白眼，為近利市三倍，其究為躁卦。

〈巽〉卦，為「順」之意，木可以輮曲直，柔順，故巽為木。「為風」者，取其陽爻在上，風吹木搖，無所不入，故巽為風，為「入」。又風柔順，亦為巽之象。「為長女」者，巽一索得長女。「為繩直」者，取其號令齊物，如繩之直木。因繩索柔軟可拉直，並作為標齊對正之基準。故號令齊物，繩直如一。「為工」者，「工」即工作，加工改變事物，使事物功能彰顯。「為白」者，風吹去灰塵，可顯現潔白本質。「為長」者，此形容風行之遠，無遠弗屆。「為高」者，巽木向上生長，風性高遠。「為進退」者，風向柔順，可進可退。「為不果」者，不果斷也，柔順即缺乏果斷，故巽象不果。「為臭」者，臭，氣也，氣味由風吹而來，故象臭。

「其於人也為寡髮」者，風吹樹落葉，風吹人落髮，象徵毛髮稀薄。「為廣顙」者，即廣額也，廣額即頭髮稀少。「為多白眼」者，多白眼即黑眼珠較小，取躁人之眼其色多白。

「為近利」者，躁人之情多近於利，急功近利。近利也是容易獲得利益，獲利者多柔順而和氣生財，故近利為巽之象。「市三倍」者，「市」為交易，巽木繁衍，故獲利三倍，誇言其多。「其究為躁卦」者，巽為柔順，物極必反，巽至極而變化，其錯卦恰變為震卦，震為決躁之卦，取其風之近極於躁急。〈說卦傳〉解釋坎卦說：

> 坎為水，為溝瀆，為隱伏，為矯輮，為弓輪。其於人也，為加憂，為心病，為耳痛，為血卦，為赤。其於馬也，為美脊，為亟心，為下首，為薄蹄，為曳。其於輿也，為多眚，為通，為月，為盜。其於木也，為堅多心。

〈坎〉卦，卦體上下皆陰，中一陽爻，象外柔內剛，故為水，水行無所不通。「坎為水」者，為溝瀆，溝為小河，瀆為通海的大水，溝瀆均含藏流水。水流低窪處，為坎卦之象。「為隱伏」者，陽爻隱匿於二陰之中，象徵水隱伏地中。「為矯輮」者，使彎曲者變直為矯，使直者變彎曲為輮，水流可曲可直，故象矯輮。「為弓輪」者，弓可射箭，水亦可如箭激射，故象弓。又車輪旋轉如水流不斷。「其於人也為加憂」者，坎卦卦體二陰夾一陽，外虛而中實，象徵心中有憂慮險難。「為耳痛」者，君王坐北方主聽，因耳痛在內，類似〈坎〉卦形體。「為血卦」者，即坎卦為血卦，水在地上流，如血之在人身流動。「為赤」者，血的顏色是赤的。

「其於馬也為美脊」者，亦取其卦象之形狀，陽爻在中，堅實如馬之脊背。「為亟心」者，亟者，急也，急性之馬內心

急。「為下首」者，水流向下，故象馬之下首。「為薄蹄」者，取水流破地而行。「為曳」者，「曳」是地上托拉而行，水著地磨行而流，故象曳。「其於輿也為多眚」者，「輿」是車，「眚」是災難，一三爻為陰柔，比喻車行積滯，力弱不能重載，故必遭災難。「為通」者，作事如水流應直則直，應曲則曲，故言暢通無阻。「為月」者，此係與離卦相對而言，離為火象日，坎水即指月，月乃水之精。「為盜」者，取水之潛伏流行如盜賊之潛行。「其於木也為堅多心」者，坎卦上下陰虛而中爻陽實，比喻如木之中心堅實，剛健在內。〈說卦傳〉解釋離卦說：

> 離為火，為日，為電，為中女，為甲冑，為戈兵。其於人也，為大腹，為乾卦。為鱉，為蟹，為贏，為蚌，為龜。其於木也，為科上槁。

〈離〉卦，外陽而中虛，火是外強而中虛的，故象火，取南方之五行。「離為火」者，為日，日乃火之精盛，火為光明，取太陽光明，故離為日。「為電」者，這是象電之光明，因離為光明，雷震動生電，電之光明則為離之象。「為中女」者，離再索而得女，謂之中女。「為甲冑」者，甲冑是古代戰袍，外面是堅硬的，離卦二陽爻在外，陰爻在中虛象，象徵外面堅硬，故象甲冑。「為戈兵」者，戈兵是上端尖銳的兵器，象徵以剛強捍衛自身。

「其於人也為大腹」者，腹部為內虛之象，離卦中爻陰虛，故取大腹之象。「為乾卦」者，火能烜乾萬物，故為乾燥之象。「為鱉，為蟹，為贏，為蚌，為龜」等生物，都是外有

硬殼者，故均是離卦外陽中虛之象，總括水產類似之物。「其於木也，為科上槁」者，「科」指木中空之象，木既中空，其上必然枯槁，故有枯槁分離之象。〈說卦傳〉解釋艮卦說：

> 艮為山，為徑路，為小石，為門闕，為果蓏，為閽寺，為指，為狗，為鼠，為黔喙之屬。其於木也，為堅多節。

〈艮〉卦，二陰在下，一陽在上，陰在下象地，坤為地，陽在上象徵地面突起，故為山之象。「艮為山」者，為徑路，艮與震恰相反，震一陽在下，二陰在上，「為大塗」，象大路途；而艮則二陰在下，一陽在上，故象徵小路。又山間小路，可行而難行，欲行又止，故有「止」之象，艮為止，故象徵山高而有澗道。「為小石」者，艮卦二陰在下，一陽在上，象徵石頭堆在地上，但艮為「少男」，故象小的石頭。「為門闕」者，「門闕」為王宮門外之望樓，即門外突起的東西，模仿艮卦二陰在內，一陽在外突起之象。

「為果蓏」者，「果蓏」為草與木之果實，果實在外是堅實的，取其出於山谷之中，為艮卦二陰在下，一陽在上之象。「為閽寺」者，「閽寺」為寺廟之守門人，制止閒雜人等。艮卦二陰在內象徵室內空間，一陽在外，象徵守門之人。「為指」者，指在手之上端，指可動，艮卦在外一陽爻象徵手指動作，取其禁制之意。「為狗」者，狗守門者，制止人入內，職責有如閽寺。「為鼠」者，家人阻止鼠輩竄入，又鼠常守在洞口，有如狗在門口。「為黔喙」者，指肉食動物之屬，黔喙為山獸，肉食動物如豺狼之類，棲止山間，有如狗居屋中，鼠居

洞中，故亦為艮象。「其於木也，為堅多節」者，「節」為「止」之義，《周易正義》云：「取其山之所生，其堅勁故多節也。」〈說卦傳〉解釋兌卦說：

> 兌為澤，為少女，為巫，為口舌，為毀折，為附決。
> 其於地也，為剛鹵，為妾，為羊。

〈兌〉卦，上端為坎的上半，坎象徵流動的水，而兌初爻變為陽爻，象徵停留的水，故為沼澤。「為少女」者，兌三索得女，謂之少女。「為巫」者，巫為古代溝通神人者。「為口舌」者，兌上陰柔象口，中下二陽爻象口中之舌也。兌卦上陰爻為柔，象徵口，口為柔也，巫人用口舌，但說出的語言為剛強，兌卦下二爻為陽，象徵剛強。「為毀折」者，物之毀折表柔弱，兌主秋季，取秋季農作物成熟，稾稈之屬必逢收割而毀折。又毀折加口舌為挑撥離間，蓋兌上缺，象口舌，多嘴也，多嘴之人，挑撥離間。「為附決」者，「決」是決斷，「附決」為所附之物之決斷，即秋收時果實脫離附著而摘落之象，故兌之象附議他人。

「其於地也，為剛鹵」者，鹵是天生的鹽澤，天生曰鹵，人造曰鹽，「剛」是剛健，天生之鹽池須地中打鑿穿井，土厚石堅有剛健之現象。「為妾」者，兌為少女，取少女從姊為娣也。妾在妻中之地位較低，故類比為少女。「為羊」者，羊為善良和悅的動物，兌為澤，澤為令人和悅者，故兌象羊。

第四章 八卦相疊六十四卦

　　八卦亦稱經卦、單卦、三爻卦、小成之卦。六十四卦又稱別卦、重卦、六爻卦、大成之卦。關於重卦作者有認定伏羲、神農、夏禹、文王等不同觀點，近代認為是殷商卜筮者所作，又以近代出土文物判斷六爻卦象的出現應在周初之前。六十四卦非綜即覆，可以產生聯想附會的思維。《易學啟蒙卷二》：「四象之上各生一奇一偶，而為三畫者八，於是三才略具，而有八卦之名矣。其位則乾一、兌二、離三、震四、巽五、坎六、艮七、坤八。在《河圖》，則乾、坤、離、坎分居四實，兌、震、巽、艮分居四虛。在《洛書》，則乾、坤、離、坎分居四方，兌、震、巽、艮分居四隅。《周禮》所謂「《三易》(夏，連山。商，歸藏。周，周易。)經卦皆八」，《大傳》所謂「八卦成列」，邵子所謂「四分為八」者，皆指此而言也。」

一、京房象數易與六爻預測

　　王弼重新排列六十四卦解法後，孔穎達《周易正義》（本書下稱《正義》）也大致相同。另外在西漢時，今文經易學家京房，把《周易》看成是占算吉凶的典籍，將卦氣與陰陽五行建立自己的易學體系，並且成為漢代官方易學的主要內容。曾經學《易》於孟喜門人焦延壽，主要講災異數術。京房對《周易》象數學有很大貢獻，例如八宮說、世應說、飛伏說、納甲、納支、五行、六親、卦氣，以及對八卦起源與《周易》性質之論說等，並運用在占驗上，創造許多占算體例，對術數命

理之影響至今甚鉅。

　　漢代易學強調天人感應，其目的在神道設教，考天時，察人事，端正人倫，擁護君權。《漢書‧京房傳》云：「京房治《易》事梁人焦延壽，延壽字贛，贛常曰：『得我道以亡身者京生也。』其說長於災變，分六十卦，更直日用事，以風雨寒溫為候，各有占驗，（京）房用之尤精。」觀其微言，多用天地萬物之變，以示政教得失所由，而導之於正途。同理，用於庶民六親、倫理、進德廣業亦有大用。《京氏易傳》云：

> 故易所以斷天下之理，定之以人倫而明王道，八卦建五氣、立五常，法象乾坤，順於陰陽，以正君臣父子之義，故《易》曰：「元亨利貞」。夫作《易》所以垂教，教之所被，本被於有無，且《易》者，包備有無，有吉則有凶，有凶則有吉，生吉凶之義，始於五行，終于八卦，從无入有，見禍於星辰也。從有入无，見象于陰陽也。陰陽之義，歲月分也。歲月既分，吉凶定矣。故曰「八卦成列，象在其中矣。」六爻上下天地陰陽，運轉有無之象，配乎人事。八卦仰觀俯察在乎人，隱顯禍在乎天，考天時，察人事在乎卦、八卦之要。

　　任何時代的學術不免與當代背景相呼應，京房易學正是呼應中央集權的新秩序，具有勸戒統治者，間接解除人民困苦的作用。京房學說如下：

（一）、八宮卦、世應說、飛伏說

　　京房打破傳統六十四卦排列方式，依據〈說卦傳〉以乾坤為父母卦，各統帥三男三女，前四卦為陽卦，後四卦為陰卦。將八經卦的重卦稱為「八宮」，又稱為「八純」，其排列順序是：乾、震、坎、艮、坤、巽、離、兌。每一宮卦又統帥七個卦，例如乾宮順序為姤、遯、否、觀、剝、晉、大有。坤宮依順序為復、臨、泰、大壯、夬、需、比。前五個卦分別稱為一世、二世、三世、四世、五世，第六卦稱「遊魂」，第七卦稱「歸魂」。其中一世二世為地易，三世四世為人易，五世八純為天易，遊魂歸魂為鬼易。京房如此排列六十四卦順序，表示卦爻象的變化乃是陰陽進退、升降、平衡等過程。例如解釋〈遯〉卦「陰盪陽，陰來陽退也」。解釋〈否〉卦「陰陽升降，定吉凶成敗。」。解釋〈剝〉卦「剝道已成，陰盛不可逆，陽息陰專，升降六爻，反為遊魂。」。解釋〈坤〉卦「陰極則陽來，陰消則陽長，衰則退，盛則戰。」等。總之，京房構造一至五世爻、遊魂、歸魂的一系列事物往復循環變化的圖示，以圖示代表囊括宇宙、天地人鬼的縮影，將先秦象數易學占驗功能具體化。

　　京房的八宮卦配合世應說解釋人事吉凶，是〈彖傳〉、〈象傳〉應位說的發展，一卦六爻，其以初爻為元士，二爻為大夫，三爻為三公，四爻為諸侯，五爻為天子，上爻為宗廟。為主之爻稱為「居世」、「臨世」、「治世」等。按應位說，初爻元士居世，則與四爻諸侯相應，二爻大夫居世則與五爻天子相應，三爻三公臨世則與上爻宗廟相應等。例如解釋〈姤〉

卦：《京氏易傳》云：

> 姤，遇也。易曰陰遇陽，與巽為飛伏，元士居世，尊
> 就卑，定吉凶，只取一爻之象。九四諸侯，堅剛在
> 上，陰氣處下。

〈姤〉為乾宮中的一世卦，所以說「元士居世」，即此卦初六爻為一卦之主，九四陽爻與之相應，就是「尊就卑」上益下，五陽就一陰的義理。《京氏易傳》解釋〈乾〉卦云：「水配位為福德，木入金鄉居寶貝，土臨內象為父母，火來四上嫌相敵，金入金鄉木漸微。」此即是「火珠林」占卜（即金錢卦，或稱文王卦）排卦口訣：「生我者為父母，剋我者為官鬼，我生者為子孫，我剋者為妻財，扶我者為兄弟。」雖然世應說為占筮數術需要而建立，但仍牽連倫理綱常的道理，因此解卦時可帶入人文義理，亦可另有心術。

京房又提出「飛伏說」。「飛」指可見而出現於六爻之中者，「伏」指不可見而藏於背後者。因為八宮純卦用神父母、妻財、兄弟、子孫、官鬼俱全，所以用神伏藏，即以八宮純卦相同之用神取代。京房「飛伏」說融入義理，舉〈坤〉卦為例，〈坤〉卦上六為陰爻，表面上無〈乾〉卦上九陽爻之象，即無龍象。可是爻辭說「龍戰於野」，此龍象乃陰中之陽，藏於上六背後，其努力興盛則與陰戰。所以《京氏易傳》云：

> 陰中有陽，氣積萬象，故曰陰中陰。陰陽二氣天地相
> 接，人事吉凶見乎其象。六位通變，八卦分焉。陰雖
> 虛，納於陽位稱實。升降反復，不能久處，千變萬化
> ，故稱平易。

　　天降陰氣，地昇陽氣，二氣交感，稱為天地相接。以氣的
變化，進退實虛，用之於判斷人事吉凶。主要在於陰陽二氣交
與不交，如果〈坤〉卦六爻輪番變動，就在〈坤〉宮依照次序
由陰退陽進產生地雷復、地澤臨、地天泰、雷天大壯、澤天
夬、水天需、水地比等。例如〈復〉卦「不遠復」，初九變化
之始，既能迅速回復，故無大悔。而〈泰〉卦之吉，來自於天
地陰陽交通，上下其志相同等，論及人事則以二氣內陽外陰的
現象，轉化內健外順，內君子外小人，君子道長，小人道消等
說法。《京氏易傳》又云：

　　　　《易》曰：君子道長，小人道消。又曰：「七日來
　　　　復。」　六爻反復之稱。《易》云：初九不遠復，無
　　　　祇悔。六爻盛卦之體總稱也。月一陽為一卦之主，與
　　　　震為飛伏。

　　上六陰氣終極之位，在積陰之地，西北〈乾〉卦，乾坤並
處天地之氣，故稱「玄黃」；陰盛似陽，故稱「龍戰於野」。
坤有伏乾，陰不能久盈，故陽來盪陰，以致初六轉為陽爻，內
卦成〈震〉，此時陰氣仍盛，微陽漸來，合成〈復〉卦。上六
〈坤〉卦借「飛伏說」比附在卦義中，雖然依賴或然率以占驗
方式斷人事吉凶，但夾雜《易經》卦爻辭藉以強調義理作用。

（二）、納甲說

　　在〈蠱〉卦卦辭：「元亨，利涉大川。先甲三日，後甲三
日。」〈巽〉卦九五：「貞吉，悔亡，无不利。无初有終。先
庚三日，後庚三日，吉。」〈革〉卦「巳日乃孚，元亨利貞，

悔亡。」〈彖傳〉云：「巳日乃孚，革而信之。文明以說，大亨以正，革而當，其悔乃亡。」足以證明《周易》作者將天干與地支納入其占筮中。

　　納甲是將八宮卦各配以十干，其各爻又分別配以十二地支。甲為十干之首，故稱為「納甲」。又配以十二地支，稱為「納支」。納甲法的來源主要是配以十干，先將八卦和天干區分為陰陽兩組。八卦陽組為乾、震、坎、艮；陰組為坤、巽、離、兌；天乾陽組為甲、丙、戊、庚、壬，陰組為乙、丁、己、辛、癸。然後陽卦納陽干，陰卦納陰干，乾卦內象納甲、外象納壬，坤卦內象納乙、外象納癸，震卦納庚，坎卦納戊，艮卦納丙，巽卦納辛，離卦納己，兌卦納丁。亦出於〈說卦〉以乾坤為父母卦。這兩卦，配以甲乙壬癸，表示乾坤乃陰陽之始終。十干分為五陽五陰，甲為陽之始，乙為陰之始，壬為陽之終，癸為陰之終，故配乾坤父母卦。其它六子卦，陽卦震為長男，配庚；陰卦巽為長女，配辛；陽卦坎為中男，配戊；陰卦離為中女，配己；陽卦艮為少男，配丙；陰卦兌為少女，配丁。以上為六畫卦納甲法，三畫卦納甲法則是乾納甲，坤納乙，艮納丙，兌納丁，震納庚，巽納辛，離納壬，坎納癸。《京氏易傳・卷下》云：

　　　　分天地乾坤之象，益之以甲乙壬癸，震巽之象配庚辛，坎離之象配戊己，艮兌之象配丙丁。八卦分陰陽，六位配五行，光明四通，變易立節。

　　納甲是八卦與十干的配合，以陽卦配陽干，以陰卦配陰干，有著一定的根據。乾坤與陰陽互為根本，《周易》六十四

卦始於陰陽，陰陽貫穿六十四卦之中，陰陽二氣為萬物之本，故納甲在當時代表推見天地生育萬物的作用。納甲似乎言之成理，在某種程度上確實反應宇宙自然之生化現象，但以現在科學角度而言，還是有牽強附會之說。但因為這種牽強附會，反而提供了解釋《周易》的多種路徑，並提供漢代象數學家創建新的筮法的基本材料，例如「文王卦」占筮法。納甲由西漢京房創立，其後東漢魏伯陽《周易參同契》、三國虞翻繼續加以發揮，據以說《易》，或據以說修煉丹道的理論基礎。

　　廣義納甲，包括納支，其裝地支方法為〈乾〉〈震〉卦起子、寅、辰、午、申、戌。〈坎〉卦起寅、辰、午、申、戌、子。〈艮〉卦起辰、午、申、戌、子、寅。〈坤〉卦起未、巳、卯、丑、亥、酉。〈兌〉卦起巳、卯、丑、亥、酉、未。〈離〉卦起卯、丑、亥、酉、未、巳。〈巽〉卦起丑、亥、酉、未、巳、卯。陽順陰逆。京房以卦氣說為理論基礎，納甲與納支往往同時使用，與孟喜卦氣的「四正說」不同。在「文王卦」占筮法中納支是比納甲運用更廣泛。京房大量運用納支納甲配合解釋《周易》，但本身還是許多牽強的成分，而數術運用納甲非常廣泛，例如「火珠林」裝卦，「納甲歌」略云：「乾金甲子外壬午。坎水戊寅外戊申。震木庚子外庚午。艮土丙辰外丙戌。巽木辛丑外辛未。離火己卯外己酉。坤土乙未外癸丑。兌金丁巳外丁亥。」後世數術家在風水學中，以納甲法推出先天變後天圖說，略謂天道中默具人事之理。又以納甲法定出羅經之上二十四山淨陰淨陽，成為論斷風水吉凶禍福之樞機。

（三）、五行說

　　西漢五行思想已經形成，例如：《淮南子》云：「甲乙寅卯，木也；丙丁巳午，火也；戊己四季，土也；庚辛申酉，金也；壬癸亥子，水也。」十干十二地支均配有五行。又云：「木壯，水老，火生，金囚，土死；火壯，木老，土生，水囚，金死；土壯，火老，金生，木囚，水死；金壯，土老，水生，火囚，水死；水壯，金老，木生，土囚，火死。」五行壯、老、生、囚、死成為漢代象數學的元素與自然科學的結合。京房在解釋《易傳》中說：「生吉凶之義，始於五行，終於八卦」。京房以五行生、剋、制、化推論吉凶，再加上陰陽相配，雖不能全面解決萬事萬物，但尚足以周旋而自圓其說。〈繫辭傳〉〈說卦傳〉中講的天地之數，以五為貴，受了戰國時五行說的影響，但還沒有以金、木、水、火、土的範疇解釋《周易》。以五行說解《周易》，始於漢易京房。歸納起來如下。

1、五星配卦說

　　五星即土星鎮，金星太白，水星太陰，木星歲，火星熒惑。京房於《易傳》中解釋每卦時，都有「五星從位起某某」語。如解〈乾〉卦說：「五星從位起鎮星」；解〈姤〉卦說：「五星從位起太白」；解〈遯〉卦說：「五星從位起太陰」；解〈否〉卦說：「五星從位起歲星」；解〈觀〉卦說：「五星從位起熒惑」。按五行相生說，此順序為土金水木火。以下各卦，按八宮卦的卦序，各配以五星周而復始，至終卦〈歸妹〉，配歲星。此即京房所說的「降五行」。即以五星的運行，說人事吉凶。西漢時代均為象數學氛圍，《淮南子》云：

「中央曰鈞天，其星角、亢、氐，東方曰蒼天，其星房、心、尾。東北曰變天，其星箕、斗、牽牛。北方曰玄天，其星須女、虛、危、營室。西北方曰幽天，其星東壁、奎、婁；西方曰顥天，其星胃、昴、畢。西南方曰朱天，其星觜嶲、參、東井；南方曰炎天，其星輿鬼、柳、七星；東南方曰陽天，其星張、翼、軫。」二十八宿把守於羅經之天關，每宿皆有五行之分，後世數術家認為星體光度、性能、五行不同，以致感應也不同，再與地理形勢配合，產生不同之吉凶。

2、五行爻位說

　　此說是以五行配八宮卦及卦中的各爻。此即京房於《易傳》所說：「八卦分陰陽，六位配五行」如其解〈姤〉卦說：「陰爻用事，金木互體，天下風行曰姤。」〈姤〉卦乾上巽下。此是以乾為金，以巽為木，以金木相遇，解說〈象〉文「天下有風」句。又說：「木入金為始，陰不能制於陽，附於金柅，易之柔道牽也。五行升降，以時消息。陰蕩陽，降入遯。」此是解釋〈姤〉卦初六爻辭：「繫於金柅」和〈象〉文「柔道牽也」。「金柅」，銅製的織布工具。線繫於金柅，〈象〉認為表示柔被牽於剛。京房則以五行說，解說〈象〉文，認為此爻表示木入金的開始，即柔開始浸剛，所以說「陰不能制於陽」，以附於陽，解說「柔道牽」。按五行說，金的性能是剋木，木入金，表示「陰不能制於陽」，以此說明〈姤〉卦為一陰生起之卦，此即「五行升降，以時消息」。五行被後世數術家多方引用，有河圖五行、納音五行、洪範五行等，以之論氣、論向，或用於撥砂納水，但在科學上難以證明禍福之憑據。

　　八宮卦配五行，本於〈說卦〉中取象和取義說。〈說卦〉以乾為金；坤為地即為土；震為膚，膚為草木開花之象，故配木；巽為木；坎為水；離為火；艮為山即為土；兌為毀折，為剛，故配金。各爻位配五行，本於《月令》五行配四時十二月說。按大自然節令，春季為木旺，火相，水休，金囚，土死。夏季為火旺，土相，木休，水囚，金死。秋季為金旺，水相，土休，火囚，木死。冬季為水旺，木相，金休，土囚，火死。辰戌丑未月土旺，金相，火休，木囚，水死。土德不專主某一季，而是分布於四季之中。一季有三個月(孟、仲、季)，土德則分別散布於辰、戌、丑、未季月之中，基本上仍是掌握河圖時間與空間的概念，用之於搭配人、事、時、地的占驗數術。

3、五行生剋說

　　以八宮卦為母，以其爻位為子。按五行關係，母子之間存在著相生相剋的關係。京房於《易傳》中解〈乾〉卦時說：「水配位為福德，木入金鄉居寶貝，土臨內象為父母，火來四上嫌相敵，金入金鄉木漸微。」陸績注說：「甲子水是乾之子孫，甲寅木是乾之財，甲辰土是乾之父母，壬午火是乾之官鬼，壬申金同位傷木。」此是說，乾為母，為金；其初爻是水，母子是金生水的關係，此為福德，即陸績注所說「乾之子孫」；其二爻為木，母子是金剋木的關係，稱為寶貝即是妻財，陸績注為「乾之財」；其三爻為土，母子關係是土生金，稱為父母；其四爻為火，母子關係是火剋金，稱為鬼或官鬼，相敵對；其五爻為金，母子皆為金，此種關係稱為同氣，即相等關係，互不相害，反而傷木，所以說：「金入金鄉木漸微」。五行生剋即是生我為父母，我生為子孫，剋我為官鬼，

我剋為妻財，同我是兄弟的六親概念。

京房於《易傳》中又解釋說：「八卦鬼為繫爻，財為制爻，天地為義爻，福德為寶爻，同氣為專爻」。此是以子剋母為繫，母剋子為制，子生母為義，母生子為寶，母子同位為專。「繫」，謂束縛。據此，他解釋「乾」宮遊魂〈晉〉卦說：「金方以火土運用事，與艮為飛伏。」金指「乾」宮，火指〈乾〉卦四爻居於〈晉〉卦爻位。土指艮卦四爻，所以此卦為「金方以火土用事」，接著又說：「陰陽相資相返，相剋相生，至遊魂復歸本位為大有。」「乾」宮四爻為陽，〈艮〉卦四爻為陰，〈艮〉卦四爻為土，同乾母又是相生關係，此即「相剋相生」，成為遊魂卦。又其解「震」宮歸魂〈隨〉卦說：「金木交刑，水火相敵，休廢於時，吉凶生焉。」此卦與〈巽〉卦為飛伏，三公居世。巽卦九三爻為金，震卦為木，其陰爻居〈巽〉卦三爻之位，為金剋木，即子剋母，所以說：「金木交刑」，即為鬼爻。以上即五行生剋說。京房最突出的貢獻是將五行引進易學領域，創立刑、沖、合、會的占驗易學，以數術言《周易》。

4、卦氣說

孟喜以四正卦、十二消息卦、卦候企圖將《周易》與曆法結合。京房吸收孟喜卦氣精神，在孟喜卦氣說基礎上加以發展而成，與孟喜相同，以〈坎〉卦主冬至。以〈離〉卦主夏至。並以陰陽二氣解釋孟喜之說，認為陽氣左行，始於十一月冬至；陰氣右行，始於五月夏至，但改進了下列看法：

(1)、將〈坎〉、〈離〉、〈震〉、〈兌〉四正卦納入一年的日
　　　數之中，以六十四卦、三百八十四爻配一年日數。四正卦
　　　的初爻，即主二至、二分之爻，各為一日八十分之七十三
　　　；〈頤〉、〈晉〉、〈升〉、〈大畜〉四卦分居四正卦之
　　　前，各主五日十四分；其餘卦皆主六日七分。

(2)、以四正卦加〈巽〉、〈艮〉為六子卦，主管二十四節氣。
　　　乾坤父母卦未納入卦氣。依太初曆，以建寅為正月為歲首
　　　。前後半年的節氣相互對應。如立春正月節對立秋七月節
　　　，夏至五月中對冬至十一月中。二十四節氣分別配以十二
　　　支，如立春和立秋為寅。六子卦每卦主兩個節氣。其配屬
　　　順序，從立春〈坎〉卦開始依次為〈巽〉、〈震〉、〈兌
　　　〉、〈艮〉、〈離〉，到立夏又從〈坎〉卦開始依次循環
　　　，到大寒又在〈離〉卦。六子卦配節氣，有的取初爻，為
　　　下卦之始；有的取四爻，為上卦之始。同一卦取爻不同，
　　　表示節氣不同，京氏八卦卦氣說、六十四卦配一年之日說
　　　對後世影響較大。京房解釋《周易》也講二十四節氣，其
　　　《京氏易傳》云：

　　　　　六十四卦配三百八十四爻，成萬一千五百二十策，定
　　　　　氣候二十四，考五行于運命，人事、天道、日月、星
　　　　　辰，局于指掌。

　　　人事天道與日月星辰俱囊括于指掌中，以「萬一千五百二
十策」比喻《周易》已經是宇宙縮影，而成為宇宙結構的基本
模型。本於〈說卦〉八卦方位和孟喜卦氣說，以八卦配十二
月；〈坎〉當十一月，主冬至；〈離〉當五月，主夏至；

〈震〉當二月，主春分；〈兌〉當八月，主秋分；〈乾〉當十月，主立冬；〈坤〉當七月，主立秋；〈巽〉當四月，主立夏；〈艮〉當正月，主立春。「陰從午，陽從子，子午分行，子左行，午右行」等說。

5、陰陽二氣說

　　京房象數學以八宮、納甲、五行、卦氣為主要元素，而以陰陽二氣說為基本思想。《周易》的變化就是有陰陽二氣交互激盪，盈虛反覆，才發生八卦卦爻與人事吉凶的變化，陰陽反覆就是「一陰一陽之謂道」，以陰陽轉化解釋物極必反的社會現象。其《京氏易傳》云：

> 積算隨卦起宮，乾、坤、震、巽、坎、離、艮、兌，八卦相盪，二氣陽入陰，陰入陽，二氣交互不停，故曰生生之謂易，天地之內無不通也。

　　陰陽二氣相盪，相交而不停止，就是〈繫辭〉中的「日新之謂盛德，生生之謂易」、「天地絪蘊，萬物化醇，男女構精，萬物化生。」認為氣的運動有聚有散。〈京氏易傳〉解釋坤卦，其云：

> 陰陽二氣天地相接，人事吉凶見乎其象，六位通變，八卦分焉。陰雖虛，納于陽位稱實。升降反復，不能久處，千變萬化故稱乎易。易者變也。

　　陰陽二氣，天地相接，對人事吉凶現象如何體驗，以地天泰卦象而言，天地陰陽相接，〈象傳〉云：「天地交，泰。后以財成天地之道，輔相天地之宜，以左右民。」因天地氣交而生養萬物，天指君王，地指臣屬，君臣交好。〈象傳〉演繹人

事吉凶，云：「內陽而外陰，內健而外順，內君子而外小人，君子道長，小人道消。」也是以陰陽卦象推演人事吉凶。且因二氣升降反復，任何時勢均不會常久恒定，所以《易》即「變」也。《京氏易傳》注釋〈解〉卦，其云：

> 陰陽積氣，聚散以時，內險外動必散。易云：「解者散也。」解也品彙甲拆，雷雨交作，積氣運動，天地剖判。

京房以陰陽二氣解釋運動聚散有時，內險外動必散，當陰陽二氣積聚時為天地之本原，其散開則形成天地，這種思想具有太極生兩儀，一分為二，生生不息的精神。京房的陰陽二氣說，還透過對《周易》的解釋，講災異或災變。《京氏易傳》云：「生吉凶之義，始于五行，終于八卦。從無入有，見災于星辰也。從有入無，見象于陰陽也。陰陽之義歲月分也。歲月既分，吉凶定矣。故曰八卦成列，象在其中矣。六爻上下，天地陰陽，運轉有無之象，配乎人事。八卦仰觀俯察在乎人，隱顯災祥在乎天，考天時、察人事在乎卦。」京房以日月星辰之運行有形可見，從無入有。卦爻的變化，無形可見，從有入無。而八卦爻象的作用在於考天時，察人事吉凶，據以提供術士說理。

京房象數學在於闡發象數規律，建立象數占筮體系，以義理派立場而言，並無多大學術價值，但世應說啟發了六爻的主從關係，如何探求主爻的意義。這對後來王弼「一爻為主」說有影響。對象數派而言，將《周易》拉低與曆法結合，可能因牽強附會，而進入占驗與數術的範圍。反之，將曆法作為《周

易》的義理詮釋元素，則可將《周易》的哲學體系更為完備。京房進一步發揚孟喜卦氣說，對於象數學派注解經義和建立完善的筮法體系仍有重要的意義。《易》能彌綸天地之道，京房以五行生剋制化論斷吉凶，雖然與《周易》義理無涉，但仍本發揚王道倫理之精神，以陰陽五行之說附會，此為漢朝時代背景所致，提供往後術士占驗所利用。京房完整的將干支、五行、星象等當代的自然科學知識納入《易》學，突破《易傳》中大衍之數、天地之數的範疇，也一併對《周易》中的互體、卦主、易數、星象等作出研究。然而與其他象數易學相同，因追求《周易》與自然科學的結合而牽強附會，缺乏深刻的思想內涵。在部分義理派眼中，京房的象數易學只是以陰陽五行之數術，割裂或機械式的排列，仍難以掌握《易》學精神。

二、京房易學見仁見智，各取所需

　　京房在建構其易學體系時，將建候、卦氣、積算等納入，其目的當然是將自然社會的歷史進程以卦爻變化來象徵，進而以其中的規律性指導人事行為。換言之，天道與人事之間有某些規律與關係存在，所以當時象數派對卦爻象竭盡所能觸類旁通。但屈萬里先生說：

> 互體卦變者，皆所以濟象數之窮也。孟喜始以象釋易辭，京房承其餘緒，因時以象數說易。然本卦之象，不足以濟其說也，乃求之互體；互體仍不足以濟也，遂更求諸爻變。周易之學，自是而愈紛矣。……如是則一卦本為上下二體者，並互之二體，遂得四體。其所牽及之象，乃倍於初。……求諸互體，仍不可得，

乃不惜變亂卦爻，以濟其窮。

漢王朝建立後，隨著經學的確立，周易的研究納入儒家經學的道路。漢代易學即經學有自己的特色，其中象數之學成為當時的主流。另一方面，以《周易》為人算命，卜問吉凶禍福，在民間流行起來，形成了周易文化中的「數術」派。

象數之學的奠基人之一京房，自創解易的體系，其目的仍是解釋周易經傳文。他因受當時今文經學派的影響，曾以卦氣說言災異，以卦氣斷政事之吉凶，但仍不同於民間流行的靠卜筮謀生的算命先生。他在其《易傳》中說：

> 易所以斷天下之理，定之以人倫而明王道，八卦建，五氣立，五帝法象乾坤，順於陰陽，以正君臣父子之義，故易曰元亨利貞。

這仍是發揮儒家解易的人文主義傳統。魏晉時期占算家管輅，以周易為人卜問吉凶，往來於士族之間，並同玄學家何晏，圍繞易道問題，展開了辯論。他依卦爻象和陰陽之數推測人事之吉凶，據說其推測無不靈驗，被稱為「神人」。但是，這位神算家，為人卜問吉凶，也未拋棄儒家解易的人文主義傳統。據《魏書》記載，何晏曾向管輅說：我曾夢見青蠅數十頭，來我鼻上，驅之不去，是吉是凶？管輅占算說：

> 鼻為艮，乃天中之山象，高而不危，可常保富貴。今青蠅惡臭集於鼻上，表示位高者顛，高傲者亡，盛極必衰。勸君侯以〈謙〉、〈大壯〉兩卦的卦爻象和卦爻辭為戒，〈謙〉則損多益寡，〈大壯〉則非禮不履，未有損己而不光大，行非而不傷財者。

以上是依〈艮〉、〈謙〉、〈大壯〉三卦所涵蘊的哲理，諷刺和警告何晏專權必敗。所以他對何晏發出警語，應上追文王六爻之意旨，下思仲尼象象之主，然後青蠅可驅。此正是闡發儒家解易的人文主義精神，以占筮為勸人為善去惡，悔過自新的方式，如帛書《要》所說：「觀其德義耳也」。此亦不同於民間流行以江湖騙術，揣摩心意，擅言禍福，為人卜問吉凶的算命師。

卦爻所表現的陰陽消長，是歷史發展的一種規律和過程，易學就是要揭示事物之間普遍聯繫，為人提供經驗與教訓。京房易學繼承經學傳統，認為經學目的在於經世致用，京房盛年之時處於元帝時期，斯時社會危機日益加深，天災人禍接踵而來，時代氛圍認為自然災異是上天對政治與社會的種種亂象給予警告，帝王應提出對應，否則將受到上天的懲罰。京房此時提出的「卦氣」論及陰陽五行需運作流暢，「八宮卦」論及自然社會的規律性、連續性，「乾坤六子」論及人事應和順於天道，「飛伏」說論及事物之表象，尚須注意轉化與隱藏面的現象。歷史條件的不同，使人們對歷史活動的認識各有偏重，但漢代讖緯的神祕性無法抹消歷史活動追求德性的趨勢，這種趨勢在儒家的易學史觀中，隨著歷史演變越來越強烈，在不同時代以不同方式出現，即易學歷史性就是德性的表達，無關乎象數或義理派之區別。

三、京房八宮卦表

六十四卦被分為八宮，以八純卦乾、兌、離、震、巽、

坎、艮、坤各主一宮，每宮所屬七卦自初爻起至五爻止依次受變；變至上爻不變，至第六卦由五爻返回再變其第四爻，未達終點第七卦，故稱「遊魂卦」。而第七卦則內卦三爻皆變，恢復原來八純卦下卦現象，稱「歸魂卦」。

（一）、京房易裝卦基本認識

卦名	乾	兌	離	震	巽	坎	艮	坤
卦畫	☰	☱	☲	☳	☴	☵	☶	☷
卦義	天	澤	火	雷	風	水	山	地
卦象	乾三連	兌上缺	離中虛	震仰盂	巽下斷	坎中滿	艮覆碗	坤六段
五行	金	金	火	木	木	水	土	土
六親	老父	少女	中女	長男	長女	中男	少男	老母
裝卦起點	子	巳	卯	子	丑	寅	辰	未

（二）、京房易八宮卦表

八宮六十四卦表（六十四卦全圖）

上卦／下卦	乾 天	兌 澤	離 火	震 雷	巽 風	坎 水	艮 山	坤 地
乾 天	乾為天	澤天夬	火天大有	雷天大壯	風天小畜	水天需	山天大畜	地天泰
兌 澤	天澤履	兌為澤	火澤睽	雷澤歸妹	風澤中孚	水澤節	山澤損	地澤臨
離 火	天火同人	澤火革	離為火	雷火豐	風火家人	水火既濟	山火賁	地火明夷
震 雷	天雷无妄	澤雷隨	火雷噬嗑	震為雷	風雷益	水雷屯	山雷頤	地雷復
巽 風	天風姤	澤風大過	火風鼎	雷風恒	巽為風	水風井	山風蠱	地風升
坎 水	天水訟	澤水困	火水未濟	雷水解	風水渙	坎為水	山水蒙	地水師
艮 山	天山遯	澤山咸	火山旅	雷山小過	風山漸	水山蹇	艮為山	地山謙
坤 地	天地否	澤地萃	火地晉	雷地豫	風地觀	水地比	山地剝	坤為地

乾宮八卦（陽。屬金）：
乾為天。天風姤。天山遯。天地否。
風地觀。山地剝。火地晉。火天大有。

坎宮（陽。屬水）：
坎為水。水澤節。水雷屯。水火既濟。
澤火革。雷火豐。地火明夷。地水師。

艮宮（陽。屬土）：
艮為山。山火賁。山天大畜。山澤損。
火澤睽。天澤履。風澤中孚。風山漸。

震宮（陽。屬木）：
震為雷。雷地豫。雷水解。雷風恆。
地風升。水風井。澤風大過。澤雷隨。

巽宮（陰。屬木）：
巽為風。風天小畜。風火家人。風雷益。
天雷無妄。火雷噬嗑。山雷頤。山風蠱。

離宮（陰。屬火）：
離為火。火山旅。火風鼎。火水未濟。
山水蒙。風水渙。天水訟。天火同人。

坤宮（陰。屬土）：
坤為地。地雷復。地澤臨。地天泰。
雷天大壯。澤天夬。水天需。水地比。

兌宮（陰。屬金）：
兌為澤。澤水困。澤地萃。澤山咸。
水山蹇。地山謙。雷山小過。雷澤歸妹。

六十四卦全圖

乾宮八卦屬金

乾為天 (六沖)		天風姤		天山遯		天地否 (六合)	
父母 戌土	▬▬ 世	父母 戌土	▬▬	父母 戌土	▬▬	父母 戌土	▬▬ 應
兄弟 申金	▬▬	兄弟 申金	▬▬	兄弟 申金	▬▬ 應	兄弟 申金	▬▬
官鬼 午火	▬▬ 應	官鬼 午火	▬▬ 應	官鬼 午火	▬▬	官鬼 午火	▬▬
父母 辰土	▬▬	兄弟 酉金	▬▬	兄弟 申金	▬▬	妻財 卯木	▬ ▬ 世
妻財 寅木	▬▬	子孫 亥水	▬▬	官鬼 午火	▬ ▬ 世	官鬼 巳火	▬ ▬
子孫 子水	▬▬	父母 丑土	▬ ▬ 世	父母 辰土	▬ ▬	父母 未土	▬ ▬

風地觀		山地剝		火地晉 (游魂)		火天大有 (歸魂)	
妻財 卯木	▬▬	妻財 寅木	▬▬	官鬼 巳火	▬▬	官鬼 巳火	▬▬ 應
官鬼 巳火	▬▬	子孫 子水	▬ ▬ 世	父母 未土	▬ ▬	父母 未土	▬ ▬
父母 未土	▬ ▬ 世	父母 戌土	▬ ▬	兄弟 酉金	▬▬ 世	兄弟 酉金	▬▬
妻財 卯木	▬ ▬	妻財 卯木	▬ ▬	妻財 卯木	▬ ▬	父母 辰土	▬▬ 世
官鬼 巳火	▬ ▬	官鬼 巳火	▬ ▬ 應	官鬼 巳火	▬ ▬	妻財 寅木	▬▬
父母 未土	▬ ▬ 應	父母 未土	▬ ▬	父母 未土	▬ ▬ 應	子孫 子水	▬▬

坤宮八卦屬土

坤為地 (六沖)		地雷復		地澤臨		地天泰 (六合)	
子孫 酉金	▬ ▬ 世	子孫 酉金	▬ ▬	子孫 酉金	▬ ▬	子孫 酉金	▬ ▬ 應
妻財 亥水	▬ ▬	妻財 亥水	▬ ▬	妻財 亥水	▬ ▬ 應	妻財 亥水	▬ ▬
兄弟 丑土	▬ ▬	兄弟 丑土	▬ ▬ 應	兄弟 丑土	▬ ▬	兄弟 丑土	▬ ▬
官鬼 卯木	▬ ▬ 應	兄弟 辰土	▬ ▬	兄弟 丑土	▬ ▬	兄弟 辰土	▬▬ 世
父母 巳火	▬ ▬	官鬼 寅木	▬ ▬	官鬼 卯木	▬▬ 世	官鬼 寅木	▬▬
兄弟 未土	▬ ▬	妻財 子水	▬▬ 世	父母 巳火	▬▬	妻財 子水	▬▬

雷天大壯 (六沖)		澤天夬		水天需 (游魂)		水地比 (歸魂)	
兄弟 戌土	▬ ▬	兄弟 未土	▬ ▬	妻財 子水	▬ ▬	妻財 子水	▬ ▬ 應
子孫 申金	▬ ▬	子孫 酉金	▬▬ 世	兄弟 戌水	▬▬	兄弟 戌土	▬▬
父母 午火	▬▬ 世	妻財 亥水	▬▬	子孫 申金	▬ ▬ 世	子孫 申金	▬ ▬
兄弟 辰土	▬▬	兄弟 辰土	▬▬	兄弟 辰土	▬▬	官鬼 卯木	▬ ▬ 世
官鬼 寅木	▬▬	官鬼 寅木	▬▬ 應	官鬼 寅木	▬▬	父母 巳火	▬ ▬
妻財 子水	▬▬ 應	妻財 子水	▬▬	妻財 子水	▬▬ 應	兄弟 未土	▬ ▬

震宮八卦屬木

震為雷（六沖）
妻財 戌土 ▬ ▬ 世
官鬼 申金 ▬ ▬
子孫 午火 ▬▬▬
妻財 辰土 ▬ ▬ 應
兄弟 寅木 ▬ ▬
父母 子水 ▬▬▬

雷地豫（六沖）
妻財 戌土 ▬ ▬
官鬼 申金 ▬ ▬
子孫 午火 ▬▬▬ 應
兄弟 卯木 ▬ ▬
子孫 巳火 ▬ ▬
妻財 未土 ▬ ▬ 世

雷水解
妻財 戌土 ▬ ▬
官鬼 申金 ▬ ▬ 應
子孫 午火 ▬▬▬
子孫 午火 ▬▬▬
妻財 辰土 ▬▬▬ 世
兄弟 寅木 ▬ ▬

雷風恒
妻財 戌土 ▬ ▬ 應
官鬼 申金 ▬ ▬
子孫 午火 ▬▬▬
官鬼 酉金 ▬▬▬ 世
父母 亥水 ▬▬▬
妻財 丑土 ▬ ▬

地風升
官鬼 酉金 ▬ ▬
父母 亥水 ▬ ▬
妻財 丑土 ▬ ▬ 世
官鬼 酉金 ▬▬▬
父母 亥水 ▬▬▬
妻財 丑土 ▬ ▬ 應

水風井
父母 子水 ▬ ▬
妻財 戌土 ▬▬▬ 世
官鬼 申金 ▬ ▬
官鬼 酉金 ▬▬▬
父母 亥水 ▬▬▬ 應
妻財 丑土 ▬ ▬

澤風大過（游魂）
妻財 未土 ▬ ▬
官鬼 酉金 ▬▬▬
父母 亥水 ▬▬▬ 世
官鬼 酉金 ▬▬▬
父母 亥水 ▬▬▬
妻財 丑土 ▬ ▬ 應

澤雷隨（歸魂）
妻財 未土 ▬ ▬ 應
官鬼 酉金 ▬▬▬
父母 亥水 ▬▬▬
妻財 辰土 ▬ ▬ 世
兄弟 寅木 ▬ ▬
父母 子水 ▬▬▬

巽宮八卦屬木

巽為風（六沖）
兄弟 卯木 ▬▬▬ 世
子孫 巳火 ▬▬▬
妻財 未土 ▬ ▬
官鬼 酉金 ▬▬▬ 應
父母 亥水 ▬▬▬
妻財 丑土 ▬ ▬

風天小畜
兄弟 卯木 ▬▬▬
子孫 巳火 ▬▬▬
妻財 未土 ▬ ▬ 應
妻財 辰土 ▬▬▬
兄弟 寅木 ▬▬▬
父母 子水 ▬▬▬ 世

風火家人
兄弟 卯木 ▬▬▬
子孫 巳火 ▬▬▬ 應
妻財 未土 ▬ ▬
父母 亥水 ▬▬▬
妻財 丑土 ▬ ▬ 世
兄弟 卯木 ▬▬▬

風雷益
兄弟 卯木 ▬▬▬ 應
子孫 巳火 ▬▬▬
妻財 未土 ▬ ▬
妻財 辰土 ▬ ▬ 世
兄弟 寅木 ▬ ▬
父母 子水 ▬▬▬

天雷無妄（六沖）
妻財 戌土 ▬▬▬
官鬼 申金 ▬▬▬
子孫 午火 ▬▬▬ 世
妻財 辰土 ▬ ▬
兄弟 寅木 ▬ ▬
父母 子水 ▬▬▬ 應

火雷噬嗑
子孫 巳火 ▬▬▬
妻財 未土 ▬ ▬ 世
官鬼 酉金 ▬▬▬
妻財 辰土 ▬ ▬
兄弟 寅木 ▬ ▬ 應
父母 子水 ▬▬▬

山雷頤（游魂）
兄弟 寅木 ▬▬▬
父母 子水 ▬ ▬
妻財 戌土 ▬ ▬ 世
妻財 辰土 ▬ ▬
兄弟 寅木 ▬ ▬
父母 子水 ▬▬▬ 應

山風蠱（歸魂）
兄弟 寅木 ▬▬▬ 應
父母 子水 ▬ ▬
妻財 戌土 ▬ ▬
官鬼 酉金 ▬▬▬ 世
父母 亥水 ▬▬▬
妻財 丑土 ▬ ▬

坎宮八卦屬水

坎為水 (六沖)	水澤節 (六合)	水雷屯	水火既濟
兄弟 子水 ▅▅ 世	兄弟 子水 ▅▅	兄弟 子水 ▅▅	兄弟 子水 ▅▅ 應
官鬼 戌土 ▅▅	官鬼 戌土 ▅▅	官鬼 戌土 ▅▅ 應	官鬼 戌土 ▅▅
父母 申金 ▅▅	父母 申金 ▅▅ 應	父母 申金 ▅▅	父母 申金 ▅▅
妻財 午火 ▅▅ 應	官鬼 丑土 ▅▅	官鬼 辰土 ▅▅	兄弟 亥水 ▅▅ 世
官鬼 辰土 ▅▅	子孫 卯木 ▅▅	子孫 寅木 ▅▅ 世	官鬼 丑土 ▅▅
子孫 寅木 ▅▅	妻財 巳火 ▅▅ 世	兄弟 子水 ▅▅	子孫 卯木 ▅▅

澤火革	雷火豐	地火明夷 (游魂)	地水師 (歸魂)
官鬼 未土 ▅▅	官鬼 戌土 ▅▅	父母 酉金 ▅▅	父母 酉金 ▅▅ 應
父母 酉金 ▅▅	父母 申金 ▅▅ 世	兄弟 亥水 ▅▅	兄弟 亥水 ▅▅
兄弟 亥水 ▅▅ 世	妻財 午火 ▅▅	官鬼 丑土 ▅▅ 世	官鬼 丑土 ▅▅
兄弟 亥水 ▅▅	兄弟 亥水 ▅▅	兄弟 亥水 ▅▅	妻財 午火 ▅▅ 世
官鬼 丑土 ▅▅	官鬼 丑土 ▅▅ 應	官鬼 丑土 ▅▅	官鬼 辰土 ▅▅
子孫 卯木 ▅▅ 應	子孫 卯木 ▅▅	子孫 卯木 ▅▅ 應	子孫 寅木 ▅▅

離宮八卦屬火

離為火 (六沖)	火山旅 (六合)	火風鼎	火水未濟
兄弟 巳火 ▅▅ 世	兄弟 巳火 ▅▅	兄弟 巳火 ▅▅	兄弟 巳火 ▅▅ 應
子孫 未土 ▅▅	子孫 未土 ▅▅	子孫 未土 ▅▅ 應	子孫 未土 ▅▅
妻財 酉金 ▅▅	妻財 酉金 ▅▅ 應	妻財 酉金 ▅▅	妻財 酉金 ▅▅
官鬼 亥水 ▅▅ 應	妻財 申金 ▅▅	妻財 酉金 ▅▅	兄弟 午火 ▅▅ 世
子孫 丑土 ▅▅	兄弟 午火 ▅▅	官鬼 亥水 ▅▅ 世	子孫 辰土 ▅▅
父母 卯木 ▅▅	子孫 辰土 ▅▅ 世	子孫 丑土 ▅▅	父母 寅木 ▅▅

山水蒙	風水渙	天水訟 (游魂)	天火同人 (歸魂)
父母 寅木 ▅▅	父母 卯木 ▅▅	子孫 戌土 ▅▅	子孫 戌土 ▅▅ 應
官鬼 子水 ▅▅	兄弟 巳火 ▅▅ 世	妻財 申金 ▅▅	妻財 申金 ▅▅
子孫 戌土 ▅▅ 世	子孫 未土 ▅▅	兄弟 午火 ▅▅ 世	兄弟 午火 ▅▅
兄弟 午火 ▅▅	兄弟 午火 ▅▅	兄弟 午火 ▅▅	官鬼 亥水 ▅▅ 世
子孫 辰土 ▅▅	子孫 辰土 ▅▅ 應	子孫 辰土 ▅▅	子孫 丑土 ▅▅
父母 寅木 ▅▅ 應	父母 寅木 ▅▅	父母 寅木 ▅▅ 應	父母 卯木 ▅▅

艮宮八卦屬土

艮為山 (六沖)	山火賁 (六合)	山天大畜	山澤損
官鬼 寅木 ▅▅ 世	官鬼 寅木 ▅▅	官鬼 寅木 ▅▅	官鬼 寅木 ▅▅ 應
妻財 子水 ▅ ▅	妻財 子水 ▅ ▅	妻財 子水 ▅ ▅ 應	妻財 子水 ▅ ▅
兄弟 戌土 ▅ ▅	兄弟 戌土 ▅ ▅ 應	兄弟 戌土 ▅ ▅	兄弟 戌土 ▅ ▅
子孫 申金 ▅ ▅ 應	妻財 亥水 ▅ ▅	兄弟 辰土 ▅▅	兄弟 丑土 ▅ ▅ 世
父母 午火 ▅ ▅	兄弟 丑土 ▅ ▅	官鬼 寅木 ▅▅ 世	官鬼 卯木 ▅▅
兄弟 辰土 ▅ ▅	官鬼 卯木 ▅▅ 世	妻財 子水 ▅▅	父母 巳火 ▅▅

火澤睽	天澤履	風澤中孚 (游魂)	風山漸 (歸魂)
父母 巳火 ▅▅	兄弟 戌土 ▅▅	官鬼 卯木 ▅▅	官鬼 卯木 ▅▅ 應
兄弟 未土 ▅ ▅	子孫 申金 ▅▅ 世	父母 巳火 ▅▅	父母 巳火 ▅▅
子孫 酉金 ▅▅ 世	父母 午火 ▅▅	兄弟 未土 ▅ ▅ 世	兄弟 未土 ▅ ▅
兄弟 丑土 ▅ ▅	兄弟 丑土 ▅ ▅	兄弟 丑土 ▅ ▅	子孫 申金 ▅▅ 世
官鬼 卯木 ▅▅	官鬼 卯木 ▅▅ 應	官鬼 卯木 ▅▅	父母 午火 ▅ ▅
父母 巳火 ▅▅ 應	父母 巳火 ▅▅	父母 巳火 ▅▅ 應	兄弟 辰土 ▅ ▅

兌宮八卦屬金

兌為澤 (六沖)	澤水困 (六合)	澤地萃	澤山咸
父母 未土 ▅ ▅ 世	父母 未土 ▅ ▅	父母 未土 ▅ ▅	父母 未土 ▅ ▅ 應
兄弟 酉金 ▅▅	兄弟 酉金 ▅▅	兄弟 酉金 ▅▅ 應	兄弟 酉金 ▅▅
子孫 亥水 ▅▅	子孫 亥水 ▅ ▅ 應	子孫 亥水 ▅▅	子孫 亥水 ▅▅
父母 丑土 ▅ ▅ 應	官鬼 午火 ▅ ▅	妻財 卯木 ▅ ▅	兄弟 申金 ▅▅ 世
妻財 卯木 ▅▅	父母 辰土 ▅▅	官鬼 巳火 ▅ ▅ 世	官鬼 午火 ▅ ▅
官鬼 巳火 ▅▅	妻財 寅木 ▅ ▅ 世	父母 未土 ▅ ▅	父母 辰土 ▅ ▅

水山蹇	地山謙	雷山小過 (游魂)	雷澤歸妹 (歸魂)
子孫 子水 ▅ ▅	兄弟 酉金 ▅ ▅	父母 戌土 ▅ ▅	父母 戌土 ▅ ▅ 應
父母 戌土 ▅▅	子孫 亥水 ▅ ▅ 世	兄弟 申金 ▅ ▅	兄弟 申金 ▅ ▅
兄弟 申金 ▅ ▅ 世	父母 丑土 ▅ ▅	官鬼 午火 ▅▅ 世	官鬼 午火 ▅▅
兄弟 申金 ▅▅	兄弟 申金 ▅▅	兄弟 申金 ▅▅	父母 丑土 ▅ ▅ 世
官鬼 午火 ▅ ▅	官鬼 午火 ▅ ▅ 應	官鬼 午火 ▅ ▅	妻財 卯木 ▅▅
父母 辰土 ▅ ▅ 應	父母 辰土 ▅ ▅	父母 辰土 ▅ ▅ 應	官鬼 巳火 ▅▅

第五章　《易經》術數學本原

一、圖、象、數宇宙觀

　　《協紀辨方書》本原一，朱子曰：本圖書原卦畫陰陽家者流，其亦衷諸此也，做本原。術數學以河圖洛書為本原，故〈繫辭傳〉說：「天生神物，聖人則之。天地變化，聖人效之，天垂象，見吉凶，聖人象之，河出圖、洛出書，聖人則之。」神物，指靈龜卜筮之神妙。天地變化，指四時運作，賞以春夏，刑以秋冬，聖人依據時地之宜營生創作。卦象雖然無所不包，但因抽象隱晦，幽深難見，故占者應探賾索隱，趨時權變。《河圖》《洛書》是逆知未來的終始準則。圖的意義諸家各有論述。象的意義在本書〈說卦傳〉表明。

　　數的意義與觀念，孔穎達《禮記正義》疏：「數者，五行佐天地生物成物之次也。《易》曰：『天一地二，天三地四，天五地六，天七地八，天九地十。』而五行自水始，火次之，木次之，金次之，土為後。木生數三，成數八，但言八者，舉其成數。」詳細見〈繫辭傳〉象數涵義，天地之數、大衍之數、揲蓍之數等。

（一）、河圖

　　《協紀辨方書》河圖：一六為水，居北；二七為火，居南；三八為木，居東；四九為金，居西；五十為土，居中。北方水生東方木，東方木生南方火，南方火生中央土，中央土生

西方金，西方金生北方水。此五行相生之序也。河圖傳說出於上古伏羲之時，〈繫辭傳〉說：「河出圖、洛出書，聖人則之。」《論語・子罕》說：「鳳鳥不至，河不出圖，吾已矣夫。」〈繫辭傳〉又說：「天一，地二；天三，地四；天五，地六；天七，地八；天九，地十。」明易之道，先舉天地之數。〈繫辭傳〉又說：「天數五，地數五，五位相得而各有合，天數二十有五，地數三十，凡天地之數五十有五，此所以成變化而行鬼神也。」天地之數各五，五數相配，以合成金、木、水、火、土。若天一與地六相得，合為水。地二與天七相得，合為火。天三與地八相得，合為木。地四與天九相得，合為金。天五與地十相得，合為土。河圖之數起於一，終於十，將五行與數字包括在其中，以代表宇宙縮影盡在其中。

河圖

一六北方水
二七南方火
三八東方木
四九西方金
五十中央土
奇數白點代表陽
偶數黑點代表陰

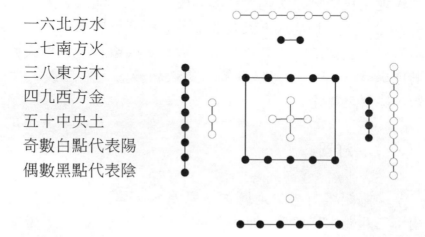

　　河圖是時間與空間的概念圖示，五行依序流轉，春季木最旺，夏季火最盛，秋季金肅殺，冬季水最冷，而土在中央，分布於四季，每個五行都是分配七十二天。但因為土的性質，所以不是隨著四季輪轉，而是將七十二天分成四等分，分別附在每季最後十八天。《曆例》說：「立春木，立夏火，立秋金，立冬水，各旺七十二日，土於四立之前各旺一十八日，合之亦為七十二日，總三百有六十而歲成矣。」艮居於冬春之交，以土得水而後能生木，坤居夏秋之交，以火化為土而後成金。

（二）、洛書

　　《協紀辨方書》洛書：戴九履一，左三右七，二四為肩，六八為足，五居中央。一六水剋二七火，二七火剋四九金，四九金剋三八木，三八木剋五中土，五中土剋一六水。此五行相剋之序也。《尚書・洪範》說：「洛書者，禹治水時，神龜負文而列於背，有數至九，禹遂因而第之，以成九類。」坎一，坤二，震三，巽四，中五，乾六，兌七，艮八，離九。戴九履一，左三右七，二四為肩，六八為足，五在其中。一三五七九這五個奇數，都在四正與中央。二四六八的四個偶數，都在四隅位。上下、左右、斜交加總均為數目一十五。數是方位，數就是卦，以先天八卦的卦數而言與洛書相符。逆剋，以坤艮一六水剋巽坎二七火，以巽坎二七火剋兌乾四九金，以兌乾四九金剋離震三八木。

洛書

4	9	2
3	5	1
8	1	6

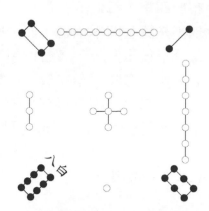

(三)、先天八卦次序

〈繫辭傳〉曰：易有太極，是生兩儀，兩儀生四象，四象生八卦。邵子曰：乾一、兌二、離三、震四、巽五、坎六、艮七、坤八。乾、兌、離、震為陽，巽、坎、離、坤為陰。乾兌為太陽，離震為少陰；巽坎為少陽，艮坤為太陰。

先天八卦次序圖

（四）、先天八卦方位

〈說卦傳〉曰：天地定位，山澤通氣，雷風相薄，水火不相射，八卦相錯。邵子曰：乾南、坤北、離東、坎西、兌居東南、震居東北、巽居西南、艮居西北，所謂先天之學也。

先天八卦方位圖

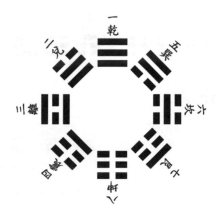

（五）、後天八卦次序

〈說卦傳〉曰：乾，天也，故稱乎父。坤，地也，故稱乎母。震一索而得男，故謂之長男；巽一索而得女，故謂之長女；坎再索而得男，故謂之中男；離再索而得女，故謂之中女；艮三索而得男，故謂之少男；兌三索而得女，故謂之少女。

後天八卦次序圖

（六）、後天八卦方位

〈說卦傳〉曰：帝出乎震，其乎巽，相見乎離，致役乎坤，說言乎兌，戰乎乾，勞乎坎，成言乎艮。邵子曰：乾統三男於西北，坤統三女於西南。乾、坎、艮、震為陽，巽、離、坤、兌為陰。

後天八卦方位圖

（七）、先天卦配河圖之象

《啟蒙附論》曰：圖之左方，陽內陰外，即先天之震、離、兌、乾，陽長而陰消也。其右方，陰內陽外，即先天之巽、坎、艮、坤，陰長而陽消也。蓋所以象二氣之交運也。

先天卦配河圖之象圖

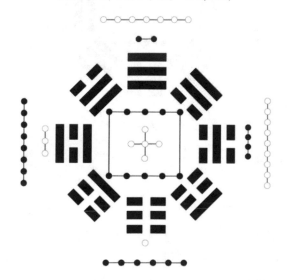

（八）、後天卦配河圖之象

《啟蒙附論》曰：圖之一六為水，即後天之坎位也。三八為木，即後天震、巽之位也。二七為火，即後天之離位也。四九為金，即後天兌、乾之位也。五十為土，即後天之坤、艮，周流四季，而偏旺於丑、未之交也。蓋所以象五氣之順布也。

後天卦配河圖之象圖

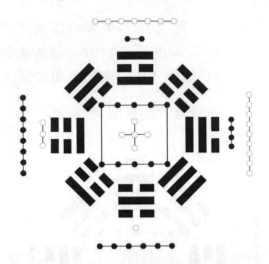

（九）、先天卦配洛書之數

　　《啟蒙附論》曰：洛書九數，虛中五，以配八卦，陽上陰下，故九為乾，一為坤。因自九而逆數之，震八、坎七、艮六，乾生三陽也。自一而順數之，巽二、離三、兌四，坤生三陰也。以八數與八卦相配，而先天之位合矣。

　　按：術家以乾配九，坤配一，離配三，坎配七，其數奇，故為陽。兌配四，震配八，巽配二，艮配六，其數偶，故為陰。

先天卦配洛書之數圖

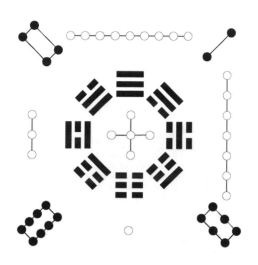

（十）、後天卦配洛書之數

　　《啟蒙附論》曰：火上水下，故九為離，一為坎，火生燥土，故八次九而為艮。燥土生金，故七、六次八而為兌、乾。水生濕土，故二次一而為坤。濕土生木，故三、四次二而為震、巽。以八數與八卦相配，而後天之位合矣。

後天卦配洛書之數圖

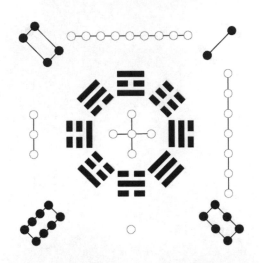

〈說卦傳〉說：「天地定位，山澤通氣，雷風相薄，水火不相射；八卦相錯，數往者順，知來者逆，是故易逆數也。」乾為天，坤為地，天地對上下；坎為水，離為火，水火東西對立。震為雷，巽為風，雷風相對於東北與西南，雷風互助其勢。艮為山，兌為澤，山澤相對於西北東南，山下成澤，澤潤艮山，山澤互成其德。先天八卦與洛書數結合：乾為父為九，坤為母為一，九一相對合為十。震為長男為八，巽為長女為二，八二相對合為十。坎為中男為七，離為中女為三，七三相對合為十。艮為少男為六，兌為少女為四，六四相對合為十。以天地自然之象，倫理親情，數字合十為相配。

〈說卦傳〉記載：「帝出乎震，齊乎巽，相見乎離，致役乎坤，說言乎兌，戰乎乾，勞乎坎，成言乎艮。」洛書「戴

九」在南方,南方離卦。「履一」在北,北方坎卦。「左三右七」左在東方為震卦,右在西方為兌卦。「二四為肩」坤卦在西南,巽卦在東南。「六八為足」,西北方為坤卦,東北方為艮卦。後天八卦以水火為流體,以專精為用,所以各取南北坎離二卦為用。而木、金、土則是有形質存在,所以分為二。木居東與東南,金居西與西北,與河圖意義相符。艮土居東北,以北方水若無土承載,則不生東方木。坤土居西南,以西南土化南方火生西方金。

二、天干合剋與五行相沖、相剋

(一)、十天干

甲、乙、丙、丁、戊、己、庚、辛、壬、癸。
甲乙東方青龍木,丙丁南方朱雀火,戊己中央勾陳騰蛇土,庚辛西方白虎金,壬癸北方玄武水。
甲、丙、戊、庚、壬屬陽,稱陽干。
乙、丁、己、辛、癸屬陰,稱陰干。

(二)、五行相生

六經論五行者,始見於《尚書·洪範》說:「五行,一曰水,二曰火,三曰木,四曰金,五曰土。」《尚書·大禹謨》說:「德惟善政,政在養民。水、火、金、木、土,穀惟修,正德、利用、厚生惟和。」五行源起於《河圖》《洛書》。以《河圖》之一六北方水,二七南方火,三八東方木,四九西方

金，五十中央土。在《河圖》則左旋而相生，在《洛書》則右轉而相剋。四季土於《河圖》《洛書》為五十中宮之數，無定位、無專體，故行走於四季土王用事後。行也者，言其行於地者也，質行於地而氣通於天。數之有五焉，故曰五行也。《神樞經》曰：「五行旺各有時，惟土居無所定，乃於四立之前各旺一十八日。」《曆例》曰：「立春木，立夏火，立秋金，立冬水，各旺七十二日。土於四立之前各旺一十八日，合之亦為七十二日，總三百有六十，而歲成矣。」

《白虎通義》說：「五行者，何謂也？謂金、木、水、火、土也。言行者，欲言為天行氣之義也。地之承天，猶妻之事夫，臣之事君也。其位卑，卑者親視事；故自同於一行，尊於天也。⋯⋯土即地，地不敢配天，『自同於一行』，以見天之尊。又云：『五行所以更王何？以其轉相生，故有終始也。木生火，火生土，土生金，金生水，水生木⋯⋯五行所以相害者，天地之性，眾勝寡，故水勝火也，精勝堅，故火勝金。剛勝柔，故金勝木。專勝散，故木勝土。實勝虛，故土勝水也。』」五行通人倫。

孔穎達《禮記正義》疏：「五行佐天地，生成萬物之次」者，五行謂金木水火土。謂之五行者，按《白虎通》云：「行者，言欲為天行氣也。」謂之水者，《白虎通》云：「水訓準，是平均法則之稱也，言水在黃泉養物，平均有準則也。木，觸也，陽氣動躍，觸地而出也。火之為言化也，陽氣用事，萬物變化也。金訓禁也，言秋時萬物，陰氣所禁止也，土訓吐也，言土居中，揔吐萬物也。生物者，謂木火七八之數

也。成物者，謂金水九六之數也。則春夏生物也，秋冬成物也。」五行通四時，各有形質物象。

《五行大義》引《白虎通義》說：「木生火者，木性溫，暖伏其中，鑽灼而出，故生火。火生土者，火熱故能焚木；木焚而成灰，灰即土也；故火生土。土生金者，金居石依山，津潤而生；據土成山，山必生石；故土生金。金生水者，少陰之氣，溫潤流澤；銷金亦為水；所以山雲而從潤；故金生水。水生木者，因水潤而能生，故水生木。」五行冲剋大致如此，木火金水，各主四時之一氣，而土居中策應八方。坤卦〈文言〉謂：「君子黃中通理，正位居體，美在其中，而暢于四支，發于事業，美之至也。」「黃中」指中央為土，土色黃；美德居中正之位，必然四方通暢，聖德大業順勢而成。陰陽五行與儒學，體用兼融，兩者互表。

數的意義與觀念，孔穎達《禮記正義》疏：「數者，五行佐天地生物成物之次也。《易》曰：『天一地二，天三地四，天五地六，天七地八，天九地十。』而五行自水始，火次之，木次之，金次之，土為後。木生數三，成數八，但言八者，舉其成數。」書傳云：「水火者百姓之所飲食也，金木者百姓之所興作也，土者萬物之所資生也。是為人用。」「五行」即五材也，襄公二十七年《左傳》云：「天生五材，民並用之」，言五者各有材幹也。謂之「行」者，若在天則五氣流行，在地世所行用也。又萬物之本，有生於無，著生於微，及其成形，亦以微著為漸。五行先後，亦以微著為次。五行之體，水最微，為依。火漸著，為二。木形實，為三。金體固，為四。土

質大，為五。」水火木金，得土數而成，故水成數六，火成數七，木成數八，金成數九，土成數十。

五行相生圖

水生木，木生火，火生土，土生金，金生水。

（三）、五行相剋

五行相剋圖

水剋火，火剋金，金剋木，木剋土，土剋水。

甲、乙東方屬木。丙、丁南方屬火。

戊、己中央屬土。庚、辛西方屬金。壬、癸北方屬水。

甲乙木，生丙丁火，剋戊己土。

丙丁火，生戊己土，剋庚辛金。

戊己土，生庚辛金，剋壬癸水。

庚辛金，生壬癸水，剋甲乙木。

壬癸水，生甲乙木，剋丙丁火。

（四）、天干五合

　　甲己合化土。乙庚合化金。丙辛合化水。丁壬合化木。戊癸合化火。《考原》曰：「五合者，即五位相得而各有合也。河圖一與六，二與七，三與八，四與九，五與十，皆各有合。以十干之次言之，一為甲、六為己，故甲與己合……又年起月、日起時，越五，則花甲周而復始，而月時同干，亦即五合之義。」《剋擇講義》云：「四柱中有甲己全謂之五合，有乙庚全亦謂之五合，有丙辛全亦謂之五合，丁壬全亦謂之五合，戊癸全亦謂之五合。」天干隔位是否也屬於五合？各有議論。

（五）、天干相沖剋

　　所謂相沖，指方位相對，如東方甲木沖西方庚金，東方乙木沖西方辛金，北方壬水沖南方丙火，北方癸水沖南方丁火等。

　　所謂相剋，指南方丙火剋西方庚金，南方丁火剋西方辛金等，均為陰陽五行相剋，且陰對陰、陽對陽所致。甲庚沖剋，乙辛沖剋、丙壬沖剋、丁辛沖剋。戊壬沖剋、己癸沖剋、庚丙沖剋、甲戊沖剋，乙己沖剋、癸丁沖剋等。天干沖剋以同性陰對陰，陽對陽現象較明顯。

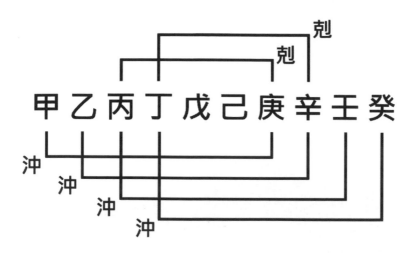

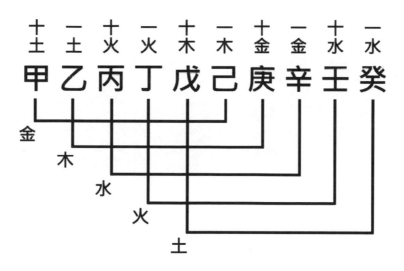

第六章　地支陰陽與刑沖合會

　　陰陽五行，生剋制化，刑沖合會是學習《易經》應用術數不可缺的一環，學習成效完全端視熟能生巧與否？其次十二生旺庫，六十甲子與空亡，五虎遁五鼠遁等，缺一不可，學者宜多加演練，由河圖、洛書、天干地支演變至斷卦的歷程，即知《易經》之趣味性與奧妙。

一、地支陰陽與排列

　　地支有十二位，子、丑、寅、卯、辰、巳、午、未、申、酉、戌、亥。子、寅、辰、午、申、戌為陽地支。丑、卯、巳、未、酉、亥為陰地支。

十二地支圖

寅卯東方木，
巳午南方火，
申酉西方金，
亥子北方水。
辰戌丑未土。

巳	午	未	申
辰			酉
卯			戌
寅	丑	子	亥

二、地支六合

地支六合圖

子丑合化土。
寅亥合化木。
卯戌合化火。
辰酉合化金。
巳申合化水。
午未合化火。

　　說明：《剋擇講義》記載：「四柱中有子丑全謂之六合，有寅亥全亦謂之六合，有卯戌全亦謂之六合。有辰酉全亦謂之六合。有巳申全亦謂之六合。有午未全亦謂之六合也。」細論之，地，土也，故子丑為土也。天位乎上，地位乎下。行乎兩間者，必木火金水。子丑為水土，水土之際木必生焉，所以亥寅為木，一長生一祿位也，木成而火已出矣。寅火長生也，卯木旺也，旺則必嬗，嬗則必歸其根，故卯戌為火也。卯戌為火，則戌為黅天之氣，戌之所居，黅天之氣始於辰，辰亦戌也。土旺必生金，故辰酉為金，酉者，金之帝也。有居金旺之極，於其未至於極而水已生於申，對宮為巳；巳，金之母也水

必以申巳者，申巳逼於午未，最高之地無水也。舉母則子歸，水不得捨土而自立，其麗於土者，即子丑之位。土之所攝，命為土而不命為水。若其離土而言水，必納於母氣，故巳申為水。又說水為生物之源，是以麗乎日月(象‧離卦)，其次則金，其次則火，其次則木，其次則土。五緯之序，水最近日，金次之，火又次之，木又次之，土又次之，此麗乎天者之自然之序。水土所生，木上生而為火，土又上生而為金，又上生而為水，如畫卦之由下而上也。

三、地支六沖

子午沖、卯酉沖、寅申沖、巳亥沖、辰戌沖、丑未沖。《剋擇講義》記載：「子午逢相沖，卯酉對面傷，寅申禍拱立，巳亥難對當，辰戌羅網寇，丑未不相通。」沖為大凶，凡事逢之俱是不祥，諸神難解。例如甲寅年生人，諸事不取申日申時。

地支六沖圖

四、地支三合

十二地支也是十二生肖、十二月、十二時辰的對應觀念。乾卦，元、亨、利、貞四個階段，相應春夏秋冬，而春夏秋冬也可以相應木、火、金、水的五行概念。每個季節又分三個月，共計十二地支，在人生階段可以分配如下：長生、沐浴、冠帶、臨官、帝旺、衰、病、死、墓庫、絕、胎、養。《考原》說：「三合者，取生旺墓三者以合局也。水生於申，旺於子，墓於辰，故申子辰合水局也。木生於亥，旺於卯，墓於未，故亥卯未合木局也。火生於寅，旺於午，墓於戌，故寅午戌合火局也。金生於巳，旺於酉，墓於丑。故巳酉丑合金局。」

地支三合圖

申子辰三合水局。申子、子辰為半三合。
寅午戌三合火局。寅午、午戌為半三合。
巳酉丑三合金局。巳酉、酉丑為半三合。
亥卯未三合木局。亥卯、卯未為半三合。生旺墓三合同情。

五、地支三會

寅卯辰三會木。巳午未三會火。
申酉戌三會金。亥子丑三會水。
辰戌丑未合會土。

地支三會圖

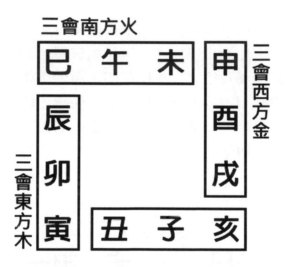

六、三刑、自刑

　　《陰符經》說：「恩生於害，害生於恩，三刑生於三合，亦如六害生於六合之義。如申子辰三合，加寅卯辰三位，則申刑寅，子刑卯，辰見辰自刑。寅午戌加巳午未，則寅刑巳，午見午自刑，戌刑未。」寅刑巳，巳刑申，寅申沖。丑刑戌，戌刑未，丑未沖。子刑卯、卯刑子，亥亥自刑，辰辰自刑，午午自刑，酉酉自刑。

七、地支六害

　　《三命通會》說：「因晝夜陰陽之氣感而六合，因六合而生六害，因六害而忌晝夜陰陽之氣。六害者，十二支凌戰之辰也。子未相害者，謂未旺土，害子旺水，名勢家相害，故子見未則害。丑午相害者，謂午以旺火，凌丑死金，名官鬼相害。故丑見午，而午更帶丑干之真鬼，則為害猶甚。寅巳相害者，謂各恃臨官，擅能而進相害，若干神往來有鬼者尤甚。況刑在其中，尤不可不加減災福言之。卯辰相害者，謂卯以旺木，凌辰死土。此以少凌長相害，故辰見卯，而卯更帶辰干真鬼，則甚害尤甚。申亥相害者，謂各恃臨官，競嫉才能，爭進相害，故申見亥，亥見申，均為害，更納音相剋者重。酉戌相害者，謂戌以死火，害酉旺金，此嫉妒相害，故酉人見戌則凶，戌人見酉無災。若乙酉人得戊戌，乙為真金，戊為真火，為害尤甚。」

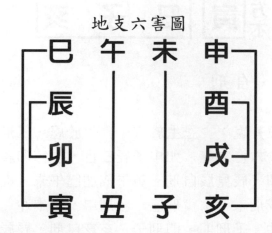

地支六害圖

子未害。丑午害。寅巳害。卯辰害。申亥害。酉戌害。

第七章　術數學基本認識

一、納音五行與六十甲子空亡

　　《蠡海集》云：「數極於九，自九逆退取之，故甲己子午九，乙庚丑未八，丙辛寅申七，丁壬卯酉六，戊癸辰戌五，巳亥屬四數。」《瑞桂堂暇錄》說：「六十甲子之納音，以金木水火土之音而明之也。一六為水，二七為火，三八為木，四九為金，五十為土。然五行之中，惟金木有自然之音，水火土必相假而後成音。蓋水假土，火假水，土假火，故金音四九、木音三八、水音五十、火音一六、土音二七，此不易之論也。何以言之甲己子午九也，乙庚丑未八也，丙辛寅申七也，丁壬卯酉六也，戊癸辰戌五也，巳亥四也。甲子乙丑其數三十有四，四者金之音也，故曰金。戊辰己巳其數二十有八，八者木之音也，故曰木。庚午辛未其數三十有二，二者火也，土以火為音，故曰土。甲申乙酉其數三十，十者土也，土以水為音，故曰水。戊子己丑其數三十有一，一者水也，火以水為音，故曰火。凡六十甲子莫不皆然，此納音之所由起也。」

　　《考原》曰：「此揚子雲《太玄•論聲律》所紀數也。凡兩干兩支之合，其餘數得四九者為金，得一六者為火，得三八者為木，得五十者為水，得二七者為土。如甲子皆九，得數十八；乙丑皆八，得數十六，合之三十有四，故為金。壬六申七，得數十三；癸五酉六，得數十一，合之二十有四，故亦為金也。其餘按數推之，莫不皆然。但所配一六、二七等數與河

圖之數不同。今按大衍之數五十，其用四十有九，以兩干兩支之合數於四十九內減之，餘數滿十去之，餘一六為水，二七為火，三八為木，四九為金，五十為土。各取所生之五行以為納音，如是則與河圖相同。」

（一）、六十甲子與納音

甲子、乙丑海中金。	丙寅、丁卯爐中火。
戊辰、己巳大林木。	庚午、辛未路旁土。
壬申、癸酉劍鋒金。	甲戌、乙亥山頭火。
丙子、丁丑澗下水。	戊寅、己卯城頭土。
庚辰、辛巳白蠟金。	壬午、癸未楊柳木。
甲申、乙酉泉中水。	丙戌、丁亥屋上土。
戊子、己丑霹靂火。	庚寅、辛卯松柏木。
壬辰、癸巳長流水。	甲午、乙未沙中金。
丙申、丁酉山下火。	戊戌、己亥平地木。
庚子、辛丑壁上土。	壬寅、癸卯金箔金。
甲辰、乙巳覆燈火。	丙午、丁未天河水。
戊申、己酉大驛土。	庚戌、辛亥釵釧金。
壬子、癸丑桑柘木。	甲寅、乙卯大溪水。
丙辰、丁巳沙中土。	戊午、己未天上火。
庚申、辛酉石榴木。	壬戌、癸亥大海水。

　　揚雄《太玄經》說：「子午之數九，丑未八，寅申七，卯酉六，辰戌五，巳亥四。律四十二，呂三十六。甲己之數九，乙庚八，丙辛七，丁壬六，戊癸五。聲生于日，律生于辰。」如甲子乙丑海中金，甲9，子9，乙8，丑8，合計34。以49－34等於15，再以15除5，餘5屬土，對照河圖五行數，一水二

火三木四金五土，土為所求干支納音之母，故為金。餘仿此。

（二）、空亡訣

甲子旬中無戌、亥。甲戌旬中無申、酉。甲申旬中無午、未。甲午旬中無辰、巳。甲辰旬中無寅、卯。甲寅旬中無子、丑。

二、五虎遁月與五鼠遁日

（一）、五虎遁月

　　《考原》說：「上古歷元年月日時皆起於甲子，是甲子年必甲子月，為年前冬至十一月也。而正月建寅，故得丙寅，二月丁卯，以次順數至次年正月得戊寅。故乙年正月起戊寅，從甲至己，越五年共六十月，花甲周而復始，故己年正月亦為丙寅。」五虎遁口訣如下：

甲己起丙寅

乙庚起戊寅

丙辛起庚寅

丁壬起壬寅

戊癸起甲寅

　　甲年、己年，正月為丙寅，二月為丁卯，三月為戊辰，其餘順此序。乙年、庚年，正月為戊寅，二月為己卯，三月為庚辰，其餘順此序。丙年、辛年，正月為庚寅，二月為辛卯，三月為壬辰，其餘順此序。丁年、壬年，正月為壬寅，二月為癸

卯，三月為甲辰，其餘順此序。戊年、癸年，正月為甲寅，二月為乙卯，三月為丙辰，其餘順此序。

（二）、五鼠遁日

《考原》說：「從甲至己越五日共六十時，花甲周而復始，故己日子時亦為甲子也。」甲己起甲子時。乙庚起丙子時。丙辛起戊子時。丁壬起庚子時。戊癸起壬子時。」五鼠遁口訣如下：

> 甲己起甲子
> 乙庚起丙子
> 丙辛起戊子
> 丁壬起庚子
> 戊癸起壬子

甲日、己日，子為甲子時，丑為乙丑時，寅為丙寅時，其餘順此序。乙日、庚日，子為丙子時，丑為丁丑時，寅為戊寅時，其餘順此序。丙日、辛日，子為戊子時，丑為己丑時，寅為庚寅時，其餘順此序。丁日、壬日，子為庚子時，丑為辛丑時，寅為壬寅時，其餘順此序。戊日、癸日，子為壬子時，丑為癸丑時，寅為甲寅時，其餘順此序。

三、辟卦、月建節氣與時辰生肖

（一）、辟卦

正月孟春建寅，泰卦。二月仲春建卯，大壯卦。三月季春建辰，夬卦。四月孟夏建巳，乾卦。五月仲夏建午，姤卦。六月季夏建未，遯卦。七月孟秋建申，否卦。八月仲秋建酉，觀卦。九月季秋建戌，剝卦。十月孟冬建亥，坤卦。十一月仲冬建子，復卦。十二月季冬建丑，臨卦。

（二）、月建節氣

《律歷志》：正月節立春，雨水中。二月節驚蟄春分中。三月節清明，穀雨中。四月節立夏，小滿中。五月節芒種，夏至中。六月節小暑，大暑中。七月節立秋，處暑中。八月節白露，秋分中。九月節寒露，霜降中。十月節立冬、小雪中。十一月節大雪，冬至中。十二月節小寒，大寒中。孔穎達《禮記正義》疏：

> 謂之雨水者，言雪散為雨水也。謂之驚蟄者，蟄蟲驚而走出。謂之穀雨者，言雨以生百穀。謂之清明者，謂物生清淨明絜。謂之小滿者，言物長於此，小得盈滿。謂之芒種者，言有芒之穀，可稼種。謂之小暑大暑者，就極熱之中，分為小大，月初為小，月半為大。謂之處暑者，謂暑既將退伏而潛處。謂之白露者，陰氣漸重，露濃色白。謂之寒露者，言露氣寒，將欲凝結。謂之小雪大雪者，以霜雨凝結而雪，十月

猶小，十一月轉大。謂之小寒大寒者，十二月極寒之時，相對為大小，月初寒為小，月半寒為大。凡二十四氣，氣有十五日有餘；每氣中半分之，為四十八氣，氣有七日半有餘，故鄭注《周禮》云『有四十八箭』，是一氣易一箭也。凡二十四氣，每三分之，七十二氣，氣間五日有餘，故一年有七十二候也。」

節氣口訣：

正月立春雨水節，二月驚蟄及春分，三月清明並穀雨。
四月立夏小滿方，五月芒種並夏至，六月小暑大暑當。
七月立秋還處暑，八月白露秋分忙，九月寒露並霜降。
十月立冬小雪漲，子月大雪並冬至，臘月小寒大寒昌。

《協紀辨方書》曰：「立春艮，雨水寅，驚蟄甲，春分震，清明乙，穀雨辰，立夏巽，小滿巳，芒種丙，夏至離，小暑丁，大暑未，立秋坤，處暑申，白露庚，秋分兌，寒露辛，霜降戌，立冬乾，小雪亥，大雪壬，冬至坎，小寒癸，大寒丑，四立、二分、二至，正應八卦。」《剋擇講義》記載：「正月為寅月，立春為正月，如未立春，雖正月亦仍作去年十二月論。……立春、驚蟄、清明、立夏、芒種、小暑、立秋、白露、寒露、立冬、大雪、小寒，為節。雨水、春分、穀雨、小滿、夏至、大暑、處暑、秋分、霜降、小雪、冬至、大寒、為氣。」月份，論節不論氣。

月數	一	二	三	四	五	六	七	八	九	十	十一	十二
月支	寅	卯	辰	巳	午	未	申	酉	戌	亥	子	丑

立春、雨水（寅）　　驚蟄、春分（卯）　　清明、穀雨（辰）
立夏、小滿（巳）　　芒種、夏至（午）　　小暑、大暑（未）
立秋、處暑（申）　　白露、秋分（酉）　　寒露、霜降（戌）
立冬、小雪（亥）　　大雪、冬至（子）　　小寒、大寒（丑）

月份	月支	節氣
一（端）	寅	立春、雨水
二（花）	卯	驚蟄、春分
三（桐）	辰	清明、穀雨
四（梅）	巳	立夏、小滿
五（蒲）	午	芒種、夏至
六（荔）	未	小暑、大暑
七（瓜）	申	立秋、處暑
八（桂）	酉	白露、秋分
九（菊）	戌	寒露、霜降
十（陽）	亥	立冬、小雪
十一（葭）	子	大雪、冬至
十二（臘）	丑	小寒、大寒

（三）、時辰生肖

時點	23〜1	1〜3	3〜5	5〜7	7〜9	9〜11	11〜13	13〜15	15〜17	17〜19	19〜21	21〜23
時辰	子	丑	寅	卯	辰	巳	午	未	申	酉	戌	亥
生肖	鼠	牛	虎	兔	龍	蛇	馬	羊	猴	雞	狗	豬

子肖鼠，丑肖牛，寅肖虎，卯肖兔，辰肖龍，巳肖蛇，午肖馬，未肖羊，申肖猴，酉肖雞，戌肖狗，亥肖豬。

四、納甲與二十四山

（一）、六畫卦納甲

　　《蠡海集》云：「納甲之說，自甲為一至壬為九，陽數之始終也，故歸乾，易順數也。乙為二至癸為十，陰數之始終也，故歸坤，易逆數也。乾一索而得男為震，坤一索而得女為巽，故庚入震，辛入巽。乾再索而得男為坎，坤再索而得女為離，故戊趨坎，己趨離。乾三索而得男為艮，坤三索而得女為兌，故丙從艮，丁從兌。陽生於北而成於南，故乾始甲子而終以壬午。陰生於南而成於北，故坤始乙未而終以癸丑，震巽一索也，故庚辛始於子丑。坎離再索也，故戊己始於寅卯。艮兌

三索也，故丙丁始於辰巳也。」

　　《考原》記載：「乾納甲壬，坤納乙癸，乾坤包括始終之義也。其餘六卦，則自下而上，法畫卦者之自下而上也。震巽陰陽起於下，故震納庚，巽納辛。坎離陰陽交於中，故坎納戊，離納己。艮兌陰陽極於上，故艮納丙，兌納丁。甲丙戊庚壬為陽干，皆納陽卦；乙丁己辛癸為陰干，皆納陰卦。」乾納甲、壬。坤納乙、癸。艮納丙。兌納丁。坎納戊。離納己。震納庚。巽納辛。

　　六畫卦納甲：六畫卦納甲法之根據，係以月之晦朔弦望象卦體，而以其出沒之方位納之；此法始於「京房易」，必須納盡十天干。

（二）、三畫卦納甲

　　乾納甲。坤納乙。艮納丙。兌納丁。震納庚。巽納辛。離納壬。坎納癸。

　　三畫卦乾坤未有外卦，故不得兼用壬癸。三畫卦因戊己居中宮而不用。在風水學二十四山中，兌卦兼含地支巳酉丑，震卦兼含地支亥卯未，離卦兼含地支寅午戌，坎卦兼含地支申子辰。乾甲、坤乙，天地定位。艮丙、兌丁，山澤通氣。震庚、巽辛，雷風相薄。離壬、坎癸，水火不相射。

（三）、八卦納甲三合

　　《協紀辨方書》曰：「乾納甲，坎納癸申辰，艮納丙，震納庚亥未，巽納辛，離納壬寅戌，坤納乙，兌納丁巳丑。坎離不納戊己者，二十四山無戊己，故離納乾之壬，坎納坤之癸，其法不知所自來。」《啟蒙附論》曰：「火之體陰也，其用則陽，而天用之，故乾中畫與坤交而變為離。水之體陽也，其用則陰，而地用之，故坤中畫與乾交而變為坎。然則坎離納戊己者，故先天之傳，而離納壬、坎納癸，則後天之用也。其四正卦兼納八支，取與本卦支為三合局，地理家之坐山九星淨陰淨陽皆起於此。」

（四）、羅盤二十四山

　　《協紀辨方書》：「卦四、天干八、地支十二，共為二十四方位。言山則向在其中，如子山則必午向，午山則必子向；壬山則必丙向，丙山則必壬向之類是也。八卦惟用四隅，而不用四正者，以四正卦正當地支子午卯酉之位，故不用卦而用支，用支及用卦也。八卦既定，四正則以八干輔之；甲乙夾震、丙丁夾離、庚辛夾兌、壬癸夾坎。四隅則以八支輔之；戌亥夾乾、丑寅夾艮、辰巳夾巽、未申夾坤。合四維、八干、十二支，共二十四。天干不用戊己者，戊己為中央土，無定位也。」「山」指坐山、方位，「向」指方向。背後為子山，向方就一定是午向。辰山一定是戌向。其中坎、離、震、兌，借地支子午卯酉代表，所以羅盤上只見艮、坤、巽、乾等卦位。三百六十度以八卦均分，每卦有四十五度。再將四十五度分為

三等份，就有二十四個山頭。一卦管三山。坎卦，壬、子、癸。艮卦，丑、艮、寅。震卦，甲、卯、乙。巽卦，辰、巽、巳。離卦，丙、午、丁。坤卦，未、坤、申。兌卦，庚、酉、辛。乾卦，戌、乾、亥。二十四山因堪輿學理氣各自表述，有分中針雙山五行、縫針三合五行、洪範五行等。羅經有天地人三盤之說，係以羅經磁針所指子午為式之二十四方位，謂之「地盤」；以中針子午為式之二十四方位，謂之「人盤」；以縫針子午為式之二十四方位，謂之「天盤」。地盤正針，格龍立向；人盤中針，撥砂用；天盤縫針，消納水法。

第八章　《易經》與六爻預測

　　西漢京房創設八宮卦，由乾、兌、離、震、巽、坎、艮、坤八宮所組成，每宮有八卦，依序為八純卦、一世卦、二世卦、三世卦、四世卦、五世卦、遊魂卦、歸魂卦，總計六十四卦。(參閱第四章京房易六十四卦圖表)。六爻預測又稱「火珠林法」，是因唐宋間麻衣道長著作《火珠林》一書，具體說明以錢代筮如何運作。近代有稱之「六爻預測」、「文王卦」、「五行易」等名稱。

　　學習六爻預測應具備之基礎，整體言之，五行相生相剋、天干五合、天干相冲、地支六合六冲、四季方位（東方甲乙寅卯木）、地支三刑、地支自刑、地支三合三會、地支六害、天干地支陰陽、六十甲子與空亡、二十四節氣、五虎遁、五鼠遁、支藏天干、十二生旺庫、神煞、卜神生剋、六親取用等。基本法則不熟，學習自有障礙。

一、《易》為君子謀

（一）、卜筮基本注意事項

1、服裝儀容端莊，雙手洗乾淨。
2、最好有固定之位置，客廳、書房亦可。須通風採光，動靜適中之空間。神明、佛祖前也適宜。
3、神位前點香三支或檀香爐亦可。

4、無神位時，雙手合掌誠心鑑請亦有效。

5、宜先用紙書寫再占卦請示。包括卜卦之年月日，請卦者姓名、年齡、性別，因何事而卜卦。

6、無事不可隨意請神占卦，否則真有需求反而不驗。

7、需明言所占求之事。

8、當必誠必敬，斷卦貴在融通，亦不可以占邪險之事。

9、無事不亂占。練習者占身外之事，例如天氣、股市。

10、一事不二占。

11、問事者嬉鬧、試探、褻瀆神明不占。

12、心術不正，投機賭博，違背倫理道德不占。

13、飲酒、宿醉、服藥、吵雜等神智無法集中者，不占。

14、服裝儀容端莊，雙手洗乾淨。

15、平時勤修《易》理，務必融會貫通。

16、應慈悲為懷，設身處地，收費合理。切不可落井下石，趁火打劫。

（二）、禱詞

以錢三文，熏於爐上，致敬而祝。祝曰：

天何言哉，叩之即應，神之靈矣，感而遂通。今有某人某事，關心罔知休咎，罔釋獗疑，惟神惟靈，望垂昭報，若可若否，尚明告之。祝畢擲錢，一背為單，畫一。二背為拆，畫— —。三背為重畫〇。純字為交，畫 X。自下而上，三擲內卦成。再祝曰：某宮三爻，吉凶未判，再求外卦三爻，以成一卦，以決憂疑。祝畢，復如前法再擲，合成一卦，而斷吉凶，至敬至誠，無不感應。

二、卦的基本認識

1、當位：

亦稱得位、得正。陽爻居於一、三、五爻位。陰爻居於二、四、六爻位。當位之爻，比喻事物之發展，符合正道、規律、準則。

2、承與乘：

相鄰兩爻，在下者承擔在上者，稱「承」，陰陽當位的相承為吉，不當位得相承為凶。在上者凌乘於下者，稱「乘」；陰爻乘陽爻為「承剛」，陽爻乘陰爻之上，則理所當然。

3、比應：

相鄰兩爻為「比」，象徵相鄰關係。「應」者，初爻與四爻，二爻與五爻，三爻與上爻的對應關係，陰陽相應稱有應。

4、中位：

二爻為下卦中位，五爻為上卦中位。

5、以卦體（位置）劃分：

內卦，又稱下卦，也稱貞卦；外卦，又稱上卦，也稱悔卦。亦可分出天位、地位、人位，合稱「三才之位」。

6、以占卜（動靜）劃分：

靜卦，又稱體卦，也稱貞卦，指沒有動爻的卦象，論卦體

則內卦為貞卦，論占卜則靜卦（本卦）為貞卦。動卦，又稱用卦，也稱悔卦，指包含動爻的卦象。

7、以占卜（卦變）劃分：

本卦，又稱正卦，指按一定筮法求出的原卦；之卦，又稱變卦，指按一定筮法變動後的卦象。

8、以屬性劃分：

四陽卦，又稱四剛卦，指乾、震、坎、艮；四陰卦，又稱四柔卦，指坤、巽、離、兌。

9、十二消息卦：

又稱十二辟卦，也稱君卦。消卦，指十二消息卦中陽爻漸消的卦，即：姤、遯、否、觀、剝、坤；息卦，指十二消息卦中陽爻漸長的卦，即：復、臨、泰、大壯、夬、乾。

10、往來卦：

指《周易》六十四卦中前後相鄰的兩卦，前卦對後卦而言為往卦，後卦對前卦而言為來卦。

11、四正卦、四隅卦：

八卦中居於東、西、南、北四個正位上的卦為四正卦；八卦中居於東南、西南、東北、西北等，四個隅位上的卦為四隅卦。在先天八卦方位與後天八卦方位中，正四卦與四隅卦所指亦不相同。四隅卦又稱四維卦。

12、錯綜卦：

　　錯卦，即對卦，又稱旁通卦，也稱類卦，指陰陽相對的卦，如坎與離、中孚與小過等。綜卦，即反卦，又稱覆卦，指將一卦反覆過來，上下顛倒所得到的卦，例如屯與蒙、需與訟。

13、　半對卦、半覆卦：

　　半對卦分上對與下對兩種，上對卦為上卦相對而下卦相同，如中孚與歸妹；下對卦為下卦相對而上卦相同，如師與明夷。半覆卦分上覆與下覆兩種，上覆卦為上卦反覆而下卦相同，如大畜與大壯；下覆卦為下卦反覆而上卦相同，如無妄與遁。

14、相易卦（反易卦、對易卦）：

　　反易卦，即上下反易卦，指六十四卦別卦中上卦和下卦為顛倒反覆的卦，如頤與大過。對易卦，即上下對易卦，又稱交卦、交易卦、交錯卦、也稱上下易、兩象易，指六十四卦別卦中上卦與下卦為陰陽對立關係的卦，如泰與否、既濟與未濟等。

15、互卦：

　　也稱互體卦、約象、中爻，一般指由中、四爻（二三四五爻）交互組合而成的卦，有時也指一二三四爻或三四五上爻交互組合而成的卦。

16、象卦：

　　又稱大象，是指將六爻卦看成三爻卦之象。如中孚、頤均象離，稱之為大離；小過、大過均象坎，稱大坎；觀象艮，稱大艮等。

17、包卦：

六爻卦上下三爻包容中三爻的卦象。如咸、恒為坤包乾；損、益為乾包坤等等。

18、父母卦、六子卦：

指乾坤二卦，六子指震、巽、坎、離、艮、兌六卦。

19、八卦、六十四卦：

八卦，又稱經卦、單卦、三爻卦、小成之卦。六十四卦，又稱別卦、重卦、六爻卦、大成之卦。

三、旺相休囚衰與十二生旺庫

（一）、四季旺衰

木在春季時，草木萌芽，枝葉欣欣向榮，木「旺」之時。火有木的支援，雖尚未達熊熊火焰，稱為「相」。水被極速生長的木所吸收，消耗元氣甚重，需要「休」息。金在春季時，土為木所剋無法生金，孤立無援，如遭「囚」禁。土在春季遭旺木所剋，又無火生，「死」也。其餘季節仿此。整理如下：

> 春季寅卯月：木旺，火相，水休，金囚，土死。
> 夏季巳午月：火旺，土相，木休，水囚，金死。
> 秋季申酉月：金旺，水相，土休，火囚，木死。
> 冬季亥子月：水旺，木相，金休，土囚，火死。
> 辰戌丑未月：土旺，金相，火休，木囚，水死。

（二）、十二生旺庫

十二生旺庫指長生、沐浴、冠帶、臨官、帝旺、衰、病、死、墓庫、絕、胎、養。五行各有特質，木長生在亥，從亥起算長生，依次順行。火長生在寅，從寅上起長生、卯木沐浴、辰土冠帶、巳火臨官、午火帝旺等，依次順行。金長生在巳，從巳起算長生。水土長生在申，從申起算十二生旺庫，何以出現土水同位？以坤卦屬土，位於西南申位。八字之土長生寄於寅支，火土同位，八字與卜卦兩者有所不同，讀者宜區分。十二長生在卜卦中，以長生、帝旺、墓庫、絕為論卦重點，其餘則較少提到。《三命提要》分論十二長生如下：

五行十二生旺庫表

十二長生	木	火	土、水	金
長生	亥	寅	申	巳
沐浴	子	卯	酉	午
冠帶	丑	辰	戌	未
臨官	寅	巳	亥	申
帝旺	卯	午	子	酉
衰	辰	未	丑	戌
病	巳	申	寅	亥
死	午	酉	卯	子
墓	未	戌	辰	丑
絕	申	亥	巳	寅
胎	酉	子	午	卯
養	戌	丑	未	辰

四、裝卦方法

卜出卦象後，就依序裝上世應、干支、六親、六獸、動爻等。凡陽卦、陰卦、八宮性質、本卦、首卦、純卦、遊魂卦、歸魂卦等，可參閱「京房八宮六十四卦圖表」。六個爻位配上天干地支，稱「納甲」。因為天干不列入吉凶現象之判斷，因此省略天干也算正常的。

（一）、干支裝法

納甲歌

乾金甲子（子寅辰）外壬午（午申戌）。
坎水戊寅（寅辰午）外戊申（申戌子）。
震木庚子（子寅辰）外庚午（午申戌）。
艮土丙辰（辰午申）外丙戌（戌子寅）。
巽木辛丑（丑亥酉）外辛未（未巳卯）。
離火己卯（卯丑亥）外己酉（酉未巳）。
坤土乙未（未巳卯）加癸丑（丑亥酉）。
兌金丁巳（巳卯丑）外丁亥（亥酉未）。

依據上述納甲歌，如果卜出乾為天卦，應由地支子位起，初爻子水，九二寅木，九三辰土，外卦由九四起午火，九五申金，九六戌土。其餘仿此。但陽順陰逆，所以乾、震、坎、艮四陽卦，是依據子、寅、辰、午、申、戌的順序。坤、巽、離、兌四陰卦，則是由亥、酉、未、巳、卯、丑的順序逆裝。

其中每卦起點不同，乾卦（老父）起子水，震卦（長兄同父）起子水，由初爻子水開始逆行。坎卦（中男）起寅木。艮卦（少男）起辰土。坤卦（老母）起未土。巽卦（長女）起丑土。離卦（中女）起卯木。兌卦（少女）起巳火。

（二）、安世應法

　　世爻與應爻是金錢卦的預測靈魂。求占者或求占的一方，稱為世爻。對立的人或對立的事物，稱為應爻。世爻與應爻之間空出兩爻，此兩爻稱間爻，故經由間爻可推測世爻與應爻間之情狀。所以世在初爻，應就在四爻。世在二爻，應在五爻。世在三爻，應在六爻，依此類推。《卜筮正宗》云：「八卦之首世六當，以下初爻輪上陽，遊魂八卦四爻立，歸魂八卦三爻詳。」每一卦的世爻與應爻都是固定而有規律的。

　　每宮第一卦，也就是內卦與外卦均相同之八純卦，世爻固定在最上爻，因此應爻在三爻。
每宮第二卦，世爻在初爻，應爻在四爻。
每宮第三卦，世爻在二爻，應爻在五爻。
每宮第四卦，世爻在三爻，應爻在六爻。
每宮第五卦，世爻在四爻，應爻在一爻。
每宮第六卦，世爻在五爻，應爻在二爻。
每宮第七卦，世爻在四爻，應爻在一爻。（遊魂卦）
每宮第八卦，世爻在三爻，應爻在六爻。（僅二、五爻相錯為歸魂卦）

另有一種尋求世應方法，不必強記。從初爻往上輪翻，陰爻變陽爻，陽爻變陰爻，只要發現變至內外卦相同時，該爻即為世爻所臨。若到五爻仍然尚未出現內外卦相同的情形，轉從四爻向下行。若到初爻方為止，歸魂卦世爻就是在三爻。內外卦相同勿須變，因為那就是八純卦，世爻固定在上爻。所以世爻位置之口訣：一二三六看外卦，四五遊魂內變更，歸魂內卦是本宮。

（三）、裝六親法

所謂六親，指兄弟、父母、妻財、子孫、官鬼。以本宮五行為我，生我者為父母，我生者為子孫。剋我者為官鬼。我剋者為妻財。比和者為兄弟。現在以八純卦之乾卦為例：已知乾卦之五行屬於金，所以我為金。

> 初爻為子水，五行為金生水，稱子孫。
> 二爻為寅木，五行為金剋木，稱妻財。
> 三爻為辰土，五行為土生金，稱父母。
> 四爻為午火，五行為火剋金，稱官鬼。
> 五爻為申金，五行為金比和，稱兄弟。
> 六爻為戌土，五行為土生金，稱父母。

（四）、裝六神（六獸）法

六神也稱六獸，以占卦日為準，從初爻逐步往上至六爻止。以青龍、朱雀、勾陳、螣蛇、白虎、玄武為順序。甲乙日起青龍。丙丁日起朱雀。戊日起勾陳。己日起螣蛇。庚辛日起

白虎。壬癸日起玄武，由初爻依順序往上。六獸附隨在六爻，本身並無衰旺，而是依附各爻五行生剋與六獸特性而言。

（五）、練習例

綜合上述理解，整理出裝卦之次序如下，並以澤地萃卦為例。例一：亥月癸未日(旬空：申酉) 得澤地萃。

1、畫出地支卦象。由初爻至上爻，依序畫出六爻。下卦坤六斷，上卦兌上缺。分辨六沖、六合、遊魂、歸魂等卦名。
2、安世應。由初爻輪流上揚，至上下卦一致，即為世爻位置。
3、依照納甲歌裝干支。坤土乙未內卦順序未、巳、卯。兌金起巳，內卦順序，巳、卯、丑，外卦順序，亥、酉、未。
4、裝六親。以八宮卦五行為我，澤地萃屬於兌宮，所以初爻未土生金，生我為父母。巳火剋我為官鬼。其餘仿此。
5、裝六神。癸日起玄武，依序為玄武→青龍→朱雀→勾陳→螣蛇→白虎。
6、完成後如下：

世應	卦爻	地支	六親	六獸
	▬▬	未土	父母	白虎
應	▬▬	酉金	兄弟	螣蛇
	▬▬▬	亥水	子孫	勾陳
	▬▬	卯木	妻財	朱雀
世	▬▬	巳火	官鬼	青龍
	▬▬	未土	父母	玄武

　　占卜的當日就稱為日辰，在斷卦時居於關鍵位置，對六爻預測不受節氣四季的限制。日辰除對各爻生、剋、沖、合、空亡外，各爻之長生月令、帝旺、墓庫、絕等也是重要因素。月建掌一月三旬，三十天的當權得令。

　　例二：寅月丁巳日（空亡：子丑），占得天澤履卦，讀者按照下列程序：

一、畫出六爻。

二、安世應。

三、裝干支。

四、裝六親。

五、裝六神。裝卦完成後，並可在表格中辨別月建、日辰關係。

世應	卦爻	地支	六親	六獸	月建（寅木）	日辰（巳火）
	▬▬	戌土	兄弟	青龍	月令剋入為死	日辰巳火生戌土，生入。
世	▬▬	申金	子孫	玄武	寅沖申為月破	日辰巳火剋申金，剋入。
	▬▬	午火	父母	白虎	月令生入為相	日辰巳火比和午火，比和。
	▬　▬	丑土	兄弟	螣蛇	月令剋入為死	日辰巳火生丑土，生入。
應	▬▬	卯木	官鬼	勾陳	月令比和為旺	卦爻生日辰巳火，生出。
	▬▬	巳火	父母	朱雀	月令生入為相	日辰與卦爻同字，日建。

例三：子月丙申日（旬空：辰巳），得水雷屯卦。

世應	卦爻	地支	六親	六獸	備註
	▬▬	子水	兄弟	青龍	
應	▬▬	戌土	官鬼	玄武	
	▬▬	申金	父母	白虎	
	▬▬	辰土	官鬼	螣蛇	空亡
世	▬▬	寅木	子孫	勾陳	
	▬▬	子水	兄弟	朱雀	

　　寅木子孫持世爻，安靜不動。月建子水生入為相，申日占卦寅申沖，子孫暗動。暗動者福來而不知，禍來而不覺。子孫暗動剋制應爻官鬼，生妻財。

　　例四：《增刪卜易》例，戊子日（空亡：午未），占生產，得山地剝之風地觀。

世應	卦爻	地支	六親	六獸	動爻	地支	六親
	▬▬	寅木	妻財	朱雀			
世	▬▬	子水	子孫	青龍	○	巳火	官鬼
	▬▬	戌土	父母	玄武			
	▬▬	卯木	妻財	白虎			
應	▬▬	巳火	官鬼	螣蛇			
	▬▬	未土	父母	勾陳			

　　占生產，以子孫為用神。子水子孫，化絕為鬼，不利生育，幸有青龍臨子孫。

讀者可自行練習裝卦

1、子月己卯日，女占男適合否？得火風鼎之火山旅。

2、戌月子卯日，房客自占近期換房屋適宜否？得風地觀之澤風大過。

3、戌月乙亥日，問明日天氣如何？得火地晉之火風鼎。

4、亥月乙丑日，問隔天天氣如何？得坎為水之巽為風。

5、酉月戊戌日，占投資房產，得雷山小過之雷風恒。

6、酉月庚子日，夫代占妻病，得雷火豐。

7、寅月乙未日，男自占相親如何？得水天需之水火既濟。

8、辰月乙未日，自占學習成就？得山澤損之火水未濟。

9、丑月庚子日，自占畢業順利否？得澤火革之天火同人。

10、辰月戊子日，自占與上司關係合否？得風地觀之風山漸。

第九章 《易經》斷卦基礎知識

　　裝卦完成後，首先確定用神。所謂用神，指所問的事情屬於六親中的那一項，例如：問父母親健康狀態，看父母爻。問投資事業，看妻財爻。問官司訴訟吉凶，看官鬼爻。問婚配適宜否，男看妻財爻，女看官鬼爻。關於六爻預測的古籍，有《卜筮全書》《增刪卜易》《卜筮正宗》等。

一、父母、兄弟、子孫、妻財、官鬼等用神

（一）父母：

　　生我者，謂之父母也。能為凶，能為吉，各有所用。遇財則有傷本體。逢鬼則增長光輝。發動則剋傷子孫，生扶兄弟。審其動靜衰旺，各有所宜。《增刪卜易》云：

> 占父母即以卦中之父母爻為用神。占祖父母、伯叔、姑姨父母，凡在我父母之上，或與我父母同輩之親，及師長、妻父母、乳母、拜認之父母、三父八母，或僕占主人，皆以父母爻為用神。占天地、占城池、牆垣、宅舍、屋宇、舟車、衣服、雨具、綢緞、布疋、氈貨、及章奏、文書、文章、書館、契約，亦以父母爻為用神。物類眾多，在人通變，一切庇護我身者是也。《卜筮正宗》云：凡占祖父母、父母、師長、家主、伯叔、姑嫂、與我父母同輩之親友，及城牆、宅舍、舟車、衣服、雨具、求雨、紬布、氈貨、章奏、文章、館舍，俱以父母爻為用神。

（二）兄弟：

比和者，謂之兄弟也。大抵不能為福，亦不能為大凶。無非破敗、剋剝、阻滯之神也。怕逢官鬼發動，則受制。喜遇父母興隆，則有依。動則傷剋妻財，扶持福德，此理弘深，自宜推測。《增刪卜易》云：

> 占兄弟、姊妹、族中弟兄、姑姨、姊妹、姊妹丈，及結義弟兄，皆以兄弟爻為用神。占姊妹丈，以兄弟爻為用神，予屢得驗。至占表兄弟，以兄弟爻為用神而不驗，還以應為用神者是。（按：兄弟乃同類之人，彼得志則欺凌，見財則爭奪。所以占財物，以之為劫財之神；占謀事，以之為阻隔之神；占妻妾婢僕，以之為刑傷剋害之神。）《卜筮正宗》云：凡占兄弟姊妹、姊妹丈、夫妻之兄弟、世兄弟、盟兄弟、及知交朋友。俱以兄弟爻為用神。

（三）子孫：

我生者，謂之子孫也。逢之者，無不為佳。背之者，莫能為福。卦無父母，則無剋。爻有兄弟，則有依。動則生財，剋傷官鬼。《增刪卜易》云：

> 占子孫、占女、占婿、侄甥、門徒，凡在我子孫輩中，皆以子孫爻為用神，占忠臣、良將、醫人、藥餌、僧道、兵卒，皆以子孫爻為用神。占六畜、禽鳥，亦以子孫爻為用神。按：子孫為福德之神，為制鬼之神，為解憂之神，故謂子孫為福神，諸事見之為喜。獨占功名者忌之，故又為剝官削職之神。《卜筮

正宗》云：占兒女、孫姪、女婿、門生、忠臣、良
將、葯材、六畜、僧道、禽獸、陰晴、解憂、避禍及
問天時、日月星斗，俱以子孫爻為用神。

（四）妻財：

我剋者，謂之妻財也。諸事逢之無不為吉。惟占父母及文
書，不宜見之。值兄弟，則有損。遇福德，則愈佳。逢官鬼，
則洩氣。動靜皆吉。雖然動則生鬼，亦不宜發動也。後之學易
者，自當通變。《增刪卜易》云：

占妻妾、婢僕、下役，凡我驅使之人，皆以妻財爻為
用神。占貨財、珠寶、金銀、倉庫錢糧，一切使用之
財物什器，亦以妻財爻為用神。《卜筮正宗》云：凡
占嫂與弟婦、妻妾、婢僕、及親友妻妾、物價、錢
財、珠寶、金銀、倉庫、錢糧、什物器皿，及問天
時、晴明，俱以妻財爻為用神。

（五）官鬼：

剋我者，謂之官鬼也。大抵為凶處多，為福處少。所畏者
福德。所恃者，妻財，動則剋傷兄弟，生扶父母，然卦中雖凶
而不可無，但宜靜而不宜動耳。占身命帶貴人，當為貴用。加
凶煞，仍作鬼推。遇吉，必進祿加官。逢凶必喪亡疾病。占婚
姻，為夫旺相帶青龍者，必聰明俊雅之人，加貴人必有勾當，
不然亦是宦家子弟。若在胎養沐浴爻上，今雖未仕，他日必
貴。最宜持世或臨陽象，皆名得地。《增刪卜易》云：

占功名、占官府、雷霆、鬼神、妻占夫，皆以官鬼爻為用神。占亂臣、賊盜、邪祟、亦以官鬼爻為用神，物類亦多，一切拘束我身者是也。《卜筮正宗》云：凡占功名、官符、雷電、鬼神、丈夫、夫之同輩及親友、亂臣、盜賊、邪祟、憂疑、病症、尸首、逆風、順風等，俱以官鬼爻為用神。

二、《卜筮正宗》論六親用神

（一）六親持世

1、父母持世：父母持世主身勞。求嗣妾眾也難招。官動財旺宜赴試。財搖謀利莫心焦。占身財動無賢婦。又恐區區壽不高。

2、兄弟持世：兄弟持世莫求財，官興須慮禍將來。朱雀並臨防口舌。如搖必定損妻財。父母相生身有壽。化官化鬼有奇災。

3、子孫持世：子孫持世事無憂。求名切記坐當頭。避亂許安失可得。官訟從今了便休。有生無剋諸般吉。有剋無生反見愁。

4、財爻持世：財爻持世益財榮，兄若交重不可逢，更遇子孫明暗動，利身剋父喪文風。求官問訟宜財托，動變兄官萬事凶。

5、鬼爻持世：鬼爻持世事難安，占身不病也遭官，財物時時憂失脫。功名最喜世當權。入墓愁疑無散日，逢沖轉禍變成歡。

（二）、問事用神舉例

問自己，以世爻為用神。

問祖父母、父母，以父母爻為用神。

問兄弟，以兄弟爻為用神。

問妻妾，以財爻為用神。

問丈夫，以官爻為用神。

問子息，以子孫爻為用神。

問終身功名，以世爻為用神。

問終身財福，以世爻為用神。

問求財，以財爻為用神。

問合夥，以世爻為自己。應爻為合夥人。

問婚姻，男家占女，以財爻為用神。女家占男，以官爻為用神。

問胎孕，問胎以子孫爻為用神。

問產婦，以財爻為用神。

問產期，以子孫爻為用神。

問出行，以世爻為出行人，以應爻為地頭。

問行人，以世爻為問卜人，以應爻為行人。

問官司，以世爻為我。以應爻為他。

問災厄趨避，以世爻為用神。

問疾病，占自病，以世爻為用神。

問家宅，以父母爻為用神。

三、斷卦基礎知識

　　裝卦完成後，先看月建與日辰之生剋沖合，決定用神之旺相休囚，世爻與應爻之對應關係。其次觀察變爻，然後再看用神、元神、忌神等，如此卦象趨勢了然於心。進一步者，四時旺相、五行生剋、五行沖合、旬空月破、回頭生剋、三合六合等，事屬各門各類等，依序判斷之。最重要在用神之正確選擇，否則差之毫釐，失之千里。其次，凡事多占，因為多占多問後，對於事情的變化過程，判斷的要件逐漸明朗，累積足夠的卦象資訊，等於間接沙盤推演日後的吉凶悔吝，自然臨事不憂不懼，增加成功的機率。

（一）、解卦是象、數、義、理綜合性表現

　　解卦應象數與義理兼備，金錢卦雖然以五行為基礎，但卦象千變萬化，作為《周易》忠誠的研究者，必須在象、數、義、理、占等各方面齊頭並進。「象」，指卦象、爻象，包含河圖洛書等圖示，並在〈說卦傳〉中詳細說明八卦卦象意義。「數」，數字是對《周易》陰陽數、大衍數、天地數、河圖洛書數等定量研究。「義」，首指《周易》原文之意義，次指〈彖傳〉、〈象傳〉、〈文言傳〉，末指〈繫辭〉、〈說卦〉、〈序卦〉等。「理」，指《周易》哲學思想，包括天道觀、人道觀、天人觀、辯證思維等。「占」，指各種占卜方法例如梅花易數、金錢卦等，卦象之取得則有時間占、物數占、聲音占、字占、尺寸占、為人占等，端視其人卜卦習性。

象、數、義、理，是《易》學發生的階段。易的經驗的形象化與象徵化，是「象」。易的形象與象徵符號的關係化，以及在時空位置上的排列化，以及應用化與實用化，是「數」。易象的關係和排列，亦即易象在數的關係中呈現意義及凝為概念，是「義」。易的意義和概念發揮為命題及判斷，並形成系統，是「理」。「占」，則是以陰陽五行生剋制化之原理，推測人事吉凶悔吝之術數，上焉者結合象、數、義、理，具體運用於社會生活倫理與人生實踐中。

（二）、大象足矣，不拘憂虞悔吝的人生觀

野鶴秘法云：「如占防憂慮患者，若得子孫持世，無虞；官鬼持世，憂疑難解，須宜加意防閑。占功名者，若得官鬼持世，即許成名；子孫持世，且宜待時。占求財者，妻財持世，必得；兄弟持世，難求。占疾病者，若得六沖卦，近病不藥而癒；久病妙藥難調。」解卦是否真有如此簡單？以上所述只是原則而已。往下細斷有空、破、墓、絕、反吟、伏吟、進神、退神、三合、六合、回頭生剋、日月生剋休囚等，不勝枚舉。野鶴又說：「若一卦不現，再占一卦。再占不現，次日又占。昔人泥其不敢再瀆，所以無法。」這是受到〈山水蒙〉卦，「初筮告，再三瀆，瀆則不告」的影響。又云：「事之緩者，隔日再占；事之急者，遲遲又占。不拘早晚，不必焚香，深夜亦可占之。只要單為一事，如心懷兩三事而占卦者，非一念之誠，絕無靈驗。」以上或有反對之說，反對再占，反對夜占，各持己見無妨。其餘整理如下：

1、假若占功名，或是官鬼持世，得其一者，得失已知，不必占矣。不可因厭惡其子孫持世，翻盤再占皆是荼毒卦理。

2、若事情性質相同與眾人同其禍福者，各占一卦，決之更易。例如行舟遇風暴，家中防火燭，人人俱可占之，結果或有不同。但有一個得其子孫持世，皆同沾其福無咎害。

3、若占疾病，病人自占，若不得六冲之卦，一家俱可代占。其中有一人得六冲卦者，或係近病久病，吉凶了然於心。

4、凡關係一己之禍福者，只宜暗中卜卦，不宜有人在傍。占卦完畢，吉凶自知，切不可將此卦又問識者。寧可存此卦帖，待事情過後，然後問人。

（三）、六親

　　所謂六親，即父母、兄弟、子孫、妻財、官鬼等。卦象有六爻，裝上六親後，再依據六親的涵義與預測內容作出吉凶推斷；被選擇的六親，稱之為用神。除非特別狀態，否則沒有六親即無用神，無用神對預測事項即無法具象描述。六親無非取為用神之依據，但人生現象非常複雜，要由六親涵義全部包括自有疑問，讀者可參酌《卜筮正宗》、《增刪卜易》、《卜筮全書》等。

諸爻持世歌訣

1、世爻旺相最為宜。作事亨通大吉昌。謀望諸般皆遂意。用神生合妙難量。旬空月破逢非吉。剋害刑冲遇不良。

2、父母持世主身勞。求嗣妾眾也難招。官動財靜宜赴試。
　　財搖謀利莫心焦。占身財動無賢婦。又恐區區壽不高。

3、子孫持世事無憂。求名切忌坐當頭。避亂許安失可得。
　　官訟無妨可了休。有生無剋諸般吉。有剋無生反見愁。

4、官鬼持世事難安。占身不病也遭官。財物時時憂失脫。
　　功名最喜世當權。入墓愁疑無散日。逢冲轉禍變成歡。

5、妻財持世財益榮。兄若交重不可逢。更遇子孫明暗動。
　　利身剋父喪文風。求官問訟宜財托。動變兄官萬事凶。

6、兄弟持世莫求財。官興須慮福將臨。朱雀并臨防口舌。
　　如搖必定損妻財。父母相生身有壽。化官化鬼有奇災。

六親持世歌

1、父母持世及身宮，旺相文書喜信逢，
　　田宅禾苗皆遂意，占胎問病卻成凶。

2、子孫持世為福神，事成憂散穀財盈，
　　占胎問病重重喜，謁貴求官反不亨。

3、官鬼持世必得官，文書印信兩相看，
　　占婚問病俱凶兆，破宅傷財身不安。

4、陰為妻妾陽為財，持世持身總稱懷，
　　商賈田蠶收百倍，若占病產鬼為胎。

5、陽為兄弟陰姊妹，所問所謀皆退悔，
　　又使凶神同位臨，到頭不遂空勞費。

六親發動訣

1、父母動：父動當頭剋子孫，病人無藥主昏沉，姻親子息
　　　　　　應難得，買賣勞心利不存。觀望行人書信動，
　　　　　　論官下狀理先分，士人科舉登金榜，失物逃亡
　　　　　　要訴論。

2、兄弟動：兄弟交重剋了財，病人難癒未離災，應舉雷同
　　　　　　為大忌，官非陰賊耗錢財。若帶吉神為有助，
　　　　　　出路行人尚未來，貨物經商消折本，買婢求妻
　　　　　　事不諧。

3、子孫動：子孫發動傷官鬼，占病求醫身便瘥，行人買賣
　　　　　　身康泰，婚姻喜美是前緣。產婦當生子易養，
　　　　　　詞訟私和不到官，謁貴求名休進用，勸君守分
　　　　　　聽乎天。

4、妻財動：財爻發動剋文書，應舉求名總是虛，將本經營
　　　　　　為大吉，親姻如意樂無虞。行人在外身將動，
　　　　　　產婦求神易脫除，失物靜安家未出，病人傷胃
　　　　　　更傷脾。

5、官鬼動：官鬼從來剋兄弟，婚姻未就生疑滯，病困門庭
　　　　　　禍祟來，耕種蠶桑皆不利。出外逃亡定見災，
　　　　　　詞訟官非有囚繫，買賣財輕賭博輸，失脫難尋
　　　　　　多暗昧。

六親變化歌

1、父母化父母，文書定不許，化子進人丁，
化鬼身遂舉，化財宅長憂，兄弟本身取。

2、兄弟化兄弟，凡占無所利，化父父憂驚，
化財財未遂，化官身有災，化子卻如意。

3、子孫化子孫，人財兩稱情，化父田蠶旺，
化財加倍榮，化鬼憂病產，兄弟必相爭。

4、妻財化妻財，錢龍入宅來，化官憂戚戚，
化子笑哈哈，化父宜家宅，化兄當破財。

5、官化官為祿，求官宜疾速，化財占病凶，
化父文書逐。化子必傷官，化兄家不睦。

（四）、世爻與應爻

世爻為卦的中心點，預測自己的運氣，世爻五行不宜剋制用神，不宜空亡、月破等。應爻是與世爻相對應的人地事物，例如競爭對手、合作夥伴、協議對方等。六親所持世爻，各有吉凶，略述如下：

1、子孫持世：子孫為福神，生意、出行、財運等為吉。考試、
進官、升學則不宜。
2、兄弟持世：獎賞、文書為吉。財運、婚姻等不吉。

3、父母持世：升學、考試、文書、契約吉。疾病、生育不吉。

4、妻財持世：生意、男婚、失物為吉。預測長輩、買房、契約不吉。

5、官鬼持世：預測官位、升遷、調職、子女婚姻為吉。疾病、官訟不利。

以上是六親持世的簡單判斷，仍然必須進一步以沖、合、墓、空、旺、衰等為斷。所謂世爻旺相，如果亥、子、寅、卯月占卦，世爻臨寅、卯木，則有水來生，木來扶，稱為旺相。

所謂父母持世：指父母爻與世爻同在一爻者。所謂子孫持世，子孫與世爻同在一爻者。其餘官鬼、妻財、兄弟等持世，皆同此例。所謂動變兄、官，指世爻、應爻發動，化出兄弟、官鬼二爻。

世爻代表自己，占自己的運氣就以世爻用神為判斷。

1、月建能生剋沖合。例如，世爻午火，子月占卦，即是月建剋世爻。世爻寅木，亥月占卦，即是月建生助世爻。

2、日辰能生剋沖合。例如，世爻申金，日辰甲戌土能生金。世爻亥水，日辰乙巳來沖。日辰酉金，世爻辰土，論六合。

3、卦中之動爻，能生剋沖合。例如，火雷噬嗑，世爻六五妻財，動在上九巳火，火來生土。又例如風火家人，初爻兄弟卯木發動，剋世爻妻財。

4、世爻自身發動，變出之爻能回頭生剋沖合。例如，山風蠱，世爻官鬼在九三動化成午火，回頭剋酉金妻財。

世應生剋歌訣

1、世爻旺相主安康，作事亨通大吉昌，
　　謀望諸般皆遂意，從他刑害不能傷。

2、父母持世事憂否，身帶文書及官鬼，
　　夫妻相剋不和同，到老用求他姓子。

3、子孫持世事無憂，官鬼從今了便休，
　　求失此時應易得，營生作事有來由。

4、鬼爻持世事難安，占身不病也遭官，
　　財物時時憂失脫，骨肉分離會合難。

5、財爻持世益財榮，若問求財定稱心，
　　更得子孫臨應上，官鬼從他斷不成。

6、兄弟持世剋妻財，憂官未了事還來，
　　鬼旺正當防口舌，身強必定損其財。

　　《卜筮正宗》云：「凡卦中世應二爻，世為自己，應作他人，世應相生相合，是云賓主相投。世應相剋相沖，可見兩情不睦。凡占自己疾病，或問壽數，或問出行吉凶，諸凡損益自身者，以世爻為用也。凡占無尊卑之稱呼、未曾深交之朋友、九流術士、仇人、敵國，或指某處地頭，或指此山此水、此寺此壇等類，俱以應爻為用神也。如占自己有一地可造墳否，則世為穴場，應為對案；如將買他人之地而欲造墳，問此地若葬益利我家否，以應作穴場，世是我家也。」

四、何知章

何知人家父母疾，白虎臨爻兼刑剋。
何知人家父母殃，財爻發動殺神傷。

何知人家有子孫，青龍福德爻中輪。
何知人家無子孫，六爻不見福神臨。

何知人家子孫疾，父母爻動來相剋。
何知人家子孫災，白虎當臨福德來。

何知人家小兒死，子孫空亡加白虎。
何知人家兄弟亡，用落空亡白虎傷。

何知人家妻有災，虎臨兄弟動傷財。
何知人家妻有孕，青龍財臨天喜神。

何知人家有妻妾，內外兩財旺相決。
何知人家損妻房，財爻帶鬼落空亡。

何知人家訟事休，空亡官鬼又休囚。
何知人家訟事多，雀虎持世鬼來扶。

何知人家旺六丁，六親有氣喜神臨。
何知人家進人口，青龍得位臨財守。

何知人家大豪富，財爻旺相又居庫。
何知人家田地增，勾陳入土天喜臨。

何知人家進產業，青龍臨財旺相說。

何知人家進外財，外卦龍臨福德來。

何知人家喜事臨，青龍福德在門庭。
何知人家富貴昌，佛像子孫青龍上。

何知人家多貧賤，財爻帶耗休囚見。
何知人家無依倚，卦中福德落空死。

何知人家灶破損，元武帶鬼二爻�。
何知人家鍋破漏，元武入水鬼來就。

何知人家屋宇新，父入青龍旺相真。
何知人家屋宇敗，父入白虎休囚壞。

何知人家墓有風，白虎空亡巽巳攻。
何知人家墓有水，白虎空亡臨亥子。

何知人家無香火，卦中六爻不見火。
何知人家無風水，卦中六爻不見水。

何知人家兩爨戶，卦中必主兩重火。
何知人家不供佛，金鬼爻落空亡決。

何知二姓共屋居，兩鬼旺相卦中推。
何知一家有兩姓，兩重父母卦中臨。

何知人家雞亂啼，螣蛇入酉不須疑。
何知人家犬亂吠，螣蛇入戌又逢鬼。

何知人家見口舌，朱雀持世鬼來掇。

何知人家口舌到，卦中朱雀帶木笑。

何知人家多爭競，朱雀兄弟持世應。
何知人家小人生，元武官鬼動臨身。

何知人家遭賊徒，元武臨財鬼旺扶。
何知人家災禍生，鬼臨應爻來剋世。

何知人家痘疹病，騰蛇爻被火燒定。
何知人家病要死，身命世鬼入墓推。

何知人家多夢寐，騰蛇帶鬼來持世。
何知人家出鬼怪，騰蛇白虎臨門在。

何知人家人投水，元武入水殺臨鬼。
何知人家有弔頸，騰蛇木鬼世爻臨。

何知人家孝服來，喪門弔客臨鬼排。
何知人家見失脫，元武帶鬼應爻發。

何知人家失衣裳，勾陳元武入財鄉。
何知人家損六畜，白虎帶鬼臨所屬。

何知人家失了牛，五爻丑鬼落空愁。
何知人家失了雞，初爻帶鬼元武欺。

何知人家無牛豬，丑亥空亡兩位虛。
何知人家無雞犬，酉戌二爻空亡捲。

何知人家人不來，世應俱落空亡排。

何知人家宅不寧，六爻俱動亂紛紛。

仙人造出何知章，留與後人作飯囊。
禍福吉凶真有驗，時師句句細推詳。

何知是奧妙，奧妙生剋料，若是吉和凶，六神甲子條。
一宮分八卦，一卦六爻挑，世為內住場，應作賓對曜。
木住東方地，火向南方位，水向北方流，金向西方敘。
世前有官爻，案前神廟居，世爻水帶鬼，有鬼水中淚。
金木水火土，父兄子財鬼，六神兼六親，禍福日辰取。
　　　仔細逐爻詳，其中奧無比。

第十章 六十四卦（上經）

一、〈乾〉〈坤〉

1. 乾卦

䷀	乾卦：乾下乾上（六龍御天之卦，廣大包容之象）。
	卦辭：乾，元亨利貞。

　　乾，健也。天者定體之名，乾者體用之稱。即是說天之體性以剛健為用，運行不息，人法此自然之象而用之於人事。於物象而言，純陽天也。於人事、君、父，以其居尊位，而置為諸卦之首。元，始也。亨，通也。利，和也。貞，正也。乾卦是六十四卦起首，元、亨、利、貞，謂之四德。「元」是純陽和諧，始生萬物，各有其利。「亨」是萬物生化，開通物理人性。「利」是以義理和諧萬物，使事物各得其位。「貞」是固守正道，使萬物事理各得其正。簡言之，諸事之始，大為亨通，需經由和諧萬物，固守正道。

> 判曰：乾者，健也。大哉乾元，蔭覆无偏，
> 　　　元運造化，萬物資始，雲行雨施，變
> 　　　化不言，東西任意，南北安然。
> 占義：諸事吉而亨通，宜健行不息。

> 象曰：大哉乾元，萬物資始，乃統天。雲行
> 　　　雨施，品物流形，大明終始，六位時
> 　　　成，時乘六龍以御天。

　　象，斷也，裁也。乾卦是天地萬物藉茲所生的總根本，也是宇宙運行的原則與原動力，乾卦本以象天，故本乎天道，統貫天地人。「雲行」是大氣的流動變遷，比喻氣象和諧交融。「雨施」是普降甘霖，無所不至。所有一切有形的物品，在大化流行之間即生即滅，但乾體永保無虧，明白昭示至健之道。「大明」指空間。「終始」指時間。「六位」指六爻，六爻適時適地展現陰陽不測，乾升坤降之變化。適時使乾道駕馭「六龍」施利於萬物。所謂「六龍」指潛龍、見龍、惕龍、躍龍、飛龍、亢龍等。「御天」指乾卦代表的天道，經由「元亨利貞」的過程，下貫天道性命。

　　乾卦是一個天地萬物，天道性命的綱領，每一爻就是一條龍，象徵自然變化的現象。上古的人讚歎大自然神妙之能力，所以讚美乾卦「大哉」，下落到社會人事，是屬下對長官施祿及下，需求者對供給者應有的誠敬態度。《乾》卦發動六十四卦，六十四卦分別抽象的代表形而上的道與形而下的器。因此，任何一個機構大如國家，小如家庭，都應該有一位「乾」者，負責擔任推動運行之火車頭。在推動之中，「乾」者取「雲行雨施」對下屬公道無私，諧和運作，使事物人倫，各安其位，「六位時成」則美譽流行，順時機而成事，以人道積極性契合天道時空規律性。

> 乾道變化，各正性命，保合太和，
> 乃利貞。首出庶物，萬國咸寧。

　　乾卦道體無形，自然使物開通，謂之「道」。「變」謂後來改前，以漸移改，謂之變也。朱熹：「變者化之漸，化者變之成。」「化」謂一有一無，忽然而改，謂之為化。即言乾之為道，使物漸變，使物卒化，各能正定物之生命。朱熹：「物所受為性，天所賦為命。」「性」者天生之質，若剛柔遲速之別。「命」者人所稟受，若貴賤夭壽之屬。「保合」，就是萬物之間相互和諧運作。純陽剛暴，得「保合太和」，和順則物蒙其利，保安合會，太和之道，乃利貞於萬物。「庶」，眾多。乾卦為萬物之首，聖人效法乾德，生養萬物，言聖人為君在眾物之上，群類各置君長以領萬國，故萬國皆得「咸寧」。乾卦變化不已，但仍須保持陰柔一方的和諧對待，廣納四方建言。所以領導者應善用指揮權，布散恩澤，任用群賢，使合於天地四時，各正其位。

> 象曰：天行健，君子以自強不息。

　　「象」者，像也。雖有卦象、實象、虛象、假象，皆以儒家義理示人。「天」者，萬物壯健，皆有衰怠；唯天體運行，晝夜不息，周而復始，無時虧退，故云「天行健」。言「君子」者，謂君臨上位，子愛下民，通天子諸侯，兼公卿大夫有地者。凡言「君子」，義皆然也。「自強不息」，指君子以人事法天所行，自強勉力，不有止息。所謂「君子」泛指有志於道者，乾為天，天體運行健壯有序。君子法天地自然循環之規

律而不懈怠。

初九：潛龍勿用。
象曰：潛龍勿用，陽在下也。
占義：時機未到，勿用。

　　乾卦初九，居第一之位，故稱「初」。以其陽爻，故稱「九」。潛者，隱伏之名；龍者，變化之物。潛龍之時，小人道盛，聖人雖有龍德，於此時唯宜潛藏，勿可施用，故言「勿用」。〈象〉曰：「潛龍」，明《易》之龍則「陽氣」也。初九龍氣未盛，正適宜君子充電，觀察時機而出仕、創業、求功名等。忌強行出頭，逆勢而行，宜伺機而動。

九二：見龍在田，利見大人。
象曰：見龍在田，德施普也。
占義：利見下位之人，勿好高騖遠。

　　「見龍」者，出潛離隱，處於地上。田是地上可營造作為之處，陽氣發在地上，故曰「在田」。「利見大人」，以人事而言，猶如聖人久潛稍出，雖非君位而有君德。「大人」者，利益天下，有人君之德者。「德施普也」，二爻居下卦之中，故周而普遍，居中不偏。龍德在田，表示君子已經立身在世，上應於五爻飛龍，以道德普施能擔綱任事。

> 九三：君子終日乾乾，夕惕若，厲，无咎。
> 象曰：終日乾乾，反復道也。
> 占義：卦象憂懼，但朝夕惕厲，可避免疾害。

　　乾卦九三「終日乾乾」。因為處下卦之極，居上卦之下，在不中之位，履上下重剛之險。上不在天，未可使其尊長開懷釋然，未得尊長厚愛；下不在田，未可以寧適其居。九三位在上下之際，應首尾兼顧，不得專志修練對應上位之功夫。若純修上道，則處下之禮義曠廢殆然，故應兼修與下屬相處之道。「夕惕若，厲」，則須居下卦之上而不驕，在下而不憂；時時而惕，不失其機，雖危而勞厲，可以「無咎」。〈象〉曰：「終日乾乾」，言自強不息，反反覆覆，皆合其道。九三的位置很尷尬，在下卦之上，雖然領導小單位，但仍遭上級單位之管束。在自己的單位普施恩澤，獲得擁戴，亦不可抵觸上屬之指令，如果只顧及大人臉色，只怕部屬抽樓梯、放冷箭。其次，往上則陽爻重重，騎虎難下，瞻前顧後，堅守正道是最佳的選項。

> 九四：或躍在淵，无咎。
> 象曰：或躍在淵，進无咎也。
> 占義：前有險阻，保持隨時進退之靈活性。

　　乾卦九四，去下體之極，居上體之下，乾道革之時也。君子進則跳躍在上，退則潛處在淵，比喻進退自如。履重剛之險，而無定位所處，故九四處於進退無常之時位。接近九五帝尊，欲前進發揚其道，但居四爻陰位，被壓制在九五之下，非

輕躍所及。〈象〉曰：「无疚」者，欲靜其居，居非所安，遲疑猶豫，未敢決志。用心存公，進不在私，疑以為慮，不謬滯於結果，故「无咎」也。九四已經脫離下卦，擔任大單位的下屬，已經接近領導核心，但是領導還是透露出狐疑的眼神。九四察言觀色，不亢不卑，動則躍於九天之上，退則藏於九地之下。運勢不利則避免徒勞無益，收斂不切實際的表現，一切以公利為主，以免掉入不測深淵。

```
九五：飛龍在天，利見大人。
象曰：飛龍在天，大人造也。
占義：利於布施、提拔、上任等事。
```

　　乾卦九五，陽氣盛大通天，猶若聖人龍德飛騰而居天位，德被天下，為萬物所瞻覩，故大人利於普施天下之利，恩澤廣備。「飛龍」者，龍德飛騰，聖人功德萬人瞻仰之。〈象〉曰：「造」，為也。創生飛龍所代表的聖德，唯有依賴君子大人。大人登上九五之位，集權勢於一身，天下歸服，有立德、立言、立功的機會，普濟眾生，故仰賴大人行善濟世。

```
上九：亢龍，有悔。
象曰：亢龍有悔，盈不可久也。
占義：驕兵必敗，若為變爻化柔則吉。
```

　　乾卦上九，亢陽之至，大而極盛，故曰「亢龍」。此自然之象，以人事言之，似聖人有龍德，上居天位，久而亢極，物極則反，故「有悔」。〈象〉曰：「盈不可久」，九五是盈

也，盈而不已則至上九，地位臻於亢極，物極必反，悔恨必生。享受權勢就像麻藥，忘記自己如何一路艱辛而來，當野心勃勃強出頭，昧於現實悖逆天道，很快就有悔吝的凶險發生。

> 用九：見群龍無首，吉。
> 象曰：用九，天德不可為首也。

〈乾〉卦用九，見「群龍無首」吉，以剛健而居人之首，六爻俱陽爻，乃共成天德一片，並非是一爻陽九，則稱為天德。九是天之德也，天德剛健，當以柔和接待於下，不可更懷剛健為物之首，上九亢龍居一卦之終，六爻輪流變化，陽氣宜轉化陰柔之質，故云「天德不可為首」。故六爻皆陽，並非某爻獨佔鰲頭。所以組織群體運作順暢，業績耀眼，不是領導一人的功德，而是全體上下的努力，群龍不爭功，故吉。

> 文言曰：元者善之長也，亨者嘉之會也，利者義之和也，貞者事之幹也。君子，體仁足以長人，嘉會足以合禮，利物足以和義，貞固足以幹事，君子行此四德者，故曰：乾，元亨利貞。

〈文言〉傳僅針對「乾」「坤」二卦進行解釋。卦辭云：元、亨、利、貞。乾之為體，是天之用。凡天地運化，自然如此，因無無而生有也，無為而自為。故天本無心，豈能造出「元亨利貞」之德也？天本無名，豈能造出「元亨利貞」之名也？但聖人以人事托之，謂此自然之功，為天之四德。垂教於萬民，使後代聖人法天之所為，故立天「四德」以設教也。道

生一，一生二，二生三，三生萬物，以萬物養命，故君子循天道剛健不息，效法天道以道德養性。

「元者，善之長」謂天體本性，生養萬物，善之大者，莫善施生，故元為施生之宗，自然規律的原動力。言君子體悟仁道，汎愛施生，足以得世人的尊重。「亨者，嘉之會」，嘉，美也。天能通暢使萬物流行，使萬物和諧的會聚。君子使萬物會聚運作，足以配合於禮，謂法天之「亨」。「利者，義之和」，言天能利益庶物，使物各得其宜而和同。言君子利益萬物，使物各得其宜，足以和合於義，法天之「利」也。「貞者，事之幹」，言天能以中正之氣，成就萬物，使物皆得相濟。君子能堅固貞正，令物得成，使事皆幹濟，此效法天道剛健之「貞」。

前四句以天之德配四時，「元」是物始，於時配春，春為發生，故云「體仁」，仁則春也，屬木。「亨」是通暢萬物，於時配夏，故云「合禮」，禮則夏也，屬火。「利」為和義，於時配秋，秋既物成，各合其宜，屬金。「貞」為事幹，於時配冬，屬水，冬既收藏，事物皆完成。於五行之氣，唯少土也。土則分旺四季辰、戌、丑、未，四氣之行，非土不載，以方位而言，水生木，中間以艮土承載木；火剋金，以坤卦中土承轉火金相剋之矛盾。

「元亨利貞」稱為四德，以天道言之，即春夏秋冬循環不已的過程。以人道言之，指出道德本質即是仁禮義智。作為領導要有 P→D→C→A 的觀念，由計畫到執行，由執行到檢核，將檢

核經驗融入下一次計畫中，就是元亨利貞的起承轉合過程。

初九：潛龍勿用，何謂也？子曰，龍德而隱者也，不易乎
　　　世，不成乎名，遯世無悶，不見是而無悶，樂則行
　　　之，憂則違之，確乎其不可拔，潛龍也。

〈文言〉傳云：「潛龍勿用」，夫子以人事釋「潛龍」之義，聖人懷龍德而隱居，「不易乎世」，不因世俗之影響而移轉心志，「不成乎名」，不求功名顯達於世，「遯世無悶」，雖不見用於世，又逢險難，但心無所悶。「樂則行之」，凡讓自己心無所愧，則樂於行之，能進則進。「憂則違之」，道若不行，心以為憂，即明哲保身高飛遠離。「確乎其不可拔」者，身雖逐物推移，隱潛避世，心志守道，確然堅實而不可拔乎。君子處世立身，不論主客觀因素而無法得到重用，應保持不憂、不懼、不悱的精神，堅守中道，進退有據，觀察時勢，伺機而動。

九二：見龍在田，利見大人，何謂也？子曰，龍
　　　德而正中者也。庸言之信，庸行之謹，閑
　　　邪存其誠，善世而不伐，德博而化。易曰
　　　：見龍在田，利見大人，君德也。

見龍在田，「利見大人」，陽爻居中，「庸」謂中庸平實。庸，常也。平常保持一貫之信實與謹慎，「閑邪存其誠」，放下邪惡保存誠體。「善世而不伐」，處世與人為善，盡性於道體，而不自伐誇耀其功。「德博而化」，君子之道德

廣被四海，而能適時適地，窮理變化。因為「君德」俱備，雖「在田」而非在「君位」，仍然適宜謀仕，求進階而服務天下。九二在下卦之中，比喻為小單位小主管不應埋怨生不逢時，大才小用，而應該扎實基礎，廣布暗樁，做為日後大展長才的準備工作。

> 九三：君子終日乾乾，夕惕若厲，無咎，何謂也？子曰
> 　：「君子進德修業。忠信，所以進德也，修辭立
> 　其誠，所以居業也，知至至之可與幾也，知終終
> 　之可與存義也。是故居上位而不驕，在下位而不
> 　憂。故乾乾因其時而惕，雖危無咎矣。」

　　君子「進德修業」者，德謂德行，業謂功業。君子欲進益道德，修營功業，故「終日乾乾」不得匡懈。「忠信」者，推忠於人，以信待人，人則親而尊之，其德日進，是「進德」也。「修辭立其誠」，辭謂文明教育，誠謂誠實。外則修理文教，內則立其誠實，內外相成則有「功業可居」。「知至至之」者，九三處一體之極，方至上卦之下，是「至」也。既居上卦之下，而不凶咎，是「知至」也。既能知是將至，則是能發現幾微端倪之事，則可與共同討論精緻細微之事。「幾」者，去無入有，有理而未形之時，事物發萌之時。

　　九三既知時局將至，「知至」且致力進取，故可與共營「幾」也。居一體之盡，而全其終竟，是「知終」也，見好就收。猶如元亨利貞，舉一反三，周而復始。既知此事終盡之時，「義」者，宜於保存其位，於事進退得宜。因「知終」居

下卦之上，不敢驕慢。因「存義」居上卦之下，乾乾惕厲而不憂。因「其時而惕」，九三深知懈怠則曠，失時則廢，自然遠離咎害。九三經過一番努力得到一些局面，欲進必須「知幾」，欲退必須「存義」，進退之間須分辨義利。故進德修業的工夫，是不論何時何地應該實踐的。

> 九四：或躍在淵，无咎，何謂也？子曰，上下無常，非為邪也。進退无恒，非離群也。君子進德脩業，欲及時也，故无咎。

「上下無常」，指上而欲躍，下而欲退。「上下」者，據位也。「無常」乃意在於從王事，兼善天下，不是為自己邪惡欲望。「進退」者，據爻也。「非離群」者，依群眾而行，非獨善其身，自視卓絕而離群。「進德」則欲上、欲進，棄位而成躍龍。「修業」則欲下、欲退，仍退在淵。「欲及時」者，九四進入上卦，緊隨九五飛龍，是承上之職責。九四離開深淵，居非中位，當然要奮勇前進，取得制高點。但不要孤立無援，離群索居。進德修業，上下都秉持正道。追隨九五是瞬間而應及時掌握的。君子不器，故九四能靈活進退。

> 九五：飛龍在天，利見大人，何謂也？子曰，同聲相應，同氣相求。水流濕，火就燥，雲從龍，風從虎。聖人作而萬物覩，本乎天者親上，本乎地者親下，則各從其類也。

「同聲相應」者，若彈宮而宮應，彈角而角動，故相同的

聲音會互相呼應。「同氣相求」者，若天欲雨而柱礎濕潤，比喻氣質相當者彼此感通。「水流濕」，水流於地，先就低窪濕潤處。「火就燥」，火焚柴薪，先就柴薪乾燥處開始延燒。水火雖無形，自然而然，無意識而互相感應。去除私欲以公益相感，故利見大人。

「雲從龍」，雲是水氣，龍是水積蓄而成。「風從虎」，風是震動之氣，虎是威猛之獸，因同類相感，龍吟則景雲出，虎嘯則谷風生。飛龍在天，萬物爭睹大人之利，因同類相感，聖人有生養之德，萬物有生養之情，天地之大德曰生，故聖人與萬物同聲同氣，生生不息。天地絪縕，和合陰陽二氣，各依其性，有受氣於天道偏多者，「本乎天者親上」，指形而上者之道。有受氣於地道偏多者，「本乎地者親下」，指形而下者之器。「飛龍」者，大人之類，廣解天地共相感應之氣，推仁德恩澤之利於天下。近朱者赤，近墨者黑，飛龍在天，收覽天下同聲同氣者。故領導者應善用各種局面，尋求相同氣勢，以為助力。

> 上九：亢龍有悔，何謂也？子曰，貴而無位，高而無民，
> 　　　賢人在下位而无輔，是以動而有悔也。

爻位發展到最終，亢龍在極點反而憂虞悔吝，此義何在？上九雖然居於最高位，反而脫離人民，既然與人民隔離，則帝王之意義不復存在。九二賢良君子遠在下位而無法輔助，輕舉妄動必加速悔吝來臨。

> 潛龍勿用，下也；見龍在田，時舍也；終日乾乾，
> 行事也；或躍在淵，自試也；飛龍在天，上治也；
> 亢龍有悔，窮之災也；乾元用九，天下治也。

　　初九潛龍勿用，應籌謀規劃不宜躁進。九二見龍在田，君子離開潛隱之地，身居下卦中位，可以依據時局形勢，進退自如。九三終日乾乾，領導下卦努力奮動，終日健行而不止息。九四躍龍輔佐王事，自我嘗試不遺餘力。九五飛龍尊貴權重，在上位治理下民。上九亢龍物極必反，窮盡之時又不知變通，災咎必然如影隨形。「乾元用九」，如何治理天下？九，陽數之終極，乾卦取元亨利貞順時流行，治理天下必然井然有序。

> 潛龍勿用，陽氣潛藏；見龍在田，天下文明；
> 終日乾乾，與時偕行；或躍在淵，乾道乃革。

　　初九潛龍，因陽氣尚未浮出地面，所以時不我予，暫勿見用。九二見龍在田，田中百穀萌生，日麗光和，文明采躍。九三終日乾乾，順天時規律變化，生息不止。九四或躍在淵，由下卦進入上卦，因時位遷移，需變革其道。

> 飛龍在天，乃位乎天德；亢龍有悔，
> 與時偕極；乾元用九，乃見天則。

　　九五飛龍照臨於天，恩澤普施，故稱天德。上九亢龍有悔，時位俱皆窮盡極端；乾卦元亨利貞，代表天道運行的自然規則。

> 乾元者，始而亨者也；利貞者，性情也。
> 乾始能以美利利天下，不言所利，大矣
> 哉。大哉乾乎，剛健中正，純粹精也；

　　乾代表萬物始生，繁榮亨通。性者，天生之本質。情，以六爻旁通之情順理行事，得陰陽二氣中和。因乾卦具備元、亨、利、貞，故能完美善終，利益天下事物而不自居其功利。乾卦之偉大，在於剛正而自強不息；又六爻俱陽，卦義引申為純粹無雜，精誠唯用。

> 六爻發揮，旁通情也；時乘六龍，以御天也；雲行雨
> 施，天下平也。君子以成德為行，日可見之行也。

　　六爻以時位上下變化之意義，觸類旁通，接引萬物情理；循著六爻潛、見、惕、躍、飛、亢等龍之變化，駕馭天理而變化運作。雲行遍及天下，雨施均而不偏，乾道無不公平。君子以追求道德成就為行動準則，日日將德行楷模彰顯於外。

> 潛之為言也，隱而未見，行而未成，是以君子弗用
> 也。君子學以聚之，問以辨之，寬以居之，仁以行
> 之。易曰：見龍在田，利見大人，君德也。

　　「潛」龍的意思是主客觀條件尚未成熟，當君子處於隱晦不利，既無明顯之權位，行諸四海，即難以期望成就，故君子不急於當下之期。君子好學，故團聚志同道合之士；不恥下問，廣泛問學，以增強分辨義理是非之能力。寬宏大量居於鄉

里，再以仁禮接待應對，美譽加身。《易》曰：見龍出現在田，比喻君子道德修養俱備，故利於見大人以輔佐王事。

> 九三，重剛而不中，上不在天，下不在田，故乾乾因其時而惕，雖危無咎矣。

「重剛」，指六爻皆陽，九三位居下卦之終，承在上卦之下，未得中位，既無上位之權勢，又未落實在潛隱之地，故不尊不卑應時時警惕，雖有危機但能履險如夷，而無咎害。

> 九四，重剛而不中，上不在天，下不在田，中不在人，故或之。或之者疑之也，故無咎。

九四與九三都是「重剛而不中，上不在天，下不在田」，而且不居二、五爻之中位。唯九四上近於天，下遠於地，人心上下無定，進退憂疑，非人所處之道，故中不在人。或之，疑惑的意思。若能疑惑、危惕、憂慮，則無咎害。

> 夫大人者，與天地合其德，與日月合其明，與四時合其序，與鬼神合其吉凶。先天而天弗違，後天而奉天時，天且弗違，而況於人乎？況於鬼神乎？

天地、日月、四時、鬼神都是陰陽和諧之中的產物。天地表現在好生之德，日月表現在光明照耀，四時表現在時序規律，鬼神是表現在形而上的「一陰一陽之謂道」的運行變化，指萬物生化生生不息的玄妙。君子若在天時之先行事，天道乃

在後不違，因為君子行事以道德為準，天道必合大人之德。若在天時之後行事，君子亦能奉順天道，推天道以明人事。天道契合乾道，乾道尊而高遠，何況其下位之人道與鬼神之道，豈能違背天道？

> 亢之為言也，知進而不知退，知存而不知亡，知得而不知喪，其唯聖人乎？知進退存亡而不失其正者，其唯聖人乎！

上九亢進之原因，在於知進、知存、知得，而對於極端反面之退、亡、喪，均掉以輕心，如此重陽輕陰豈是聖人之道？故聖人應以心思知慮進退，以公義私利評估何者存亡？以貪念禍淫論何者應得應喪？秉持聖人不失其正道，而能掌握乾道之規律。

2. 坤卦

> 坤卦：坤下坤上(生載萬物之卦，博厚無疆之象)。
>
> 卦辭：元、亨，利牝（ㄆㄧㄣˋ）馬之貞。君子有攸往，先迷後得主利。西南得朋，東北喪朋，安貞吉。

乾道是剛健的，天地萬物化生的總根源。〈繫辭〉說：「天尊地卑，乾坤定矣。」坤卦代表地道，接續於乾卦天道之後，開始滋生萬物。〈象傳〉又說：「太極生兩儀」。乾卦六

爻皆陽，坤卦六爻皆陰，兩儀分別是陰陽。乾以剛健為貞，坤卦以柔順為卦義，所以萬物有乾卦的運作，又因地道之承載而生生不息，因此元始亨通。「『利』牝馬之『貞』」，表示坤卦的條件是柔順追隨乾卦，其後必有「利貞」可取。坤卦不敢為天下先，採用老二哲學。

「君子有攸往」，指君子開始有所行動。坤卦皆陰，以陰為邪惡欲望，違背正理行事，故先迷失方向，後來回歸正道，陰在陽之後就是適合於義理。義，自然掌控住利益。牝馬對牡馬為柔，馬對乾卦之龍為順從，故以牝馬形容行地無疆，廣生萬物之德。君子適合固守柔順利貞，故先於乾道，越俎代庖，僭越尊貴，即因本身至柔而條件不足，故產生迷惘疑慮。若跟隨明主之後，必因柔順而得利益。「西南得朋」，後天八卦坤在西南，文王比喻自我得朋類相聚，民心得以聚集；而東北為艮卦陽剛，比喻商紂殘暴喪失民心。所以坤卦秉持柔順，追隨陽爻的策略，就是亨通有利的保障。

判曰：坤者，順也。乃順承天，萬物資生，用動則濁，用靜則清。所作有順，萬物皆成。占此卦大亨，而利於順健，先迷勿懼，先苦後甘，西南有利，東北艱困。

占義：柔順承載，利於同類相聚，順承上位。

象曰：至哉坤元，萬物資生，乃順承天。坤厚載物，德合無疆，含弘光大，品物咸亨。牝馬地類，行地无疆，柔順利貞。

坤為地，代表地道的廣大浩瀚。地道承載萬物依於地而生長，因為坤卦柔順依附乾卦，所以順承於天。坤卦的特性是厚而無疆，可以廣載天地萬物，比喻坤卦的道德是廣大恢宏，長久不衰，無所不至，品類萬物，有條理而流行亨通。牝馬柔順的特質，相同於地道忍辱負重，如果能仿效地道的寬柔包容，其行必然無窮無盡，故柔順可減免阻力，利於成就正道。

> 君子攸行，先迷失道，後順得常。西南得朋，乃與類行，東北喪朋，乃終有慶，安貞之吉，應地無疆。

君子修道進德，取柔順漸進之道，搶「先」機則失其為陰柔之道，反而迷失正道。坤道主成，成功不必在我，故坤柔順跟隨在乾卦之後。故須「後」則得柔順之常道，事物各有準則而不亂即是常道。西南坤卦與同類俱行，得其同類相助，有利於事物進展。東北艮卦陽剛，初時雖離陰爻群類，終極則因柔道發揮作用而有喜慶善終。固守坤道之柔順，善用坤卦的作用，必獲坤德吉利而無遠弗屆。

> 象曰：地勢坤，君子以厚德載物。

坤為地，地界無疆域，地貌至為廣闊，地勢不論方直或崎嶇，其勢必然廣闊承接於天際。比喻君子學習坤道特性，廣修厚德，故胸襟得以容載萬物，萬物必然各順其性。坤相對於乾，乾卦剛健而動，坤卦「載物」是土地博厚之卦象所引申，「厚德」是以卦象引申儒道而言。

> 初六：履霜，堅冰至。
> 象曰：履霜堅冰，陰始凝也。馴致其道，至堅冰也。
> 占義：形勢險峻，應防範於先，提早布置。

「履霜，堅冰至」，初六陰爻開始，霜居於初爻，表示寒氣將至，腳踏在秋霜之上，即知道冬季堅冰即將來臨。「陰始凝，馴致其道」，比喻陰氣是逐漸加重，防寒抗凍要提早準備，秋霜即將累積成堅冰，冰凍三尺，非一日之寒，事情的演變都存在著可以觀察的因果跡象。

> 六二：直方大，不習无不利。
> 象曰：六二之動，直以方也。不習无不利，地道
> 　　　光也。
> 占義：凡內直外方而占問卦事，其事無往不利。

坤土居中得正，比喻陰隨陽動，「直方」指道德特性內直外方，「大」形容道德本體。「不習」指萬物自然化生，不假勤修苦營。或其德日新，不守其故。六二陰爻居下卦中位，自然興動，不假修習卻仍無往不利，因為具有地道柔而廣博的本性，故得四方廣泛接納。

> 六三，含章可貞，或從王事，無成有終。
> 象曰：含章可貞，以時發也；或從王事，知光大也。
> 占義：開始時困於艱難無成，然順隨時勢終局有成。

「含章可貞」，指君子剛強而不暴，柔從而不流，溫良恭

儉，寬容不驕慢之德。六三處下卦之極，不敢為首，須待命乃發，或順從於王事。按說，六三陰爻居陽位，地位尷尬，但六二居中雖然美德彰顯，但坤卦未成，到了三爻出現坤卦才算完成。「無成有終」，坤道陰柔，能自謙退，輔佐其主子而不因功高自以為霸主，則必有終美，故稱「無成」。「以時發也」，等待時機而動，若有王道之事業，應拋棄私念，發揮智慧、光明、博大的道德性。

> 六四：括囊，无咎，無譽。
> 象曰：括囊无咎，慎不害也。
> 占義：占事應謹慎，守密，隱遁，終局無利可圖。

「括囊」者，括，閉結的意思，將囊袋結口封閉，比喻暫時封閉其智慧，勿使鋒芒畢露。六四進入上卦，處於上卦之下，又接近六五，履非中位，故知明哲保身，閉守其智，既無過咎亦無美譽。「慎不害」者，與事物同流，既不害人，亦需謹慎而免於遭害。

> 六五：黃裳元吉。
> 象曰：黃裳元吉，文在中也。
> 占義：諸事吉利，易不可占險。

黃，中土之顏色。裳，上體之服稱衣，下體之服稱裳。衣在上，比喻乾卦。裳在下，比喻坤卦。六五陰爻為臣，柔順而居君位，貴在中和融通事理。元吉，即大吉，卦體有地勢廣厚，厚德載物的道德性。「文在中」者，文比喻道德，雖然乾

上坤下，五爻已經準備轉化，土性居中，六五有文德與職位，文采在中，以柔順之質而不用威武之力。

上六：龍戰于野，其血玄黃。
象曰：龍戰于野，其道窮也。
占義：卦象凶險，迷途知返以保其身。

上六一卦之終爻，群陰變調而與陽剛交戰。「龍戰於野」，龍指乾卦六龍，上六在外，稱野，比喻上六困於窮盡之地，又發展到極點，僭越行事，造成陽必須抵制陰。「其血玄黃」，指陰陽相傷，〈說卦〉：乾為大赤，紅色，即血色，取其盛陽之色，又云「戰乎乾」，戰必有血。玄黃指血流至土中，大地染出深黃之色，比喻爭鬥慘烈。「其道窮」，陰不知反省而迷失，將走到窮途末路。

用六：利永貞。
象曰：用六永貞，以大終也。

永，長久。貞，正也，永遠貞正。眾爻皆柔順，坤德堅持長久之正道，且接受乾卦的領導。「大終」者，長守貞正，以柔制剛，終其化育萬物之功。

文言曰：坤至柔而動也剛，至靜而德方，後得主而有常，
　　　　含萬物而化光。坤道其順乎，承天而時行。

「坤至柔而動也剛」，坤卦六爻陰柔，本體雖至柔，六爻

漸動，初雖柔弱，但與乾卦同步，終至堅剛而不撓。「至靜而德方」，相對天而言，地是柔順安靜，但坤德方正。「後得主而有常」，陰柔而順隨主君之後，量時而行，不敢爭先，謹守坤卦常理。涵養萬物使萬物廣博生化。「坤道其順乎，承天而時行」，坤卦的性質就是柔順，坤道的美德就是順承天時，相取時機而動。

> 積善之家，必有餘慶；積不善之家，必有餘殃。臣弒其君，子弒其父，非一朝一夕之故，其所由來者漸矣，由辯之不早辯也。易曰，履霜堅冰至，蓋言順也。

　　六爻皆陰逐漸上升，至龍戰於野是積累所成。君子觀察履霜堅冰，見微知著，故體會美善之家亨通利達，必然是長期累積善行，致使四方順服。積不善，不知累積善行，其後必然災殃疊疊而來。例如臣弒其君，子弒其父，非一朝一夕之故，即因果關係是質量累積的漸變過程。「其所由來者漸」，指所以如此之原因在於日積月累，積陰柔不已，而初時不知及早防辨，乃終至禍亂。《易》曰：「履霜堅冰至，蓋言順也」，指循順習惡，積微漸著，始有堅冰之禍害。

> 直，其正也；方，其義也。君子敬以直內，義以方外，敬義立而德不孤。直方大，不習无不利，則不疑其所行也。

　　「正」，君子效法坤地正直厚道而生萬物，故內心正直。「方」，處世有方，萬事合乎義理。「敬以直內」，君子本於內心對坤道厚德之恭敬。「義以方外」，表現義理於外，端正

行於四方,則心意恭敬接待於人,人亦恭敬對待於我,故德不孤而四鄰相應。坤道在於正直無邪、方正謙恭、廣博弘大,故君子本性萬物皆備,和而不競,無往不利,無須猶疑所行艱困無利。《論語・里仁》:「德不孤,必有鄰。」

> 陰雖有美,含之以從王事,弗敢成也。地道也,妻道也,臣道也。地道无成,而代有終也。

「陰雖有美,含之以從王事,弗敢成也」,陰爻的美質是含蓄、和而不競,順從王事輔佐君主,故不矜伐自誇,強贊居功。地道的美德是待唱乃和,代陽有終,可以藉妻道從夫,臣道從君,不敢先於其主為卦象。故地道卑柔,不自居成就萬物之功。「代有終」,乾為大始,坤卦默默在後面收拾。

> 天地變化,草木蕃,天地閉,賢人隱。
> 易曰:括囊,无咎无譽,蓋言謹也。

「天地變化,草木蕃」,天地順應時空變化,生生不息,草木茂盛,言天地通順則賢人出。反之,天地閉塞,賢人隱遁。此時君子應「括囊」,比喻守口如瓶,無咎害,亦無美譽,賢人君子須謹言慎行。

> 君子黃中通理,正位居體,美在其中,而暢於四支,發於事業,美之至也。

「黃中通理」,六五居上體之中位,以中道奉承臣職,通

曉事物之義理。「正位居體」，位於道體之中，端正而美善其行。「四支」者，人之手足，比喻道理通順，暢行於四方事業。故六五以中和發揚事業，是誠出於中，發於外之美德。

陰疑於陽必戰，為其嫌於无陽也，故稱龍焉；猶未離其類也，故稱血焉。夫玄黃者，天地之雜也，天玄而地黃。

「陰疑於陽」，陰爻發展至終端，陰盛極於一時，陽爻無地自容，故為陽所疑所嫌。「稱龍」者，坤雖陰柔，其質強勢而不退讓，故誇稱「龍」。「稱血」者，一山不容二虎，猶未能離其陰類，既非真龍，故以陰陽血戰形容陰陽轉化之過程。「黃」為中道、地道、坤道。「玄」是深赤、黑色。乾坤相爭造成天玄而地黃之規律交雜，比喻陰陽轉化之混亂現象。

二、〈屯〉〈蒙〉〈需〉〈訟〉〈師〉

3. 屯卦

	屯卦：震下坎上（龍居淺水之卦，萬物始生象）。
	卦辭：屯，元、亨、利、貞，勿用有攸往，利建侯。

〈序卦傳〉：「有天地，然後萬物生焉，盈天地之間者唯萬物，故受之以屯，屯者，盈也，屯者物之始生也。」屯，草

木初生；事物新創生，有艱難之象，俗語：萬事起頭難。創始、亨通、順利、貞艱，應運而生，順其自然，無往不利之象，利於王侯建立基業。勿用有攸往，指五陽爻陷於陰爻之中，非有必要不宜貿然前往。

屯，難也。震卦一陽動於二陰之下，努力翻身之象。坎一陽陷於二陰之中，卦象陷險。坎水性柔向下，雷動性剛向上，剛柔始交而難生，不交則否。事物初創利於貞正，往有大亨，利於各種建設。利建侯，指冊封諸侯，進德修業，結盟、一切營生事業。

判曰：屯者，難也。象屯之時，動則難生，如
　　　常之事，先易後爭。時方屯難，切忌遠
　　　行，婚姻即吉，謀望不亨。
占義：動可得亨，險宜守正，利於新創事業。

象曰：屯，剛柔始交而難生，動乎險中，大亨，貞。
　　　雷雨之動，滿盈。天造草昧，宜建侯而不寧。

屯，難也。震卦剛健始交，坎卦柔順難生，喻天地交合的開始，又生育必有生產艱難之現象。剛柔初始交會中，情感未通，故有險難。脫離險境必須奮發振作，經由「難」與「險」，固守貞道才有大而亨通的利益。雷動乎坎險之下，動乎險中必戒慎恐懼，始於險難而終於亨通。

雷雨二氣之變動，使雷雨沛然下降，萬物勃然生長，描述

萬物春雷一震，甦醒後盈潤成長。天造，天地開始創造萬物。草，亂無倫序。昧，冥昧不明。建侯之初，其形體尚未彰顯，不免蒙昧，此時應戮力建邦立國，立其大者而不宜貪圖安逸寧靜。雖天地不寧，正需要安邦立國。初爻、五爻俱陷入群陰之中，初九利於建侯，「不寧」，不可怠忽鬆懈。

> 象曰：雲雷，屯。君子以經綸。

　　雲在雨之先，表示尚未得坎卦之利，雷是震動，君子仿效屯卦，在蒙昧之時立志經理國事，整頓時務，開啟民智。此時為了衝破險難，取雲生風，雷聲作之威勢，鼓勵吾人積極主動，自造創新。

> 初九：盤桓（ㄏㄨㄢˊ），利居貞，利建侯。
> 象曰：雖盤桓，志行正也。以貴下賤，大得民也。
> 占義：猶疑難進，利於深耕、蹲點與建設，不利妄進。

　　盤桓，難以前進而徘徊徬徨。初爻陽剛，下卦為震，初九與六四相應，應於上卦的坎險，居，停止，拘泥之義。所以利於拘守，不利有所往進。貞，在艱險之時，不知貞固則無從濟世。原地據守可以把握時機，整頓國本，建侯興業。盤桓代表草木破土之艱辛，春天為震，雷聲隆隆也是陽剛健旺。比喻事業草創，盤桓進退，不免有險阻陣痛。以貴下賤，因陽爻為君，居於初爻，侯王志向端正，願以尊貴者對下謙卑，必得民心。

> 六二：屯如邅（ㄓㄢ）如，乘馬班如，匪寇婚媾
> 　　　，女子貞不字，十年乃字。
> 象曰：六二之難，乘剛也。十年乃字，反常也。
> 占義：卦象艱險，所圖應戒慎恐懼，慎辨正應，
> 　　　遠離虛妄。

　　屯如，難以前進。邅如，不行之貌。班如，分布不進。六二陰爻居中，車隊困頓艱險，初九、六二的結合不順利，六二乘初九陽剛，欲合九五，但初九陽剛強行滯留六二。乘馬者，婚媾以乘馬作為排場。班如者，各個乘馬列隊而來或解釋為班旋相牽不進。「匪寇婚媾」者，初九強勢求婚，乘馬前來娶親，雖非搶婚之匪寇，但六二與九五正應，有婚約關係。九五經十年耐心等待，事情終有轉機。六二之危難在於不答應初九又乘凌陽剛，故有十年困頓之久。婚媾以鄰爻相比合為佳，六二雖與九五相應，但中間有兩陰爻作祟，上下卦距離遙遠，故有十年反常的現象。貞不字，不生育，呼應屯卦剛柔始交，天造草昧而難生的卦象。

> 六三：即鹿無虞，惟入于林中。君子幾不如舍。往吝。
> 象曰：即鹿無虞，以從禽也，君子舍之，往吝窮也。
> 占義：告戒占者，不中不正無外應，前進必陷於羞吝，

　　虞，掌管山林之官吏。六三陰爻居陽位不中，而追逐野鹿必須有虞人作為嚮導，擅自進入山林必然無功而返。六三與上六不應，本身條件不夠，又缺乏外援，故君子評估後見機而斷，捨棄欲望，以免徒勞無功。「即鹿無虞」者，比喻主客觀

條件不足以狩獵，評估無利可圖，君子有自知之明，明智的捨棄窮吝之途。如果一心只想獵獲禽物，心思被物欲矇蔽會迷失自我。六三是震卦的極端，應適時壓制起心動念，《老子‧三章》說「不尚賢，使民不爭；不貴難得之貨，使民不為盜；不見可欲，使民心不亂。」

六四：乘馬班如，求婚媾，往吉，无不利。

象曰：求而往，明也。

占義：占出往下求事、求人，不恥下問皆利。

「乘馬班如」，猶豫而生吉，婚姻是人生大事，卦象六四與初九陰陽配對，但是路程艱辛，以致意圖動搖。六四與九五也是陰陽相配，但九五已經與六二相應，感情專一才吉利。「求婚媾，往吉」，六四答應初九，坐上接應的馬隊，往初九的居邑出發，因為是相應的，所往必然吉利。「求而往，明也」，嫁給相應的人是明智的行為。

九五：屯其膏，小貞吉，大貞凶。

象曰：屯其膏，施未光也。

占義：小事猶可吉利，大事不免於凶。

屯，囤聚。上卦坎水等同膏油之利益，九五陽爻上下皆陰爻，表示油水聚斂於自身，如果僅囤積自己的利益需求，守常不變是吉利的。如果以九五之權勢大肆收刮，將排擠眾人的利益，其事難成。「屯其膏」的行為，終究不是九五應該存在的，長久如此還是不利整體局勢。「施未光」者，九五作為不

夠光明博大，德不配位，反不如初九，眾民所歸。

上六：乘馬班如，泣血漣如。
象曰：泣血漣如，何可長也。
占義：卦象憂懼，泣血悔吝，應懸崖勒馬。

上六已經是盡頭了，一卦之終必生轉化。「乘馬班如」，六二、六四、上六都如是所言，但意義不同。上六與六三無應，孤立無援，進退兩難。「泣血漣如」，形容悲傷而血淚交織。「何可長也」，小人處非其位，不能長久如此，必須靜觀其變，當變則變。

4. 蒙卦

| 蒙卦：坎下艮上（人藏烟草之卦，萬物始生象）。 |
| 卦辭：蒙：亨，匪我求童蒙，童蒙求我。初筮告，再三瀆（ㄉㄨˊ），瀆則不告。利貞。 |

〈序卦傳〉：「物生必蒙，故受之以蒙，蒙者，蒙也，物之樨也。」蒙卦是屯卦的綜卦，萬物萌生有蒙昧、幼稚的現象；山下有泉，細水長流，故啟發教育是永續性的。蒙昧求筮開導，初筮據實以告，諄諄誘悔。不思慮，不舉一反三，再三褻瀆誠靈，徒為煩瀆天地陰陽之神道。「童蒙求我」，是受教者必須自我主動，《論語·述而》：「不憤不啟，不悱不發。舉一隅不以三隅反，則不復也。」否則只能放棄這種教育對

象。蒙卦僅九二陽爻稱「我」，六五稱為童蒙，五爻雖為君
位，但求學應不恥下問，故「童蒙」應積極主動。「利貞」，
利於正道。指正確的教育規劃，熱誠的教學精神，殷切的學習
心態。

判曰：蒙者，昧也。蒙以養正，山下有泉，回還反
　　　覆，迷悶相連。多憂過失，病患相纏。欲進
　　　欲退，疑惑不前。
占義：釋卦者對象通明，其事必成；蒙昧必敗。

象曰：蒙，山下有險，險而止，蒙。蒙亨，以亨行
　　　時中也；匪我求童蒙，童蒙求我，志應也；
　　　初筮告，以剛中也；再三瀆，瀆則不告，瀆
　　　，蒙也；蒙以養正，聖功也。

　　坎水在艮下，比喻山下有險。艮為止，坎水上行，遇到艮
山而止步，遇到險難而止，陷入茫然不知所措，無所適從，以
致陷入蒙昧。蒙者志在求亨通，亨通之道首在時中，見機而
作，德在正中。濟度險難不可驟然停止，自強不息即可亨通。
「匪我求童蒙」，比喻不是九二往上逢迎六五，「童蒙求
我」，六五就教於九二，因為六五與九二志氣相應，教學相
長。闇者往求識者，即是蒙昧者尋求智者，同聲相應，同氣相
求之對應。

　　「初筮告，以剛中」初筮九二在下卦之中，剛健中正。對
於猥褻神明再三求筮，思而不學，學而不思，失時失中，恐皆

瀆亂之蒙昧者，均不予理會，故蒙卦有養正道之功用。剛中，指「師」者莊嚴誠摯，「學」者求道若渴。山水〈蒙〉的卦象是山下有水，有危險靜止的意義，蒙昧適足以啟蒙，啟蒙後因時中而亨通。筮者乃有識之士，自有蒙昧者前往相應。虔誠的卜筮必然相應；反之，再三冒犯瀆筮都不可取。「蒙以養正，聖功也」，指童蒙赤子之心，正適合以蒙卦鼓勵天真潔然之心性，從而使人人成聖，功業彪炳。

象曰：山下出泉，蒙，君子以果行育德。

山下出泉，指出發後遇到險難，進退兩難，未有所適之處，蒙昧之現象。艮為山，坎為水，山水有啟蒙的作用。《論語‧雍也》說：「知者樂水，仁者樂山。知者動，仁者靜。知者樂，仁者壽。」比喻君子德行「仁者見之謂之仁，知者見之謂之知」各自流行其性。「果行」者，蒙亨，應斷然果決。君子模仿泉水默然持久的滲流，又見八方支流匯入大海，體會「育德」就是「果行」的基源，即行為含有道德內涵。蒙卦以山水之樂，養育其志，觸發君子修養道德的心志。

初六：發蒙。利用刑人，用說桎梏，以往吝。
象曰：利用刑人，以正法也。
占義：所問之事應立即停止，以觀其後續發展。

「發蒙」，啟發蒙昧。「利用刑」，訂立務實公正的法規，作為管理社會的準則。初六陰爻陽位，以陰居陽，蒙昧尚未啟發。君子以明定刑法教令，有教無類，作為啟發下民蒙昧

的手段，不可盡信桎梏刑法之功效。「以往吝」，因為「利用刑」是以剝奪自由，製造肉身痛苦為手段；而「用說桎梏」使人悔改向善是目的，一昧利用刑法，不知齊之以禮，就是矯枉過正。初六邪念初萌，利用刑法達到「正法」的目的，即是以正確的行為法則整肅綱紀。

```
九二：包蒙吉，納婦吉，子克家。
象曰：子克家，剛柔接也。
占義：以其德包容其事，問婦女子息皆利。
```

「包蒙」，以寬廣之心面對蒙昧者，九二陽爻居陰位在下卦之中，理當包容初六發蒙者，或將包蒙說成闢地開荒之事業，說教化，則是包容婦女、子息，《論語‧陽貨》說：「唯女子與小人為難養也！近之則不遜，遠之則怨。」君子能包容不遜與怨，必然吉無不利。「納婦吉」，六三、六四、六五都是陰爻比喻婦女，九二承受三陰，有接納婦人之善德。「子克家」者，坎卦中男，上卦艮少男，互卦震長男，子孫都能克理家政，都是九二中正的卦德。「剛柔接」者，九二、六五陰陽相接，中道相應，陽唱陰隨。

```
六三：勿用取女，見金夫，不有躬，无攸利。
象曰：勿用取女，行不順也。
占義：占者婚姻不利，先利後敗，必有羞吝。
```

六三，陰爻居陽位，不中不正，失位承剛，不宜成為嫁娶對象。「金夫」，程頤、王夫之認為是九二，王弼認為是相應之上

九。金夫指陽剛或多金之男子，六三陰爻應合上爻九六，也乘凌
九二之上，有見異思遷、三心兩意的拜金現象。「不有躬」，
躬，泛指身體或禮儀，不躬是缺乏脩習進德，陷於物欲之迷惑。
六三蒙昧本應謙卑向九二求教，但不知婦節，對上九金夫諂媚，
對自己無利，對求婚者而言這種婚配也是不利。「行不順」者，
凡不有躬者，皆因不順常理，日後所行亦不順。

六四：困蒙，吝。
象曰：困蒙之吝，獨遠實也。
占義：一動不如一靜，勿捨近求遠。

六四困在上下陰爻蒙昧之中，鄙吝無道，自取其辱。「獨
遠實」者，實指陽爻，六四獨與陽爻疏遠，陷在六三、六五陰
爻之中，上下相比皆陰爻，等於自絕於周邊德性充實的人，以
致自困於虛濘之中。論行事，孤立無援。論學識，孤陋寡聞。
論德智，虛妄不實。但未見凶象，以陰爻安於陰位所致。

六五：童蒙，吉。
象曰：童蒙之吉，順以巽也。
占義：單純之事必成，遜順必有貴人。

六五童「蒙」不同於「發蒙吝」、「包蒙吉」、「困蒙
吝」、「擊蒙」等，所以論吉，是因為九五雖陰柔，但居上爻之
中，下應九二陽剛，固守中道，雖蒙昧，而有柔順謙虛受教之美
德。六五君王因掌握權柄，故以謙遜行其剛健；九二臣屬因受託
重責，故而積極輔佐，上下交融故吉象。巽，謙遜的意思。

> 上九：擊蒙，不利為寇，利禦寇。
> 象曰：利用禦寇，上下順也。
> 占義：占者僅有小利，見好就收。

　　上卦為艮，進展到上爻，艮為手，動手了。「擊蒙」，因用盡六爻多種手段，事物到了終極，已經無計可施，刻不容緩之時，所以必須施以當頭棒喝般的震撼教育。六爻之終不利於一昧的體罰，而是用來幫助排除學習障礙的手段，換言之，凡事不可過當。「不利為寇」，因為征伐他人必須理由充分，即師出有名，若擊蒙過猛，上九反成其寇。而「利禦寇」，則是「擊蒙」恰當，利於防惡禦敵，自保無虞。「利用禦寇」者，上九對六五順其性而啟蒙，但對六三敗金女當頭棒喝，喚醒其懸崖勒馬。「上下順」，上九與六五、六三陰陽相配。

5. 需卦

> 需卦：乾下坎上(雲靄中天之卦，密
> 　　　　雲不雨之象)。
> 卦辭：需，有孚，光亨貞吉，利涉
> 　　　　大川。

　　〈序卦傳〉：「物穉不可不養也，故受之以需，需者，飲食之道也。」啟蒙後，精神有了進展，也必須搭配適當的物質供給。水天需，上卦坎水為險，下卦乾為天，乾健而動險在前，不可冒然前進，應有所等待。適時適地的等待，自然就有光明亨通，利於涉險之吉象。涉大川之險，孚信不邪，堅定的向光明亨通，貞定吉祥。

判曰：需者，須也。雲行于天，見險不前，身
　　　將有厄，恐被勾連。大事欲至，憂慮懸
　　　懸。光亨貞吉，利涉大川。
占義：按部就班，步步為營，必有所成。

象曰：需，有孚，光亨，貞吉。需，須也，險在
　　　前也，剛健而不陷，其義不困窮矣。位乎
　　　天位，以正中也；利涉大川，往有功也。

　　「需」者，須也。「光亨」，光明豁達。乾卦剛健，雖坎卦之險在前，但因掌握必需等待之竅門，故九五「剛健而不陷」，所持涉險之事義，不滯陷、不困窮疲敝，其理渾然大器。「位乎天位」，指九五陽剛中正，上六虛中相應。乾為天，掌權卡位，九二陽爻陽位既中又正，故行險而往有功。需卦是等待的藝術，九二雖然遇到險境在前，但因為本身的剛健、誠信，並整體評估進退的時機，善用手中的資源，所以不陷於險，故能堅定的前往創建功業。九五與九二不相應，但九五掌握天機，行事既正又中，故需卦的意義足以使人不至於陷入困境，而得以勇涉大川建功立業。

象曰：雲上於天，需，君子以飲食宴樂。

　　需卦，雲在天上，以雲代表水氣。需等待濕度、溫度、氣流等條件，則沛然成雨時，甘霖普施，恩澤盛德亨通。《程頤傳》：「飲食以養其氣體，宴樂以和其心志。」又需待天下太平安樂，後天下之樂而樂。君子趁機蓄積才德，利用時機飲食

宴樂，廣結盟友，以積蓄精神與人脈。飲食宴樂是不宜強妄作為的比喻，不是昏庸而耽溺於酒色，而是審時度勢的藝術。

初九：需于郊，利用恒，无咎。
象曰：需於郊，不犯難行也。利用恒，无咎，未失常也。
占義：無利可圖，壓制動念，可免長遠咎患。

「需于郊」，郊以內為國，郊以外為野。等待於曠遠之地。初九陽爻居陽位，駐足於遠離上卦坎險之處，有恒心的避害守常，沉住氣不會有災禍。避難於遠處，利用守恒的作法，靜觀其變，常德未失，必無咎害，亦無功績。「利用恒」，初九陽爻戒在意氣之爭，理性與感性的平衡，小不忍則亂大謀，初九之後還是兩個陽爻，表示持恒如常。

九二：需于沙，小有言，終吉。
象曰：需于沙，衍（一ㄢ∨）在中也
　　　；雖小有言，以吉終也。
占義：占是非，必有小人口舌；占利
　　　益，可得。功名無望。

坎水岸邊是沙洲，駐足於沙洲，離坎險還有段距離，九二雖然履健居中，但是居於互卦兌卦之下，〈說卦傳〉：「兌為澤，為少女，為巫，為口舌，為毀折。」。「小有言」者，口舌責難不免，閒言閒語之傷。「衍」者，河邊的流沙，介於坎險與九二之間，比喻危險逐漸接近，但仍有迴旋餘地。「吉終」，雖然有小小的波折、口舌，但終局仍是吉利。此為九二

剛中，不為言語所惑，動靜從容，寬裕適中之利。

> 九三，需于泥，致寇至。
> 象曰：需于泥，災在外也，自我致寇，敬慎不敗也。
> 占義：所占之事不可強求，退一步，海闊天空。

「需於泥」，由沙地到泥水之地，比喻更接近坎險，九三再進一步涉入坎險就是泥濘之地。九三貪圖上六相應，且陽爻居陽位，背後二陽相挺有力，欲搶進坎險中，若過於躁進，冒險進犯，都很容易遭致盜寇襲擊。「致寇至」，災在外，指外卦坎險有災，若執意接近，將自取其咎，故恭敬謹慎，待時而動即可立於不敗之地。

> 六四：需于血，出自穴。
> 象曰：需于血，順以聽也。
> 占義：所占無利可圖，遜順退讓，僅全身而退。

「需于血」者，《王弼注》：「凡稱血者，陰陽相傷。」血隱喻殺戮之地，坎卦險難刀光血影，六四進入坎卦險象中，居於陽爻間上下夾擊。「出自穴」，離開所居之穴，暫避風頭，也是選項之一。「順以聽」者，六四下有三陽力挺，九五催促在前，順勢而為，聽命行事。六四如何擺脫困境。九三有「敬」，六四用「順」，樂觀三陽成事，離穴而去。

九五：需于酒食，貞吉。

占義：酒食貞吉，以中正也。

卦義：占物質得利，占處世，竹籃打水空歡喜。

「需于酒食」者，指九五剛健中正，以酒食等物質回饋天下，百姓臣民得以樂利生息。「酒食貞吉」者，九五經過等待、沙泥陷險、血穴之地等一番折騰，達到九五陽爻居中得正的地位，應犒賞以酒食，自養且對待賓客，賓主盡歡，「需」道亨通是堅持中正之道的報償。以酒食犒賞賢能有功的人，也要有中庸適可，恰到好處之功夫，否則過猶不及。

上六：入於穴，有不速之客三人來，敬之終吉。

象曰：不速之客來，敬之終吉；雖不當位，未大失也。

占義：卦象小有風險，委屈保平安，不利出行。

六四，出自穴；上六，入於穴；上六即是盡頭，無處可退，飲食而貪圖安逸也有極限，突然出現不速之客聞香而來，既無退路，報之以恭敬的對待，解除了暗藏的風險。不速之客，指下卦三陽爻，僅九三相應，而初九、九二對上六而言皆不當位。上六相應九三，借用「敬慎不敗」的謙德冷靜處理。六爻陰爻居陰位為當位，「雖不當位」如何說？指不速之客三人陽剛之象，強居陰爻之位，上六的對應並未失態失策，而失去利益。

6. 訟卦

	訟卦：坎下乾上(從鷹逐兔之卦，天水相違之象)。 卦辭：訟，有孚，窒、惕。中吉，終凶。利見大人，不利川。

〈序卦傳〉：「飲食必有訟，故受之以訟。」物質的有限性，必然滋生爭奪。訟卦是水天需的綜卦，需卦等待，訟卦出擊。朱熹：「上剛以制其下，下險以伺其上。又為內險而外健。又為己險而彼健。」天向上行，水在地流，兩者背道而馳，互不相謀。「有孚窒」，誠實信任閉塞。惕，戒懼。「中吉，終凶」，指訴訟得中道而止，窮寇莫追，吉象；堅持訴訟到底則是凶象。僅利於晉見清明大人，有剛正不阿諛之斷案，以斷公道；沒有公正的大人，就沒有公平的審判，故訴訟不利作為長遠涉險的目標。

判曰：訟者，論也。天道西往，水脈東流。求事 　　　未遂，心常懷憂。爭訟宜止，可用和休。 占義：卦象爭鬥不止，所問無利，應讓利退場。

象曰：訟，上剛下險，險而健，訟。訟，有孚，窒惕， 　　　中吉，剛來而得中也。終凶，訟不可成也。利見 　　　大人，尚中正也；不利涉大川，入於淵也。

訟，兩造對簿公堂。「上剛下險」，上卦乾為行動剛健，

下卦坎為內心走險，「險而健」，行險又強健的鬥志，才能成訟。「有孚」，對於事實與證據必須有明確的信心。「剛來而得中」，內外卦二五陽爻居中，才得吉利，打官司必須以誠實信用為手段，並窒塞憤怒的情緒，因訴訟是勞心費時的過程，做好情緒管理，心中坦蕩蕩，才能立於不敗之地。爭訟到底，兩敗俱傷，不可依賴訴訟成事。「利見大人，尚中正」，指在大人面前打官司要有中心思想，且動機明確。九五剛中得位，利於建立正向功業，不利於堅持大人斷訟，不利涉險於零和遊戲。「入於淵」者，比喻都淌入渾水中，兩敗俱傷。

> 象曰：天與水違行，訟，君子以作事謀始。

　　乾為天，性體向上。水潤下，性體向下，故兩體背道而馳，因此事情之始應深謀遠慮，引申為前置作業切勿大意失荊州，事理與人情應兼顧，即可杜絕爭端。王船山說：「人與己違則訟人，欲與道違則自訟」，物欲與道德也會天人交戰。

> 初六：不永所事，小有言，終吉。
> 象曰：不永所事，訟不可長也；雖小有言，其辯明也。
> 占義：卦象利於交易求財，不忌小人是非。

　　官司開始都在芝麻小事，僅不利其事喋喋不休。故小小的爭執，無須將任何理由無限上綱，大事化小，吉象收場，故只需簡單明瞭的爭辯，事情就清晰了，何況初六陰爻不當位。「不永所事」，喋喋不休的小事，不值得以官司纏訟。「其辯明也」，指趁著官司初時還可以把話講清楚，否則長期累訟，

法官也懶得看卷宗，恐龍悲劇就發生了。

九二：不克訟，歸而逋（ㄅㄨ），其邑人三
　　　百戶，無眚（ㄕㄥˇ）。
象曰：不克訟，歸逋竄也；自下訟上，患至
　　　掇（ㄅㄨㄛˊ）也。
占義：卦象力不從心，不利所問之事。

「不克訟」，官司打不贏；因為九二不當位又剛愎自用，
而相應之九五則是陽爻居中得位，當權又卡位。見訴訟不成
理，偃兵息鼓，悄然遁走，「逋」，逃亡。「無眚」，無災
禍。九二為大夫，邑人有三百戶，故鄉黨親朋三百戶不受連
累。九二向九五提出訴訟，九五乃權勢在握，九二自不量力，
以下犯上，權、勢、財、法、理、情均不如對手，訟必敗。
「患至掇」者，掇，拾取，災患是自取而來的。

六三：食舊德，貞厲，終吉。或從王事，無成。
象曰：食舊德，從上吉也。
占義：占問之事，得貴人相助而有成。

「舊德」，祖先的德澤。六三食舊德，三爻是三公的位
置，有祖蔭可以依靠，處於兩陽爻間，局面險難，比喻堅定勉
勵的行道，安分守己，不與人爭逐利益，終於保全所有。四爻
以上全部陽爻，六三陰爻不得位，不濟事，故委身於王事，應
順從上位，雖然沒有成就，但進入祖蔭包庇下，恭謹侍奉王室
上九，雖大事無成，以柔順保全福祿。「從上吉」者，仰賴祖

先餘蔭，而餘蔭寄託於君權，六三以明哲保身，聽從上位，自有吉慶可言。

九四：不克訟，復即命，渝（ㄩˊ），安貞吉。
象曰：復即命，渝，安貞不失也。
占義：卦象能不逾矩，則其事隨心所欲。

「復即命」者，復，歸復；即，就；命，正理。指反身要求自己歸順於正理。九四「承五履三而應初」，九四上承九五受大人感召，知道爭訟不利，願意退讓和解。履在六三之上，知道應柔順面對訴訟。往下與初爻相應，面面俱到，訴訟自然平息；就依照裁斷意旨行事，瞬間所有氣氛都改變了。「渝」者，變也，安然而處的吉象。退步求解，反求正理，「安貞不失」，固守貞道不失義理，以理智的態度改變暴戾的氣氛。

九五：訟，元吉。
象曰：訟，元吉，以中正也。
占義：卦象利於科名官司，不利求財。

九五代表君王，用訴訟的剛中、柔中、時中等道理，折服天下異議者，而不用征伐、刑獄、苛扣等手段，故舉國安祥吉利。王弼《周易注》：「處得尊位。為訟之主，用其中正，以斷枉直。中則不過，正則不邪，故訟元吉。」剛直居中的訴訟結局，有利於九五執政名聲。《論語·顏淵》說：「聽訟，吾猶人也。必也，使無訟乎！」公正客觀的審理，訟源的肇因，是為政者應探討的基源。

上九：或錫之鞶（ㄆㄢˊ）帶，終朝三褫（彳ˇ）之。
象曰：以訟受服，亦不足敬也。
占義：卦象諸事不宜，尤其爭名奪利。

　　古時候帝王賞給臣下銅器曰：錫。賞給臣下大貝曰：賜。上九對相應的六三以訴訟逼壓，雖然官司獲勝而得到大腰帶之賞賜，但激起眾人不敬，萬夫所指，民意沸騰，終遭翻盤，一天之內又被剝奪三次，比喻一貶再貶，故爭訟只能一時得利，但長久的鬥爭，樹敵太多，將導致功名利祿被剝奪。天下未有以爭訟折服他人，而能獲得尊敬的。《論語·公冶長》說：「已矣乎！吾未見能見其過，而自訟者也。」訟卦勸戒人們作事謀始，其終自訟反省。

7.師卦

	師卦：坎下坤上（天馬出群之卦，以寡伏眾之象）。
	卦辭：師，貞，丈人吉，無咎。

　　〈序卦傳〉：「訟必有眾起，故受之以師。師者，眾也。」戰爭往往起源於稀鬆平常的爭訟，爭訟是為了有限的資源，訴訟無法解決問題，戰爭就不能避免了。「丈人」，指九二威嚴老成，《孟子·滕文公》：「以順為正者，妾婦之道也。居天下之廣居，立天下之正位，行天下之大道；得志與民由之，不得志獨行其道」；富貴不能淫，貧賤不能移，威武不能屈；此之謂大丈夫」。地水師，土地與水源是農民耕作之要

素，君王有了這個要件就可以聚眾成師。得到天時、地利還要人和，「丈人吉」，五陰一陽所以九二最珍貴，九二剛中上應六五，本身有才華又得到上級的信任，以莊嚴持重領導眾軍民，戰前精於運籌帷幄，戰後才能凱旋而歸。朱熹：「卦惟九二一陽居下卦之中，為將之象；上下五陰順而從之，為眾之象。九二以剛居下而用事；六五以柔居上而任之。為人君命將出師之象。」

判曰：師者，眾也。獨行越師，最不宜動。君子有
　　　命，小人勿用。共相克伐，政道成訟。
占義：卦象諸事不吉，上順下險，不可行險冒進。

象曰：師，眾也；貞，正也；能以眾正，可以王
　　　矣；剛中而應，行險而順，以此毒天下，
　　　而民從之，吉，又何咎矣。

　　古代「寓兵於農」，平時農耕，戰時挺干戈以衛社稷。「師，眾也；貞，正也。」興師動眾必須名分端正，在道德的旗幟下才得以使眾人信服，故仁者無敵稱王天下，王師所到之處，大軍所向披靡。「剛中而應」，九二唯一剛爻中正，上應六五；「行險而順」，雖身在坎卦之險，但順應上意，以此中正之德治理天下，人民心悅誠服，何來咎害？「毒」，害，督導、管理、役使，不得已而用之。師出有名，為人民的利益而戰爭，縱然因戰爭而不免荼毒人民，也能得到全民擁戴，吉而無咎。

象曰：地中有水，師，君子以容民畜眾。

地中有水，水一定附著於土地，土地容納八方之水。軍士也必取之於民，君王視養民如己任，兵源始能源源不絕。同理，君王以大德恩澤容納萬民，廣畜天下歸附者。師者，君王養民，取寓兵於民之道。地中有水，取水不離地；民中取師，必先容納眾民。

初六：師出以律，否臧凶。
象曰：師出以律，失律凶也。
占義：團結條件尚未成熟，不宜行動。

初六代表軍隊開始動員，陰爻柔順的勸導；律是紀律，否，不也，抗命。臧指善，服從。「否臧」者，合稱不善，不服從。比喻動員作戰必須有嚴格的軍紀，否則勝負未知，無從言吉？更何況軍紀渙散，師出無名等都是凶象。「失律凶」者，出師必以軍律統帥，失去軍律必然遭致凶險。軍律雖整，卦象仍不言吉。

九二：在師中吉，无咎，王三錫命。
象曰：在師中吉，承天寵也；王三錫命，懷萬邦也。
占義：卦象雖吉，僅利於維持現況，進必有咎。

九二陽爻居中，並無過與不及的問題。九二以剛中之道率領基層部眾，必無禍害，順此逐漸嶄露頭角，得君王多次賞賜並賦予重任。楊萬里《誠齋易傳》說：「九二以陽剛之才，專將帥之

任，不患其不及也，患其過耳。惟中則吉而無咎。過勇則輕，李陵是也。過智則姦，侯君集是也。過威則離，張飛是也。過強則驕，李光弼是也。過專則僭，王敦、蘇峻是也。惟中則勇而怯、智而愚、威而惠、強而謙、專而順，皇甫嵩、郭子儀是也。」「王三錫命」者，一命授爵，二命授服，三命授車馬，面子裡子樣樣俱全。「承天寵」者，九二相應六五，得到五爻君位的寵信，在軍旅中立下汗馬功勞，三次嘉獎軍功。「懷萬邦」者，感懷九二對萬民邦里之貢獻，進而為收攏天下民心。九二唯一陽爻，雖受安撫，但不利進展亦忌諱邀功侵權。

六三：師或輿（ㄩˊ）尸，凶。
象曰：師或輿屍，大无功也。
占義：卦象損兵折將，人才俱失。

　　六三陰居陽位，才弱志剛，不中不正，缺乏指揮官的斷然、剛猛、機智、堅毅。又以陰爻乘凌九二陽剛，剛愎自負，成事不足，敗事有餘。「師或輿屍」，比喻損兵折將而回，太無軍功可言。「大无功」，戰爭必然有所損傷，戰功的要求必須扣除損傷的代價，因此攻城掠地不一定就算戰功。《船山內傳》：「命將者其可輕任之乎」，將帥不可以輕易任用，卦辭比喻應知人善任，不可用人不當。提拔幹部，訓練人才是基本功。

六四：師左次，无咎。
象曰：左次，无咎，未失常也。
占義：保本無虞無咎，但無利可圖。

　　「師左次」，《左傳》：「凡師，一宿為舍，再宿為信，過信為次。」部隊駐紮左後方，上將軍居右，偏將軍居左，左邊非主力部隊。六四陰爻得位，雖剛健不足，僅為偏師，亦無軍功可取，但按兵不動，駐紮警備得宜，未失常法，無過錯危害。六四陰爻居陰位貼近六五，負有保衛中樞之責任，家臣與武將的職責是有區別的，而作戰應靈活調度，伺機變化，進退虛實，料敵制敵於先。

六五：田有禽，利執言，无咎。長子帥師，弟子輿
　　　屍，貞凶。
象曰：長子帥師，以中行也；弟子輿尸，使不當也。
占義：發揮團隊力量就是震卦，逐爻為政必敗。

　　「田有禽」者，田中禽獸會破壞農作物，六五陰爻居尊位，雖然剛健不足，但為了國家利益，知人善任得九二將才，獵捕四散逃竄之田獸。「利執言」者，發動自衛戰爭的理由充分，故無悔咎。「長子帥師」，長子九二持中進退有序，使部隊運作正常而得勝。「弟子輿屍」，弟子指六三、六四，六三不當位而慘敗，六四當位而上下無應，僅得自保。「貞凶」，卜到凶卦。「中行」者，本卦一陽統五陰，牽攏二、三、四爻為震卦，所以長子就是九二，率軍出征，眾望所歸。「使不當」者，六五用人不當，九二無權發揮。六三、六四眼高手低，雖然力圖完美，奈何子弟兵個人條件不同，仍無法克服時空逆境。若由他爻擔任統帥，因才疏志小，優柔寡斷，使用資源不當，故有輿屍之凶。比喻沙場見真章，端視利用團隊默契，見機行事而已。

上六：大君有命，開國承家，小人勿用。
象曰：大君有命，以正功也；小人勿用，必亂邦也。
占義：事業守舊莫貪，對小人破財消災。

「大君有命」，國君受有天命正道，當戰爭結束論功封賞時，天子必須作到符合比例原則。「開國」者，只能任命忠誠精幹之開國大臣治理國事。「承家」者，軍功小者賜其卿大夫，命其成家立業給予資助。「小人勿用」，至於那些隔山觀虎鬥的牆頭草，一概不用。「正功」，對有功勞的開國大臣，要公正封賞。小人包藏禍心，賞財帛不給權位，否則勢必醞釀成國家亂源。

三、〈比〉〈小畜〉兮〈履〉〈泰〉〈否〉

8. 比卦

比卦：坤下坎上(眾星拱北之卦，水行地上象)。
卦辭：比，吉，原筮，元永貞，无咎。不寧方來，後夫凶。

〈序卦傳〉：「師者，眾也。眾必有所比，故受之以比。」水貼附於地面，密合無間，表示君王與民眾的關係密切。比者，兩人以上群聚之現象，能夠相親比。「原筮」，卜筮官編纂時推究〈比〉卦原始的意義。「元永貞」者，元，乾

元，大元，開始等意義。「永」，指乾元剛健不息。故堅持有始有終，親愛和諧的正道，自無咎害。「不寧方」，不屬於君王管轄之城邦。「來」，自然吸引追求安寧的人民前來歸附。「後夫凶」，遲遲來歸者，不知提早脫離險境之急迫性，猶疑凶險之象。打天下用〈師〉卦，奮戰不懈，治天下用〈比〉卦，親愛精誠。

> 判曰：比者，和也。撫臨萬國，內通外流。
> 　　　水行于地，本性和柔。先王制禮，以
> 　　　親諸侯。元永貞吉，百事无憂。
> 占義：諸事吉利，生財創業，南北通達。

> 象曰：比，吉也。比，輔也，下順從也。原
> 　　　筮，元永貞，无咎以剛中也；不寧方
> 　　　來，上下應也；後夫凶，其道窮也。

　　相親比是吉利的現象。「比，輔也」，九五是唯一的陽爻，與六二陰陽呼應，「下順從」者，五陰順從一陽，是基層順從上級的領導，願意真誠的輔佐領導者。元，開始。永貞，固守正道其終必善，因九五守剛應柔，故無過咎。「不寧方來」，前〈師〉卦經過慘烈廝殺必有餘波動盪，景氣蕭條的現象，然而經過一番苦難，以致深切體會上下親比相應的重要。「後夫凶」者，僅上六為逆往下比，自我孤立，比喻從善如流，不應甘居人後。「其道窮」者，事前不知細察審閱，事發之後懷疑徬徨，當良機盡失，則日暮道窮。《程頤傳》云：「民不能自保，故戴君以求寧。君不能獨立，故保民以為安。

不寧而來比者，上下相應也。」「上下應」者，人民需要國君保護，而國君保護人民等於自保。

> 象曰：地上有水，比。先王以建萬國，親諸侯。

　　水向下，貼附於地面，比合不分。先王，指周武王。武王伐紂，周朝興起而商紂滅亡，故一面論功封國，一面與諸侯親比，以鞏固周朝的基業。僅九五唯一陽爻在上卦，故先王應主動勤政愛民；與師卦唯一陽爻在九二，必須待命行事不同。

> 初六：有孚，比之无咎。有孚盈缶（ㄈㄡˇ），
> 　　　終來有他，吉。
> 象曰：比之初六，有他吉也。
> 占義：僅得小利，不妨暫待時機。

　　「孚」，解為戰俘、誠信等。「比之无咎」，誠信與人相待，無咎。「缶」，樸素的容器，「有孚盈缶」，比喻充實而不張揚華麗。初六陰爻居陽位，以至誠至信與人親比，自無悔吝。「終來有他」，充滿誠信，就像豐盛的美酒佳餚，自然吸引四方群眾。初六托六四，而六四以柔承九五陽剛，親比後得吉。「有他吉」，初六與六四不相應，但六四感應九五精神，願傳承給初六，所以初六經由「他」途完成親比。

> 六二：比之自內，貞吉。
> 象曰：比之自內，不自失也。
> 占義：按部就班聚財，無貴人相助。

「比之自內」，六二是內卦，也表示發自內心。「貞吉」者，發自內心的親近比合，動機純正當然吉祥。六二居下卦之中爻，相應於上卦之九五，下卦自動自發的親比上卦。「不自失」者，六二質柔體順，雖得到九五寵信，不可恃寵而驕，自我迷失。

> 六三：比之匪人。
> 象曰：比之匪人，不亦傷乎。
> 占義：內無應，外無援，少輸為贏。

「比之匪人」，匪人，邪惡不正之人。六三在下卦之上，陰爻佔據陽位，上爻、下爻均不相應，名不正，言不順，德不配位，誠摯受到質疑。欲親比上六無應，上六處於「後夫凶」之地位，以致無人或所親比非人，均使人感歎哀傷。「不亦傷乎」，即無人可遇，或遇人不淑，均為哀傷的事情。

> 六四：外比之，貞吉。
> 象曰：外比于賢，以從上也。
> 占義：不可逐利，心猿意馬必敗。

「外比之」者，六四居於外卦與初六無應，只能往前應合九五，六四陰爻當位，並非一無可取，故而安守本分，意志堅

定，必得吉利之象。往外親比賢人九五，遵從九五指示。《程頤傳》：「陰柔不中之人，能比於剛明中正之賢，乃得正而吉也。」《論語‧述而》說：「蓋有不知而作之者，我無是也。多聞，擇其善者而從之；多見而識之；知之次也。」「以從上」者，親比於剛正之人，乃君子上達之道。

> 九五：顯比，王用三驅，失前禽也；邑人不誡，吉。
> 象曰：顯比之吉，位正中也；舍逆取順，失前禽也；
> 　　　邑人不誡，上使中也。
> 占義：諸事吉利，來者不拒，去者不追。

「顯」，比喻九五剛中得位，化育萬物，移風易俗，道德崇高顯明。「王用三驅」，一說九五驅使初六、六三、六四。另說指使三面驅趕禽獸。「失前禽」者，君王狩獵網開一面，縱放奔逃之禽獸，僅取自投羅網者。比喻天子有仁民愛物之德，願意親比於志同道合者。至於氣味不相投，去者不留。「邑人不誡」，邑人無需警誡，因為君王剛中得正，鄉里比和親愛，一團吉祥和睦，邑民無須日夜警懼，全在於君王親比中道。另說，「失前禽」是邑人失職，不被懲戒是因為九五以中道推行仁政。

「顯比之吉，位正中」，指九五位置明顯，立場正確，行事合乎中道而吉利。逆我者，鐘鼎山林，各有天性，不必強求。順我者，志同道合，肝膽相照。「舍逆」者，九五放棄上六歸順，「取順」者，役使六二帶動下卦，並相應六四，都是「失前禽」所意味的仁政作用。「上使中」者，六二接受九五

指示，無可歸責咎害，故不受懲戒。九五中道恩澤被於四方，懲戒幾乎無用武之地。

上六：比之无首，凶。

象曰：比之无首，无所終也。

占義：開始無利可圖，因堅持而有成。

「比之无首，凶」，上六陰爻以柔乘剛，又與六三無應，九五僅親比其下之初、二、三、四爻，上六「无首」，是追溯到起始點不與對象相應，日積月累不能體會親比妙用，以至孤立無援，為眾人所拋棄之凶象。「無所終」者，因「後夫凶」，桀傲不馴，不提早表態，故親比到最後階段，物極必反，上六轉為對立。《程頤傳》：「凡比之道，其始善則其終善矣。有其始而無其終者有矣；未有无其始而有終者。故比之无首，至終則凶也。」說明「比」之道需慎始、持中、守成，缺一不可。

9. 小畜卦

小畜卦：乾下巽上（匣藏寶劍之卦，密雲不雨之象）。

卦辭：小畜，亨。密雲不雨，自我西郊。

〈序卦傳〉：「比必有所畜，故受之以小畜。」上巽下乾，巽為風行於天上，乾為剛健行在地面，上柔下剛。僅六四為陰爻，雖有九五相挺，又積畜下卦三爻，畜止剛健，但僅六

四陰爻柔順容納有限，能繫不能固，故稱小畜。能積聚資源，則行事亨通。密雲不雨，望雲興嘆，比喻志氣難伸，事前應積蓄籌碼，待時翻身。巽在東南，乾在西北，東南風溫暖潮濕，行至西北可上升凝結為雨，比喻時地相宜是關鍵點。文王演《易》於羑里，岐山為西方，隱喻西郊密雲不雨，積蓄不止，健行不怠。

判曰：小畜者，塞也。密雲不雨，夫婦反覆，信息
　　　不通，出行卻伏，求事不成，遲而未速。
占義：因小人是非，其事難成，畜養為當務之急。

象曰：小畜，柔得位而上下應之，曰小畜。
　　　健而巽，剛中而志行，乃亨。密雲不
　　　雨，尚往也。自我西郊，施未行也。

「小畜，柔得位」者，指五陽爻一陰爻，惟一的陰爻得位，上下陽爻相應，但陰爻本質柔弱，以小畜大，故稱小畜。「健而巽」者，下卦為乾剛健，上卦為巽順，九五、九二居上下卦「中位」，故有志同道合，呼應相行的摯友相挺而亨通。「密雲不雨」，雲中含水量不足以落雨，比喻應繼續向目標邁進；「尚往」，表示應崇尚勇於嚮往的精神。又指西方之雲其性乾燥，崇尚陰陽和諧之道。「施未行」，西北乾旱水氣不足，來自西郊的雲未能成雨，既然無法廣施恩澤，君子行小畜之德，默默充電。文王囚於羑里時，周朝尚未壯大，以柔行於外，可免商紂侵踏；以小蓄大，以柔蓄剛，類似的歷史事蹟，不勝枚舉。

> 象曰：風行天上，小畜，君子以懿文德。

　　朱熹《周易本義》說：「風有氣而無質，能畜而不能久，故為小畜之象。」風行天上，未及於地面萬物，無所施惠，故反身脩省，擇善而行。君子體會卦象高風亮節，以修美文德，待時而發尚未能兼善天下，故應即時積蓄文明道德，嘉美懿行。

> 初九：復自道，何其咎，吉。
> 象曰：復自道，其義吉也。
> 占義：自守其道，按兵不動，利有攸往。

　　「復自道」者，回歸本位。初九陽爻居陽位，上應六四，且謹守乾道剛健，回復本道剛健的特性，其用意在積蓄道德，待命以時，能壓制本身之剛健，而配合全體卦義，故吉無悔咎，行事吉利。朱熹《周易本義》說：「下卦乾體，本皆在上之物，志欲上進，而為陰所畜。然初九體乾，居下得正，前遠於陰，雖與四為正應，而能自守以正，不為所畜，故有進復自道之象。」初爻雖能獨立判斷，有自己的體認與行事風格，但不失與上卦六四相應之理。

> 九二：牽復，吉。
> 象曰：牽復在中，亦不自失也。
> 占義：有貴人相牽引，按部就班前進，吉。

　　「牽」，引向前，積極主動為占卦吉象。「牽復在中」，九二剛中得位，欲統合下卦三陽爻前進，故登高一呼，希望團

結志同道合之士。但九五不相應，而親比六四，阻止下卦前進，因此順合牽絆蓄止於中爻原位。又說二爻陰位，九二不當位而遭初九、九三牽制在中爻，身不由己。「不自失」者，二爻為中位能自我抑制，不迷失自我，以免躁進無功。

> 九三：輿說（ㄊㄨㄛ）輻（ㄈㄨˊ），夫妻反目。
> 象曰：夫妻反目，不能正室也。
> 占義：家庭不和，投資無利，焦頭爛額。

「輿說輻」者，輻與輹同義。輹是車轅與車軸的固結索線，以車輪脫落的故障現象，比喻人事傾軋，團隊內鬨，運作失靈。九三在一卦之中，下推上止，就像家中夫妻反目般的矛盾羈絆，故不能端正家室。九三在下卦之上，剛而不中且與上九無應，又與六四陰爻發生摩擦，自己二、三、四爻成為兌卦，兌為口舌、毀折。說輻、反目等，都是自己招惹的，六四與九三各自憑恃當位，不中氣盛又不甘示弱，不能正室，何來積蓄？

> 六四：有孚，血去惕出，无咎。
> 象曰：有孚惕出，上合志也。
> 占義：所求其事歷程艱苦，全身而退。

「有孚」，有信心。血者，陰陽相傷。惕，憂勞恐懼。六四陰爻居柔位，為主爻又得位，則立場堅定。又初九來相應，得來自於基層的擁戴，故以誠信戒懼的精神，面對下卦三陽爻進逼，免於咎患。「上合志」者，六四與九五相應志合，接近

君主之位，以陰蓄陽，以下承上，誠信負責，最終得到九五相應支援，解決憂患而無過咎。

> 九五：有孚攣（ㄌㄩㄢˊ）如，富以其鄰。
> 象曰：有孚攣如，不獨富也。
> 占義：事情大有可為，利於經商求財。

「有孚攣如」，攣，連繫牽引。九五剛中得位，推其誠信與六四互相信任，滿懷誠信，願受九二攀攣。「富以其鄰」，《易》以陽爻為富、實，以陰爻為不富、虛。因此九五以其富貴積蓄滿盈，不私藏而普及四鄰。「富以」，左右。又九五與六四相應，六四與初九相應，全卦得以緊密結合，故稱「不獨富」。《船山內傳》：「凡以柔止天下之躁動，必上遇剛正之主，而後獲於上者乃可治下。抑其用雖柔，亦必有剛正之理在中。而後婉入，而不為躁人所輕忽。」處事以柔，理必剛中，若使誠信盈溢，足可以驅使小畜成為大利。

> 上九：既雨既處，尚德載，婦貞，厲。月幾望，君子
> 　　　征凶。
> 象曰：既雨既處，德積載也；君子征凶，有所疑也。
> 占義：其初勢盛，驕兵必敗，動必有悔。

「既雨」者，比喻陰陽協調，天降甘霖。起初密雲不雨，故「尚往」以求改變環境。上九「既處」者表示功德圓滿，不宜「尚往」，應把持安於陰陽協調之環境。「尚德載」者，上卦巽對下卦乾以柔畜剛，六四以陰柔蓄九三、九二、九一，以

高尚的道德立身處事，但上九剋制九三。「婦貞」，婦為陰，巽陰婦壓制乾陽夫，臣制其君，如克制太過，幾近危厲。「月幾望」者，以月亮盈滿比喻上九道德豐盛。雖然德高望重，不可妄動征伐，因為月盈則蝕。「有所疑」，指君子有所行動前，應收集資訊、協調無間、自我評估，落實前置作業。又指盛德大業，不知自滿，讓人懷疑驕溢征凶，其利何在？

10.履卦

| | 履卦：兌下乾上(如履虎尾之卦，安中防危之象)。
卦辭：履虎尾，不咥（ㄉㄧㄝˊ）人，亨。 |

〈序卦傳〉：「物畜然後有禮，故受之以履。」物聚則引動欲望，故需以禮節義。「履」者，踐履，以禮實踐。「咥人」，咬人。前卦小畜，畜養出道德學業，乾卦在上代表剛健奮發，但仍需進退有禮。履卦僅六三為陰爻，乘於九二之上，雖然在乾卦之下，好像履虎尾有被咥齧之危機，但兌卦為和悅，以柔克剛，故不見其害。《論語・為政》：「道之以德，齊之以禮，有恥且格。」「履虎尾」者，隱喻險境中躡手躡腳，伴君如伴虎，應剛進有禮，必然亨通。

| 判曰：履者，禮也。如履虎尾，防慮宜深，堅冰
　　　之患，戒慎兢兢，安中防危，憂中望喜。
　　　眇（ㄇㄧㄠˇ）而能視，跛而能履。
占義：和悅事人，雖危而無傷，終有成就。 |

> 象曰：履，柔履剛也，說而應乎乾，是以履虎尾，不咥
> 人，亨。剛中正，履帝位而不疚，光明也。

「柔履剛」，乾卦剛健在上，兌卦柔順在下。履卦，一陰五陽，故陰爻最貴。以陰爻謙卑柔順為特質，踐履在九二陽剛之上。「說而應乎乾」，下卦為兌，喜悅而相應乾卦，因和顏悅色，故處虎尾之地，不遭咥炙。陰爻之下有兩陽爻進逼，上應乾卦剛健，陷於群剛之中，互卦為離，光明承悅，比喻順從跟隨老虎尾巴，亨通而不受咥齧之危難。「剛中正」，指九五得帝王之尊貴，因中道光明，處事不偏，故遠離咎害。

> 象曰：上天下澤，履。君子以辨上下，定民志。

履卦，上卦剛健，下卦喜悅，柔順追隨剛健。君子以此辨明上下禮義，端正萬民志氣。履行的準則《論語・憲問》說：「君子上達，小人下達。」進德修業應崇上，而盡本分各有上下專業領域。以道德言，君子崇善固執，兼善天下。以社會階層言，孔門既以勵志修行為旨，故勉勵小人喻於利，應向下落實賴以為生的專業技能。

> 初九：素履往，无咎。
> 象曰：素履之往，獨行願也。
> 占義：所占平常心，勿刻意強求。

「素履往」者，素，本分。初九陽爻得位，初涉世事，以質樸的本性低調行事。履道，以禮存心，素而不華，無往不

利。「獨行願」者，獨，專心。初九與九四無應，九二亦無相求，我行我素，不為情牽，不覬覦財利祿位，故吉咎兩無。陽爻無應，虔誠伏於兌卦之下，雖貧賤仍安於本位，默默的推展自己的願望。

> 九二：履道坦坦，幽人貞吉。
> 象曰：幽人貞吉，中不自亂也。
> 占義：卦象持中守正，坦然順利。

「坦坦」者，平易寬廣之貌。九二雖以陽居陰，以剛居中，失位無應，不求處於豐盈之地，心懷坦蕩而前進。「幽人」者，幽隱之人或指文王關於羑里，比喻有品德、謙退、不居功的君子，堅守正道以求吉利。九二居中道，人中道自然心安，不因外界騷擾、物欲竄流而亂其心志。《中庸》說：「隱惡而揚善，執其兩端，用其中于民。」守中道，其心勿亂，則履道坦坦。

> 六三：眇能視，跛能履，履虎尾，咥人，凶。武人為於大君。
> 象曰：眇能視，不足以有明也；跛能履，不足以與行也；咥人之凶，位不當也；武人為于大君，志剛也。
> 占義：卦象凶險，勿貪圖利祿，應正視自己缺陷。

「眇能視」，眇，目小、目盲。「跛能履」，比喻才疏學淺，強求擔綱，以至遭到上位者咥齧之凶。六三以柔居剛不當位，不得中位，又志在剛健，操之過急，不修履道。失位則失

態，眇視人，跛履足，不揣淺陋，以尚武凌威的行為，膚淺的
曝露頑愚本性。如果反向思考，以此精神擔任武備將官，適才
而得其位。「武人為於大君」，剛武之人不應暴虐其性，而應
以剛武之性供大君驅遣。

> 九四：履虎尾，愬（ㄙㄨㄟˋ）愬，終吉。
> 象曰：愬愬終吉，志行也。
> 占義：處境艱困，保身無虞，無利可圖。

「愬愬」者，危險戒懼貌。九四以陽承陽，乘凌陰爻，本
身不得中位，又逼近九五至尊之位，伴君如伴虎，謹慎括囊，
終得其吉。九四體會以陽居陰，以自身處境應戒慎恐懼，而堅
定執行禮義，終究得吉。三爻柔而志剛，勇於行動，不知畏
懼。四爻剛而不中，謹慎行事，而知所畏懼，此為吉凶之分
野。

> 九五：夬履貞厲。
> 象曰：夬履，貞厲，位正當也。
> 占義：居高思危，雖正而危，先贏後輸。

「夬」者，決也，決斷。厲，危也。履道雖正，然九五剛
中得位，接近滿盈，盈而復虧，正反易位，雖然行事必明快決
斷，正確而有威嚴，但應注意過於剛暴之負作用。「位正當」
者，謹守其位之名分等級，才是明哲保身之道，注意居高臨
下，專斷自負，而物極必反的悔吝之境。

> 上九：視履考祥，其旋元吉。
> 象曰：元吉在上，大有慶也。
> 占義：所占其事雖吉，所履必有其理。

　　「視履」，檢視過去履行完成的事情。「考祥」者，稽徵所履行之結果，觀察其善惡禍福，《論語・里仁》：「見賢思齊焉；見不賢而內自省也。」「旋」者，圓滿、反省。上九雖在履卦終極，以禮而得其事善終，以陽爻剛健不鬆懈，且下應兌卦六三，高而不危，故不受物極必反之原則，即便旋反履道，尚有「禮」道福慶之吉。「大有慶」者，上九以規範典章檢點各方得失，其結果大有福慶。履卦，二、四、六卦都是陰位站著陽爻，貞吉、終吉、元吉，依序排列，蓋因陽爻居陰，自我警惕而生吉象。

11.泰卦

䷊	泰卦：乾下坤上（天地交暢之卦，小往大來之象）。 卦辭：泰，小往大來，吉亨。

　　〈序卦傳〉：「履而泰，然後安，故受之以泰。」《易經》仰觀天文，俯察地理，將宇宙時空規律與人事社會對合觀察。「小」，指小人、坤陰。「大」，指君子、大人、乾陽。「往」，由內卦到外卦。「來」，由外卦到內卦。泰卦三陰往外，是小往。內卦為乾，外卦為坤，陽長故大來，陰去故小

往，內君子而外小人。坤向下行，乾向上行，陰陽天地相交而萬物相通。

> 判曰：泰者，通也。天地交泰，陰陽和光。
> 　　　麒麟悉出，丹鳳來翔。小人道滅，君
> 　　　子道昌。求謀順遂，惡事消亡。
> 占義：卦象通泰，出行吉利，不利科名。

> 象曰：泰，小往大來，吉亨，則是天地交而萬物通也，
> 　　　上下交而其志同也。內陽而外陰，內健而外順，
> 　　　內君子而外小人，君子道長，小人道消也。

泰卦，坤卦在上，乾卦在下，坤為地其性向下，乾為天其性向上。「天地交而萬物通」，指天地上下全盤性的交往，比喻萬物整體和諧。「上下交而其志同」，在人事方面比喻君臣志向相同，小人應隔絕在外，君子應給予重任。「內陽而外陰」，指坤卦在上，乾卦在下。「內健而外順，內君子而外小人。」坤卦在外屬陰，乾卦在內屬陽；比喻內部剛健，外部柔順，內部有君子統籌決勝於千里之外，外部有小人供驅策，君子道德橫溢，小人狹隘粗鄙之心消蝕。

> 象曰：天地交泰，后以財成天地之道，
> 　　　輔相天地之宜，以左右民。

「泰」，舒適泰然。「天地交泰」，天地各有形質，以形質而言不可交，而是以生氣互相感應，人與人也是同氣相感，

同類相聚。「后」，南面帝王。「財成」，裁制完成，比喻先賢篳路藍縷，開物成務。君王利用天地所生萬物，輔以天地規律與時空之所宜，用於治理萬民生計。「天地之宜」，天是天道，時間、心智；地是地道，空間、物質。君子利用一切時空籌碼輔佐萬民。

初九：拔茅茹，以其彙（ㄏㄨㄟˋ），征吉。
象曰：拔茅征吉，志在外也。
占義：氣勢一致，水到渠成。

　　茅草不利作物，去之而後快。「茹」，根部互相牽引。「彙」，類也。除惡則如拔茅，務必斬草除根，一網打盡。「志在外」者，初九陽爻與六四相應，引喻行善除惡，應糾集志同道合以類相從者。征伐除惡，如同防止野草蔓延，故一鼓作氣，糾集下卦同類相應。外卦三陰爻，吸引三陽爻志向外行。內卦三陽爻，由初九發動「拔茅」，同聲相聚，廣開胸襟接納外部眾陰爻，聚眾成事。《誠齋易傳》：「君子之志，在天下，不在一身；故曰：志在外也。」

九二：包荒，用馮（ㄆㄥˊ）河不遐（ㄒㄧㄚˊ）
　　　遺，朋亡，得尚于中行。
象曰：包荒，得尚于中行，以光大也。
占義：諸事宜正大光明，則小有成就。

　　「包荒」者，指六五，上卦為坤，坤為地，迂遠遼闊，荒無人煙，形容九二寬宏大量，以剛中能包含荒穢之物。用「馮

河」者，無舟渡水，馮凌於河，形容剛決果斷勇於犯難。「不
遐遺，朋亡」，可解釋為開放肚量，不分親疏遠近全部接納。
又九二得中與六五陰陽相應，「朋亡」，故不偏愛結朋黨友。
乾坤包容廣大，九二中道發揚往來之功用。《周易折中》：
「初九在下之賢，則欲其引類而進；九二大臣，所以進退天下
之人才者，故欲亡其朋類。惟亡其朋類，則能用天下之賢；若
獨思其朋，則天下之賢，有不得進用者矣。」

> 九三：无平不陂，無往不復。艱貞无
> 　　　咎，勿恤其孚，于食有福。
> 象曰：无往不復，天地際也。
> 占義：吉凶參半，先迷後得利。

　　《易經》陰陽爻是對立正反而存在，「无平不陂」，沒有平
坦的路，那來傾斜的道路？比喻平坦傾斜是比較出來而相依存
在的。「無往不復」，沒有往進，那來後退？比喻因果並存，
統一中必有正反對立。「艱貞无咎」，九三即將進入上卦，以
剛健的本質，艱貞的領導乾卦，故無咎。此時即將由陽爻變為
陰爻，此時以平路將陂傾，往而必復隱喻處於天地交變之際。
在變革之世，能堅定方向行止端正，必無咎患。九三陽爻得
位，居不失正道，動不失對應，與上六陰陽相應，不必憂慮陰
陽相應。「於食有福」，只要无咎有信孚，有益於九三食祿。
「天地際」者，九三在上下交接處，風雲際會，不可不慎。

> 六四：翩翩不富，以其鄰，不戒以孚。
> 象曰：翩翩不富，皆失實也；不戒以孚，中心願也。
> 占義：其事雖成，慎防小人阻饒。

「翩翩」者，疾飛就下，坤卦在上，卦象好似雪花片片，由六四領導翩翩落下。「不富」，六四為陰爻不自滿而謙虛。「鄰」者，六五與上六。六四陰爻得位，下乘九三，牽引六五、上六同其志願與乾卦交往。「皆失實」，外卦皆為陰爻，陰虛陽實，陰陽相應是出於心中的意願。「不戒以孚」，六四帶領六五、上六，與下卦三個陽爻都是陰陽相應的性質，所以不用戒懼，只在乎內心的真誠，並不以財富為目的。六四下應初九，六五、上六也一併隨同往下相應，因一氣相應，故不待告誡，而是出自心中真誠的意願。

> 六五：帝乙歸妹，以祉（ㄓ∨）元吉。
> 象曰：以祉元吉，中以行願也。
> 占義：行事雖吉有利，求財無望。

「帝乙」者，紂王之父，曾以和親手段對付周人急速膨脹的實力。「歸妹」卦，雷澤歸妹，三四五爻互卦為震，二三四爻互卦為兌。婦人謂嫁為歸，六五居尊位，願向下祈求和平之吉象。「以祉元吉」，筮得此爻是吉利的，六五居中屈膝尊行，向九二求和，由上趨下，以尊就卑，也必須發自心中真正的願望。

> 上六：城復于隍，勿用師，自邑告命，貞吝。
> 象曰：城復于隍，其命亂也。
> 占義：有違常道，故進退失據，自亂章法。

　　《易經》思維最上爻往往是盈虛、尊卑、貧富的轉換分水嶺。「城復于隍」，隍，城下無水的溝。指城牆崩塌於護城河中，假外象以喻人事，暗指內政、軍事不修備，以至上下傾軋，臣不扶君。「勿用師」者，失去民心即自身難保，卻勞師動眾，等於雪上加霜，故此時還想興兵逞欲，等於自掘墳墓。「自邑告命」，命指命令，上六到達盡頭，君道頹廢，下詔命令僅及於自己駐紮之城池，四面楚歌，不知懸崖勒馬，咎害即將臨身。故城復於隍，比喻國家綱紀敗壞，人民自顧不暇，社會一片亂象。「其命亂」者，六爻終結，隱喻每逢時代紊亂後，歷史的巨輪在民粹的呼應下，改變天命的內涵。

12. 否卦

	否卦：坤下乾上（天地不交之卦，人口不圓之象）。
	卦辭：否之匪人，不利君子貞。大往小來。

　　〈序卦傳〉：「泰者通也。物不可以終通，故受之以否。」否卦與泰卦既為錯卦，亦為綜卦。泰是正反交融，否是閉塞阻絕。天地否閉，地氣往下潛沉，天氣往上昇華，兩者相違背。「之匪人」，指人道疲敝之時。君子遠颺而去，小人向內鑽營，非是闡揚人道時期，比喻不利於人道發揚。「不利君

子貞」，陰氣當旺之時，君子無以行其志，此時君子應收斂欲望，不應執著在榮華富貴。「大往小來」，乾陽大往，主生息；坤陰小來，主消耗；入不敷出，進二退三。

> 判曰：否者，塞也。天地不交，陰陽閉塞，夫婦
> 　　　不和，別離南北，君子道消，小人道長，
> 　　　人物乖違，不通之象。
> 占義：諸事不宜，尤涉出外、升遷、社交等事。

> 象曰：否之匪人，不利君子貞。大往小來，則是天
> 　　　地不交，而萬物不通也。上下不交，而天下
> 　　　無邦也。內陰而外陽，內柔而外剛，內小人
> 　　　而外君子，小人道長，君子道消也。

　　否卦之時，人道不順。乾為天，下不應地；坤為地，上不應天。「上下不交」，比喻天地萬物不融合，故君臣不相應，上下對立無交集；對立兩方漠視對方存在，擴大到邦國，猶如體制無存，綱紀敗壞。「內陰而外陽」，內裡陰柔，外卦陽剛，就像內部隱藏小人干政，外部君子必然受制，亦猶佞人內心陰險，外表飾以洸洸然。《船山內傳》：「內陽外陰，如春風動於內，雖有寒氣在上，而生物之功必成；若否，外陽內陰，則如秋日雖柔，而肅殺暗行於物內。」「內柔而外剛，內小人而外君子」，指內卦坤柔順，外卦乾剛健，注意內心陰毒而表面君子之人，或小人得志在內，驕滿盈溢在外的現象。

> 象曰：天地不交，否。君子以儉德辟（ㄅㄧˋ）
> 　　　難，不可榮以祿。

　　天地不交之時，道途險難；此時君子應收斂才氣，以簡約為德。故面對榮華富貴與功名利祿，應謹慎處理。《程頤傳》：「不可榮居祿位也。否者，小人得志之時，居子居顯榮之地，禍患必及其身，故宜晦處窮約也。」「榮」，亦可解釋為經營、鑽營。《論語・泰伯》：「篤信好學，守死善道。危邦不人，亂邦不居，天下有道則見，無道則隱。邦有道，貧且賤焉，恥也，邦無道，富且貴焉，恥也。」君子進退有見有隱，死守善道，不拘泥貧富貴賤。

> 初六：拔茅茹，以其彙，貞吉，亨。
> 象曰：拔茅貞吉，志在君也。
> 占義：僅利於固守，不利於創業。

　　否卦內小人外君子，初六為何吉亨？因茅草之柔弱性，初六陰爻柔弱，所以策略上會聚同氣相類之六二、六三壯大自己；且草根匯聚後，有很強的生存能力，比喻應糾集團結，而不可輕視小人盤根錯節。「以其彙，貞吉」，君子行道效法自然觀，初六陰柔，故必須集結下卦三陰爻，同心協力共同邁進才是吉祥的。初六志在九四，有心上進，但應先固守貞道，如草根匯聚後逐漸凝聚力量的現象。泰卦講「征吉」，否卦講「貞吉」，通達吉祥利於糾集志同道合之士，天地否塞則戒之在偃兵息鼓，堅守貞道。「志在君」者，嚮往忠誠的為國君服務，身處江湖遠，心憂廟堂高。

> 六二：包承，小人吉，大人否，亨。
> 象曰：大人否亨，不亂群也。
> 占義：不以眾意為己意，自有定見則吉。

「包承」者，包容承順。「小人吉」者，六二陰爻居中得位，願以至順至柔包攬九五所托責任，否閉之時利於小人混水摸魚，故此時小人論吉。「大人否」者，君子步步為營，戒慎恐懼，剛正不阿諛，反而因志向清明，曲高和寡，擋人財路而否塞不通。「不亂群」者，六二雖柔，但居中得位，故小人雖盛不敢群魔亂舞。九五相應六二，但不能包庇六二，否則規矩混亂，群體崩潰。「大人否亨」，君子於亂流之中何以因否塞而亨通？因自清而不同流合污，明哲保身使然。

> 六三：包羞。
> 象曰：包羞，位不當也。
> 占義：不利鑽營，賠了夫人又折兵。

「包羞」者，六三以陰爻居陽位，率領群陰以小人之道包承羞恥於內卦之上，尸位素餐，厚顏無恥。《論語・憲問》：「邦有道，穀，邦無道，穀；恥也。」《程頤傳》：「三以陰柔不中不正而居否，又切近於上，非能守道安命，窮斯濫矣，極小人之情狀者也。在所包畜謀慮，邪濫无所不至，可羞恥也。」六三自詡與上九陰陽相合，戮力鑽營而忝不知恥，忘記自己的位置還在下卦。「位不當」者，陰居陽，俱用小道奉承其上，吃相難看而引來恥笑。

九四：有命无咎，疇離祉（ㄓˇ）。
象曰：有命无咎，志行也。
占義：卦象有利於合夥結伴而行。

「有命」者，上命耶？天命耶？九四承接九五的指令，有上級的背書故無咎。或說順從天命，奉順上天，故得天庇佑而無咎。九四由下卦進入上卦，情境轉化成健順。「疇」，類，指初六。「離」者，麗也，附著。「祉」者，福祿。指順乎天而應乎人，有志同道合者相助與祝福。九四陽爻與初六相應，九四得令，初六遵行，守正而相應於上，故無咎害。「志行」者，九四有初六相應，又得到九五命令，權柄在握，志願得以遂行，故無咎害。

九五：休否，大人吉，其亡其亡，繫于包桑。
象曰：大人之吉，位正當也。
占義：雖奔波操煩，宜承擔權位而有成。

「休否」者，休有止息，美，安處，恐懼等意思。九五居中得正，能在否道之中，戒慎恐懼，趨吉避凶，故撥亂反正，終止「否」態。《程頤傳》：「五以陽剛中正之德居尊位，故能休息天下之否。」「其」者，將要。「亡」者，滅亡。「包」者，本根、茂盛。於否塞之時，行嘉美之事，置己身於桑樹茂盛，根重而牢固之爻地。「位正當」，自明者，有其德，居其位，心意常存危難，固守九五德位，遏絕小人佞妄，自求多福。〈繫辭〉：「君子安而不忘危，存而不忘亡，治而不忘亂，是以身安而國家可保也。」

上九：傾否，先否後喜。

象曰：否終則傾，何可長也。

占義：卦象先利後弊，不宜戀棧功名利祿。

　　「傾否，先否後喜」，「傾否」者，見時勢可乘，以積極主動的精神扭轉乾坤，而後始有成。「否傾」者，被動等待時勢，而未施以陽爻積極性。否道未傾只能儉德辟難，審慮傾否之道。若否道已傾，喜其事理翻覆，峰迴路轉，危機變轉機。否卦大象先傾，爻變至上九否道已終，撥雲見日，其事理必然通達四方。天道盈虛往復，否卦終結，則否極泰來，物極必反，坐困愁城不會長久的。君子自強不息，必能突破否卦的困境。

四、〈同人〉〈大有〉〈謙〉〈豫〉〈隨〉

13. 同人卦

同人卦：離下乾上(遊魚從水之卦，管鮑分金之象)。

卦辭：同人于野，亨。利涉大川，利君子貞。

　　〈序卦傳〉：「物不可以終否，故受之以同人。」「同人」者，五陽一陰，六二與眾人相應和平同存，會同眾人。野者，廣遠遼闊之洪荒大地。「天火」，離火向上發展而具備文明，大公無私，光明磊落，心胸開放，誠信無遠弗屆的現象，

故得亨通。又以二爻陰柔為主爻，居中道與諸爻相應。假借同人可得四方響應，故利涉大川，雖險無難。「君子貞」，六二君子藉同人卦義與人同心相應，共同涉難，無私心交往，故事業可大可久。

> 判曰：同人者，親也。同心之言，其臭如蘭；二人同
> 　　　心，其利斷金。所求皆得，无不稱心。
> 占義：與人相善，諸事皆宜，尤其合夥與公關等事。

> 象曰：同人柔得位，得中而應乎乾，曰同人。同人曰：
> 　　　同人於野，亨；利涉大川，乾行也；文明以健，
> 　　　中正而應，君子正也；唯君子為能通天下之志。

　　同人卦，五陽一陰，「柔得位」，指六二，唯一陰爻。「得中」者，六二居下卦之中得位。「應乎乾」者，六二主爻向上呼應乾卦之九五，又與他爻陰陽和諧，故不乏志氣相投之士。「同人於野」，比喻同人之作風遼闊無垠，宰相肚裡能撐船。「乾行」者，六二、九五中正相應，可得乾道陽爻德行之相配。「文明以健」，指離卦附麗文明而乾卦剛健。「中正而應」，指恰如其分，過於親狎易於敗壞綱紀，過於嚴苛則眾叛親離，《論語・陽貨》：「近之則不遜，遠之則怨。」君子以乾卦精神發揮離卦文明之志，以德配位，會同天下有志君子，眾志成城，利於涉險犯難。「唯君子」，亦指同人之對象也限於君子，同小人其志難以合同。

> 象曰：天與火，同人。君子以類族辨物。

　　乾為天在上，離火性炎上，因此歸類同氣相求，同中有異，異中求同是和諧相謀之道。《論語·子路》：「君子和而不同；小人同而不和。」君子與小人對於和諧與同流合污的理念不同。「天與火」者，指天道大放光明，象徵世間文明，利於分辨是非。「類族」，歸納；「辨物」，演繹；歸納演繹融合出同人之道。方以類聚，物以群分，君子應明辨品物之別，才智昏庸，是非善惡，才足以察言觀色，知人善用，立足於人事社會。

> 初九：同人于門，无咎。
> 象曰：出門同人，又誰咎也。
> 占義：公益事業必成，私心必咎。

　　「同人于門」者，出門在外，踏進社會。初九具陽剛之德與九四無應，未有私心，上承六二，陰陽當位和諧，出門逢人皆有志一同，同於嚮往剛健文明之志，故無咎恨。《論語·為政》：「君子周而不比，小人比而不周。」故凡事物之初，難以逆知否泰，私心自用者，雖州里寸步難行。「出門同人」，初爻指萬物起頭階段，心無繫屬，既然一視同仁，必無誰與過咎之難。雲從龍，風從虎，志氣相投，道不同不相謀。

> 六二：同人于宗，吝。
> 象曰：同人于宗，吝道也。
> 占義：卦象守成，不利於開闢事業。

「同人于宗」，宗，指宗族、宗親、宗黨；六二陰爻雖然上與九五相應，但合同之志僅及於宗族，用心鄙吝於門戶與宗派成見，辜負九五盛意。同人卦五陽一陰，六二為主爻，寡者，眾之所宗，眾星拱月，日久結黨營私，德澤僅及於宗族鄉里，不知心懷萬邦，友善天下。「吝道」者，指畫地自限，井底觀天，鄙吝自絕於天下。六二的小格局，浪費了當位中正的好時空，在政治與歷史屢見不鮮。

> 九三：伏戎於莽，升其高陵，三歲不興。
> 象曰：伏戎於莽，敵剛也；三歲不興，安行也。
> 占義：諸事不宜，應安然潛居，升其高陵觀望局勢。

「伏戎於莽」者，軍隊隱藏於山野，不敢亢顯；也可指陽爻阻隔，上九無應，故不可莽撞、鹵莽，以隱伏為準。「升其高陵」，踞於高地，觀望敵情，衡量局勢迷惘，無法驟然判斷。九三陽剛欲進，「敵剛」者，其上四五六爻均不應，上九居高臨下，下乘六二陰爻，後援無力，外卦三陽剛健，敵人剛強，阻逆甚囂，以致三年之久無法運作。「三歲」者，一爻為一年，九三為三年。「安行」者，九三陽爻當位未能居中，時機尚未成熟，應「升其高陵」，伺機而按兵不動。

> 九四：乘其墉（ㄩㄥ），弗克攻，吉。
>
> 象曰：乘其墉，義弗克也；其吉，則困而反則也。
>
> 占義：當機斷念，知困而返，退而保理吉身。

乘者，登上，升也。「墉」者，城牆。登上城牆禦敵，佔有地利，但九四陽爻居陰地，履非其位，而與九三爭六二；按理六二上應九五，九四攻三求二，違背義理，經困頓後幡然悔悟，故得其吉。九四欲「攻」何人？王弼《周易注》：「與三爭二」，《程頤傳》：「四剛而不中正，其志欲同二，亦與五為仇者也。」惠棟語：「乘其墉，欲攻初也。四與初皆陽，故敵應。初得位，四無攻初之義。變而承五應初，故弗克攻，吉也。」「義弗克」者，以義理裁斷，自知不應妄想以戰爭攻剋不義之事。「困而反則」，置之於死地而後求其生，道窮力竭時，應艱困中自省，尋找出準則依據後，迷途知返，可趨吉避凶。

> 九五：同人，先號咷（ㄊㄠˊ）而後笑。大師克，相遇。
>
> 象曰：同人之先，以中直也；大師相遇，言相克也。
>
> 占義：先苦後甘，苦盡甘來。

李光地《周易折中》：「居尊位而欲下交，居下位而欲獲上，其中必多忌害間隔之者。」「先號咷」者，九五與六二的相合，六二柔弱，間爻三(伏戎於莽)四(乘其墉)是重重剛險，執剛用直，眾所不從，以致苦而號咷。九五剛中得位，本體健壯，克勝制敵，雖好事多磨，最終仍克服眾敵，與志同道合者歡聚一堂。「同人之先」，故會同眾人之前，先受九三、九四之阻絕。「中直」者，九五以中而正直之美德克服「伏戎於

莽」、「乘其墉」等艱難。「相克」之時，比喻六二、九五相
遇合。

上九：同人於郊，无悔。
象曰：同人於郊，志未得也。
占義：小有成就，雖無悔，利祿未得。

「郊」者，外之極也。《說文》「邑外謂之郊，郊外謂之
野。」未達同人於「野」的理想，表示聚集人心尚有努力空
間。上九陽爻居陰位，雖有志氣，但所處地位在「郊」，本體
過於剛健，與九三無應，且不比九五，所以聚眾不多，但遠離
內鬥，身家安然無虞，雖志氣尚未得逞，也無需後悔。

14. 大有卦

大有卦：乾下離上(金玉滿堂之
卦，大明中天之象)。

卦辭：大有，元亨。

〈序卦傳〉：「與人同者物必歸焉，故受之以大有。」前
卦同人的綜卦是火天大有。僅六五爻一陰五陽，柔處尊位，群
陽並應，聚眾人之力，行事必然亨通，故得大有包容，順天利
命。六五謙虛處於離卦之中，以文明之象包容剛愎之士，而因
為陰爻柔順，未能剛斷果決，故元亨不見利貞。

判曰：大有者，寬也。柔得尊位，官祿日實，
　　　掩惡揚善，豐財和義，廣納包容，成物
　　　之美，自天祐之，吉無不利。
占義：諸事皆吉，起頭亨通火紅，結局平平。

象曰：大有，柔得尊位，大中而上下應之，曰大有。
　　　其德剛健而文明，應乎天而時行，是以元亨。

　　「柔得尊位」，大有卦，六五陰爻主導全卦，上下陽爻均為互相呼應。「大中而上下應之」，九二居下卦中爻與六五相應，五陽俱受一陰牽動，故六五得大有之象。其內卦乾，比喻道德剛健；外卦離，比喻文明，故文明剛健順天據時而行。「應乎天」，離卦在上代表天道，相應下卦乾卦九二，也合乎乾卦所代表的天道。「時行」，行為的時機點。《王弼注》：「德應於天，則行不失時矣；剛健不滯，文明不犯，應天則大，時行無違，是以元亨。」《論語・微子》：「齊人歸女樂，季桓子受之，三日不朝，孔子行。」應天時行是藝術境界。

象曰：火在天上，大有。君子以遏惡揚善，順天休命。

　　離火在天，天無所不容，故使夏季日照甚廣。火無所不照，農作物以茲為大豐收現象。「大有」，火在天上則能光明正大，分辨善惡，賞善罰惡，是遵行天命盡性之舉。君子以光明剛健作為遏止邪道，並發揚善性之根本，故君子以順應天時，嘉美天命為職責。

初九：无交害，匪咎，艱則无咎。

象曰：大有初九，无交害也。

占義：名利難求，不如原地靜觀。

「无交害」者，初爻之始，涉世未深，尚無外寇讎敵，雖不與九四相應，但也不至於交相禍害。「匪咎」，匪則得咎，欲為非作歹，必生咎恨。「艱則無咎」，初九剛健，雖不在中位，不知履中謙退，但艱貞的意志往離火前進，已經遠離咎害。互相交往必生利害對應，初九遠離六五，無動作則無利害。乾卦初爻潛龍勿用，勿用則無交相禍害。「无交害也」，亦可解釋成為人處世應注意社交往來，莫因交往不慎遭致禍害。閉門造車，孤僻無緣，無交亦為害。

九二：大車以載，有攸往，无咎。

象曰：大車以載，積中不敗也。

占義：諸事皆宜，出行求財有利。

「大車以載」，是以卦象比喻九二承載重任，陽爻九二居陰位，往前與六五陰陽相應，雖任重而有外援，堅定方向必無咎。《程頤傳》：「九以陽剛居二，為六五之君所倚任。剛健則才勝，居柔則謙順，得中則无過。其才如此，所以能勝大有之任；如大車之材強壯，能勝載重物也。」大車代表承載任務的工具，工欲善其事，必先利其器。「積中不敗」，指積蓄中道之德，九二像受六五正應的受命大臣，負載重任，剛健行進無咎害。

> 九三：公用亨于天子，小人弗克。
> 象曰：公用亨于天子，小人害也。
> 占義：所求吉凶，君子吉，小人凶。

「公」與「小人」是相對的地位。九三為三公，六五為君王。九三陽爻居陽位，統領下卦群陽奮進有功，並與六五陰陽相應，得到封功賞賜。「小人弗克」，九三不是陰爻的正位，小人無法擔任率領陽爻前進的任務，表現不佳，不能得到封賞。「小人害也」，如果將陰爻擺在三爻，道德與才能不足以承擔責任，小人反而害事，故不能得到犒賞。小人隱喻九三率領下卦前進，可以忠心耿耿，也可以瞞上欺下，中飽私囊，故為害為利，惟九三所定奪。

> 九四：匪其彭，无咎。
> 象曰：匪其彭，无咎，明辨晢也。
> 占義：卦象無利無弊，謹防大意失荊州。

「匪其彭」者，匪，非也。彭，旁也，盛大。九四陽爻居陰位，上承五爻至尊，下乘九三陽剛；雖有僭逼六五陰爻之能，但不自恃陽剛坐大，謹記不當位之缺憾；以位置而言，九四既然進入上卦，不應分心於下卦，義無反顧，棄三歸五，不執著細微過往，故得無咎。又說九四近於六五，匪其彭，莫自驕而僭越，莫假虎為患。「明辨晢」者，晢，明白，明亮；應謹慎明辨義理。

六五：厥孚交如，威如，吉。
象曰：厥孚交如，信以發志也；威如之吉，易而无備也。
占義：一陰五陽，太柔則廢，戒虎頭蛇尾。

　　厥，竭盡，孚，誠信。交，對待往來。威，畏也。「厥孚
交如」，《程頤傳》：「人君執柔守中，而以孚信接於下，則
下亦盡其信誠以事於上，上下孚信相交也。」五陽爻歸順一陰
爻，互相以誠信對待；君子威嚴莊重誠信，必得到四方景仰。
「信以發志」，六五為主爻，一心想以誠信發揮志向。「威如
之吉」，提醒六五柔順尚須剛強威嚴，始足以濟事。「易而無
備」，威嚴之吉，重在平易可親，處於坦蕩蕩無戒備的和諧氣
氛中，而不須大費周章警備。

上九：自天佑之，吉无不利。
象曰：大有上吉，自天佑也。
占義：有貴人相助，誠信交往，終局吉祥。

　　「自天佑之」，上九與六五相應，本卦一陰五陽，僅上九
獨乘陰爻，與四爻之下仰承六五而有不同，以剛制柔，也是以
尊謙下，在豐盛大有之時，君子藉謙卑體會柔順之理，故大有
剛健文明之吉，合乎天道，故得天道庇佑。《程頤傳》：「大
有之上，有極當變。由其所為順天合道，故天佑助之，所以吉
也。君子滿而不溢，乃天佑也。」

15. 謙卦

䷎	謙卦：艮下坤上（地中有山之卦，仰高就下之象）。 卦辭：謙亨，君子有終。

　　〈序卦傳〉：「有大者不可以盈，故受之以謙。」大有卦富足之象，必須以謙虛制衡，才能長久。艮為山，收斂高聳入雲之特性，居於大地之下，諸行最善者，莫如謙虛下物，故所行皆亨通。《程頤傳》：「謙有亨之道也，有其德而不居，謂之謙。人以謙巽自處，何往而不亨乎？」本卦謹言「亨」，「君子有終」，小人行謙卦不能長久。《正義》「謙者，屈躬下物，先人後己，以此待物，則所在皆通，故曰『亨』也。」又曰「『謙』為諸行之善，是善之最極，而不言元與利貞及吉者，元是物首也，利、貞是幹正也。於人既為謙退，何可為之首也？故不云元與利、貞也。謙必獲吉，其吉可知，故不言之。」謙卦六爻皆吉，卻因謙遜而不宜擔任領頭羊，所以卦辭無元、利、貞。

判曰：謙者，退也。謙而受益，滿而受虧，謙謙君子，尊人自卑。利用謙遜，萬事无違。 占義：自保有餘，謙遜而無大成。

> 彖曰：謙、亨、天道下濟而光明，地道卑而上行，
> 天道虧盈而益謙，地道變盈而流謙，鬼神害
> 盈而福謙，人道惡盈而好謙。謙，尊而光，
> 卑而不可踰（ㄩˊ），君子之終也。

「天道」，指唯一陽爻九三，可以概括初、二、三爻為艮少男，二、三、四爻為坎中男，三、四、五爻為震長男，均為乾道基因所屬，故能化育萬物，以光明濟度四方。「地道」，指坤卦位在上卦，上行而亨通。謙卦之亨通，在於天道損有餘補不足，因濟助人道而光明絢爛。《集解》云「高岸為谷，深谷為陵，是為變盈而流謙，地之道也。」當高處土石沖蝕時，低卑之處反而得到填實，地道盈滿則流向更卑微之處。鬼神不會庇佑驕橫盈滿之徒，而是賜福給謙卑有德者，人道亦復如此。總之，天道、地道、人道、鬼神都是謙受益，滿遭損。朱熹《周易本義》：「人能謙，則其居尊者其德愈光，其居卑者，人亦莫能過，此君子所以有終也。」指「尊而光」，尊貴者因謙卑足以終生光明。「卑而不可踰」，卑位者因謙卑而免咎責。「君子之終」，君子因謙遜，通達情理而安貧樂道，充實存誠而退讓不矜，故能得善終果報。小人則伐其德，競其欲，無法長久安於「謙」道。始於謙遜，終於高明，後發先至。

> 象曰：地中有山，謙。君子以裒（ㄆㄡˊ）
> 多益寡，稱物平施。

謙，上卦為坤，下卦為艮，山在地之中，山雖高，願以高就低，比喻謙虛之美德。「裒」者，收集起來。《集解》「謙

之為道，降己升人。山本地上，今居地中，亦降體之義，故為謙象也。」謙虛與稱物平施何干？因為山高險峻與地勢寬廣的卦象成對比，將之推演到施祿及民，即君子施政原則在不患寡，患不均，以多資少，讓人民生活在公平的物質水準上。

初六：謙謙君子，用涉大川，吉。

象曰：謙謙君子，卑以自牧也。

占義：利於謙虛面對險難，初時無現實利益。

「謙謙君子」，「謙」指唯一陽爻九三。《程頤傳》「初六以柔順處謙，又居一卦之下，為自處卑下之至，謙而又謙也。故曰謙謙。能如是者，君子也。」初六陰爻居陽位，又居坎險之下，君子以謙遜的態度修養品德，故面對阻逆橫難，終究吉利。「用涉大川，吉」，程傳「自處至謙，眾所共與也。雖用涉險難，亦无患害，況居平易乎，何所不吉也。」言謙虛者自有眾人相拱，足以濟渡難關，何況平日謹慎自我管理！「卑以自牧」，謙卑是君子自我修養的實踐功夫，溫、良、恭、儉、讓，可為參考。

六二：鳴謙，貞吉。

象曰：鳴謙貞吉，中心得也。

占義：美名稱譽，缺乏實利，等待外援。

「鳴謙」，《程頤傳》「二以柔順居中，是為謙德居於中，故發於外，見於聲音顏色，故曰鳴謙。」鳴者，聲名發鳴，美譽遠聞。陰爻得中位，謙虛的美德，處中行正，必有吉

祥正利。「中心得也」，六二相應唯一陽爻，誠意發自於內心，誠於中而形於外，固守貞道，得其所而吉利。

> 九三：勞謙，君子有終，吉。
> 象曰：勞謙君子，萬民服也。
> 占義：卦象吉利，奔波中獲利。

「勞謙」，有功勞，肯勞碌，而能謙謙自守。本卦一陽五陰，九三陽爻居上，下統二陰爻，上承三爻皆陰，比喻群陰來附，萬民歸順，堅持到上六柔順謙卑，勞苦己身但終局吉祥。〈繫辭傳〉：「勞而不伐，有功而不德，厚之至也。語以其功下人者也。德言盛，禮言恭。謙也者，致恭以存其位者也。」以謙遜保有祿位。「萬民服」，君子勞於謙遜，萬民臣服於謙道君子。

> 六四：无不利，撝(ㄏㄨㄟ)謙。
> 象曰：无不利，撝謙，不違則也。
> 占義：有利在戒懼之地，不可自安悠閒。

「撝」者，施布之象或同揮，奮勇作為。四多懼，向上承五而柔謙，乘三而用謙。六四柔而得位，乘九三功臣之上，承六五君位之下，居於樞紐之地，更能發揮謙德。「撝謙」，不強求謙虛之美名，才是不違背謙道準則。「不違則」，不違背謙遜之法則，無所不利。

> 六五：不富以其鄰，利用侵伐，无不利。
> 象曰：利用侵伐，征不服也。
> 占義：慎防所問之事起糾紛，退讓為宜。

「不富」，指六五陰爻謙虛而不自溢。「以其鄰」者，指六四與上六皆受到六五謙德感召，六五居於上卦中位，而不必以財富聚人，或以干戈服人，故能以謙卑的美德統御鄰爻。「利用侵伐」，當謙遜無法換取公平正義，訴諸武力是有利的選項。「征不服」，對驕而蠻橫者先以「謙」道進行交涉，若無效，再整軍備武後出征。

> 上六：鳴謙，利用行師，征邑國。
> 象曰：鳴謙，志未得也，可用行師，征邑國也。
> 占義：行事波折，其事未得善果。

「鳴謙」，上六與九三相應，久而有朋自遠方相鳴。「利用行師」，處外而履謙順，雖有美譽僅內化在一邦之內，征服不順從的邑國，立軍功仍需利用行師征伐。「謙」道到了盡頭，謙遜未必得到鄰國臣服或尊敬，對桀驁不馴之鄰邦，只能動用軍旅，沙場一決高下。「鳴謙，志未得」，謙虛的功夫不夠，謙虛的目標沒有完成，心中不勝唏噓的淒鳴。「征邑國」，朱震：「征邑國，非侵伐也，克己之謂也。君子自克，人欲盡而天理得則誠；誠則化，物无不應。有不應焉，誠未至也。」

16. 豫卦

䷏	豫卦：坤下震上（鸞鳳生雛之卦，萬物發榮之象）。 卦辭：豫，利建侯行師。

〈序卦傳〉：「有大而能謙必豫，故受之以豫。」豫卦與謙卦互為綜卦。「謙」，以其自上而謙遜退處於下。「豫」，自下而奮出向上。謙卦之後不免自我放鬆，故淫亂悄然而近。豫者，取逸豫之義，坤為順，震為動，順其性而動，以和順而動，則萬物各得其所。雷在地上，外動而內順，有利於行動，應趁機建立功業。豫卦，一陽五陰，陽爻居陰位統領五陰爻，名不正位不順。「利建侯行師」，《程頤傳》：「上動而下順，諸侯從王，師眾順令之象。」震為動，利於登高一呼，建國立業。坤為眾，眾人成師，利於行事。

《程頤傳》：「豫之所以為豫者，由九四也。為動之主，動而眾陰悅順，為豫之義。大臣之位，六五之君順從之，以陽剛而任上之事，豫之所由也。」九四擔任六五重臣，發動上卦，破除安逸和樂。

判曰：豫者，悅也。雷出于地，開蟄鼓翼， 　　　天地順動，日時不忒，先王制禮，殷 　　　薦崇德，凡事無疑，上下悅懌。 占義：凡事豫則立，卦象雖吉，起頭艱難。

> 象曰：豫，剛應而志行，順以動，豫。豫順以動，故
> 　　　天地如之，而況建侯行師乎！天地以順動，故
> 　　　日月不過，而四時不忒(去古ㄟ)；聖人以順動
> 　　　，則刑罰清，而民服，豫之時義大矣哉！

　　「剛」，指唯一陽爻九四，上下五柔爻均與之相應，故建
侯之時，眾人相應而志同行合。「順以動」，坤卦與初六隨震
卦而動，是天地間的自然現象，更何況建侯行師與行軍練兵等
生死大事，更應該順從天意。「天地以順動，故日月不過，而
四時不忒。」坤卦為順，震卦為動，故豫卦順以動。天地萬物
順其理，而行動亦順應自然規律，自然沒有差錯。日月運行與
四時變換，都是順應天地運行的道理，「聖人以順動」，聖人
順從而不違背天地規律，事物能和諧，則刑罰清簡。慎用法
令，故萬民臣服，豫卦的運用時點意義甚大。

> 象曰：雷出地，奮豫。先王以作樂崇
> 　　　德，殷薦之上帝，以配祖考。

　　震卦在外卦，比喻天道已成，以供人道察微。奮，動也。
殷，盛也。薦，進也。豫卦，上卦為震，下卦為地，春雷乍
響，古人認為陽氣由地中沖出，萬物振奮。先王藉此欣欣之
象，製作典章禮樂，殷勤的敬祀天帝與祖先。《程頤傳》：
「坤順震發，和順積中而發於聲，樂之象也。先王觀雷出地而
奮，和暢發於聲之象，作聲樂以褒崇功德，其殷盛至於薦之上
帝，推配之以祖考。」雷出於地面是大自然給人類警惕振奮，
悠閒逸樂中，教化以禮樂匹配人文道德。《論語‧學而》：

「慎終，追遠，民德歸厚矣。」

> 初六：鳴豫，凶。
> 象曰：初六鳴豫，志窮凶也。
> 占義：輕率舉事，必然窮於奔命，大凶。

　　「鳴豫」，初六陰爻居陽位，名不正言不順，眼光短淺，只見到自己與九四陰陽相應，自鳴得意而過於安逸，不知相應於不正之位，小人得志，凶險即將臨身。「志窮」，又自己身居艮卦之下，志向窮窘，前途凶險。比喻人可窮，志不可窮。

> 六二：介於石，不終日，貞吉。
> 象曰：不終日，貞吉，以中正也。
> 占義：所問皆吉，忌虎頭蛇尾，急功近利。

　　「介於石」，六二居中得位，初爻陰居陽位，三爻陰居陽位，四爻陽居陰位，五爻陰居陽位，均為不當位，獨六二當位中正，能對上下，不諂媚，不褻瀆，操守耿介。「不終日」者，故不待終日即可見微知著，預知安於逸樂必遭咎禍，故思慮明確而放棄「逸豫」，而得固守中道，比喻迷途知返，吉無不利。「以中正」，六二守中正之道，柔順不苟且，逸豫不違中道，故貞吉。

> 六三：盱(ㄒㄩ)豫，悔，遲有悔。
> 象曰：盱豫有悔，位不當也。
> 占義：前不著村，退一步海闊天空。

「盱」者，張目，茫茫然無所依靠。盱豫，六三陰爻居陽位，名位不順，想前進與九四親近，但九四陽爻居陰位，自身不正，又不與上六相應。「遲有悔」，相對於六二「不終日」，猶豫不決，悔悟太遲，錯失良機，終有悔吝。「盱豫有悔」，六三居不當位，進退失據，妄想仰賴九四(領導上卦振作)、上六(無應)的提攜，必然後悔。「位不當」，陰爻居陽位，不中無應。

> 九四：由豫，大有得。勿疑，朋盍簪。
> 象曰：由豫，大有得，志大行也。
> 占義：利於合夥事業，掌握瞬間時局。

「大有得」，九四震卦之下，震動之始，五陰爻拱九四陽爻。「盍」者，合也，大有得，眾陰皆歸，大有所得。「勿疑」者，《程頤傳》：「四居大臣之位，承柔弱之君，而當天下之任，險疑之地也。獨當上之倚任，而下无同德之助，所以疑也。唯當盡其至誠，勿有疑慮。」九四猶如過河卒子，許進不許退，無所疑。「朋」，朋類。「簪」者，疾也，聚也，朋盍簪，志同道合，相聚一堂，不必猶疑的迅速向九四聚集。「志大行」，唯一陽爻，眾志來歸而利於大志業進行。

> 六五：貞疾，恒不死。
> 象曰：六五貞疾，乘剛也；恒不死，中未亡也。
> 占義：進退拉鋸，食之無味，棄之可惜。

「貞疾」，以疾病在身比喻應防範隱憂。豫卦以九四剛爻為主，專權執勢盡忠，但六五「恒不死」仍存而不亡，因為六五堅守中道，利用九四之才能，九四亦聚集下卦三陰，眾志成城，共同效力六五。「中未亡」者，六五依賴敬守中道，博得一線生機。

> 上六：冥豫，成，有渝，无咎。
> 象曰：冥豫在上，何可長也。
> 占義：此路不通，窮則變，變則通，通則久。

「冥豫」，冥，幽深冥昧，因逸樂而昏頭轉向。「渝」，變也。勉勵占者自求改變，變上爻為陽爻離卦，離為目，離火光明，看清楚局勢而自思改變，即時改弦易轍，必無咎害。《程頤傳》：「上六陰柔，非有中正之德，以陰居上，不正也。而當豫極之時，以君子居斯時，亦當戒懼，況陰柔乎？乃耽肆於豫，昏迷不知反省也。在豫之終，故為昏冥已成也。」以物極必反相信逸樂之人必能改變，而迷途知返。「有渝」，能變則能通而久，故保身而无咎。「何可長」？訓示不可盡情沉醉於豫樂。

17.隨卦

䷐	隨卦：震下兌上（良工琢玉之卦，如水推車之象）。
	卦辭：元、亨、利、貞，无咎。

〈序卦傳〉：「豫必有隨，故受之以隨。」前一卦「豫」，猶豫謹慎，老成持重，深謀遠慮，必有人願追隨。隨卦以元亨利貞，周而復始為卦義，上卦澤代表西方秋天，外象有讓人喜悅追隨的條件，下卦震代表東方春天，願意振奮追隨。初九到九四取離象，六三到上六取坎象，四時俱備，五行相生，元亨利貞，仁義禮智信俱備，自無災禍。《周易集解》「內動之以德；外悅之以言。天下之人，咸慕其行而隨之，故謂之隨也。」內卦為震，僅初爻為陽動，為元亨之德。發展到外卦為兌，四五兩陽爻皆動，為利貞之德。

判曰：隨者，順也。上剛下柔，隨時之義。改故鼎新，眾美俱至。士子得官，宜增祿位。百事遂意，吉無不利。

占義：諸事吉利，尤利於風潮事業，隨進隨退。

象曰：隨，剛來而下柔，動而說，隨。大亨貞，无咎，而天下隨時。隨時之義大矣哉！

隨，從也；從，隨從時地之變而不拘泥。隨卦，上卦兌

柔，下卦震剛。「剛來而下柔」，剛強得勢，但願意委屈居於
兌卦之下，震卦在此震動，兌卦在彼悅從，故剛來居柔之下，
萬物皆相悅追隨，可以無為而不勞，事半而功倍，故喜悅與震
動是隨卦特性。隨卦亨通在於二五中正之道，君主謙恭對待臣
民，臣民則喜悅隨從君主，天下事不動或相隨並無拘泥，惟在
可隨則隨，趨時而利用，君王如何施政，使人民有跟隨之意
願，是國政興衰之指標。若彼強此弱，此從彼；彼弱此強，如
何使彼樂於相隨？掌握隨卦之意義足以深思。

象曰：澤中有雷，隨，君子以嚮晦（ㄏㄨㄟˋ）入宴息。

　　兌上震下，即雷在澤水中。兌卦是入秋季節，雷聲悄然收
斂，君子於日出視察督導，日落則入宴寢息。「嚮晦」，嚮，
向。晦，暗。「晦」，日落西山，兌卦之方。以震兌兩卦代表
日出日落之規律性，君子體會時序規律，以入夜就寢止息，按
時作息。隨卦以東西正卦交流，隱喻所隨居正，物與己相隨相
通，君王邀約入宴，飯局中就是溝通作用。

初九：官有渝，貞吉。出門交有功。
象曰：官有渝，從正吉也；出門交有功，不失也。
占義：適合於初創事業，得利於公關脈絡。

　　「官」者，感官、觀念、管束等。「渝」，變也。「官有
渝」者，人心所主的思想，觀念，外在束縛等，即凡影響事物
之行為的內外在因素均屬之，君子相對於這些因素順時空而
變，故貞吉。初九陽爻得位，但與九四無應，對於內外在的挑

戰因素，都可以適時改變，無往不吉。「出門交有功」，避其私暱，隨從正道事物，出門與四方人物相交，不結交狐群狗黨，不同流合污，雖有變渝，不失剛正必有功於事業。

> 六二：係小子，失丈夫。
> 象曰：係小子，弗兼與也。
> 占義：取捨兩難，靜觀其變，勿強出頭。

初九陽剛「隨」人，六二陰柔「係」於人，都是跟從之義。小子謂初九，丈夫謂九五。六二陰柔藉初九之力，雖繫屬於九五，但遠水不濟，又有九四攔阻，只得委身遷就小子初九，既有所屬，不應往前與九五相應，此時吉凶莫辨。丈夫與小子，無法兼顧。《周易正義》：「六二既是陰柔，不能獨立，所處必近，係屬初九，故云係小子；既屬初九，則不得往應於五，故云失丈夫也。」「弗兼與也」，權衡取捨，六二必須考量機會成本。

> 六三：係丈夫，失小子。隨有求得，利居貞。
> 象曰：係丈夫，志捨下也。
> 占義：前有援兵，後有追兵，許進不許退，

六三陰爻處世不能獨立，但六二已經佔據初九，因此只得向九四靠攏，而九四與初九無應，故六三、九四陰陽相應，近水樓臺，宜貞定隨其所擇而居之。「志捨下」者，捨棄初九小子。「隨有求得」，六三追隨九四，有求必得，然而「隨」道僅利於遵守常道之人。「志捨下」，《程頤傳》：「舍下而從

上，舍卑而從高，於隨為善矣。」君子不可奪志，無友不如己，過則勿憚改。

九四：隨有獲，貞凶，有孚在道以明，何咎？
象曰：隨有獲，其義凶也；有孚在道，明功也。
占義：卦象雖吉，繫於貴人相助，防小人。

　　九四陽爻居上卦之下，以陽居陰，處在兌卦之初，下卦兩個陰爻巴結而來，九五認為較接近之九四，陰爻履非其位，隨從之後有獲利而功高震主，堅持如此而往，則貞凶之象悄然而現。「有孚在道以明」，以光明正大的道理誠信相隨，必無咎害。「其義凶」者，隨卦原是剛下柔上，九四則反其道，以剛爻乘於柔上，不合卦理；比喻臣擅於君，有失臣義，凶險之象。隨卦之功效，以誠信坦然面對，足以明哲保身。《論語‧顏淵》：「浸潤之譖，膚受之愬，不行焉，可謂明也已矣。」能面對毀謗冷靜處理，不計其利，正其義，不自我表功就是「明功」。

九五：孚于嘉，吉。
象曰：孚于嘉吉，位正中也。
占義：卦象皆宜，利於建立知名度。

　　孚，誠、信。嘉，善。「孚于嘉」者，九五居中得正，相應六二，雖然九四不應，但同在兌卦合悅之中，依據卦義，誠信相隨。誠信得嘉美之吉，誠信能取得隨卦精義，隨時、隨地、隨人之誠信，因九五中正而有嘉美之吉。《船山內傳》：

「九以陽剛居尊位，其往隨於上，非歆於利動於欲也。陰陽翕合，以成嘉禮也。」得事物竭誠信乎，《中庸》：「唯天下至誠，為能經綸天下之大經，立天下之大本，知天地之化育。」誠就是善。

上六：拘係之，乃從維之，王用亨於西山。
象曰：拘係之。上窮也。
占義：物極必反，亢龍有悔，調整策略。

　　「拘係之，乃從維之」，一說，指隨卦能兜攏人心相隨，又能維繫人心相悅，得到治國「用亨於西山」的盛況。西山，指岐山。二說，指上六居高不隨，須以武力征討，以維繫政權。事情發展到了最後階段，上六忤逆不隨從，民眾由悅隨變成隨便，故須強制拘繫。兌卦在西，山謂險阻，君王祭天是因順天討逆，由西向東。比喻周初由西方起義，經過一番阻逆才大功告成。「上窮」者，手段用盡，窮極則變，上六敬酒不吃罰酒。

五、〈蠱〉〈臨〉〈觀〉兮〈噬嗑〉〈賁〉

18. 蠱卦

蠱卦：巽下艮上(三蟲食血之卦，以惡害義之象)。
卦辭：蠱，元亨，利涉大川，先甲三日，後甲三日。

〈序卦傳〉：「以喜隨人者必有事，故受之以蠱。蠱者，事也。」蠱，疑惑險難孳生之卦象。經營事業如同涉大川之險，甲者，十日之首，先甲三日，癸壬辛，以「辛」為創制之始，辛，新也。不可因循舊制。既然創制即需宣導政令於前，先甲三日為辛，取改過自新，殷殷告誡。後甲三日為丁，取再三叮嚀；民若未習，不應立即施加刑罰。《周易正義》「甲者，造作新令之日。甲前三日，取改過自新，故用新也；甲後三日，取叮嚀之義，故用丁也。」

判曰：蠱(ㄍㄨˇ)者，事也。幹父之體，任用
　　　于先，三蟲在器，陰害相連，厭昧之事
　　　，其疾難瘥，求謀欲起，慮恐相干。
占義：其事迷惑，瞻前顧後以避險。

象曰：蠱，剛上而柔下，巽而止，蠱。蠱，元亨，而
　　　天下治也；利涉大川，往有事也；先甲三日，
　　　後甲三日，終則有始，天行也。

「蠱」者，惑也，上卦為艮剛，下卦為巽柔，故剛上柔下，艮，止也，無剛健有為之才能。巽，柔也，無振作奮發之志向。事事因循苟且，百廢待舉，故「艮而止」。蠱，元亨，因撥亂反治，故以元亨鼓勵革新創造，則天下事物亂而復治。「往有事」，治必有涉大川險難，故必需振衰起弊，積極而勇於任事。山下起風，蒙蔽而迷惑，又無法前進，蠱惑象徵百病叢生，百廢待舉，危機就是轉機，故以元亨鼓勵涉大川。「先甲三日，後甲三日」，以三代表思慮之精，而後頒佈新令，始

終有序。「終則有始」，蠱亂之後便是治道之始，如天行般之規律，讓人民有預期新政的信心。

> 象曰：山下有風，蠱。君子以振民育德。

山下之風，迷惑事物真情。巽以卑順為體，容受為用，遭艮山止於山下而盤旋教令，隱喻巽風鼓動如號令般，艮山生養如春風化雨。「振民育德」，比喻君王之恩澤下振於民，以養育萬民視為己任。《船山內傳》：「風以振之，山以育之，始而興起，繼以養成，教民之序也。」

> 初六：幹父之蠱。有子考，无咎，厲終吉。
> 象曰：幹父之蠱，意承考也。
> 占義：不利占病與事業，日久必纏病生蠱。

「幹」，承擔、糾正、接續等。蠱者，惑也，事也，今可謂「爛攤子」。《東坡易傳》：「器久不用而蟲生之謂之蠱；人久宴溺而疾生之謂之蠱；天下久安無為而弊生之謂之蠱。蠱之災，非一日之故也，必世而後見。故爻皆以父子言之。」父在稱考，厲，危難。「厲終吉」，知道危難而戒惕，終吉。初六陰爻居陽位，事情發端之時，有子息以柔巽的態度承擔長輩艱險，事情之初見機而動，最終的結局是無咎害而吉利的。「意承考」者，善於繼承父親之志，糾舉端正蠱惑之事。

> 九二：幹母之蠱，不可貞。
> 象曰：幹母之蠱，得中道也。
> 占義：原地固守本位，利於女性事業。

「幹母之蠱」，輔佐母親的事業，糾正蠱惑應該用九二居巽卦之中的卦象，中道而柔順。「不可貞」，不可操之過急，欲速則不達。《王弼注》：「婦人之性，難可全正，宜屈己剛，既幹且順，故曰不可貞也。」兒子只能以懷柔糾正母親。九二陽爻居中得位，與六五陰陽相應。雖然陽爻居陰位，不適合全面發揮幹練剛直，但仍不失中道。遷就母親過錯宜隨機應變，委曲求全，固守中正之道。

> 九三：幹父之蠱，小有悔，无大咎。
> 象曰：幹父之蠱，終无咎也。
> 占義：卦象雖吉獲利不大，利於借貸。

九三位居下卦之上，以剛健幹事，與九六無應，甚至糾正長輩過失而無其應，雖不知屈己順人，致有小過悔吝，但陽爻得位本體剛健，終無大咎患。「小有悔」，幹蠱之道應陰陽相濟，九三以陽爻統領下卦，不免過剛而生摩擦，也無難以彌補的大錯。「終无咎」，對父親蠱惑雖陽剛相待，但基於動機純正，九三終究以得位論吉。《論語·子路》：「葉公語孔子曰：『吾黨有直躬者：其父攘羊而子證之。』孔子曰：『吾黨之直者異於是：父為子隱，子為父隱，直在其中矣。』」兒子有過錯，而父親為之隱瞞是慈父；父親有過錯，而兒子為之隱瞞是孝順，為人慈且孝必能忠直。

> 六四：裕父之蠱，往見吝。
> 象曰：裕父之蠱，往未得也。
> 占義：陷於困境，速退以保全身家財富。

　　裕，寬容。幹，緊抓。「裕父之蠱」，六四陰爻居陰位，柔體當位，能設身處地理解長輩的過錯。「往見吝」，六四居上卦艮之下，因才能柔弱，以致鄙吝而無法對應所擔負之事，長久養癰為患。「往未得」，寬裕蠱惑的現象，所往必見鄙吝，未有所得。《周易折中》：「蓋六四體艮之止，而爻位俱柔。夫貞固足以幹事。今止者怠，柔者懦，怠且懦，皆增益其蠱者也。」

> 六五：幹父之蠱，用譽。
> 象曰：幹父用譽，承以德也。
> 占義：利小名大，無功而返。

　　「幹父之蠱」，六五幹才柔中，默默承擔家業。「用譽」，二多譽，五多功，六五陰爻居陽位，利用九二幹部陽剛任事，隱喻兒子輔佐父親，而將美譽歸於父親。六五陰爻居至尊之位，以中道柔順奉承父輩功業，九三過於陽剛激進，六四失之柔怠，僅六五剛柔相濟，博得美譽。子承父德，彰顯中道。「承以德」，李道平疏《周易集解》：「五承上也，初承二，五承上，皆以柔濟剛，故初吉五譽。初難知，故承以意；五得中，故承以德。」

> 上九：不事王侯，高尚其事。
> 象曰：不事王侯，志可則也。
> 占義：其事不可強求，無為而治。

　　「事」者，伺候。「不事王侯」，六五一代新人換舊人，故上九應該見好就收。上九陽爻居變化之末，不惦念俗事，不貪圖祿位，故不承王侯之事，功成身退，僅崇尚清高之美譽。「志可則」者，所作所為提供世人效法準則。《程頤傳》：「蓋進退以道，用舍隨時，非賢者能之乎，其所存之志，可為法則也。」《老子·四十四章》：「名與身孰親？身與貨孰多？得與亡孰病？是故甚愛必大費，多藏必厚亡，知足不辱，知止不殆，可以長久。」功成身退，不為世俗所蠱。

19. 臨卦

> 臨卦：兌下坤上（鳳入雞群之卦，以上臨下之象）。
> 卦辭：臨，元、亨、利、貞，至於八月有凶。

　　〈序卦傳〉：「有事而後可大，故受之以臨。」陽爻上升到九二，有大而亨通之象。臨卦上卦坤為順，下卦兌為悅，所以上下相應。元亨利貞是順應天道運行，所謂「八月有凶」是以臨卦在丑月為起點，依流月順序變爻至天地否卦之時，三陰既盛，三陽方退，恰為申月。比喻盈滿則傾，盛大難以終保。臨卦在蠱卦之後，因蠱卦元亨，由臨卦接續完成振衰起弊之事業，臨卦陽氣漸長，以陽居中，有應於外，以陽臨陰，故元亨

利貞俱全，以領導面臨部屬之象。

判曰：臨者，大也。以大臨小，以上臨下。內
　　　柔外和，人非欺詐。居官進升，文才和
　　　雅。縱有災害，不能相惹。
占義：諸事皆宜，適於上任臨事，接待公眾。

象曰：臨，剛浸而長，說而順，剛中而應，大亨以
　　　正，天之道也。至於八月有凶，消不久也。

　　臨卦，上卦為坤卦柔順，下卦為兌卦喜悅，二陽爻謙卑居
於四陰爻之下。「剛浸而長」，陽尊臨下，陽剛將由九二開始
向上發展，並得到六五相應。「說而順」者，說，下卦兌；
順，上卦坤。「剛中而應」，九二剛健不當位，但符合天道之
規律準則，亨通而正。「至於八月有凶」，指子月開始到未
月，其順序為地雷復、地澤臨、地天泰、雷天大壯、澤天夬、
乾為天、天風姤、天山遯、天地否、風地觀、山地剝、坤為
地、由復卦至否卦恰是八個月，而成遯卦，兩卦又為錯卦。
「消不久」，陽氣漸消陰氣漸長是否卦的現象。《程頤傳》：
「在陰陽之氣言之，則消長如循環，不可易也。以人事言之，
則陽為君子，陰為小人。方君子道長之時，聖人為之誡，使知
極則有凶之理，而虞備之，常不至於滿極，則无凶也。」謙受
益，滿招損。

象曰：澤上有地，臨。君子以教思无窮，容保民無疆。

　　臨卦，水澤之上有地。地在澤上，以高臨下，坤為柔順，兌為喜悅。濕潤的土地，提供生物群聚化育，故須治理。《王弼注》：「相臨之道，莫若說順也。不恃威制，得物之誠，故物無違也。」君子以思慮教化，接納四方之民，包容、保護、利益民生，而無疆域內外之分。《論語‧子路》：「子適衛，冉有僕。子曰：『庶矣哉！』冉有曰：『既庶矣，又何加焉？』曰：『富之。』曰：『既富矣，又何加焉？』曰：『教之。』」富之，保民之道。教之，國祚無疆。

> 初九：咸臨，貞吉。
> 象曰：咸臨貞吉，志行正也。
> 占義：所往皆利，勿貪圖大。

　　咸，感也。初九陽爻得位，上應於六四陰爻陰位，待人接物，應對進退，因為虔誠的感應，利於初九立身處世，向上發展。「志行正」者，臨卦初九因固守正道，心誠感應而行事，故吉利。

> 九二：咸臨，吉无不利。
> 象曰：咸臨，吉无不利，未順命也。
> 占義：孤注一擲，背水一戰，突圍有功。

　　咸，感應。「吉无不利」，九二陽爻居陰位，雖然不得位，但上應於六五且堅守中道。以誠心感應，取信於天下，所向皆吉。「未順命」者，但未順從「八月有凶」天道規律的命運，而是把握臨卦中道之吉，遇虧則盈之，遇盈則虧之，斟酌

事宜，積極奮進，並未一昧順從坤柔順，兌和悅的卦象。又說九二在四陰爻之下，不順從氛圍，趁勢陽剛挺進。

> 六三：甘臨，无攸利，既憂之，无咎。
> 象曰：甘臨，位不當也；既憂之，咎不長也。
> 占義：陰居陽位勢單力孤，變易改途無疚。

「甘臨」者，謂甘美諂佞之言辭。六三陰爻居陽位又乘剛，與上六无應；有邪佞、諂媚之意。凡以邪說面臨事物，或遭人甜言蜜語相誘，必然無所得利。「既憂之」，若能以憂患咎害之心情，陰不害正，改修其道，必無咎患。「咎不長」者，六三位不當，既知憂患在前，當知迴避咎害，不會長期陷溺在內疚之中。《程頤傳》：「乘二陽之上，陽方長而上進，故不安。既知危懼而憂之，若能持謙守正，至誠以自處，則无咎也。」憂而能改，擇善無疚。

> 六四：至臨，無咎。
> 象曰：至臨无咎，位當也。
> 占義：適才適所，安守其位，無利無弊。

「至臨」，六四陰爻居陰位，所居為正，陰柔不致邪佞，又與初九相應。《王弼注》：「處順應陽，不忌剛長，而乃應之，履得其位，盡其至者也。」孔穎達《正義》：「能盡其至極之善而為臨。」進入坤卦柔順而應陽爻初九，履得其位，臻於極善的境界，故稱至臨，無咎。《論語・里仁》：「不患無位，患所以立。」六四斟酌能力，安守本位盡其所能。

> 六五：知臨，大君之宜，吉。
> 象曰：大君之宜，行中之謂也。
> 占義：處事皆宜，唯難言獲利落袋。

「知臨」，知，智慧；以智慧待人處事。「宜」者，義也。六五陰爻居陽位，履位其中與九二相應，宜時宜地宜位，借力使力，人盡其才。故卦爻雖柔，但委以重任於九二，並准許適當的運作空間，使四方賢人貢獻智慧，集思廣益，供君王差遣處理各項事宜。「大君之宜」，是君王任用中道之臣，隨時以「宜」道行事。《論語·里仁》：「不患莫己知，求為可知也。」君子以充實學問為善根，行中道，臨事皆宜。

> 上六：敦臨，吉，无咎。
> 象曰：敦臨之吉，志在內也。
> 占義：家和萬事興，出門無利可圖。

「敦臨」，敦，篤厚忠實。外卦為坤，上六處於終極，以柔順敦厚的道德，下臨六三，志在幫助賢能感應之初九與九二。《程頤傳》：「六居臨之終，而不取極義，臨无過極，故止為厚義。」引喻臨卦的敦厚卦義，用之不竭，日久彌新，敦厚是沒有過亢必返的情形。「志在內」，贊助內卦二陽爻，以敦厚為美德。《周易折中》：「自初言之則為外，自上言之則為內。伊尹躬耕而自任以天下之重，可謂志在外矣；堯舜耄期倦勤，而念不忘民，可謂志在內矣。」咸臨、甘臨、至臨、知臨、敦臨，《易經》是一連串的推理思維，善為易者不卜。

20.觀卦

	觀卦：坤下巽上（雲捲晴空之卦，春花競發之象）。 卦辭：觀，盥而不薦，有孚顒（ㄩㄥˊ）若。

〈序卦傳〉：「臨者，大也。物大然後可觀，故受之以觀。」觀卦與臨卦互為綜卦。盥者，祭禮前洗手洗面。薦，奉上祭品。顒，嚴正，容貌儼然。觀者，王者道德之美而可觀也。「觀盥而不薦」者，可觀之事，莫過於宗廟隆重祭盥之禮節，引申為上位者端正莊嚴，以下觀上應有虔敬之心，如臨春風沐雨。上者教化萬民，善之以其性，而非賄賂以物質利益。上下均可互相「瞻觀」、「觀察」、「觀望」，在學習中求進步。

判曰：觀者，觀也。觀國之光，風在地上， 　　　萬物榮昌，財不破散，爵祿加彰。 占義：難有進展，以原地留守為宜。

象曰：觀，盥而不薦，有孚顒若，下觀而化也。大觀在 　　　上，順而巽，中正以觀天下。觀天之神道，而四 　　　時不忒；聖人以神道設教，而天下服矣。

　　觀卦，上卦巽為風，下卦坤為柔順，二陽爻在上，四陰爻在下。「盥而不薦，有孚顒若」，天子主持大祭，外卦九五以中正之道，虔誠謹慎的觀察天下子民，並受天下子民觀瞻。

「下觀而化」，指君子之德風，風行草偃，德澤普施。化，指上君俯觀下民為春風化雨，讓人民感受教化之德。

「大觀在上，順而巽」，指九五在上卦為巽，受下民仰觀，君主應中正而容貌威嚴，進退有節度。「神道」，孔穎達《正義》：「微妙无方，理不可知，目不可見，不知所以然而然，謂之神道。」自然運行的天道人道就是神道，以神道稱譽造物者玄妙，故觀察天地鬼神之道，四時流行，不有差忒。聖人以陰陽變化之神妙之道，順天應人，而天下臣服。

> 象曰：風行地上，觀。先王以省方、觀民、設教。

風行地上，萬物皆受吹拂，無處不入，卦象為觀覽。君王有省察四方，觀察民情之義務，故君王有生育、養育、教育的責任，而以觀察作為手段。《程頤傳》：「天子巡省四方也，觀視民俗，設為政教。如奢則約之以儉，儉則示之以禮是也。省方，觀民也；設教，為民觀也。」民觀，放寬眼界與心智。故君王應省察四方，審酌萬民生計，提倡文教禮義，觀察民風習俗，教之以方。

> 初六：童觀，小人无咎，君子吝。
> 象曰：初六童觀，小人道也。
> 占義：事情之初尚無頭緒，求之無利。

「童觀」，孩童幼稚之淺見。初六陰爻居陽位與六四不相應，事情初始無法開展大作為，對於小人是無害的，但柔爻對

於君子奮進不利，君子也不應該如童蒙一般的見識，因此「君子吝」。「童觀」形容孩童蒙昧茫然，無法體會宮廟之美、百官之富。初六童觀離九五最遠，小人之道仍需假以時日，目前無須一般見識，但君子不可鄙吝如童蒙。

> 六二：闚（丂ㄨㄟ）觀，利女貞。
> 象曰：闚觀，女貞，亦可醜也。
> 占義：僅適宜小格局之事業，不利圖大。

「闚觀」，由門內向門外窺視。六二陰爻居中得位，體性柔弱，率內卦三爻柔順應人。「利女貞」，古時閨女大門不出，二門不邁，對女性適當的窺視是合宜的，對比男人不應有缺乏遠見的作為。六二窺視即不能大開廣見，雖上應九五，比喻女子崇尚剛健正道，理直氣壯，但因偷窺之舉不夠莊重大方，故六二仍是羞醜而見識狹隘。「亦可醜」，表明坤道雖然服從乾道，本質還是要莊嚴大方；換成君子窺觀就醜態畢露。

> 六三：觀我生，進退。
> 象曰：觀我生，進退，未失道也。
> 占義：利於休養生息，不宜大刀闊斧。

「觀我生」，古代解為性情、道、陰陽等，現今社會以生活、生計、生養教育更貼切。六三居下卦之首，內外交接之際，君子進退觀於時變，不比鄰於九五與童觀，但呼應上九，以其志未平積極進取；退則六二窺觀，獨善其身；進則六四觀國，兼善天下。安居在進退兩宜之地，未失其道。

> 六四：觀國之光，利用賓于王。
> 象曰：觀國之光，尚賓也。
> 占義：可出外進取職位，注意女小人。

　　「觀國之光」，初六童觀，六二窺觀，六三觀我生，隨著爻位擴大格局。六四接近九五至尊，《程頤傳》：「觀莫明於近，五以陽剛中正居尊位，聖賢之君也。四切近之，觀見其道，故云觀國之光。觀見國之盛德光輝也。不指君之身而云國者，在人君而言，豈止觀其行一身乎？當觀天下之政化，則人君之道德可見矣。」指君王不獨修身，應以兼善天下為己任。「利用賓于王」，六四陰爻得位，接近九五至尊，廣開進路，有觀摩練習國家禮儀之機會，進一步居為國賓，為君王效力。「觀國之光」，觀察國家政績風俗之光輝，而有體會。「尚賓」者，六四忠臣面對九五帝王，應崇尚賓主之禮。

> 九五：觀我生，君子无咎。
> 象曰：觀我生，觀民也。
> 占義：卦象利於事業擴展，對外事緩則圓。

　　「觀我生」者，九五尊位為觀卦之主，含弘光大，上行下效，為全民觀瞻的對象。君王觀察民風世俗，以百姓為誠鑒，故君道莫不在觀民，以觀察教化故無咎。九五觀我生，審酌百姓的生活，天聽自我民聽，天視自我民視。民惟邦本，本固邦寧；君王政權由民心向背所否決，所謂「水能載舟，亦能覆舟」，故君王關心民情。由觀察民情生活，可觀察君情德風。

上九：觀其生，君子无咎。
象曰：觀其生，志未平也。
占義：所求未能遂願，返身尚有退路。

「生」，猶如動化而生出。君王處於上極之位，以陽剛之德居九五之上，而不當位，過中而失位。「君子无咎」，指兼善天下，天下萬民觀其施生一切，一舉一動都是人民的楷模，故君子所生若合乎「道」，必無咎患。「志未平」者，君子自強不息，君王以人饑己饑之精神，觀察民生樂利，後天下之樂而樂，焉敢自滿？

21. 噬嗑卦

噬嗑卦：震下離上（日中為市之卦，頤中有物之象）。

卦辭：噬嗑，亨，利用獄。

〈序卦傳〉：「可觀而後有所合，故受之以噬嗑，嗑者合也。」噬，齧也。嗑，合也。凡上下之間，有物體相隔，而以齧合去除間隔之物，假借口象咬合，比喻利用刑獄排除不法。前一卦風地觀強調領導者應該觀察教化，火雷噬嗑則是在教化無效之後，採用刑罰。《集解纂疏》：「觀政之道，不外勸懲。教所以勸，刑所以懲也。在觀之家，則教以勸之，而易合者合；在噬嗑之家，則刑以懲之，而不合者亦合。」對於九四的梗阻，藉下卦為震，給予火雷般霹靂一擊，卦象隱喻以刑罰除去梗阻之物。

> 判曰：噬嗑者，嚙也。上下相合，物在頤間，
> 　　　飲食之事，聚會相延，財爻持世，求之
> 　　　不難，所為事理，內外俱安。
> 占義：振作其事，力圖扭轉現況而有功。

> 象曰：頤中有物，曰噬嗑（ㄏㄜˊ）。噬嗑而
> 　　　亨，剛柔分動而明，雷電合而章，柔得
> 　　　中而上行，雖不當位，利用獄也。

頤，腮也。「頤中有物」，嘴巴內有食物。「噬嗑」，以牙齒咬物，初九、上九為牙齒，九四為間隔之物。「噬嗑而亨」，《王弼注》：「凡物之不親，猶有間也；物之不齊，猶有過也。有間與過，嚙而合之，所以通也。」以刑罰作為去除違法亂紀的手段。「剛柔分動而明」，上卦為離柔，為光明、文明、清廉等。下卦為震，剛動、奮發、迅速等。「雷電合而章」，指剛爻柔爻分明，雷為耳聲，電為目眩，分別運作動化，火雷結合隱喻出文采彰顯。

《程頤傳》：「雷震而電耀，相須並見，合而章也。照與威並行，用獄之道也。」「柔得中而上行」，六二陰柔得中，雖與六五不應，但藉由震卦的能量上行，全卦剛柔並濟，適宜利用判斷刑獄。「利用獄」者，《程頤傳》：「治獄之道，全剛則傷於嚴暴；過柔則失於寬縱。五為用獄之主，以柔處剛而得中，得用獄之宜也。」六五柔中，力道不足，藉司法獄政剛柔相濟，雷電並合，柔慈得中等要件施政。

> 象曰：雷電，噬嗑，先王以明罰敕（彳ㄟˋ）法。

噬嗑卦有雷電般的震撼、光明、迅速等特性，先以雷聲隱喻申命告誡，於警告無效後，再施以電光石火的震擊。先王用此卦昭示刑罰，整飭社會風氣。言「先王」而不言「君子」，是因為刑罰之前就已經訂立了。《論語‧為政》：「道之以政，齊之以刑，民免而無恥。」刑罰是下下策，「明罰」者，指司法必須光明而公正公開，使受刑者無怨尤。

> 初九：屨（ㄐㄩˋ）校滅趾，无咎。
> 象曰：屨校滅趾，不行也。
> 占義：慎始明辨，當頭棒喝，進而不退。

「屨校滅趾，無咎。」屨，穿戴，或謂通「履」；「屨校」者，腳上帶著的刑具。「滅趾」者，傷其腳趾。初爻位在足部，隱喻事物初期現象，例如坤卦初六履霜，離卦初九「履錯然敬之」，歸妹初九「跛能履」等。凡過錯都是由幾微之處開始，因此初九陽爻被壓制在艮卦之下，罪孽尚輕，不得脫逃，尚稱「無咎」。「不行」者，刑具在身不再犯罪，也不能往六二，否則噬膚滅鼻，自討苦吃。〈繫辭下〉：「小人不恥不仁，不畏不義，不見利不勸，不威不懲。小懲而大誡，此小人之福也。」小人不德，初期小小的懲罰可有大大的效果。

> 六二：噬膚滅鼻，无咎。
> 象曰：噬膚滅鼻，乘剛也。
> 占義：所求之事過程艱辛，忍讓為宜。

　　六五為獄主，六二奉命執刑。「噬膚」者，柔脆之物，無骨嫩肉，比喻受刑之人。六二在下卦得中位，對於不受告誡的犯人加重刑具與刑罰，乘初九之陽剛，以進行規定的噬膚滅鼻淩遲等處罰，但尚未進入矯枉過正的範圍。「无咎」，因為六二用刑合乎中道，故未有咎患發生。

> 六三：噬（ㄕㄟˋ）臘（ㄌㄚˋ）肉，遇毒。小吝，无咎。
> 象曰：遇毒，位不當也。
> 占義：雖有小人是非波折，終於全身而退。

　　「噬」者，比喻刑罰官吏。「噬臘肉」，以離卦火象為燻炙臘肉，隱喻對犯人的處罰。「毒」者，比喻受刑人不服氣而怨恨相懟。《王弼注》：「噬以喻刑人，臘以喻不服，獨以喻怨生。」卦象噬嗑是嚼食之象。「小吝，无咎」，六三代表活動的下顎頂端，最先遇上殘毒，隱喻下屬被推到前端擔任壞人的角色。但因為是依法執行，用刑得當，所以无咎。「遇毒，位不當」，六三陰爻居陽位不當位，在下卦之上履非其位，又不乘剛，後臺不夠硬，刑人不服執法者，心生毒怨。

> 九四：噬乾胏（ㄗˇ），得金矢，利艱貞，吉。
> 象曰：利艱貞吉，未光也。
> 占義：不宜張揚其事，應隱忍低調利益。

　　九四是噬嗑卦唯一稱「吉」。「胏」者，帶骨頭的肉脯。金，剛堅也；矢，直也；隱喻司法如同皇后的貞操。九四進入上卦，離為甲冑，為戈兵，得到金矢如同因堅守職位得到尚方寶劍。「利艱貞，吉」，九四陽爻居陰位，不得中道，居非其位，若科以刑罰不足服人，滋味如「噬乾胏」難下嚥，必須剛直斷案，堅毅貞正始有吉利。「未光」，九四尚停留在應該艱貞而未亨通光大之地位，因為動用刑罰是不得已，終非光明美譽，應哀矜而勿喜，豈可大肆推廣。

> 六五：噬乾肉，得黃金，貞厲，无咎。
> 象曰：貞厲，无咎，得當也。
> 占義：先險後順，必有成功獲利之時。

　　「乾肉」者，比喻堅硬，任務艱鉅。「黃」，中道也。金，剛堅也，隱喻剛柔並濟。「貞厲」，守正而心懷危懼。「无咎」，六五以陰處陽，以柔乘剛，凌遲於刑人，刑人不服，執法者如同「噬乾肉」般無味，但居於中道而聽訟斷獄，刑戮得當，雖嚴厲但正確而無過錯。「无咎，得當」，六五處在中道之餘，以謹守常道勉勵自我，以維持司法公正清明，不忍人之心而免除咎害，是為得當之舉。

> 上九：何校滅耳，凶。
>
> 象曰：何校滅耳，聰不明也。
>
> 占義：卦象凶險，官訟必敗，諸事懸崖勒馬。

　　「何」者，擔荷。「校」者，古代刑具。〈繫辭下〉：
「善不積不足以成名，惡不積不足以滅身。小人以小善為无益
而勿為也；以小惡為无傷而勿去也。故惡積而不可掩，罪大而
不可解。易曰：何校滅耳，凶。」刑人桀驁不馴，處罰的層級
被一再升高，發展到施加的刑具又厚又緊，連耳朵都被磨滅
了，比喻罪大惡極，迷途不返。「聰不明」者，因「滅耳」而
執迷不悟，不知思慮反省而積惡滿盈，〈文言•坤〉：「積不
善之家，必有餘殃。」

22. 賁卦

賁卦：離下艮上（猛虎負嵎之卦，光明通泰之象）
卦辭：賁，亨、小利有攸往。

　　〈序卦傳〉：「嗑者，合也。物不可以苟合而已，故受之以
賁，賁者飾也。」賁，以文相飾。質，本質，先天條件。下卦離
為火，光明、文明，文飾上卦艮為山，文飾不可太過，故艮卦止
住過分裝飾的行為。「小利有攸往」，包裝文飾適可而止，不可
完全依賴裝飾的效果。其次，艮上離下是下卦的乾以九二爻換取
坤卦上六爻(地天泰)，故「以柔來而文剛」不得中正，往進小利
而已。《論語•雍也》：「質勝文則野，文勝質則史，文質彬

彬，然後君子。」賁飾應符合比例，恰到好處。《論語・顏淵》云：「棘子成曰：『君子質而已矣，何以文為？』子貢曰：『惜乎，夫子之說君子也，駟不及舌。文猶質也，質猶文也。虎豹之鞹猶犬羊之鞹。』」文質並用，體用合一。

> 判曰：賁者，飾也。光彩烜赫，火色含丹，文章
> 　　　交錯，應雜其間，進退榮益，束帛戔戔。
> 占義：適合進德修業，名聲有，實利無。

> 象曰：賁亨，柔來而文剛，故亨。分剛上而文柔，故
> 　　　小利有攸往，天文也；文明以止，人文也。觀
> 　　　乎天文以察時變，觀乎人文以化成天下。

賁卦亨通，「柔來而文剛」，山火賁與火雷噬嗑互為綜卦，離火文明成為賁卦之內卦的本質，光明照耀，而文飾至上卦艮為止。另說，將地天泰之六五與九二對換，成為上卦之艮，下卦之離；故泰卦六五柔爻調降到乾卦中爻。「分剛上而文柔」，將泰卦九二剛爻提昇到坤卦上爻，陰陽融通，小有得利。另解為將火雷噬嗑下卦之剛爻，翻轉為山火賁上卦九六，必遭受艮卦止住，內亨通而外節止，稱「小利」。另說剛上而文柔，指六五與上九交換成水火既濟。

「天文」，初二三爻離為日，二三四爻坎為水為月，三四五爻震為雷，四五六爻艮為石，解為隕石、流星；全部是天文現象剛柔交錯之文采。「文明以止，人文也」，陰陽交錯是天文現象，可以內化為道德文明，燦然有禮；艮卦止住離卦，分

際截然，故而禮儀節度必有所節止。觀察天文可以理解天道四時運作，觀察人文可以教化天下蒼生，能知其然，故知其用，「化」是變而為新，質量煥然。「成」是積久成俗，潛移默化；皆是指陰陽造化，生生不息的現象。

> 象曰：山下有火，賁。君子以明庶政，无敢折獄。

山勢層峰峻嶺，峰巒疊峭，山下之火，復見其賁象雕鑿燦爛。「庶政」，各種政事。山下之火照耀草木路徑，比喻君王治理國事有明燈指引，明察各項政事，對人民普施恩澤。當必須剝奪人民權益，而牽涉斷案繫獄，務必斟酌再三。

> 初九：賁其趾，舍車而徒。
> 象曰：舍車而徒，義弗乘也。
> 占義：一步一腳印，成功有望。

「賁其趾」，修飾腳趾，腳趾在最低位，隱喻為事物之始低調修飾自己的行為。「舍車而徒」，古時乘車是大人身分象徵，初九剛健而自明位卑，裝飾腳趾，整裝徒步待發才符合身分。「義弗乘」者，初九剛爻無乘凌六二之理，捨車而徒步與六四相應。《程頤傳》：「君子在无位之地，无所施於天下，唯自賁飾其所行而已。趾取其在下而所以行也。君子修飾之道，正其所行，守節處義，其行不苟。」初九相應於六四「白馬」，君子其志上行。

> 六二：賁其須。
> 象曰：賁其須，與上興也。
> 占義：隨上意而動，無吉凶功過。

　　六二的位置好像是臉上鬍鬚相對的位置，六二陰爻得位，但無應於六五，只得上應九三，而離中虛，故六二上附九三，好像鬍鬚依賴著嘴巴與下顎而動作。「與上興」者，六二隨九三起舞，藤籮繫甲木，故借九三陽爻為本質，隱喻要有自己的道路、思想。《船山內傳》：「上謂九三。興，動也。柔不能自明，因陽而顯，則亦隨物而動爾。」其所隨吉凶未知，故不言吉凶悔吝。

> 九三：賁如濡(ㄖㄨˊ)如，永貞吉。
> 象曰：永貞之吉，終莫之陵也。
> 占義：表裡如一，所求持平守成。

　　「賁如」者，華麗裝飾。「濡如」者，潤澤光鮮、陷溺。九三居下卦之上又得位，有六二相比文飾，得其潤澤，堅持修飾的功夫，故得堅守常道永保吉利。又九三與上九不應，與上下爻相比，恐其陷溺自安而不知上進，故鼓勵應常保「賁」義。《程頤傳》：「三處文明之極，與二四二陰間處相賁，賁之盛者也，故云賁如。賁飾之盛，光彩潤澤，故云濡如。」「終莫之陵」者，陵者，侮也。九三勤於修飾文采，得到尊敬，免於欺凌。但切莫將外表華麗凌駕本質之上，才能得到固守常道，文質彬彬之吉象。

六四：賁如皤（ㄆㄛˊ）如，白馬翰如，匪寇婚媾。
象曰：六四，當位疑也；匪寇婚媾，終无尤也。
占義：所求能成，速速整裝出行。

　　賁如，修飾打扮。皤如，素白之色，隱喻注重本質。「如」者，文與質兩端不定未決之詞。翰，白色的馬。翰如，徘徊、進退、等待。六四陰爻得位與初九相感，欲前往婚媾初九，但有九三橫阻於前，伺機而動暫無吉凶。「匪寇婚媾」，初九乘白馬而來，目的要迎婚，而非盜賊寇亂。「當位疑也」，六四當位本質陰柔，又與六五無應，動力不足往前；與初九相應但有九三攔阻，故猶疑不決。但見初九舍車而徒步，願配合心意質樸的初九，完成傳宗接代的終身大事，正確的選擇故終無怨尤。朱震《漢上易傳》：「純白无偽，誰能閒之；始疑而終合，故曰終无尤也。四之所尤者，三也。」選擇婚媾是義理分明的事，初九舍車，六四皤如，自無口舌之尤。

六五：賁于丘園，束帛戔（ㄐㄧㄢ）戔。吝，終吉。
象曰：六五之吉，有喜也。
占義：以精誠至簡之心，所求有成，份外無望。

　　「賁於丘園」，丘園是質樸之地，比喻寧可樸素而不要奢侈華麗，也是賢人隱居的地點。「束帛」者，指財物。「戔戔」者，指淺淺，薄薄，數量少。「吝，終吉」《論語・述而》：「奢則不孫，儉則固。與其不孫也，寧固。」六五以陰爻居陽位，雖是文采所飾之主，簡約吝嗇，但質樸恭謹而禮賢下士，最終還是吉利的。六五雖尊，但以微薄之禮，捨文就

質，忠誠相對於義理國事，則不當位居中也有喜慶。

上九：白賁，无咎。

象曰：白賁无咎，上得志也。

占義：順隨自然，勿強求功名利祿。

「白賁」者，白是素樸，賁為裝飾，處於文飾之終，放任其本質素樸，無須執著於文采裝飾，比喻以本性相待，還我真性情，必無咎患。《論語・八佾》：「『巧笑倩兮，美目盼兮，素以為絢兮。』何謂也？」子曰：『繪事後素。』」白色是最後塗上去的，隱喻文飾在於臨門一腳，而非喧賓奪主，務必保留本質。「上得志」者，上九「賁」道已成，物極必反，虛一清靜，故志得圓滿矣。

六、〈剝〉〈復〉〈无妄〉〈大畜〉〈頤〉

23.剝卦

剝卦：坤下艮上(去舊生新之卦，群陰剝盡之象)。

卦辭：剝，不利有攸往。

剝，象徵剝落，衰退，萎縮，陽剛幾乎被剝盡。〈序卦傳〉：「賁者，飾也。至飾然後亨則盡矣，故受之以剝。」極

盡文飾後，事物必然向反面轉化。上卦艮，下卦坤，剛上柔
下；一陽乘五陰，一群小人剝落唯一陽爻。君子危邦不入，亂
邦不居，不利於有所前往。《論語・泰伯》：「篤信好學，守
死善道。危邦不入，亂邦不居，天下有道則見，無道則隱。」
君子以剝卦意象而迴避群陰激亢侵蝕。

判曰：剝者，落也。山高岌岌，其形似剝，陰
　　　道將盈，陽道衰弱，卦臨九月，霜葉凋
　　　落，人離財散，求官失爵。
占義：所求不利，退守保身，無可戀棧。

象曰：剝，剝也，柔變剛也。不利有攸往，小人長也。
　　　順而止之，觀象也；君子尚消息盈虛，天行也。

　　剝卦，一陽五陰，艮山阻止在前，坤地柔順在下。「柔變
剛」者，陰爻逐漸向上發展吞蝕原有的陽爻，所求之事由小人
把持，故「不利有攸往」。觀察陰爻積極擴展的現象，不稱
「柔長」，而稱「小人長」，強調小人成群結黨發展中。「順
而止之，觀象也」，君子引申卦象的道德意義，落實在生活實
踐中，此時以柔順阻止保身而非剛直頂撞。《王弼注》：「順
而止之，不敢以剛止者，以觀其形象也。強亢激拂，觸忤以隕
身，身既傾焉，功又不就，非君子之所尚也。」君子體會天道
消息盈虛是對反運行，在盛衰、盈虧互相轉換的人事對待關係
中，隨時而動，量物而變。

> 象曰：山附于地，剝。上以厚下安宅。

外卦艮山，附著於坤地，陽爻幾乎被剝盡。山高地厚，上君以厚道安頓下民，以厚德鞏固國本。「厚下」者，提供民利、興辦教育、薄稅斂、輕刑罰、降低失業率、興建住宅、發展交通等。「安宅」者，卦象一陽(君)在上保護五陰(民)在下，上九為屋頂，其下五陰爻為室內。引申保護人民，使居有定所，勿流離失所。〈繫辭傳〉：「安土敦乎仁，故能愛。」

> 初六：剝床以足，蔑（ㄇㄧㄝˋ）貞，凶。
> 象曰：剝床以足，以滅下也。
> 占義：諸事不吉，凶禍悄然逼近。

「蔑」者，猶削，猶滅也。形容「剝」道由初六開始，比喻由根基開始腐爛。反者，道之動也。凡事走到極端就向反方向移動。「剝床以足」，床在人之下，足部又是床的最下處，以床代表事物或安寢之地，坤陰爻先吞蝕初九陽爻，萬物腐敗於根。初六陰爻柔弱，初試啼聲，群陰相繼來犯，凶。「以滅下」者，民為邦本，本固邦寧。由下端開始剝落，比喻卦初始，民生疾苦，凶險畢露。

> 六二，剝床以辨，蔑貞，凶。
> 象曰：剝床以辨，未有與也。
> 占義：諸事不宜，外無應援，內無指引。

「辨」者，足之上也，稍近於「床」，等於床身之下床足

之上的位置。六二陰爻雖得位，但一再「剝」之接近床面，就是滅極而凶。「未有與」者，六二與六五既不相應，又無法獨立存在，僅能守中而自求多福。《程頤傳》：「陰之侵剝於陽，得以益盛，至於剝辨者，以陽未有應與故也。小人侵剝君子，若君子有與，則可以勝小人，不能危害矣；唯其无與，所以被蔑而凶。」六二當位居中，但因為缺乏上下與應爻牽引，故凶。

> 六三：剝之，无咎。
> 象曰：剝之无咎，失上下也。
> 占義：無咎無吉，無利可圖，易弦改轍。

五陰爻中唯獨六三與上九相應，且居五陰爻之中，因為相應上九剝之，群陰無首，六三撥亂反正，仍無咎害。「失上下」者，六三獨有應，蘊育陽氣之生機，而六二、六四均無應，群陰剝陽，面對危難，應勤勉奮發，先求无咎。故六三無剝害，無則無咎。然因位於群陰之中，未脫其類，僅得無疚，難以言吉。

> 六四：剝床以膚，凶。
> 象曰：剝床以膚，切近災也。
> 占義：所問之事災禍即將來臨，難以收山。

「膚」者，皮膚在身體表面，將要滅及軀體，指床面。六四陰爻當位，剝床已盡，到床面而及於人身體膚，比喻接近凶險。「切近災」者，六爻過半，陰爻黨羽眾多，災禍迫在眉

睫，也是復元轉機的來臨。《王弼注》：「陰長已盛，陽剝已甚，貞道已消，故更不言蔑貞，直言凶也。」意指由進行變化出完成，明講災禍臨身。

> 六五：貫魚，以宮人寵，无不利。
> 象曰：以宮人寵，終无尤也。
> 占義：穩守原狀，進退有序，終吉。

　　魚，陰物，指六五之下五陰爻。「貫魚」者，比喻六五帶領其下四陰爻魚貫而來承上九。六五陰爻居得尊位，為剝卦之主導。小人貼近而來，若僅限於宮中下人，而不剝及於正人君子，六五可得重臣輔佐，雖寵宮人尚無不利。六五與上九相應，使唯一陽爻面對群陰蜂擁之咎害，得有緩衝空間。「以宮人寵，終无尤也」，《程頤傳》：「羣陰消剝於陽，以至於極，六五若能長率羣陰，駢首順序，反獲寵愛於陽，則終无過尤也。於剝之將終，復發此義，聖人勸遷善之意，深切之至也。」六五以領頭羊身分「終无尤」。

> 上九：碩果不食，君子得輿，小人剝廬。
> 象曰：君子得輿，民所載也；小人剝廬，終不可用也。
> 占義：讓利以永續事業，見好就收，謹防小人。

　　「碩果不食」，碩果指上九乃唯一陽爻，居於全卦之終，宛如碩果。不食，指陽爻不被剝盡。陽爻僅剩上九猶然存在，以自然界而言，取碩大之果仔傳播，故不為人食，比喻人事由上九擔負標竿、教化、移風易俗等功能。上九「君子得輿」

者，「輿」者，車。隱喻承載萬民，以一陽庇佑五陰，君子履居其位，承載人民安居樂業之責，隱喻君王盡職而得到民心擁戴。亦可反向說，人民願意擁戴上九。「廬」者，房舍茅廬。「小人剝廬」，比喻剝落陽爻，其下人民必流離失所。「終不可用」，小人一昧剝盡陽爻，最後也會危及自身，不智之舉。《王弼注》：「處卦之終，獨全不落，故果至於碩而不見食也。君子居之，則為民覆蔭，小人用之，則剝下所庇也。」損人者，非能全身而退。

24. 復卦

䷗	復卦：震下坤上（淘沙見金之卦，反覆往來之象）。 卦辭：復，亨，出入無疾，朋來无咎。反復其道，七日來復，利有攸往。

〈序卦傳〉：「剝者剝也。物不可以終盡，剝，窮上反下，故受之以復。」復卦與剝卦互為綜卦。剝卦，陽爻被剝奪，僅剩上九碩果僅存，留有一線生機。復卦，陽爻逐漸復生，一陽始復，如旭日東昇。復，亨者，陽氣反復而來，萬物甦醒，得到亨通之氣象。「出入无疾」，出入指生息不止。无疾，疾泛指病害。疾病禍害不生，出入皆同為善類，故「无疾」。《程頤傳》：「出入无疾，謂微陽生長，无害之者也。既无害之，而其類漸進而來，則將亨盛，故无咎也。」「朋來無咎」，朋指陽氣，陽氣滾滾，後繼有力，朋聚而來者，皆志同道合，故無咎害。陽氣過盛即非常道，以七日為一循環，利於攸往。

判曰：復者，反也。內悅外順，舉動无違。世應相
　　　合，遷官益財，失而復得，往而復來。婚姻
　　　占得，夫婦和諧。
占義：利於反復而來之事物，占病吉，交往順利。

象曰：復，亨。剛反，動而以順行，是以出入无疾，朋
　　　來无咎。反復其道，七日來復，天行也；利有攸
　　　往，剛長也；復其見天地之心乎！

　　復卦，初九唯一陽爻，返回事物現象中。「動而以順
行」，指下卦震動，上卦坤柔，剛健上行，引動陰陽同類，故
順勢一體而運作，呼朋引伴，出入無疾害。「七日來復」，
姤、遯、否、觀、剝、坤、復，共七卦七日，天道運行陰陽消
息，盈虛反復而已。「天行」，天地運行的規律。「利有攸
往，剛長也」，初九一陽漸長。「復見其天地之心」，心，人
心主導人的行為；天地無心，但天地主導萬物生長，故虛擬之
以「心」。《程頤傳》：「一陽復於下，乃天地生物之心也。
先儒皆以靜為見天地之心，蓋不知動之端乃天地之心也。非知
道者，孰能識之？」復卦陽爻進展，類似天地好生之德的心
機，日復一日的昭明天地間。

象曰：雷在地中，復。先王以至日閉
　　　關，商旅不行，后不省方。

　　復卦，雷潛藏在地中。「至日」，十一月建子，復卦之時，
冬至在子月，冬至一陽始生，陽氣衰微，故先王規定閉關自守，

商旅得以安靜休養，后與王不出門省察四方，比喻順天道而行人事。《程頤傳》：「雷者，陰陽相薄而成聲，當陽之微，未能發也。雷在地中，陽始復之時也。陽始生於下而甚微，安靜而後能長。先王順天道，當至日陽之始生，安靜以養之，故閉關，使商旅不得行，人君不省視四方，觀復之象而順天道也。在一人之身亦然，當安靜以養其陽也。」人之安養生息一如天地運作。冬至一陽生，陽動則陰靜，故言「后」不省方。

> 初九：不遠復，无祇悔，元吉。
> 象曰：不遠之復，以修身也。
> 占義：趁早回頭，化凶為吉，切勿執迷。

「不遠復」，初九剛健有自己的走向，走不遠又回頭，沒有迷失的風險，比喻發現錯誤就立即改過。「无祇悔」者，祇，大也；沒有大的悔恨。「元吉」，事物初始處於吉運中。《王弼注》：「最處復初，始復者也。復之不速，遂至迷凶。不遠而復，幾悔而反，以此修身，患難遠矣。」及早回頭「以修身」，學問之道無他，有過則改，善莫大焉。

> 六二：休復，吉。
> 象曰：休復之吉，以下仁也。
> 占義：所求繫於敦親睦鄰，柔順以往而成。

六二陰爻得位，中道柔順，往下親比於初九。「休復」者，指氣氛喜悅美好的親仁睦鄰是吉利的。《程頤傳》：「復者，復於禮也，復禮則為仁。初陽復，復於仁也。二比而下

之，所以美而吉也。」「休復之吉，以下仁」者，六二退與初九相親比，得以休養生息。《程頤傳》：「為復之休美而吉者，以期能下仁也。仁者，天下之功，善之本也。初復於仁，二能親而下之，是以吉也。」以追求仁道，人人樂於相處，是以能吉。

> 六三：頻復，厲，无咎。
> 象曰：頻復之厲，義无咎也。
> 占義：危機四伏，前瞻後顧，步步謹慎。

頻，頻蹙。六三是下卦最上爻，與六二陰陽無應，逐漸遠離初九，但與上六無應，即將進入上卦，前途片片陰爻，心中迷惑油然而生。雖然隱伏危厲茫然，但頻顧義理，故無咎害。「頻復之厲」，六三與上六無應，六二、六四也無應，故危厲並非違背義理所肇致。「義无咎」者，道義並無缺陷，時位使然而搖擺不定，故僅足以自保其身，若有它事更相侵犯，則難保无咎，隱喻防備最後一根稻草。

> 六四：中行獨復。
> 象曰：中行獨復，以從道也。
> 占義：無吉无悔吝，心頭點滴，不占而已矣。

六四陰爻得位，與初九相應。「中行」者，指處於五陰爻之中間，卑微柔順的踽踽而行，順從中道，故尚無吉凶可言。「獨復」者，獨自相應於初爻。《王弼注》：「四上下各有二陰而處厥中，履得其位而應於初，獨得所復，順道而反，物莫之犯，故

曰『中行獨復』也」。「從道」者，隨從初爻陽剛之道。六四無
吉凶悔吝，《論語・子路》：「南人有言曰：『人而無恆，不可
以作巫醫。』善夫！『不恆其德，或承之羞。』」子曰：『不占
而已矣。』」端視個人修養決定吉凶悔吝。

```
六五：敦復，無悔。
象曰：敦復無悔，中以自考也。
占義：即時折返，不至陷於困境，無悔無利。
```

　　六五居中得正，敦厚的行道，足以免於悔吝。《王弼
注》：「居厚而履中，居厚則无怨，履中則可以自考，雖不足
以及『休復』之吉，守厚以復，悔可免也。」「中以自考」，
履中則可以自考，上下爻皆為陰爻，無從親比，自我反省其言
行，敦睦厚道，自無悔吝。「自考」者，自我考核是否合乎中
道。初九不遠復元吉，六五敦復只能無悔；因為初九不遠之復
元氣尚存；但六五耗盡資源，敦復只能將功折罪。

```
上六：迷復，凶，有災眚。用行師，終有大敗。
　　　以其國君凶，至於十年不克征。
象曰：迷復之凶，反君道也。
占義：執迷不復，困獸猶鬥，等待災眚降臨。
```

　　迷復，迷而不知復返。上六是最後一爻，「復」道已經有
顛覆的傾向，若還是迷惑在追求「復」道之中，以致有凶災過
失。又不自我檢討，而擅自動用行師，必無制勝之理，苦戰十
年鎩羽而歸。《程頤傳》：「以陰柔居復之中，終迷不復者

也，迷而不復，其凶可之。有災眚：災，天災，自外來；眚，己過，由自作。既迷不復善，在己則動皆過失，災禍亦自外而至，蓋所招也。迷道不復，无施而可，用以行師，則終有大敗，以之為國，則君之凶也。」「迷復之凶」，上六在迷惑之中，推行君道。「反君道」者，不知利用陰陽盈虛之自然法則，以借力使力，故十年之久不克有成。〈復〉卦有邏輯順序，由不遠復、休復、頻復、獨復、敦復，到最後迷復，警惕人若迷途而不知返，皆因反其道而行遭致凶禍。

25. 无妄卦

无妄卦：震下乾上（石中蘊玉之卦，
　　　　守舊安常之象）。
卦辭：元、亨、利、貞。其匪正有
　　　眚，不利有攸往。

〈序卦傳〉：「復則不妄矣，故受之以無妄。」無妄卦，下卦剛動，上卦剛健，因此事物無虛妄偽詐，俱皆篤實，各適其性，自然而然，從而元始亨通，利物貞正。「其匪正有眚」，匪，非也，指行為不端正。眚，過失，災禍，削減。行為不正，以致遭來禍害。「不利有攸往」，行為失慮自遭過失，不利於往前行。

判曰：无妄者，天災也。天雷震響，驚怖如摧，病
　　　勿與藥，雖凶可為，百凡謀望，居安慮危。
占義：局勢雖然恐怖，深思謀慮可免咎患。

> 象曰：无妄，剛自外來，而為主於內；動而健，剛中而
> 　　　應；大亨以正，天之命也。其匪正有眚，不利有
> 　　　攸往，无妄之往，何之矣？天命不佑，行矣哉！

　　「妄」，不循正理。「无妄」，天災、天命、天道。《程頤傳》：「動以天為无妄，動以人欲則妄矣。」無妄卦，坤卦，震一索而得男，陽爻來自乾卦，震卦主於內卦。「剛中而應」，乾卦九五剛中，上卦為健，下卦為動，九五剛中而正與六二呼應。「大亨以正，天之命」，六二、九五皆得中當位，得天命自然亨通。順從天道行事，必能避免災眚，「無妄之往，何之矣？」，當匪正有眚，即非禮而違背正道，不知改正，又有何處可往？比喻譴責此時竟敢妄行？否則「天命不佑」，將寸步難行。《程頤傳》：「无妄者，理之正也。更有往，將何之矣？乃入於妄也。往則悖於天理，天道所不祐，可行乎哉？」《老子‧七十三章》：「天網恢恢，疏而不失。」警惕人欲不可超越天道。

> 象曰：天下雷行，物與无妄，先王以茂對時育萬物。

　　雷聲驚傳千里，陰陽交合，春發萬物；如君王昭告動健剛中，欲行昊天之志。茂，盛大也，勉力。對時，掇取時機。萬物應雷動而震發，故先王仿效無妄之象，順天應時養育萬物。

初九：无妄，往吉。
象曰：无妄之往，得志也。
占義：正當之事往吉，私欲禁制。

　　初九陽爻當位，剛健而居下位，遵循教化不妄動，故所往皆吉，得志於真實而不虛妄。《程頤傳》：「以无妄而往，无不得其志也。蓋誠之於物，无不能動，以之修身則身正，以之治事，則事得其理，以之臨人則人感而化，无所往而不得其志也。」「得志」者，順天而行，非順私欲而行。

六二：不耕獲，不菑（ㄗ）畬（ㄩˊ），則利有攸往。
象曰：不耕獲，未富也。
占義：不耕作無利可圖，耕作三年回收。

　　「不耕獲」者，耕而不獲，隱喻自然收成不強求。「不菑畬」，第一年開墾的荒地稱「菑」，連續墾地三年成熟地稱「畬」， 也是比喻不強制作為，不強求收穫。六二處中爻得位，下乘初九之剛健，順勢而為，雖未躬耕於前，仍隨其後，代君有終，意味不爭其始，守成在後，盡臣道不敢造次，放空富貴利祿，則「利有攸往」。「未富」者，既然初時無所為，則不應擅求富貴名祿。六二處中得位，盡其臣道。

六三：无妄之災，或繫之牛，行人之得，邑人之災。
象曰：行人得牛，邑人災也。
占義：所求之事得此失彼，無故而有災。

　　六三陰爻居陽位，德不配位，在震卦之上，處震動之極，震動為大道之象。「无妄之災」，六三才德不足，行人順手牽牛，揚長而去，村邑中人就要面臨被官府搜查的損害。六三以陰居陽，才德不足順天行道，強求的結果必遭到無妄之災從天而降。「行人得牛，邑人災也」，禍從天降，六三應自求多福。《程頤傳》：「行人邑人，但言有得則有失，非以為彼己也。妄得之福，災亦隨之，妄得之得，失亦稱之，固不足以為得也。人能如此，則不為妄動矣。」行人或邑人是對比，行人得則邑人失，行人失則邑人得，比喻為凡事有得有失。

```
九四：可貞，无咎。
象曰：可貞无咎，固有之也。
占義：其事原地盤整，禍福苟免。
```

　　九四已經趨近九五，雖然以剛乘柔，但受九五正道感應，有所執守，堅定往進必無咎。「固有之」者，陽爻實在而無虛妄，陰爻虛而有妄，九四剛爻應固守本質，必然無咎。《程頤傳》：「以陽居乾體，若復處剛，則為過矣，過則妄也。居四，无尚剛之志也。」陽爻在陰位，有調和陰陽之利《正義》：「以陽居陰，以剛乘柔，履於謙順，上近至尊，可以任正，固有所守而无咎。」九四不宜與九五硬碰硬，只宜堅守岡位。

```
九五：无妄之疾，勿藥有喜。
象曰：无妄之藥，不可試也。
占義：行事平順，生病自然養生吉。
```

　　「疾」者，以生病表示九五面對的禍害。「藥」者，比喻治療禍疾之對策。九五至尊為無妄之主爻，堅持無妄之卦義，消除一切妄動，順天應理，即無須大費周章的改弦易轍。《正義》：「无妄之疾，凡禍疾所起，由有妄而來。今九五居得尊位，為无妄之主，下皆『无妄』，而偶然有此疾害，故云『无妄之疾』也。『勿藥有喜』者，若疾自己招，或寒暑飲食所致，當須治療。若其自然之疾，非己所致，疾當自損，勿須藥療而『有喜』也。此假病象以喻人事，猶若人主而剛正自修，身无虛妄，下亦无虛妄，而遇逢凶禍，若堯、湯之厄，災非己招，但順時修德，勿須治理，必欲除去，不勞煩天下，是『有喜』也。」九五剛正居中，既然能以无妄守位，則不自遭禍害，偶爾有自然或人事災難，純屬天作孽，泰然處之，即可隨遇而安，無需亂試解藥。「藥不可試」，若自己无咎可歸，對於無妄小疾，順其自然恢復，用藥反而因造作而肇致無妄之災。

上九：无妄行，有眚，无攸利。
象曰：无妄之行，窮之災也。
占義：過於虛妄之舉動，必然遭禍。

　　「无妄行」者，上九在無妄之終極，理應收斂剛健，不宜往前行。「有眚」者，自己遭來禍害。若不知靜保其身，一昧窮其所行，必有災眚而無所得利。《程頤傳》：「上九居卦之終，无妄之極者也。極而復行，過於理也，過於理則妄也。故上九而行，則有過眚，而无所利矣。」物極必反，知進退者恒存。「窮之災」者，因強制行事，違背自然而不知接近窮途末路，將因忤逆天意而遭致災禍。

26. 大畜卦

〈卦象圖〉	大畜卦：乾下艮上（積小成高之卦，龍潛大壑之象）。 卦辭：利貞，不家食，吉，利涉大川。

〈序卦傳〉：「有無妄然後可畜，故受之以大畜。」無妄即是實事求是，故無妄日久，必然積蓄德行、人脈。大畜者，外卦艮，內卦乾，乾卦奮進，艮卦止而蓄之，日積月累的積蓄必成大業。「利貞」，艮止，必須有名正言順的動機與理由。「不家食」者，謂家業豐盛，即應養賢尊士，待時出仕，寧可食於王室，兼善天下，隱喻賢人均有食祿之位，而得以施展抱負。大畜卦應天順人，利於衝破險難。大畜的內容不是財富，由「不家食」可知，積蓄的是出外服務社會的專技、道德、敬業等精神。

判曰：	大畜者，聚也。剛健篤實，積聚豐隆，居官食祿，建立其功。論訟有益，道理亨通。利涉大川，後吉先凶。
占義：	積蓄為道之本，勇於承擔職責，志業有成。

象曰：	大畜，剛健、篤實、輝光，日新其德。剛上而尚賢，能止健，大正也。不家食吉，養賢也；利涉大川，應乎天也。

「大畜」者，外卦艮山，內卦乾健，山在天上，氣勢雄偉，形容有剛健、篤實、光輝、其德日新月異的累積。「剛上而尚賢」，剛上謂上九，上九對於前來投奔的賢人，提供食祿而不峻拒，是注重養賢尊士。「能止健」者，上九止住六五，乾卦上進，艮卦止住，故畜財養賢，大道中正。「不家食吉」，《程頤傳》：「大畜之人，所宜施其所畜以濟天下，故不食於家則吉，謂居天位享天祿也。國家養賢，賢者得行其道也。利涉大川，謂大有蘊畜之人，宜濟天下之艱險也。」賢士為國家棟樑，當公差，吃公糧，故不食家中私糧。「應乎天」者，接待下卦乾，隱喻順從天道，利於涉險。「不家食吉」，隱喻啟用賢人為國家服務，人盡其才利於發揚天道顯德。

象曰：天在山中，大畜。君子以多
　　　識前言往行，以畜其德。

天在山中，何其雄偉，氣勢大則積蓄多，見識廣。君子前瞻而仿效前人言行業績，以積蓄自己的德性。《程頤傳》：「天為至大而在山之中，所畜至大之象。君子觀象以大其蘊畜。人之蘊畜，由學而大，在多聞前古聖賢之言與行，考跡以觀其用，察言以求其心，識而得之，以畜成其德。」

初九：有厲，利己。
象曰：有厲利己，不犯災也。
占義：尚不成氣候，暫時靜觀其變。

初九上應於六四，但六四陰爻僅為自己積蓄，六四在上卦，

代表止住下卦乾卦的初九上進，兩者地位懸殊，初九一意孤行，進則有險厲，故初九先利養自己，枕戈待旦，靜觀其變，則無吉凶。「不犯災」者，初九涉世未深，自忖條件尚未成熟，故以積蓄利己，得而遠離災禍。《王弼注》：「處健之始，未果其健者，故能利己。」初九履事尚淺，積蓄實力，明哲保身。

九二：輿說輹（ㄈㄨㄟˋ）。
象曰：輿說輹，中无尤也。
占義：不宜冒險犯進，守正無尤。

九二陽爻在陰位，以「輿說輹」比喻車輪脫離車軸，自陷泥沼，無可往進。六五陰爻居陽位，僅能虛應九二，九二雖然想奮勇前進，但所乘之「輿」破敗。「中無尤」者，九二中爻，車軸脫離而知制止前進，尚屬遵守中道，未遭怨尤。《程頤傳》：「二為六五所畜止，勢不可進也。五據在上之勢，豈可犯也？」君子審時度勢，以時勢旺衰為進退依據。

九三：良馬逐，利艱貞。曰閑輿衛，利有攸往。
象曰：利有攸往，上合志也。
占義：有充分的準備，其事必成。

「良馬逐」者，下卦乾為馬，九三至上九，離中虛，〈說卦傳〉：「離為甲冑、為戈兵。」比喻九三陽爻得位，統領下卦三陽爻，經過整備兵強馬壯有利於前進，即使前途艱險，亦能驅馳快馬克服艱險，但尚未進入上卦之時，應自我砥礪。「閑輿衛」者，「閑」者，防禦、練習。「輿」者，車與馬。

「衛」者，戰技，將士。九三有禁衛軍一路護隨，所往皆吉利。「上合志」者，卦辭志在「閑輿衛」是符合君王期待的。《程頤傳》：九三「乾體而居正能貞者也，當有銳進，故戒以知難與不失其貞也。志既銳於進，雖剛明，有時而失，不得不戒也。」國家以武力戒備，個人以謙德為戒備。

```
六四：童牛之牿（ㄍㄨˋ），元吉。
象曰：六四元吉，有喜也。
占義：慎始其事，制敵於先，名利皆喜。
```

「童牛」，小牛。「牿」者，綁在牛角上的橫木，以防止牴傷人身。以六四陰爻處上卦之下，應防範未然。畜卦，畜生畜養之道，移為人道之用。「有喜」者，安頓牿牛，大功告成，等待收穫。《程頤傳》：「概論畜道，則四民體居上位而得正，是以正德居大臣之位，當畜之任者也。大臣之任，上畜止人君之邪心，下畜止天下之惡人。人之惡，止於初則易，既盛而後禁，則扞格而難勝。故上之惡既甚，則雖聖人救之，不能免違拂；下之惡既甚，則雖聖人治之，不能免刑戮，莫若止之於初。」比喻先發制人，莫待敵勢猖狂。「有喜」，制敵於初期，既無傷害又省力，這年頭講究先發制人與投資報酬率。

```
六五：豶（ㄈㄣˊ）豕之牙，吉。
象曰：六五之吉，有慶也。
占義：其事有成，吉慶收穫指日可待。
```

「豶」者，除也，提防。「豶」，有謂割掉生殖器官，以

減損剛躁之性。「豶豕之牙」，有謂馴化的小豬。「豕牙」者，公豬之獠牙，指九二剛健衝擊。六五陰柔居中，應未雨綢繆，以柔克剛，趨吉避凶。「有慶」者，豶豕之牙，比喻六五柔能制剛，禁暴制剛，終生受用，君王所行攸關一國之利害，故有慶。《程頤傳》：「故止惡之道，在知其本，得其要而已。不嚴刑於彼，而修政於此，是猶患豕牙之利，不制其牙而豶其勢也。」比喻先知其本，制之以道；知己知彼，對症下藥而已。

上九：何天之衢（ㄑㄩˊ），亨。

象曰：何天之衢，道大行也。

占義：四通八達，光明成功，疑犯小人。

　　一至五爻都是為養賢而積蓄，只有上九大行其道。衢者，四通八達之道路。比喻上九居大畜卦終爻，與天道相應，亨通而無所不利。「道大行」者，一卦之終結，即大畜卦之作用如通天大道，四通八達，無往不利。上九所以大行其道，主要是初九知屬即止，九二輿說輹自止，九三志同道合，九四童牛有牿，九五豶牙以時，一路積蓄成功要件。

27. 頤卦

頤卦：震下艮上（龍隱深潭之卦，遷善遠惡之象）。

卦辭：貞吉，觀頤，自求口實。

〈序卦傳〉：「物畜然後可養，故受之以頤」大畜而後有所養。「頤」者，養也。貞，正也。養正，其一為養賢人與萬民；其二為養正自身。「求口實」，則是飲食合理、言語謹慎、美譽臨身等。上艮下震，初九與上九均為陽爻，中間四爻為陰，外實而中虛，上止下動，口的形象。觀察人如何自我頤養，自求口實則善惡吉凶可見。《程頤傳》：「聖人設卦推養之義，大至於天地養育萬物，聖人養賢以及萬民，與人之養生、養形、養德、養人，皆頤養之道也。動息節宣，以養生也；飲食衣服，以養形也；威儀行義，以養德也；推己及人，以養人也。」先自養，再養眾生，不以剝削養私欲。

> 判曰：頤者，養也。謹言節食，能養其身，震動
> 　　　艮止，萬物皆春，惡事消散，不害于人。
> 占義：制欲則吉，養過於需，則羞吝。

> 象曰：頤，貞吉，養正則吉也。觀頤，觀其所養
> 　　　也。自求口實，觀其自養也。天地養萬物
> 　　　，聖人養賢以及萬民，頤之時大矣哉！

頤卦，以正道養生養性，則吉也。「觀其所養」，觀察頤卦六爻所養之人，與自我養食之道，所養之人必同其族類，君子合而不同。「自求口實，觀其自養」，即自己養生之道，節制或奢侈，過勞或安逸？以分辨其人吉凶善惡。「天地養萬物」，養生包含天地生養萬物，聖人體會天道，應自許尊養賢人及萬民，聖人養賢，任用賢人貫徹養民之道，故頤養之道關係國計民生，時位掌握之意義甚大。

> 象曰：山下有雷，頤。君子以慎言語、節飲食。

　　山下有雷，雷聲在山中反覆震盪，比喻頤卦上下二陽爻包藏四陰爻，口食之象。君子以謹慎言語，節制飲食為卦義。《程頤傳》：「故君子觀其象以養其身，慎言語以養其德，節飲食以養其體。不唯就口取養義，事之至近而所繫至大者，莫過於言語飲食也。在身為言語，於天下則凡命令政教出於身者皆是，慎之則必當而无失，在身為飲食，於天下則凡貨資財用養於人者皆是，節之則適宜而无傷。」頤，養生，進而養德。飲食節制，言語謹慎。

> 初九：舍爾靈龜，觀我朵頤，凶。
> 象曰：觀我朵頤，亦不足貴也。
> 占義：兩鳥在林，不如一鳥在手，凶咎。

　　初九應該振奮自求其養，「舍爾靈龜」，竟放棄自己明鑒神靈的龜卜兆機，「觀我朵頤」，朵頤，嚼也，比喻世俗欲望。貪婪地看著別人的美食，隱喻貪圖外在歡樂俗欲，凶象畢露。「觀我朵頤，亦不足貴」，《程頤傳》：「朵頤，謂其說陰而志動，既為欲所動，則雖有剛健明智之才，終必自失，故其才亦不足貴也。人之貴乎剛者，為其能立而不屈於欲也。」初九應志在上行，卻私慕陰六；指貪婪之徒不知守廉養貴，而放任物欲氾濫，與富貴無緣。

六二：顛頤，拂經，于丘頤，征凶。
象曰：六二征凶，行失類也。
占義：進則征凶，退則無義，反身自省。

「顛頤」，六二陰柔，不能自養，必求剛健之初九，顛倒「頤」道。「拂經」，拂違經常，不可行。丘，山丘，指上卦艮。「于丘頤，征凶」，六二乘初九之上，顛倒向下頤養初九，違背經義，六二又無應於六五，上卦為艮，向上求頤養又無應，一昧往進，征途凶險。「行失類」者，六三、六四、六五皆養上九，唯獨六二陰柔不足以自養，反求初九，異於同類。《程頤傳》：「顛頤，則拂經，不獲其養爾；妄求於上，往則得凶也。今有人，才不足以自養，見在上者勢力足以養人，非其族類，妄往求之，取辱得凶必矣。」

六三：拂頤，貞凶。十年勿用，无攸利。
象曰：十年勿用，道大悖(ㄅㄟˋ)也。
占義：卦象大凶，其事進退兩難。

「拂」者，違也，違背頤養的道理。「貞凶」，六三陰爻居陽位，自身不正，違背養正的道理。《程頤傳》：「三以陰柔之質，而處不中正，又在動之極，是邪柔不正而動者也。」六三諂媚供養於上九，十年之久不知悔悟，無所得利。「十年勿用」，以時間之久隱喻其凶險程度。《程頤傳》：「十，數之終，為終不可用，无所往而利也。」「道大悖」者，六三不中不正，柔而無實，不以正道養生，悖離義理。

六四：顛頤，吉，虎視眈眈，其欲逐逐，无咎。

象曰：顛頤之吉，上施光也。

占義：承養上位，頤養下人，其志堅則吉。

「顛頤，吉」者，六四在上卦之下，應於初九，賢者以上養下，因此顛倒向下頤養是吉利的，或愚者則求養於下，皆吉。「虎視眈眈」，恐下位頤養成性而褻瀆犯上，故須威而不猛，嚴而不惡，養其威嚴。「其欲逐逐」者，頤養的欲望，絕不罷休。《程頤傳》：「四在人上，大臣之位；六以陰居之，陰柔不足以自養，況養天下乎？初九以剛陽居下，在下之賢也，與四為應，四又柔順而正，是能順於初，賴初之養也。以上養下則為順，今反求下之養，顛倒也，故曰顛頤。然己不勝其任，求在下之賢而順從之，以濟其事，則天下得其養，而己无曠敗之咎，故為吉也。夫居上位者，必有才德威望，為下民所尊畏，則事行而眾心服從。」三爻以下養口體物質，四爻以上養道德心性。「上施光」者，六四下養初爻，寡欲少求；又接收上九廣大的佈施，論吉。

六五：拂經，居貞吉，不可涉大川。

象曰：居貞之吉，順以從上也。

占義：自保有餘，不可冒險犯難。

六五以陰居陽，不願謙退，違背經義，若謹守中爻之理雖是吉利的，但本身不夠強健，故不足離開中道涉入危機中。《程頤傳》：「六五頤之時，居君位，養天下者也，然其陰柔之質，才不足以養天下，上有剛陽之賢，故順從之，賴其養己

以濟天下。君者，養人者也，反賴人之養，是違拂於經常。」
才質弱而守住中道，棄剛貞之性，戒以居貞則吉。「不可涉大
川」，《程頤傳》：「以陰柔之才，雖倚賴剛賢，能持循於平
時，不可處艱難變故之際，故云不可涉大川。」六五藉上九頤
養，自身難保，不可涉大川。「順以從上」，六五順從上九的
供養與賢德，以養天下。上九又為宗廟，六五守住祖蔭，守成
不易，居貞而吉。

上九：由頤，厲吉，利涉大川。
象曰：由頤厲吉，大有慶也。
占義：戰戰兢兢，如臨深淵，終吉。

　　「由頤」者，頤卦有兩個陽爻，又以上九為主；陽爻之中
有四陰爻，四陰爻俱都供奉上九，由之以得其養，故統領眾陰
之上九，不可褻瀆，須嚴厲謹慎即可趨吉，位高而心懸頤養萬
民，利於眾志成城，以利涉險。「厲吉」者，頤養萬民責任憂
厲。《程頤傳》：「上九以剛陽之德，居師傅之任，六五之
君，柔順而從於己，賴己之養，是當天下之任，天下由之以養
也。以人臣而當是任，必常懷危厲則吉也。如伊尹、周公，何
嘗不憂勤兢畏？故得終吉。」「大有慶」者，上九承擔責任，
戰戰兢兢，德澤盡被於天下，普天同慶。

七、〈大過〉〈坎〉〈離〉三十備

28. 大過卦

䷛	大過卦：巽下兌上（寒木生花之卦，本末俱弱之象）。
	卦辭：棟橈。利有攸往，亨。

〈序卦傳〉：「頤者養也，不養則不可動，故受之以大過。」大力供養後，過多過盛須以大過節制。「棟橈」者，謂屋宇棟樑彎曲。衰難之世，以四陽爻在中，二陰爻在外，如國之棟樑，比喻超越常理拯救患難，攸往而亨通。《王弼注》：「以人事言之，猶若聖人過越常理以拯犯難也。」《程頤傳》：「小過，陰過於上下；大過，陽過於中。陽過於中，而上下弱矣，故為棟橈之象。棟取其勝重，四陽聚於中，可謂重矣。」「利有攸往」，陰弱而陽強，可比喻為君子氣盛而小人衰頹。

判曰：大過者，禍也。四陽過盛，上下不勝，
　　　棟橈之象。事卒難明，兩刑兩剋，所求
　　　不成，枯楊借生，自滅之徵。
占義：自我糾結，刑剋重重，柔順以避禍。

> 象曰：大過，大者過也；棟橈（ㄋㄠˊ），本
> 　　　末弱也；剛過而中，巽而說，行利有
> 　　　攸往，乃亨。大過之時大矣哉！

「大過，大者過也」，《周易正義》：「謂盛大者乃能過其分理以拯難也。」君子有大志氣大決心，超越職分服務天下。棟橈，棟樑不勝負荷而橈曲。「本末弱」，本指初六，末指上六。初六與上六為陰爻，中間四爻為陽爻，陽爻多而密集，有過於陽剛之象，故「棟撓」是由於本末陰爻柔弱所致。剛爻發展過中，但二五皆得中，所處不失中道。「巽而說」，巽卦柔順，而兌卦喜悅，在大過的衰難之世，適於前往拯弱興衰，故利有攸往。「大過之時」，此為大過卦之時有大事，利於行事濟德。

> 象曰：澤滅木，大過。君子以獨立不懼，遯世无悶。

巽木本漂浮在水上，澤水淹沒巽木，大為超過正常現象。君子可以獨立不懼，泰山崩於前而面不改色；亦可遁隱濁世，清虛遨遊於青松明月間。《周易正義》疏：「其大過之卦有二義也：一者，物之自然大相過越常分，即此『澤滅木』是也。二者，大人大過越常分以拯患難。」自然與人文統合解釋。

> 初六：藉用白茅，无咎。
> 象曰：藉用白茅，柔在下也。
> 占義：固守本位，無欲無求可保身。

　　「藉用白茅」，用白色柔軟茅草裝承祭品，物雖薄，謹守敬慎柔順之道，用途至大。〈繫辭傳〉：「苟錯諸地而可矣。藉之用茅，何咎之有。慎之至也。夫茅之為物薄而用可重也，慎斯術也以往，其无所失矣。」初六面對四陽爻在前，此弱彼強先展現誠意。《程頤傳》：「初以陰柔巽體而處下，過於畏慎者也。以柔在下，用茅藉物之象。不錯諸地，而藉以茅，過於慎也，是以无咎。」初六柔順在下，虔誠樸素的奉事於上，免於咎患。

> 九二：枯楊生稊（ㄊㄧˊ），老夫得其女妻，無不利。
> 象曰：老夫女妻，過以相與也。
> 占義：獲得新的生機，得到嶄新的局面。

　　「稊」者，楊樹之秀枝嫩芽。九二以陽居陰得中，與初六相比合，比喻過於剛健者，應以中道相制，以柔相濟。「老夫得其女妻」者，老則枯槁，少女則幼稚，比喻九二陽爻能輔佐幼稚之初六。九二能超越本分而對初六振衰起弊，使衰者轉強，猶如枯槁之楊樹更生新稊，老夫得少妻，皆大過其本，而拯救其弱。「過以相與」者，老夫與女妻之配對，以發芽比喻事情之發展長遠而言有利，老夫得少妻而更壯，得到重新生育繁衍的機運。

> 九三：棟橈，凶。
> 象曰：棟橈之凶，不可以有輔也。
> 占義：執迷不悟，不接受輔佐善言必敗。

　　「棟橈」，九三陽爻居陽位，下卦為巽木，上卦為兌金，上剋下過剛易折，又九三上實下虛，下盤不穩，凶。《程頤傳》：「九三以大過之陽，復以剛自居而不得中，剛過之甚者也。以過甚之剛，動則違於中和而拂於眾心，安能當大過之任乎？故不勝其任，如棟之橈，傾敗其室，是以凶也。」九三處下體之極，以陽爻居陽位，不知救危拯弱，反而只相應上六，閉戶自守是為凶咎。「不可以有輔」，九三是陽剛不當位，剛愎自用，不受輔佐；九四亦自恃其剛，相斥而無法相輔。

> 九四：棟隆，吉，有它吝。
> 象曰：棟隆之吉，不橈乎下也。
> 占義：地位有利，小吝小成。

　　「棟隆」者，以棟樑托住房屋。九四上虛下實，下盤穩，吉。《周易正義》：「『棟隆吉』者，體居上體，以陽處陰，能拯救其弱，不為下所橈，故得棟隆起而獲吉也。『有它吝』者，以有應在初，心不弘闊，故『有它吝』也。」九四陽爻居陰位，在上卦之下，發揮大過卦至壯輔助至衰的精神，然而九四是向下與初六相應，終不若陰爻般可以上承九五來的恢弘光大。「不橈乎下」者，九四剛爻居陰位，相應初六，使初六得到拯難，不至於橈曲。九四跨進下卦拯難，雖義薄雲天，但忽略相應九五，故有吝嗇之象。

> 九五：枯楊生華，老婦得其士夫，无咎、无譽。
> 象曰：枯楊生華，何可久也？老婦士夫，亦可醜也。
> 占義：保存實力，不可用於虛華之處。

「生華」者，開花。「枯楊生華」比喻曇花一現，燈枯油盡。老婦，上六。士夫，九五。《程頤傳》：「九五當大過之時，本以中正居尊位，然下无應助，故不能成大過之功，而上比過極之陰，其所相濟者，如枯楊之生華。枯楊下生根稊，則能復生，如大過之陽興成事功也；上生華秀，雖有所發，无益於枯也。」比喻九五處得尊位，未能以強濟弱，以致無法向九二「生稊」般獲得新力量，僅能「生華」後等待枯萎。言老婦得士夫無益於生產力，但老夫得少妻則利益宏大。比喻棟樑位置不同而所生效益不同，即資源錯置之損害。「亦可醜」者，老妻少夫之配對，無生育之功，有難言之隱。僅是各盡所能各取所需，故拯救危難之效用狹隘，雖然無咎無譽，亦非美事，「亦可醜」，蓋指吃相難看，暗指政客。

> 上六：過涉滅頂，凶，无咎。
> 象曰：過涉之凶，不可咎也。
> 占義：凡事盡其所能，問心無愧。

「過涉滅頂」，以過河滅頂比喻敵勢甚強，往前有凶。《周易正義》：「處大過之極，是過越之甚也。以此涉危難，乃至於滅頂，言涉難深也。既滅其頂，所以『凶』也。『无咎』者，所以涉難滅頂，至於凶亡，本欲濟時拯難，意善功惡，無可咎責。」上六在大過卦之終極，本欲濟時拯難，動機宏偉，但涉難太深，以至於自滅其頂，功雖無成，亦無被追究責任之餘地。「不可咎」者，二陰難拒四陽，實力懸殊，成全大義，慷慨赴難，無可咎責。

29. 習坎卦

䷜	坎卦：坎下坎上(船渡重灘之卦，外虛中實之象)。
	卦辭：有孚，維心亨，行有尚。

〈序卦傳〉：「物不可以終過，故受之以坎，坎者陷也。」大過固然亨通，唯亨通豈能長久不墜。坎卦中爻陷於二陰之中，比喻險象。「有孚」，陽爻在內，信心發自剛中之誠心；再上下重疊，雖險之又險，也比喻有人志同道合相匹配。「維心亨」，乾卦二五陽爻旁行入坤卦，二五居中代表內心真誠交會，陰陽並濟，獨坎卦強調以心示人，故能亨通。「行有尚」，尚，使之向上，二三四爻為震卦奮勇前進，習坎則不畏坎險，果斷直行，能脫離險境，就是行為高尚。

判曰：坎者，陷也。逢流則注，遇坎則止，
　　　出入艱險，隨坎不已。陰愁伏愿，共
　　　相謀計。千里辭家，始免迍否。
占義：奔波流動，不畏艱險，在外打拼。

象曰：習坎，重險也；水流而不盈，行險
　　　而不失其信。維心亨，乃以剛中也
　　　；行有尚，往有功也；天險不可升
　　　也，地險山川丘陵也，王公設險以
　　　守其國。險之時用大矣哉。

習，重複。上下卦均為坎，所以稱「習坎」。坎卦不同於諸卦者，加一「習」字。因上下俱坎，險象重疊，其次行險應先學習歷練艱險困難的事。水流來去，因山崖險峻，谷深而泄水不止，水流而無滿盈；涉水如行險，漲跌不失其時，信守水性。「維心亨」者，九二、九五分佈內外卦的中爻。「行有尚，往有功」，集結同志攜手前行，崇尚坎德，必有功績可成，否則留在坎卦中，己身將置於險境。天險已經是極限，故三、四、五爻成艮卦止住，不可再向險中行。地險在山川丘陵，艮為山，坎為水。君王觀察地勢，選擇分辨要道關卡，在險峻之地設置堡壘要塞，以固守其國土。坎德為險，作用在國難有險之時，訓示王公應有國防概念。

象曰：水洊（ㄐㄧㄢˋ）至，習坎。
　　　君子以常德行，習教事。

洊，再也。水重重濺至，比喻學習就是重重演練。君子以水流不息，四時行焉，作為追求道德之常態，並教化以詩書禮樂。《中庸》：「人一能之己百之，人十能之己千之。果能此道矣，雖愚必明，雖柔必強。」坎德，勉人常習愚者變明智，柔弱變剛強。

初六：習坎，入于坎窞（ㄉㄢˋ），凶。
象曰：習坎入坎，失道凶也。
占義：柔弱不堪，易遭外敵，險象環生。

坎，地勢不平。「入于坎窞」，窞，坎中凹陷處。初六陰

爻居陽位不正，進入重重險難之下，無人應援，凶。「失道凶」者，初六失位與六四不應，九二陽居陰有險，初六陰柔入坎未先習坎，不固守坎道，故言失道之凶。《船山內傳》：「險已頻仍，道在剛以濟之，而卑柔自匿，不能忘機，葸畏已甚，必凶。」

九二：坎有險，求小得。
象曰：求小得，未出中也。
占義：大局不利，小有收穫，非善地。

「求小得」，九二陽爻居陰位與六三陰陽相應，但六三陰爻居陽位不正，未足以為大援，又九二與九五不相應，故在坎卦的險境中，僅小有得益。「未出中」者，坎卦的下卦皆失位，先求擺脫險境。此時坎水雙重，仍尚未脫離險境之中，吉凶未知。

六三：來之坎坎，險且枕，入于坎窞，勿用。
象曰：來之坎坎，終无功也。
占義：前後強敵虎視，速離惡地，無功而返。

「來之坎坎」，六三下坎已盡，即將進入上坎。「險且枕」，枕，止也。三、四、五爻互卦成艮，且六三失位又乘九二陽剛，此時切勿小才大用，稍安勿躁。「入於坎窞」，仍舊是在坎險之中。「終无功」，缺乏績效，六三履非其位，又處在兩「坎」之間，出入都是坎險，腹背受敵，非安居高枕之地，出行無功。故陷入坎險之中，無所作為。六三誤入坎窞，

必須不淌渾水，明哲保身，故無功而自保。《程頤傳》：「六三在坎險之時，以陰柔而居不中正，其處不善，進退與居皆不可者也。來下則入於險之中；之上則重險也。退來與進之皆險。故云『來之坎坎』。

> 六四：樽酒，簋(《ㄨㄟ∨)貳，用缶(ㄈㄡ∨)，
> 　　　納約自牖(一ㄡ∨)，終无咎。
> 象曰：樽酒，簋貳，剛柔際也。
> 占義：忠於職位，簡樸恭敬，成功指日可待。

　　「樽」，盛酒的器具。「簋貳」，盛稻粱的器具；貳，副，器物成套。缶，質樸無文飾的瓦器。一樽之酒，二簋之食，簡樸的器皿，虔敬的侍奉，終無咎患。六四以柔居柔，重險履正，乘下卦六三上承九五，兩者皆剛柔各得其所，誠信相輔，不假外飾。「納約自牖」，納約，上交於君臣；牖，窗戶。戶在東，牖在西，西邊明亮，比喻六四忠誠於九五，君臣身陷囹圄，從窗口送酒食，禮物食品簡樸，不妨礙六四、九五陰陽呼應，比喻君臣上下精誠團結。「終无咎」，靠六四陰爻居陰位，勤儉自救。「剛柔際也」，六四陰柔與九五陽剛上下交接，此時更應警惕。

> 九五：坎不盈，祗既平，无咎。
> 象曰：坎不盈，中未大也。
> 占義：九五之地平順，周邊有險，功業小成。

　　「坎不盈」者，盈，滿；隱喻人事不應驕傲自大。九五與

九二無應，上下陰爻坎陷，險難未盡，以謙卑為上。「祗既平」，祗當作坻，水中小渚，提供安全的場所，故九五處无咎之地。險難多而習練通順，九五爻變就是坤卦的地道，展現平順的旅途，無咎而脫離坎險。「中未大」者，中是指中道，未大，時機尚未成熟，坎水尚未滿盈，九五剛中之功效未達預期。

上六：係用徽纆（ㄇㄛˋ），寘（ㄓˋ）于
　　　叢棘，三歲不得，凶。
象曰：上六失道，凶三歲也。
占義：處境危險，失道必有官司是非。

係，拘繫。「徽纆」者，繩索。「寘于叢棘」者，古時以荊棘樹叢囚禁人犯。坎險升高至上六，上六本質柔弱又不願自修其道，失去自新的機會，以致三年不得其吉。另說，面對坎水氾濫，以繩索結合灌木叢以免隨波逐流，若長達三年無法脫困，不免凶險。「上六失道」，上六設險，阻止九五出險，險終乃反，三歲之後可以免。坎卦上六爻辭無吉，靠柔弱无咎保身。

30.離卦

離卦：離下離上（飛禽遇網之卦，大
　　　明當天之象）。

卦辭：離，利貞，亨，畜牝牛，吉。

〈序卦傳〉：「坎者陷也。陷必有所麗，故受之以離，離者麗也。」離與坎互為綜卦。「利貞，亨」，亨在利貞後，遵守正道，必亨通。「畜牝牛」，畜，生養，離卦柔順，不可反其德畜養剛猛之物，故畜牝牛，以同聲相應，同氣相求，培養其柔順之德。牝牛，假象以明人事外強內順，合乎離卦之德。

> 判曰：離者，麗也。光明美麗，不利出師。二
> 　　　鳥同飛，雄失其雌。婚姻未合，易起官
> 　　　非。口舌相向，財散人離。
> 占義：麗乎外觀，不利婚姻官司，退忍可吉。

> 象曰：離，麗也。日月麗乎天，百穀草木麗乎
> 　　　土，重明以麗乎正，乃化成天下。柔麗
> 　　　乎中正，故亨。是以畜牝牛吉也。

離，分離、附著、附麗、文明，萬物各得其所附著之處。「日月麗乎天」，日月雖明麗，必須依附天上照耀，比喻上位者，以日月光明的卦象，照耀天下。「百穀草木麗乎土」，百穀草木必須依附土壤，汲取養分，指百穀草木繁生，比喻下位者得到恩澤滋潤。

「重明以麗乎正」，重明，離卦為火重疊；以正道、正物、正事以端正自己。「乃化成天下」，指離上離下，重重光明依附正道而行，乃得移風易俗，教化天下。「柔麗乎中正」，二五俱為陰爻，代表柔道，柔道亦應中正，不可委屈貪附，故利於畜牝牛柔順之道，比喻應固守柔順與光明之「離」

道。《船山內傳》：「麗者，依質而生文之謂。日月附天氣以運；百穀草木依地德以榮。未有無所麗而能奠其位，發其美者也。」離卦須附麗於中正，先利貞而後亨。

> 象曰：明兩作離，大人以繼明照于四方。

太陽日日升降，故離火重疊就是離卦，兩作，延續不止。《周易正義》：「離為日，日為明，今有上下二體，故云明兩作離也。」「繼明」，永續照耀，日新月新。大人以離卦明德的精神，世代相傳遍照四方。

> 初九：履錯然，敬之，无咎。
> 象曰：履錯之敬，以辟咎也。
> 占義：無利可圖，敬慎修德避免咎害。

初九代表日出，「錯然」者，交錯、敬慎之貌。初九將進而盛，遇九四陽剛不相應，宜謹慎面對所履行之地位，恭敬而不犯上，慎始足以避免咎害。《船山內傳》：「履，始踐其境；錯然，經緯相間、文采雜陳之貌。」初九面對大千世界，既期待又怕受傷害。《程頤傳》：「履錯然欲動，而知敬慎不敢進，所以求避免過咎也。居明而剛，故知而能辟；不剛明則妄動矣。」戒之以貪功躁進。「辟咎」，知敬慎不敢進，避免得咎。

> 六二：黃離，元吉。
> 象曰：黃離元吉，得中道也。
> 占義：柔順取中，文明風采，斯文得吉。

　　黃，中土之顏色。離，附麗於黃中。坤卦「黃中通理」、坤卦六五「黃裳元吉」，隱喻以理行遍四方。六二陰爻得位，雖不應六五，兩爻皆柔順。「得中道」者，有柔中與黃中雙重吉利，文明而用中道。

> 九三：日昃（ㄗㄜˋ）之離，不鼓缶而歌，則大
> 　　耋（ㄉㄧㄝˊ）之嗟（ㄐㄧㄝ），凶。
> 象曰：日昃之離，何可久也。
> 占義：應順隨自然規律，不樂生，不憂死。

　　「日昃」，太陽偏西。初爻日出，二爻日中，三爻日昃。「耋」，老人。嗟，憂傷歎息。九三是下卦終爻，光明亮麗接近尾聲，面對人生無常，虛度光陰，老之將至又不委事任人，自取逸樂，徒然憂傷歎息，凶險之象。《程頤傳》：「九三居下體之終，是前明將盡，後明當繼之時。人之始終，時之革易也，故為日昃之離。」九三是文明交接，「日昃之離」者，此時太陽西斜，美景將逝，何可久也？比喻文明附麗，君子深知花好月圓不常在，應自我調適。「鼓缶而歌」，《程頤傳》：「人之終盡，達者則知其常理，樂天而已，遇常皆樂，如鼓缶而歌；不達者則恐恆有將盡之悲，乃大耋之嗟，為其凶也。」不知看淡生死，不達觀樂道，則有「大耋之嗟」。「何可久」者，日昃繼之以日出，故人事循環應安於常道，進者有人後

繼，退者安身有地。

> 九四：突如、其來如、焚如、死如、棄如。
> 象曰：突如其來如，无所容也。
> 占義：諸事大凶，注意突如其來之禍。

　　《王弼注》：「處於『明』道始變之際，昏而始曉，沒而始出，故曰『突如其來如』。」三爻是已沒，四為始出，旭日東昇，突如其來躍出地面。九四初進上卦，顯露出離卦的火性。《王弼注》：「其明始進，其炎始盛，故曰『焚如』。逼近至尊，履非其位，欲進其盛，以炎其上，命必不終，故曰『死如』。違離之義，无應无承，眾所不容，故曰棄如也。」焚如，逼近至尊，如炙熱咄咄逼人。死如，焚後無生無息。棄如，已經違背「離」道，無應無承不當位，眾人皆棄而遠離，無地所容，不知吉凶如何？

> 六五：出涕沱(ㄊㄨㄛˊ)若，戚嗟若，吉。
> 象曰：六五之吉，離王公也。
> 占義：柔居職位，任勞任怨，升遷吉。

　　「出涕沱若」者，憂戚流淚歎息之象。「戚嗟若」，《王弼注》：「履非其位，不勝所履，以柔承剛，不能制下，下剛而進，將來害己，憂傷之深，至於沱嗟也。」六五知道身在險境，誠心的哀傷悲戚，必得眾人相助。《程頤傳》：「居尊位而文明，知憂畏如此，故得吉。若自恃其文明之德，與所麗中正，泰然不懼，則安能保其吉也」。「離王公」者，揣度王公

憂戚之情緒，附麗置身於君上之心境，故六五悲戚論吉。《周易正義》：「以其所居在五，離附於王公之位，被眾所助，故得吉也。五為王位而言公者，此連王而言公，取其便文以會韻也。」六五與上九有憂患與共的革命感情。

上九：王用出征，有嘉折首，獲匪其醜，无咎。

象曰：王用出征，以正邦也。

占義：大展鴻圖，收穫豐盛，勿得意忘形。

上九離道既成，物皆親附，士氣大振，君王趁勢有所作為。《程頤傳》：「九以陽居上，在離之終，剛明之極者也。明則能照；剛則能斷，能照足以察邪惡；能斷足以行威刑，故王者宜用。如是剛明以辨天下之邪惡，而行其征伐，則有嘉美之功也。」，離卦為火、電、戈兵，隱喻閃電般出征。「有嘉折首」，上九一卦之上，近取諸身，有首級之象，於是斬除匪首，為民除害，不濫殺無辜，得征伐嘉美之功。「獲匪其醜」，獲，執獲、順從。醜，類也。將匪首之善良下民一併使之歸順。「正邦」者，一卦之終必生反復，鄰邦不附麗，逼使君王用兵出征，匡正天下。《程頤傳》：「王者用此上九之德，明照而剛斷，以察除天下之惡，所以正治其邦國，剛明居上之道也。」師出有名，才可用征伐之道。

第十一章 六十四卦（下經）

一、〈咸〉〈恆〉〈遯〉兮及〈大壯〉

31.咸卦

䷞	咸卦：艮下兌上（山澤通氣之卦，至誠感神之象）。
	卦辭：咸，亨、利貞，取女吉。

〈序卦傳〉：「有天地然後有萬物，有萬物然後有男女，有男女然後有夫婦，有夫婦然後有父子，有父子然後有君臣，有君臣然後有上下，有上下然後禮義有所錯。」「咸」者，感應。嫁娶是男女共相感應，而成人倫之始，故夫婦之道吉而亨通。《程頤傳》：「咸之為卦，兌上艮下，少男少女也。男女相感之深，莫如少者，故二少為咸也。艮體篤實，止為誠慤之義。男志篤實以下交，女心說而上應，男感之先也。男先以誠感，則女說而應也。」物類互相感應，則亨通。「利貞」，相感之道，須依循正道，方言有利。「取女吉」，男女婚配能相感，則吉。

判曰：咸者，感也。天地感應，萬物和平；男女感應，夫婦康寧。感應之事，无有不亨。
占義：與人相感，家和萬事興。

> 象曰：咸，感也。柔上而剛下，二氣感應以相與；止
> 　　　而說，男下女，是以亨利貞，取女吉也。天地
> 　　　感而萬物化生，聖人感人心而天下和平。觀其
> 　　　所感，而天地萬物之情可見矣！

　　咸，人與人相感。「咸」包含男女俱皆受到感應。澤山咸，「柔上」，上卦為兌卦柔順。「剛下」，下卦為艮卦剛強，「二氣感應」，陰陽二氣上下互相感應，各盡其力，互有所求。「止而說」，艮卦止住而取悅兌卦，即少男居下對少女獻殷勤，嫁娶是天地自然感應，專一篤實值得固守，男女如此婚配是吉祥的。天地交感而萬物化生，聖人感應萬民心願，上下互相體會，尋求和諧。觀察其感通之處，知天地萬物品類流行，情義相投。《王弼注》：「天地萬物之情，見於所感也。凡感之為道，不能感非類者也，故引取女以明同類之義也。同類而不相感應，以其各亢所處也。故女雖應男之物，必下之而後取女乃吉也。」

> 象曰：山上有澤，咸，君子以虛受人。

　　澤水在上能往下滋潤，山是龐大的土體，能在下相感虛中，接受滋潤。咸卦，山澤通氣，澤水下流，滋潤萬民，艮山承上，兩者空虛其懷，放空收納萬物。「以虛受人」，萬物皆備於我。《老子》：「古神不死，是謂玄牝。」虛懷若谷，才能體會玄妙感應。

> 初六：咸其拇。
> 象曰：咸其拇，志在外也。
> 占義：起心動念，未有行動，無吉凶。

「拇」，足部大拇指。初六與九四相感，只感應在身體末端足趾，雖小有心志，處於感應之初，未見吉凶。《程頤傳》：「以微處初，其感未深，豈能動於人？故如人拇之動，未足以進也。」僅拇趾騷動，感應微弱。「志在外」者，心志小有感應，觀察時勢後，雖未甚躁動，未移其足，但其志在外卦九四。

> 六二：咸其腓(ㄈㄟˊ)，凶，居吉。
> 象曰：雖凶居吉，順不害也。
> 占義：蠢蠢欲動則凶，順理則不遭咎害。

「腓」，小腿肚。六二陰爻相應在九五陽爻，女感應男，則凶。不受鼓噪，柔順中道，靜居則吉。「凶，居吉」，躁妄自失，所以凶。《程頤傳》：「二，中正之人，以其在咸而應五，故為此戒。復云居吉，若安其分，不自動，則吉也。」被動一方，順著感應。「順不害」者，順著正理行動，無咎害。六三雖開始躁動，但陰爻陰位守中，咎害尚未出現。

> 九三：咸其股，執其隨，往吝。
> 象曰：咸其股，亦不處也。志在隨人，所執下也。
> 占義：牆頭草，隨風飄搖，勿用攸往。

　　股，指大腿、臀部。九三處陽爻艮卦之上，相當於臀部，
當位又相應上六，體會動靜隨足，進不能管制足部之動作，退
不能靜守其處之窘境。「執其隨」，執，固執。比喻志在隨初
六、六二，而無自我操持。《程頤傳》：「股者，在身之下，
足之上，不能自由，隨身而動者也，故以為象，言九三不能自
主，隨物而動，如股然，其所執守者隨於物也。剛陽之才，感
於所說而隨之，如此而往，可羞吝也。」九三剛健應該要有自
己的決斷，不可隨風擺盪，否則所執鄙吝無道。「志在隨人，
所執下也」，有剛陽之質，卻無志向目標，隨上六陰柔仰仗權
貴，志氣下賤，前途往吝。

> 九四：貞吉，悔亡；憧（ㄔㄨㄥ）憧往來，朋從爾思。
> 象曰：貞吉悔亡，未感害也。憧憧往來，未光大也。
> 占義：明其功，不計其利，放大格局必成。

　　「亡」，無也，九四正道無須悔吝。「憧憧往來」，憧，
心意不足，指為名利起心動念；往來，指四時行焉，百物生
焉，大自然的流行感應。「朋從爾思」，只與有利害關係之朋
黨交往。《程頤傳》：「憧憧往來，朋從爾思：夫貞一則所感
无不通，若往來憧憧然，用其私心以感物，則思之所吉者有能
感而動，所不及者不能感也，是其朋類則從其思也，以有係之
私心，既主於一隅一事，豈能廓然无所不通乎？」九四陽爻不
得位，周邊眾人憧憧來去，心志難定，只在小圈圈中計其利。

　　九四進入上卦可以將男女感應，由成家立業擴張至國家社
會。「貞吉悔亡，未感害也」，身心初始交感，九四與初六交

感，未有私心則不受咎害，感而起動私念則有害。「未光大」
者，九四固守貞道，雖無悔吝，所感尚非全然無思無欲，但陽
爻居陰位，不得其所，故未恢弘博大。

> 九五：咸其脢（ㄇㄟ∕），无悔。
> 象曰：咸其脢，志末也。
> 占義：理性判斷事物，不以感應操弄。

「脢」者，脊肉、背肉，位於心的背面。《程頤傳》：
「脢，背肉也，與心相背而所不見也。言能背其私心，感非其
所見而說者，則得人心感天下之正，而无悔也。」九五剛正中
道，堅守卦德，而脢肉反應遲鈍，其在心之上，口之下，進不
能大為感應，退又不甘無志，志氣淺薄無悔吝而已。比喻九五
私心相應六二。「志末」者，末猶淺也，脢高於心，淺於心
神，超越了真心去感人，九五私心在上六，厚於言語，故巧言
過於心志。

> 上六：咸其輔頰舌。
> 象曰：咸其輔頰舌，滕口說也。
> 占義：所求應腳踏實地，忌舌燦蓮花之徒。

輔，上頜，與頰、舌都是言語作用。《周易正義》云：
「咸道極薄，徒送口舌言語相感而已，不復有志於其間。」上
六是咸道終極，兌卦是討人喜悅，僅落在口舌言語而已。「滕
口」者，滕，競也。上六「咸」道感應至終極，弄巧成拙，談
愛情花言巧語，搞政治搬弄口舌，以巧言令色為競爭手段。

32. 恒卦

䷟	恒卦：巽下震上（日月長明之卦，四 　　　時不忒之象）。 卦辭：恒，亨、无咎，利貞，利有 　　　攸往。

〈序卦傳〉：「夫婦之道，不可以不久也，故受之以恒，恒者久也。」恒卦與咸卦互為綜卦。咸卦講男女感應之道。《周易正義》云：「恒，久也。恒久之道，所貴變通。必須變通隨時，方可長久。能久能通，乃『无咎』也。恒通无咎，然後利以行正。」恒，久也。恒久之道，貴在變通，利以行正，無往不利。《程頤傳》：「夫所謂恒，謂可恒久之道，非守一隅而不知變也，故利於有往。唯其有往，故能恒也，一定則不能常矣。」《論語・子路》：「子曰：『南人有言曰：『人而無恆，不可以作巫醫。』善夫！『不恆其德，或承之羞。』子曰：『不占而已矣。』」

判曰：	恒者，久也。長久安靜，不動為良。四時 變化，天道之常。日月連轉，普照其光。 君子以立，不易其方。
占義：	堅持正確的目標，持之以恒，不占而已。

> 彖曰：恒、久也。剛上而柔下，雷風相與；
> 　　　巽而動，剛柔皆應，恒。恒亨，无咎
> 　　　。利貞，久於其道也。天地之道，恒
> 　　　久而不已也。利有攸往，終則有始也
> 　　　。日月得天而能久照；四時變化而能
> 　　　久成；聖人久于其道而天下化成。觀
> 　　　其所恒，而天地萬物之情可見矣。

　　恒卦，講長久之道。「剛上」，指上卦為震動。「柔下」，指下卦為巽柔。又可說恒卦是泰卦的初九與六四對調所成。「雷風相與」，兩卦交互相激盪，助長其勢。〈說卦〉云：「雷風相薄」，「巽而動，剛柔皆應」，剛爻柔爻的相應是可以恒久的。「恒亨，无咎」，道德必須以恒心鍛煉，可得無咎害。「利貞，久於其道」，恒道必須久久堅持，堅持正道自然有利。

　　「天地之道，恒久而不已」，指天地之道所以為人仿效，貴在恒久不已，故把握「恒」道，融會變通，無往不利，如同天地無窮運轉，終始如一。「終則有始」，比喻有恒心的終結任務，得到君王的信任才有功業之始。「日月得天，而能久照」，觀察日月是恒久的高照於天，四時的變化是因長久運行而深植于人心，故聖人體會「恒」道以教化天下。以「恒」道觀察自然，可知天地萬物之變化；用於觀察人事，可收安家治國之功效。日月指自然空間，四時指萬物生息，聖人指社會人事。

> 象曰：雷風，恒，君子以立不易方。

雷風交變是大自然的變化方法。方者，久於其道，「不易方」，不隨便更易方法與立場。君子標立德性，以「恒」德為用，堅毅不移。《程頤傳》：「君子觀雷風相與成恒之象，以長久其德，自立於大中長久之道，不變易其方所也。」方，方法、地方、立場。

> 初六：浚（ㄐㄩㄣˋ）恒，貞凶，无攸利。
> 象曰：浚恒之凶，始求深也。
> 占義：見利行事，不知迷途而返，無攸利。

「浚」者，深也。「浚恒」，求恒太深，一昧激進，近於迂腐固執。初六陰爻居陽不當位，又位處三陽爻之下，若在初始施之於仁義無妨深求，若不義之舉或欲望太深，則所往不利而有凶象。「始求深」者，在下而求深，不知時勢之妙；故往往欲速而不達，違背日月久照之本質。《程頤傳》：「初居下而四為正應，柔暗之人，能守常而不能度勢；四震體而陽性，以剛居高，志上而不下，又為二三所隔，應初之志異乎常矣，而初乃求望之深，是知常而不知變也。」

> 九二：悔亡。
> 象曰：九二悔亡，能久中也。
> 占義：持中庸之道，無往不利。

九二雖陽爻不當位，恒以中道居之，上應六五，所以無悔吝。「能久中」者，風雷諧和，九二佔據陰位無悔，是因掌握中庸之道。《程頤傳》：「在恒之義，居得其正，則常道也。

九，陽爻，居陰位，非常理也。處非其常本當有悔，而九二以中德而應於五，五赴居中，以中而應中，其處與動皆得中也，是能恆久於中也。」能恆久於中道，能中則正直。

> 九三：不恒其德，或承之羞，貞吝。
> 象曰：不恒其德，无所容也。
> 占義：不能持之以恒，內外皆失，必承受羞辱。

「不恒其德，或承之羞」，九三在三陽爻之中，居下體之上，下不全卑；處上體之下，上不全尊，定位不明，德行無恒心，無力承擔震卦陽剛，自取羞辱。「無所容」，無恒心恒德，雖一時有所往，無恒德，久之必然無地自容。《王弼注》：「處三陽之中，居下體之上，處上體之下，上不至尊，下不至卑，中不在體，體在乎恒，而分无所定，无恒者也。德行无恒，自相違錯，不可致詰，故『或承之羞』也。」行事無恒心，自己百事無成，連身邊朋友都無所適從。

> 九四：田无禽。
> 象曰：久非其位，安得禽也。
> 占義：無地位、職位、時機、專業，無利可圖。

「田」，田獵，比喻有事；「禽」，收穫，利益。九四陽爻不當位，相應之初六也不當位，初六親比九二，間爻阻逆無法上合九四，田獵勞而無功。「安得禽」者，九四因本體陽爻，處在不適合的位置，豈能獲利。《程頤傳》：「以陽居陰，處非其位，處非其所，雖常何益？人之所為，得其道則久

而成功，不得其道則雖久何益？故以田為喻，言九之居四，雖使恒久，如田獵而无禽獸之獲，謂徒用力而无功也。」隱喻恒久之道必須先得其位，然後必有收穫。

> 六五：恒其德貞，婦人吉，夫子凶。
> 象曰：婦人貞吉，從一而終也，夫子制義，從婦凶也。
> 占義：女占人則吉，男占事則凶，男女守貞同義。

六五陰爻居中，雖有尊位，然柔順僅及於相應之九二，從唱而已，無法兼善天下。《程頤傳》：「五應於二，以陰柔而應陽剛，居中而所應又中，陰柔之正也，故恒久其德則為貞也。夫以順從為恒者，婦人之道，在婦人則為貞，故吉；若丈夫而以順從於人為恒，則失其剛陽之正，乃凶也。」五爻是大君之位，不應以柔順為恒，凶之道。「婦人貞吉，從一而終」，六五柔順居中，適合婦人守貞從一則吉。「夫子制義，從婦凶」者，婦人之吉，反為夫子之凶。人君夫子需斷天下事，重在通權達變，置己身於妾婦之道，迂腐固執，不知因地因時制宜，必有凶險，男女論理各有不同。

> 上六，振恒，凶。
> 象曰：振恒在上，大无功也。
> 占義：泰山崩於前而面不改色，躁動必敗。

振，動也。「振恒」，恒久不停的動。上六居恒卦之上，以振為恒，若搖搖動動，且陰爻不得中，違背上者應當清靜無為，不動而穩如泰山之形象，故上六不知虛一清靜，凶。「大

无功」，在上而其變動不知節制，左右進退無定見，必然无功而凶。《程頤傳》：「居上之道，必有恆德，乃能有功；若躁動不常，豈能有所成乎？」《論語・述而》云：「子溫而厲，威而不猛，恭而安。」又云：「子之燕居，申申如也，夭夭如也。」君子忌諱毛毛躁躁，俗諺：滾石不生苔。

33. 遯卦

䷠	遯卦：艮下乾上（豹隱南山之卦，遯善遠惡之象）。 卦辭：遯，亨、小，利貞。

〈序卦傳〉：「恆者久也。物不可以久居其所，故受之以遯，遯者，退也。」恆久之後就是反向變動。「遯」者，隱退逃避。二陰在下，四陽在上，陰邪開始萌長，正道亦未全滅，故僅小有亨通。三十六計，走為上策，君子「遯」逃有方，留得青山在，不怕沒柴燒。「遯」逃，終究是消極手段，治標不治本，四陽爻對上二陰爻，無計可施，僅能遯逃，所以明哲保身，無法兼善天下，只能言「小利」而已。

> 判曰：遯者，退也。處遯之時，陽道欲虧，惡事即
> 　　　起。善事欲衰，欲進欲退，疑惑難為，以小
> 　　　制大，君子避之。
> 占義：明哲保身，走為上策，括囊，无咎，无譽。

> 象曰：遯、亨，遯而亨也。剛當位而應，與時行也。
> 　　小利貞，柔浸而長也。遯之時義大矣哉。

遯卦，退避不爭，亨通。初爻、六二為陰，以上四爻俱為陽。上卦為乾剛，下卦為艮止。「剛當位而應」，指九五以剛正之德，下應六二，在小人當道之時，尚有可為。「與時行也」，九五陽剛當位與六二相應，順時機而變化流行。雖陰長之時，如卦之才，尚當隨時消息，苟可以致其力，无不至誠至盡以扶持其道，未必於遯藏而不為，故曰與時行也。遯藏到底是遠走高飛，還是轉進迂迴，或以退為進，運用之妙，存乎其心。

「小利貞，柔浸而長」，當陰爻逐漸成長，並非其勢壯大，驟然而至，故君子觀察細微，雖知道之將廢，豈可坐視群陰亂舞，貪圖苟安？君子若有此志向，而貞固執行，雖然陰柔逐漸浸蝕，仍有小局面小利益可以守成。「遯之時義大矣哉」，當陰爻逐列上行成長，局面逐漸陰霾之時，如何運用「遯」卦之時位意義甚大。

> 象曰：天下有山，遯。君子以遠小人，不惡而嚴。

《王弼注》：「『天下有山，遯』者，山者陰類，進在天下，即是山勢欲上逼於天，天性高遠，不受於逼，是遯避之象。」《程頤傳》：「天下有山，山下起而乃止，天上進而相違，是遯避之象也。君子觀其象，以避遠乎小人，遠小人之道，若以惡聲厲色，適足以致其怨忿，唯在乎矜莊威嚴，使知敬畏，則自然遠矣。」艮山在天之下，艮山是陰爻較多，逐列

上行，比喻山勢上逼於天，天何其高遠，遯避之所，遯避又何妨？故君子遇到遯避之時，不與小人褻瀆，不與之交惡，一如往昔莊嚴和煦。

> 初六：遯尾厲，勿用有攸往。
> 象曰：遯尾之厲，不往，何災也。
> 占義：其事無成，不如退避三舍。

「遯尾厲，勿用有攸往」，以上九肥遯為遯首，初六是遯尾，《王弼注》：「『遯』之為義，辟內而之外者也。『尾』之為物」，最在體後者也。處遯之時，不往，何災？而為『遯尾』，禍所及也。危至而後行，難可免乎？厲則『勿用有攸往』也。」小人滋長於內，當必須退避遠遯之時，向外逃竄勿當遯尾，以其接近於小人，易遭迫害。「不往」者，小人由內孳生，危厲瞬間而至，走為上策，但勿用有攸往，往既有災難，不如莫往而遯藏。「何災」，初六勿用有攸往，遯隱亂世，避災趨吉，不往即無災。「遯」之道保身有餘，見風轉舵。

> 六二：執之，用黃牛之革，莫之勝說。
> 象曰：執用黃牛，固志也。
> 占義：先禮後兵，中道用人固己。

「執之，用黃牛之革，莫之勝說」，黃，比喻中和。牛革，柔順堅厚。「莫之勝說」，比喻六二固守中道，類似牛革般堅韌。「莫之勝說」，六二內卦居中位，在逃遯之世，對棄己而遯者，施以中和柔順之道，莫讓遯者解脫而去。「固志」者，有六

二九五相應固守中道，使心生逃遯之徒，先以中庸平和的道理說服，不服則以牛革繩之，雙管齊下。或說九五留住六二的心志，像牛革般堅韌。《王弼注》：「居內處中，為遯之主，物皆遯己，何以固之？若能執乎理中厚順之道以固之也，則莫之勝解。」《程頤傳》：「二與五為正應，雖在相違遯之時，二以中正順應於五，五以中正親合於二，其交自固。」

九三：係遯，有疾厲，畜臣妾，吉。
象曰：係遯之厲，有疾憊也。畜臣妾吉，不可大事也。
占義：不立於巖牆之下，管理好內務。

「係遯，有疾厲」，係遯，九三無應於上，意在與六二陰陽交會，以陽附陰，宜於係之而遯走，「有疾厲」，九三繫在內卦之上，不能遠離禍害，而必須面對初六、六二衝擊屈辱之危厲中，此時大事不可為，應如何解套？宜「畜臣妾」者，畜臣妾比喻管領小人與女子之類。〈文言・坤〉云：「地道也，妻道也，臣道也。」九三陽剛，學習地道柔順的本質，比喻再艱苦也要改變陽剛的特性，親合而順民，以主觀積極的行動，扭轉客觀「係遯」的境遇。「係遯之厲，有疾憊」者，九三代表上卦阻截二陰爻進展，疲憊不堪。「畜臣妾吉，不可大事」，九二遠小人，也放棄遠大的志向，向下親近於六二，先安頓身邊事情，以致暫時無法涉大川，立大業。

九四：好遯，君子吉，小人否。
象曰：君子好遯，小人否也。
占義：不受物欲操弄，能斷則吉。

「好遯，君子吉，小人否」，九四雖不當位，卻相應於初六，君子能捨棄身外之物，故云「好遯，君子吉」。「小人否」者，面對榮華富貴時，君子喻於義，小人喻於利。君子面臨危難，超然不顧私欲，崇尚義理。小人則有所係戀，無法割捨私欲，而陷於凶險。《程頤傳》：「四與初為正應，是所好愛者也。君子雖有所好愛，義苟當遯，則去而不疑，所謂克己復禮，以道制欲，是以吉也。小人則不能以義處，暱於所好，牽於所私，至於陷辱其身而不能已，故在小人則否也。否，不善也。四，乾體能剛斷者。聖人以其處陰而有係，故設小人之戒，恐其失於正也。」

九五：嘉遯，貞吉。
象曰：嘉遯貞吉，以正志也。
占義：所求諸事吉利，內外順暢。

「嘉遯，貞吉」，嘉，美也，嘉遯，逃得真妙。九五陽爻居中，反制六二，小人感通應命，率正其志，九五發揮端正之作用，成為遯卦之美德。「正志」者，小人應命，不敢為邪，九五成為六二的效法志向，兩者俱中爻當位，相輔相成。《周易正義》云：「五居於外，得位居中，是遯而得正，二為己應不敢違拒，從五之命，率正其志，遯而得正，反制於內，不惡而嚴，得正之吉，為遯之美，故曰嘉遯貞吉也。」九五反制，六二上志，志同道合而互補。

> 上九：肥遯，无不利。
>
> 象曰：肥遯无不利，无所疑也。
>
> 占義：逃之夭夭，皆大歡喜。

「肥遯，无不利」，肥，饒裕。九四、九五在外卦，遯得其時，但皆陰陽相應於內卦，猶然有反顧之情；唯獨上九身在最外爻，無應於九三，在貧困之時遯逃的無牽無掛，往後无所罣礙，心寬體胖，美其名曰「肥遯」。「無所疑」者，上九無應於內，憂患與己無涉，逃之夭夭，何所疑也？《程頤傳》：「遯者，唯飄然遠逝，无所係滯之為善。上九乾體剛斷，在卦之外矣，又下无所係，是遯之遠而无累，可謂寬綽有餘裕也。遯者，窮困之時也，善處則為肥矣。」遯，政治上必要的靈活策略。輸要遁逃，撈了也要遁逃。

34. 大壯卦

大壯卦：乾下震上（先順後逆之卦，羝羊觸藩之象）。

卦辭：利貞。

〈序卦傳〉：「遯者，退也。物不可以終遯，故受之以大壯。」大壯卦與遯卦互為綜卦。遯隱的休養生息，迎接來成長茁壯。《周易正義》云：「大壯，卦名也。壯者，強盛之名。以陽稱大，陽長既多，是大者盛壯，故曰『大壯』。『利貞』者，卦德也。群陽盛大，小道將滅，大者獲正，故曰『利貞』也。」大壯卦，十二辟卦中的二月，陽氣向上發展到四爻，群

陽盛大，柔道消退，大者獲正，利於固守正道行事。

判曰：壯者，志也。羝羊觸藩，其道難全。令人剛
　　　強，已成過怨，非利勿貪，善莫大焉。
占義：利於高尚其志，不利於外出營利。

象曰：大壯，大者、壯也，剛以動，故壯。大壯利
　　　貞，大者正也。正大而天地之情可見矣！

　　「大壯」，謂大者壯也。陰為小，陽為大，陽爻向上發展
至第四爻，氣勢雄壯。「剛以動」，下卦為乾，剛健之性；上
卦為震，代表奮動，剛健奮動，結合成大壯之象。大壯利貞，
就是大而中正。大壯卦，強盛之名，陽爻居多，剛健震動，大
而盛壯，大者獲正，故小道將滅，君子當權，心志應恢弘壯
大。「正大而天地之情可見」，天地之情恢弘廣大，若無天地
般胸襟，何能「震動」、「乾健」一體見存？

象曰：雷在天上，大壯，君子以非禮弗履。

　　雷在外卦，天在雷下，雷聲響徹，其勢大壯。君子以習
「禮」抑制驕溢淫奢，非禮勿履。其勢大壯，進而違禮則凶，
凶則悖逆大壯之道。《周易正義》：「盛極之時，好生驕溢，
故於『大壯』誡以非禮勿履也。」《論語・顏淵》：「一日克
己復禮，天下歸仁焉。」履而無禮，壯勢凌人，非仁道也。

> 初九：壯于趾，征凶，有孚。
> 象曰：壯于趾，其孚窮也。
> 占義：行事過壯，其事徒生波折而無應。

「壯于趾，征凶」，初九在下，九二九四無應，有如強健的足趾。「征凶有孚」，但氣勢凌人而奮進，即將與九二抗衡，征伐的行動必有凶險之象，故先整頓自己的信心與道德誠信。「其孚窮」者，足趾在下，而一心莽撞於行，比喻人微言輕，卻壯於行動，眾人對之信心窮吝。《程頤傳》：「九在下，用壯而不得其中。夫以剛處壯，雖居上猶不可行，況在下乎？」行事過於高調壯盛，在上位者猶戒懼謹慎，遑論初爻初生之犢？

> 九二：貞吉。
> 象曰：九二貞吉，以中也。
> 占義：中庸可成，勿示人以壯。

「貞吉」，九二雖然也是陽爻，居陰位，剛柔互易。《程頤傳》：「二雖以陽剛當大壯之時，然居柔而處中，是剛柔得中，不過於壯，得貞正而吉也。」九二陽爻居中，自身不得位，但居於兌卦之下，堅定篤實而心悅誠服是吉利的。「以中」者，九二以陽居陰，履謙不亢，行不違禮，必因固守中道而吉。

> 九三：小人用壯，君子用罔，貞厲；羝（ㄉ一）
> 　　　羊觸藩，羸（ㄌㄟˊ）其角。
> 象曰：小人用壯，君子罔也。
> 占義：莽撞樹敵，戒急用忍，身陷羅網。

　　「小人用壯」，九三以陽爻居陽位，又處在乾卦之上爻，大壯之巔峰。九三陽爻得位，在下卦之上，得位不居中。「君子用罔」，罔，勿也，不也，君子不用壯。另說君子見小人壯而無制，健而不謙，視為羅網而警戒趨避。《程頤傳》：「極壯如此，在小人則為用壯，在君子則為用罔。小人尚力，故用其壯勇；君子志剛，故用罔。」小人急功近利，利用剛健壯盛充實自己，君子則以剛健之網，羅列應有之品德操守。「羝羊觸藩，羸其角」，好鬥的羝羊到處衝撞，以至羊角被籬笆拘縈纏繞，就像年輕氣盛的小子出師不利，迎頭撞牆。

> 九四：貞吉悔亡，藩決不羸，壯于大輿之輹。
> 象曰：藩決不羸，尚往也。
> 占義：身強體健，利於擔任重責，往進有利。

　　「貞吉悔亡」，與九二相同以陽居陰，剛柔相濟。「藩決不羸」，九四以陽處陰，行事謙恭，奮進而無悔，以籬笆沖開不受拘束為比喻。「壯于大輿之輹」大輿，指大車。強壯的車軸構造，利於九四奔馳往進。《程頤傳》：「四，陽剛長盛，壯已過中，壯之甚也。然居四為不正，方君子道長之時，豈可有不正也？故戒以貞則吉而悔亡。」「藩決不羸，尚往」者，籬笆被沖開，羊角不被拘縈纏繞，比喻九四足夠堅強，可以邁

步前進了。《程頤傳》：「剛陽之長，必至於極。四雖已盛，然其往未止也。以至盛之陽，用壯而進，故莫有當之。藩決開而不羸困，其力也。尚往，其進不已也。」九四是陽爻陰爻交接處，隱喻衝破藩籬。

六五：喪羊于易，无悔。
象曰：喪羊于易，位不當也。
占義：進五退三，爭取緩衝空間。

「喪羊于易，无悔」者，「羊」，通陽。四陽爻在下，六五面對群陽衝擊，雖有九二相應，但群陽壯大，局勢凶險，以陽據陽，尚有悔吝，何況六五以陰處陽，居於大壯。六五以柔乘剛，無法剋制群陽進逼，而己身又違背謙遜禮節，故放棄羊壯，往下遷就九二，應即時在平易之日有所防範。「位不當」者，六五不當位，陰柔不實。《程頤傳》：「所以必用柔和者，以陰柔居尊位故也。若以陽剛中正得尊位，則下无壯矣。」因為處不當位，無法以陽剛解決問題，故捨棄其壯。《周易正義》云：「群陽方進，勢不可止。若於平易之時，逆捨其壯，委身任二，不為違拒，亦剛所不害，不害即无悔矣。」

上六：羝羊觸藩，不能退，不能遂，无攸利，艱則吉。
象曰：不能退，不能遂，不詳也。艱則吉，咎不長也。
占義：處在進退兩難之地，堅定其志必脫困。

「羝羊觸藩，不能退，不能遂」，《程頤傳》：「六以陰處震終，而當壯極，其過可知。如羝羊之觸藩籬，進則礙身，

退則妨角，進退皆不可也。才本陰柔，故不能勝己以就義，是
不能退也。陰柔之人，雖極用壯之心，然必不能終其壯，有摧
必縮，是不能遂也。其所為如此，无所往而利也。陰柔處壯，
不能固其守，若遇艱困，必失其壯。失其壯，則反得柔弱之分
矣，是艱則得吉也。用壯則不利，知艱而處柔則吉也。居壯之
終，有變之義也。」

　　上六有應於三，不能退，面對群陽勢眾，退無可退；為今
之計，先定其分，再固其志，以之為艱守自處之道，憂患自然
消除。「不詳也。艱則吉，咎不長」者，祥，善也；進退兩
難，故不吉祥；然而艱固其志，面對憂患內咎要運用變易，悔
咎自然消退。

二、〈晉〉與〈明夷〉〈家人〉〈睽〉

35. 晉卦

䷢	晉卦：坤下離上（龍劍出匣之卦，以 　　　臣遇君之象）。 卦辭：晉，康侯用錫馬蕃庶，晝日 　　　三接。

　　〈序卦傳〉：「物不可以終壯，故受之以晉，晉者進
也。」停留在壯大的階段，等於故步自封。《程頤傳》：「物
无壯而終止之理，既盛壯則必進，〈晉〉所以繼〈大壯〉也。
為卦，離在坤上，明出地上也。日出於地，升而益明，故為

晉。晉，進而光明盛大之意也。」宇宙流轉不停的概念，使大壯之後應該前進、上升、晉生。晉，進也，言人道朝臣晉升。《周易正義》云：「『晉』者，卦名也。『晉』之為義，進長之名，此卦明臣之昇進，故謂之『晉』。『康』者，美之名也。『侯』謂昇進之臣也。臣既柔進，天子美之，賜以車馬，蕃多而眾庶，故曰『康侯用錫馬蕃庶』也。『晝日三接』者，言非惟蒙賜蕃多，又被親寵頻數，一晝之間，三度接見也。」康者，美之名。蕃庶，多也。晝日，一日也。君王賞賜有功之大臣，禮品包含眾多牧養並足以藩衍之馬，一天之內為賞賜而接見三次，隱喻權傾一時，門前車水馬龍。

判曰：晉者，進也。日出于地，柔而上行，巡
　　　運照耀，昇進其明，居官益位，禍滅福
　　　生，利見王侯，任意必亨。
占義：權貴旺相，四通八達，諸事進取。

象曰：晉、進也。明出地上，順而麗乎大明，柔進而
　　　上行，是以康侯用錫馬蕃庶，晝日三接也。

　　晉卦，昇進。「明出地上」，上卦為離，下卦為坤，離卦由地中生起，明麗平順。《程頤傳》：「晉進盛之時，上明下順，君臣相得。在上而言，則晉於明盛；在臣而言，則進升高顯，受其光寵也。」卦象是火熱的朝陽躍出地面，光明而有朝氣。「順而麗乎大明」，離火出於坤地之上，坤以柔順附麗於離火文明，比喻順臣上附賢君。「柔進而上行」，指六五以柔居中道，光明柔順對待下屬；而諸侯賢臣順附君王昭明之德。

康侯，康民安國之侯；康保萬民，安定四海之領導者。

> 象曰：明出地上，晉，君子以自昭明德。

　　離火上升，逐漸照亮大地，卦象文明進展。《程頤傳》：「去蔽致知，昭明德於己也；明明德於天下，昭明德於外也。明明德在己，故云自昭。」自昭，出自內心對道德的追求。明德，對道德的體認。君子以光明坦蕩體認道德，固守自明之德性。《論語，憲問》：「君子上達；小人下達。」

> 初六：晉如、摧如，貞吉。罔孚、裕，无咎。
> 象曰：晉如、摧如，獨行正也。裕无咎，未受命也。
> 占義：權衡進退，以正則進，以邪則退。

　　晉如，進昇。摧如，抑退。「罔孚」者，事物之初，尚未得到信任與重任。裕，寬裕，指不汲汲於名利進退。故無咎恨臨身。《王弼注》：「處順之初，應明之始，明順之德，於斯將隆。進明退順，不失其正，故曰『晉如、摧如、貞吉』也。處卦之始，功業未著，物未之信，故曰「罔弗」。方踐卦始，未至履位，以此為足，自喪其長者也。故必『裕』之，然後『无咎』。」初六處卦爻之始，功業雖非顯著，但必自求心胸寬裕而無邪。「罔孚」者，尚未為人所信服，故應致力於寬裕道德，待機而進，自然無咎。「裕，無咎」者，君子寬裕進德修業，雖未受履位，未得賜命卡位，心中仍坦然無咎害。《程頤傳》：「君子之於進退，或遲或速，唯義所當，未嘗不裕也。」喻君子以誠信進取，放空利祿權勢，必有寬裕之前途。

> 六二：晉如愁如，貞吉。受茲介福，于其王母。
> 象曰：受茲介福，以中正也。
> 占義：強化外圍關係，慎防女小人。

　　六二居中得位，履順而正，與六五無應。六二陰柔，處在晉升氛圍中，對應於亢進，必有憂愁戒慎之舉，但不因無應而不修其德，故其中道之德，日積月累後必然彰顯，而遠近遐邇。《程頤傳》：「六二在下，上无應援，以中正柔和之德，非強於進者也，故於進為可憂愁，謂其進之難也。然守其貞正，則當得吉，故云晉如愁如貞吉。」六二守住中正也有可取之處。「王母」，《程頤傳》：「王母，祖母也，謂陰之至尊者，指六五也。」，「茲」，這也。「介」，大也。「受茲介福，于其王母」，母者，處內而成德者，指六二美譽遠揚，又攀上裙帶關係，故貞而後吉。「以中正也」，六二沾上離卦之福德，光明照耀，是依賴中正配享大君的恩賜。

> 六三：眾允，悔亡。
> 象曰：眾允之，志上行也。
> 占義：陰人聚眾，順勢而眾志成城。

　　「眾允」，與眾人（指初六與六二）同志，無悔「志上行」，相應上九，志節高尚，眾志所同。六三陽爻居陰位，坤道之極最柔順，又上進於離明，雖不當位，但順時相應於眾人之志，附麗上行，無所悔吝。《程頤傳》「以六居三，不得中正，宜有悔咎，而三在順體之上，順之極者也。三陰皆順上者也，是三之順上，與眾同志，眾所允從，其悔所以亡也。有順

上向明之志，而眾允從之，何所不利？」

> 九四：晉如，鼫（ㄕˊ）鼠貞厲。
> 象曰：鼫鼠貞厲，位不當也。
> 占義：偷雞摸狗，究非圖利之道。

　　九四位不當，貪戀其位不放手，恐遭致凶厲。《程頤傳》：「以九居四，非其位也。非其位而居之，貪據其位者也。貪處高位，既非所安，而又與上同德，順麗於上。三陰皆在己下，勢必上進，故其心畏忌之，貪而畏人者，鼫鼠也。」鼫鼠，有五能而不成伎之蟲，比喻大而無當，虛有其表。「貞厲」，卦象危害是九四陽爻居陰位，履非其位，上承於六五，下乘於三陰爻，上承下據皆非其偶，如同過街老鼠，喪家之犬，皆因履位不當。

> 六五：悔亡，失得勿恤，往吉，无不利。
> 象曰：失得勿恤，往有慶也。
> 占義：只問耕耘，不計較收穫，何來悔吝。

　　六五陰爻居陽位，能不自負其高明，以事委任於下，各有責成範圍，故失責棄職，各自承擔，自無憂恤，故所往無不利。「失得勿恤，往有慶」，六五畢竟柔弱，若有所失所得都不足以影響情緒，堅持往進無不利。《程頤傳》：「以大明之德，得下之附，推誠委任，則可以成天下之大功，是往而有福慶也。」六五得六二之臣道，上下親比陽爻，且六五陰柔以晉卦自強，故所往必有利。《程頤傳》：「六五，大明之主，不

患其不能明照，患其用明之過，至於察察，失委任之道，故戒以失得勿恤也。」察察，察之又察，六五應放空名利祿位失得，不可患得患失，過於嚴苛。

> 上九：晉其角，維用伐邑。厲吉，无咎，貞吝。
> 象曰：維用伐邑，道未光也。
> 占義：凡事不宜氣力用盡，進三退二无咎。

「晉其角，維用伐邑」，上九陽爻居陰位，又過中，驕亢溢於言表。《程頤傳》：「角，剛而居上之物。上九以剛居卦之極，故取角為象，以陽居上剛之極也。在晉之上，晉之極也。剛極則有強猛之過，進極則有躁急之失。以剛而極於進，失中之甚也。无所用而可，維獨用於伐邑，則雖厲而吉，且无咎也。」攻伐四方，是征討外敵；功伐自己的居邑，是治理內部。上九在晉卦之極，過於亢進，對於周邊采邑，因其亢進不足以使萬邦信服，必須施以攻伐制服頑敵，所以因危機而獲無咎之吉，但征伐乃以暴制人，長久堅持是鄙吝之道。

另可說，「維用伐邑」，是將亢進之精神內化成自我修練的功夫，在政治上則是尋找代罪羔羊，轉移焦點的策略。「道未光」，故逼使武力征伐，是「晉」道作用尚未廣博。凡一卦之終極，必有向相反方向運行之傾向；晉卦初始文明，終極動用干戈。《程頤傳》：「人之自治，剛極則守道愈固，進極則遷善愈速。」晉卦終端，終非中道，固言「貞吝」。

36. 明夷卦

	明夷卦：離下坤上(鳳凰垂翼之卦，出明入暗之象)。 卦辭：明夷，利艱貞。

　　夷者，傷也；晉而不止必傷。〈序卦傳〉：「晉者，進也。進必有所傷，故受之以明夷，夷者，傷也。」明夷卦與晉卦互為綜卦。離卦在坤卦之下，日入地中。比喻昏庸之主在上，明臣在下，隱藏明智，艱難固守貞正之德，有如文王拘羑里。「利艱貞」，本用於爻辭噬嗑、大畜，明夷卦用在卦辭，則是六爻全面性的傷患。《程頤傳》：「君子當明夷之時，利在知艱難而不失其貞正也。在昏暗艱難之時，而能不失其正，所以為君子也。」卦義為昏暗，《論語‧憲問》云：「子路宿于石門。晨門曰：『奚自？』子路曰：『自孔氏。』曰：『是知其不可而為之者與？』」世道昏暗，君子堅定踽踽於行，利艱貞。

判曰：明夷者，傷也。火入地中，掩傷明德，君子在厄，三日不食，文王之難，困于叢棘，百凡謀望，且宜止息。
占義：憂患於傷，困於絕地，雖艱苦，利於度險。

> 象曰：明入地中，明夷。內文明而外柔順，以蒙
> 　　　大難，文王以之。利艱貞，晦其明也。內
> 　　　難而能正其志，箕子以之。

明夷卦，「明入地中」，離火通明卻入於地中，以人事而言，黃鐘毀棄，瓦釜雷鳴，「傷」也，比喻昏君執政。「內文明而外柔順」，離為文明在內卦，坤為柔順在外卦，內懷人文，外象柔順。「以蒙大難，文王以之」，周文王在羑里蒙難時，以「明夷」卦精神逆來順受，保全身命。《程頤傳》：「當紂之昏暗，乃明夷之時，而文王內有文明之德，外柔順以事紂，蒙犯大難，而內不失其明聖，而外足以遠禍患，此文王所用之道也。」「利艱貞，晦其明」，指不失其正，堅定而往，但必須隱藏鋒芒。「內難而能正其志」，箕子對國內之患難，切近其身，以裝瘋賣傻，晦暗其才德，而不同流合污，正是箕子以〈明夷〉卦為用。

> 象曰：明入地中，明夷。君子以蒞
> 　　　（ㄌㄧˋ）眾，用晦而明。

「蒞」，蒞任、蒞臨；蒞眾，管理眾人。「用晦而明」，離火落入地中，比喻君子臨於眾民，應收斂鋒芒，故雖需用離明，不可過於苛察或用晦以求中和，可存乎一心，藏明於內，顯明於外，如何協調運作，故君子以大智若愚求運用之妙。《程頤傳》：「明所以照，君子无所不照，然用明之過，則傷於察，太察則盡事而无含弘之度。故君子觀明入地中之象，於蒞眾也，不極其明察而用晦，然後能容物和眾，眾親而安，是

用晦乃所以為明也。若自任其明，无所不察，則己不勝其忿疾，而无寬厚含容之德，人情睽疑而不安，失蒞眾之道，適所以為不明也。」

> 初九：明夷于飛，垂其翼。君子于行，
> 　　　三日不食。有攸往，主人有言。
> 象曰：君子于行，義不食也。
> 占義：迅速脫離險境，不受物欲羈絆。

「明夷于飛」，初九處於一卦之始，開始面對黯晦，距離上六最遠，故離危難最遠，保持距離。「垂其翼」者，盡量匿蹤絕跡，飛翔中不敢凸顯蹤跡。「君子于行，三日不食」，平凡人不知見機而動，君子則洞燭危機，知道晦暗將臨，故去意甚堅，以寧可三日不食之困窘，迅速換取棄官退祿。「有攸往，主人有言」，指所往有利，君主對拋棄官祿有微詞，外人也議論紛紛，但主客觀條件皆不利戀棧。「義不食」者，君子認為道義上不應留在人民唾棄的朝廷中，故不食公糧，不從王事，去意已堅。或說逃難時速度至上，無暇食用，不食而行。

> 六二：明夷，夷于左股，用拯馬壯吉。
> 象曰：六二之吉，順以則也。
> 占義：觀察局勢，善用資源與時空關鍵。

「明夷，夷于左股」，六二陰爻居離卦之中，居中履正，堅守職位，左股被傷，不利於行。「用拯馬壯吉」，用健馬代步，自處而吉利。比喻利用器具、人氣、形勢解決危機。《程

頤傳》：「足者，所以行也，股在脛足之上，於行之用為不甚切，左又非便用者。手足之用，以右為便，唯蹶張用左，蓋右立為本也。夷于左股，謂傷害其行而不甚切也。雖然，亦必自免有道。」「順以則」者，陰爻不同於初九剛健，取馴服之道，遵從潛規則，順而中正，以免暴力加害。六二柔順，此時不應堅持理想。

```
九三：明夷于南狩，得其大首，不可疾貞。
象曰：南狩之志，乃得大也。
占義：志向明確而有斬獲，應收納民心為用。
```

　　「明夷于南狩」，南方，離火文明之所。「狩」者，征伐之類。「大首」者，闇君，昏庸之君主。九三相應於上六，比喻明臣征伐闇君，為民除暴，得到四方首肯。「不可疾貞」，教化順民，按部就班，不可操之過急。《王弼注》：「既誅其主，將正其民。民之迷也，其日固已久矣。化宜以漸，不可速正。」征伐後移風易俗，教化百姓，基於人民迷亂甚久，不可急於立竿見影。「南狩之志」，指有征伐暴君的大志向，才能得到大功業。

```
六四：入于左腹，獲明夷之心，于出門庭。
象曰：入于左腹，獲心意也。
占義：為人心腹必忠，自身心腹必察。
```

　　「入于左腹」六四進入坤卦，〈說卦傳〉：「乾為首，坤為腹，震為足，巽為股，坎為耳，離為目，艮為首，兌為

口。」坤為腹，「獲明夷之心」，心在左，六四接近六五，是
為心腹。《王弼注》：「左者，取其順也。入于左腹，得其心
意，故雖近不危。隨時辟難，門庭而已，能不逆忤也。」
「腹」者，比喻事情之核心場域，這裡指心腹而言。六四陰爻
柔順，卦象為門戶，執謙卑之心，入闇君之心腹，雖不忤逆，
又順其意，尚無吉凶。「于出門庭」，隨時進出門庭，有隨時
躲進門庭或出門避難的心理準備，引申為昏黯之時要有自保藏
身之地。

「獲心意」者，六四得悉暴君心意，作出走之準備。或心
有所存，既不忤逆，能順正其主心意。《程頤傳》：「六四以
陰居陰，而在陰柔之體，處近君之位，是陰邪小人居高位，以
柔邪順於君者也。六五，明夷之君位，傷明之主也，四以柔邪
順從之，以固其交。夫小人之事君，未有由顯明以道合者也，
必以隱僻之道，自結於上。」六四獲得寵信，在於利益掛帥，
投六五所好。

> 六五：箕子之明夷，利貞。
> 象曰：箕子之貞，明不可息也。
> 占義：所問自勢不敵，救之不及，敬而遠之。

「箕子之明夷」，五爻通常為君位，但闇君過於狂妄，強
居上爻，所以六五最接近闇君。殷末箕子既不願效法比干，亦
不願以身殉國，故披髮佯狂，遠離殺身之地。比喻以陰居陽，
明哲保身。六五利貞，因為此時以陰爻不顯現光明，反足以自
晦其明，故禍咎可以避免。「明不可息」者，外晦暗其明，隱

藏光芒，內心長保光明的正志；正如箕子雖晦藏明德，然而道德之光，何嘗熄滅？

> 上六：不明晦，初登于天，後入于地。
> 象曰：初登於天，照四國也；後入于地，失則也。
> 占義：得意時莫忘失意，凡事寧可先晦後明。

「不明晦」，晦黯發展到上爻，就是一片昏暗。上六居明夷卦之終，離卦在下，光度不足，故暗晦。初爻彷彿離火發動，光照四國；後來離火沉入地中，闇君也就失去明燈的指引；發展不明。「初登於天，照四國」，下卦是離火，指君王初上任，光照四方九州，政治清明。「後入于地」，眼看他起大樓，眼看他宴賓客，眼看他樓垮了。一卦之終極，必反轉；「失則」，君王因失去道德準則，於初起時明耀登天，晦明後墜入於地。

37. 家人卦

> 家人卦：離下巽上(入海求珠之卦，開花結子之象)。
>
> 卦辭：家人，利女貞。

〈序卦傳〉：「夷者，傷也。傷於外者必反其家，故受之以家人。」家，提供身心休養之地，在外受傷當然希望回家休養，風火家人是家中飲食宴樂，引火談笑生風的象徵。卦義指各自進修一家之道，家內之事由女方主持，不知家外他人之

事。為何僅言「利女貞」？《程頤傳》：「夫正者身正也，女正者家正也，女正則男正可知矣。」既非丈夫管轄，故利女貞。《王弼注》：「家人之義，各自脩一家之道，不能知家外他人之事也。統而論之，非元亨利君子之貞，故『利女貞』。其正在家內而已。」男人娶對老婆，作對行業，東混西混還是一帆風順。

> 判曰：家人者，同也。陰陽得位，夫婦克隆。
> 　　　田禾增廣，財入本宮。婚姻之道，以存
> 　　　始終。不求自合，家慶融融。
> 占義：問家庭事業吉，問母親、學業凶。

> 象曰：家人，女正位乎內，男正位乎外。男女
> 　　　正，天地之大義也。家人有嚴君焉，父
> 　　　母之謂也。父父子子，兄兄弟弟，夫夫
> 　　　婦婦，而家道正。正家而天下定矣。

　　「家人」，家人卦是談家庭倫理，故上卦為巽長女，下卦為離中女。「女正位乎內，男正位乎外」，女主內，內卦六二為陰爻；男主外，外卦九五為陽爻，均得正位。故男女分佈得正位，天尊地卑，乾坤定矣，《周易》認為由天地發展到男女倫理，有一以貫之的連續性。「男女正，天地之大義」，故家道興旺。「家人有嚴君焉，父母之謂也」，家中以父母為尊主，同於一國之嚴君。「父父子子，兄兄弟弟，夫夫婦婦」者，父子尊卑有序，兄弟和睦有情，夫婦相敬有愛，故而家庭倫理端正，先齊家進而天下安定。

象曰：風自火出，家人。君子以言有物，而行有恆。

　　巽上火下，火起之初，因風方熾，火既炎盛，還復生風，比喻家人內外相成。君子言之有物，行必有常，恒於家道。「言有物，而行有恆」，《周易正義》云：「物，事也。言必有事，即口无擇言。行必有常，即身无擇行。」言語有主題、規範，所言必有內涵。行為有恒，是因為所行之事合於常理，可久可常。《程頤傳》：「外巽內離，為風自火出，火熾則風生，風生自火，自內而出也。自內而出，由家而及於外之象。」古時一家能定時炊食，家人團圓之象。

初九：閑有家，悔亡。
象曰：閑有家，志未變也。
占義：凡管理事物之初，謹慎規劃。

　　「閑有家，悔亡」，閑，防範也。初九成家之始，即應建立治家之道，在初始即須嚴正，以防範日後的瀆亂。《周易正義》云：「治家之道，在初即須嚴正，立法防閑。若瀆亂之後，方始治之，即有悔矣。初九處家人之初，能防閑有家，乃得悔亡。」門風是長期教化累積的成果。「志未變」者，立法防閑，預防邪佞之事，嚴定家教以維持門風。《程頤傳》：「閑之於始，家人志意未變動之前也。正志未流散變動而閑之，則不傷恩，不失義，處家之善也，是以悔亡。志變而後治，則所傷多矣，乃有悔也。」

> 六二：无攸遂，在中饋，貞吉。
> 象曰：六二之吉，順以巽也。
> 占義：得其位其事，如魚得水，莫生異志。

　　「无攸遂，在中饋」，攸，有所。遂，自專。在中饋，主廚位置。六二陰爻居中，代表家中主婦，以陰爻應上下陽爻，履得其位，宜於婦道之正，確實掌理家中饋食。「六二之吉，順以巽」，婦人之吉，巽順之常道，以柔居中而得正位。《周易正義》云：「六二履中居位，以陰應陽，盡婦人之義也。婦人之道，巽順為常，无所必遂。其所職主，在於家中饋食供祭而已，得婦人之正吉。」婦女與六二卦象相符，順巽相得益彰。

> 九三：家人嗃(ㄏㄜˋ)嗃，悔厲吉，婦子嘻嘻，終吝。
> 象曰：家人嗃嗃，未失也。婦子嘻嘻，失家節也。
> 占義：卦主承擔之問事，以威嚴敬肅為要。

　　「家人嗃嗃，悔厲吉」，「嗃嗃」者，嚴酷之意。「悔厲吉」，九三陽爻居下卦之上，陽爻有威嚴，但失之不中；恐治理家人過剛，而失中道，傷及骨肉之情。應收斂酷厲，可保其吉。「婦子嘻嘻，終吝」，「嘻嘻」者，喜笑之貌。「終吝」，寧可過於嚴肅，否則婦人終日嘻嘻哈哈，嬉笑無節制，家風濫矣，終局悔吝。

　　《程頤傳》：「治內過剛，則傷於嚴急，故家人嗃嗃然。治家過嚴，不能无傷，故必悔於嚴厲，骨肉恩勝，嚴過故悔也。雖悔於嚴厲，未得寬猛之中(九三不得中)，然而家道齊

肅，人心祗畏，猶為家之吉也。」初時雖歡樂，終究自取其辱有失家道。寧可使家人嗃嗃，不失九三卦義；不可嘻嘻哈哈，使禮法倫理廢亂，以致失去〈家人〉卦的意義。

```
六四：富家大吉。
象曰：富家大吉，順在位也。
占義：問財吉，問事花錢消災。
```

「富家大吉」，六四陰爻得位，德行柔順端正，上承巽卦利市三倍，和氣生財；明於家道，近九五至尊，順承君王，故祿位昌盛。「順在位」者，六四履得其位，順承大君，而安於臣位。《周易正義》云：「富謂祿位昌盛也。六四體柔處巽，得位承五，能富其家者也。由其體巽承尊，長保祿位，吉之大者也，故曰『富家大吉』。」六四處巽又居下，初九來相應，家和萬事興。

```
九五：王假有家，勿恤，吉。
象曰：王假有家，交相愛也。
占義：家道皆吉，利於成家立業。
```

「王假有家」，假同格，感動、變革。九五陽爻居正位，若能處於尊位，體認巽道謙柔，推家道為國道，則下民如沐春風，全國亨通而無需憂恤。「勿恤」，君王能使家家戶戶履行〈家人〉卦義，則家正而天下正，勿憂恤而得天下。「交相愛」者，君王明於家道，同理心以家道推廣至國家，使六親和睦，交相親愛。《周易正義》云「王假有家，假，至也。九五

履正而應，處尊體巽，是能以尊貴巽接於物，王至此道，以有其家，故曰王假有家也。」

上九：有孚，威如，終吉。
象曰：威如之吉，反身之謂也。
占義：臨事以敬，君子不重則不威。

「有孚，威如，終吉」，事物以威猛為本，則患在寡恩；以仁愛為本，則患在寡威。上九在家人卦之終極，家道惟誠信與威嚴，施之於人或反身用之於己皆吉利。「威如之吉，反身之謂也。」反身，指嚴肅端正，自我反省。《程頤傳》：「治家以有孚為本。治家者，在妻孥情愛之間，慈過則无嚴，恩勝則掩義，故家之患，常在禮法不足而瀆慢生也。長失尊嚴，少忘恭順，而家不亂者，未之有也，故必有威嚴則能終吉。」《論語·公冶長》云：「已矣乎！吾未見能見其過而內自訟者也。」自我反省者，敬人者人恆敬之，愛人者人恆愛之；種瓜得瓜，種豆得豆。

38.睽卦

睽卦：兌下離上(猛虎陷阱之卦，二女同居之象)。

卦辭：睽，小事吉。

睽，睽違離散。離火向上，澤水向下。〈序卦傳〉：「家道窮必乖，故受之以睽，睽者乖也。」睽與家人互為綜卦，家

道中落則睽違離散，反之，家人和睦是因為不願見到互相悖離。《程頤傳》：「上離下兌，離火炎上，兌澤潤下，二體相違，睽之義也。又中少二女，雖同居而所歸各異，是其志不同行也，亦為睽義。」「小事吉」，當互相悖離睽違，也可以利用現實機會作些吉祥小事。中女與少女雖各懷其歸，中爻不正，女人當家，僅可在小事異中求同。

判曰：睽者，背也。志不相得，作事乖違，口舌相
　　　伴，財散人離，病者難瘥，行者不歸。
占義：諸事不利，人際睽違，凡事退讓割捨欲望。

象曰：睽，火動而上，澤動而下，二女同居，其
　　　志不同行。說而麗乎明，柔進而上行，得
　　　中而應乎剛，是以小事吉。天地睽，而其
　　　事同也。男女睽，而其志通也。萬物睽，
　　　而其事類也。睽之時用大矣哉！

「火動而上，澤動而下，二女同居，其志不同行」，上卦為離火，文明附麗，下卦為兌卦喜悅；離火炎上，澤水潤下，各自出行，無相成相輔之道，比喻兩女同居，其志不同，無相濟之功。「說而麗乎明」者，下卦兌卦，喜悅附麗離火。「柔進而上行」者，指六五陰爻居中，上下有應。「得中而應乎剛」，六五中位下應九二陽剛，君王有大臣剛健輔助。若剛柔相應，小事尚可稱吉。

「天地睽，而其事同」，聖人見機而作，觀察細微；雖然

天地睽違，但可以整理出物理之本質相同與對立，進而使天地和同一體運作。「男女睽，而其志通也」，男女雖睽違對立，但孤陰不生，孤陽不長，物雖異而理本同，男女相感相求，故夫妻應一體不分。「萬物睽，而其事類也」，萬物睽違，惟其事項分類仍有共通處，絕非定然睽違到底。「睽」卦之時效與作用甚大，因為睽就是對反，兩不立則一不可見。

> 象曰：上火下澤，睽，君子以同而異。

火澤睽，水火雖異，合則同功。《程頤傳》：「不能大同者，亂常拂理之人；不能獨異者，隨俗習非之人也。」君子分辨萬物品類，異中求同，否則固執己見，不容於人。又同中求異，否則隨利逐流，天鄙人怨。《論語・子路》云：「君子和而不同，小人同而不合。」君子以和為貴，而不盲從附和；小人反之。

> 初九：悔亡，喪馬勿逐，自復，見惡人，无咎。
> 象曰：見惡人，以辟咎也。
> 占義：故步自封，自我鎖國，與利睽違。

「悔亡」沒有悔吝之事。初九代表剛健，與九二、九四皆無應而獨立；但九四也是陽爻，同位居於三畫卦之下，就有同質性，同性相斥。「喪馬勿逐，自復」，馬比喻私有而明顯的物體，喪失馬匹於初始，若汲汲追逐於所失，以至與眾人睽違，眾人必深惡其私心自用，故應待馬自然歸來。「見惡人，无咎」，見者，謙遜相待也。乖離之時，在下窮於位，在上無

應援。初九若無法迴避惡人，就謙遜面對惡人，避免樹敵過多，反而突顯美德，故無咎。《王弼注》：「處睽之初，居下體之下，无應獨立，悔也。與四合志，故得『悔亡』。」《周易正義》：「惡人不應與之相見，而遜接之者，以『辟咎』也。」小人遠之則怨，終究以見面溝通為宜。《程頤傳》：「若以惡人而拒絕之，則將重仇於君子而禍咎至矣。故必見之，所以免避怨咎也。无怨咎，則有可合之道。」《論語‧陽貨》云：「唯女子與小人為難養也。近之則不孫，遠之則怨。」長袖善舞，八面玲瓏，君子應善於溝通。

> 九二：遇主於巷，无咎。
> 象曰：遇主於巷，未失道也。
> 占義：寧可讓道，不可悖道，屈小成大。

「遇主於巷」，九二陽爻不得位，無所安頓，與六五陰陽相應，但六五自身也不得位，同黨九五巷內不期而遇，雖失其位，不失其道，故無咎。比喻以中道應付難以預測之事。《程頤傳》：「二五雖正應，當委屈以相求也。二以剛中之德居下，上應六五之君，道合則志行，成濟睽之功矣。而居睽離之時，其交非固，二當委屈求於相遇，覬其得合也，故曰遇主於巷。必能合而後无咎，君臣睽離，其咎大矣。巷者，委屈之途也。遇者，會逢之謂也。當委屈相求，期於會遇，與之合也。所謂委屈者，以善道婉轉將就使合而已，非枉己屈道也。」在巷內遇到主人，要謙卑的貼壁讓道；「未失道」，雖然九二陽剛，六五柔弱，但是道理上職階低者應讓道，故不失道。

> 六三：見輿曳，其牛掣（彳亡ヽ），其人天且劓（一ヽ）
> 　　　，无初有終。
> 象曰：見輿曳，位不當也。无初有終，遇剛也。
> 占義：進退兩難，終局脫困而出。

「見輿曳，其牛掣」，六三陰居陽位，志在上九，與九四不合。九二又應於六五，不合於己。故以輿曳、牛掣，比喻車被曳掣，牛被牽，無所進取，動彈不得。「天且劓」者，黥，墨刑於額為天；截鼻為劓。六三在二、四之間皆陰陽無應，九二從下，九四從上，六三被拖行，取故以「天且劓」形容處在上下皆險峻之中。「無初有終」者，六三初始在「天且劓」中，其後「遇剛」與上九相應而有善終。《王弼注》：「凡物近而不相得，則凶。處睽之時，履非其位，以陰居陽，以柔承剛，志在於上，而不和於四，二應於五，則近而不相比，故『見輿曳』。『輿曳』者，履非其位，失所載也。『其牛掣』者，滯隔所在，不獲進也。」

> 九四：睽孤，遇元夫，交孚，屬无咎。
> 象曰：交孚无咎，志行也。
> 占義：同類相聚，好漢不怕出身低。

「睽孤」者，孤，無應緣。九四陽爻居陰位，獨處而無應，上爻六五相應九二，下爻六三上應上九，九四前後茫然睽違。「遇元夫」者，六三、六五皆不當位，但九四與初九都處於三畫卦之下，整理出陰陽相應的同質性，互相以誠信交往，雖危無咎，志可前行。《程頤傳》：「初九當睽之初，遂能與

同德，而亡睽之悔，處睽之至善者也，故目之為元夫，猶云善士也。四則過中，為睽已甚，不若初之善也。四與初皆以陽處一卦之下，居相應之位，當睽乖之時，各无應援，自然同德相親，故會遇也。」「交孚无咎，志行也」，初九與九四都是陽爻，剛正之士可以為朋友兩肋插刀，兩人同心，其利斷金，以至誠交孚，有志同行。

六五：悔亡，厥宗，噬膚，往何咎。
象曰：厥宗噬膚，往有慶也。
占義：知人善任，用人不疑，不恥下問。

　　「悔亡」，六五陰爻居中，謙柔故無悔咎。「厥宗」者，異姓宗族，指九二。「噬膚」，食爛肉，皮膚一咬就契合，指吞噬六三相合六五，比喻九二在睽離之時，應大力深入契合。六五陰爻居尊位，與九二剛中相應，禮賢下士；六三陰柔，九二噬去六三往應六五，無悔吝。《程頤傳》：「六以陰柔當睽離之時，而居尊位，有悔可知，然而下有九二陽剛之賢，與之為應以輔翼之，故得悔亡。」「往有慶」，九二、六五合德，《程頤傳》：「言人君雖己才不足，若能信任賢輔，使以其道深入於己，則可以有為，是往而有福慶也。」借用人才，用人得當，使國家大有福慶。

上九：睽孤，見豕負塗，載鬼一車；先張之弧，
　　　後說之弧；匪寇婚媾。往遇雨，則吉。
象曰：遇雨之吉，群疑亡也。
占義：先迷亂後清醒，雖疑而明辨。

「睽孤」，上九陽剛處在卦終，與六三陰陽相應，但兌卦澤性向下，故「睽孤」。睽孤者無法與外界溝通順暢，「見豕負塗」者，將一身污泥趨近之豬車，看成來意不善的鬼怪，疑神疑鬼的將善意、利益，當成是應加防範之滿車魑魅。《程頤傳》：「上居卦之終，睽之極也。陽剛居上，剛之極也。在離之上，用明之吉也。睽極則咈戾而難合，剛極則躁暴而不詳，明極則過察而多疑。上九有六三之正應，實不孤，而其才性如此，自睽孤也。如人雖有親黨，而多自疑猜，妄生乖離，雖處骨肉親黨之閒，而常孤獨也。上之與三，雖為正應，然居睽極，无所不疑，其見（六）三如豕之污穢，而又背負泥塗，見其可惡之甚也。既惡之甚，則猜成其罪惡，如見載鬼滿一車也。」

「先張之弧，後說之弧；匪寇婚媾。往遇雨，則吉。」《程頤傳》：「大凡失道既極，則必反正理，故上於三，始疑而終必合也。先張之弧，始疑惡而欲射之也。疑之者妄也，妄安能常？故終必復於正。三實无惡，故後說弧而弗射，睽極而反，故與三非復為寇讎，乃婚媾也。」上六睽離至極端，草木皆兵，懼六三害己，故張弓防備，復見親信之人，張弓轉為脫卸弓矢。上九離火之象徵，「往遇雨」者，水火交融，陰陽和諧，豕塗豬糞洗滌一清是吉利的。「遇雨之吉，群疑亡」，雨比喻陰陽交合，消弭眾人異見。「群疑」，睽卦初始，无所不疑，往而和諧，睽極而合。天下之勢，合久必分，分久必合。

三、〈蹇〉〈解〉〈損〉〈益〉〈夬〉〈姤〉〈萃〉

39. 蹇卦

䷦	蹇卦：艮下坎上（飛雁銜蘆之卦，背明向暗之象）。
	卦辭：利西南，不利東北。利見大人，貞吉。

〈序卦傳〉：「睽者乖也。乖必有難，故受之以蹇，蹇者難也。」蹇卦之義，坎水，險難在前；艮山，峻險所止。前有惡水險陷，後有叢山峻阻。睽違而分崩離析，造成前進困窘的蹇卦。利西南，比喻平地易行，則蹇難易解。不利東北，因東北多山，其道窮也。以大德之人能濟眾解難，故利見大人。「利西南，不利東北。」《程頤傳》：「西南，坤方。坤，地也，體順而易。東北，艮方。艮，山也，體止而險。在險難之時，利於順處平易之地，不利止於危險也。」君子明哲保身，非有必要不必自曝險境。「利見大人」，當世道艱難，正需要聖賢濟世救民。「貞吉」，六二、九五當位，各自履行正道。

判曰：蹇者，難也。利往西南，不利東北。向暗背明，多有壅塞。求事未遂，尚多疑惑。
占義：事途艱險，疑惑重重，仁者智者各有取捨。

> 彖曰：蹇，難也，險在前也。見險而能止，知矣哉
> 　　！蹇利西南，往得中也。不利東北，其道窮
> 　　也。利見大人，往有功也。當位貞吉，以正
> 　　邦也。蹇之時用大矣哉！

　　蹇，難也，有險在前，畏而不進。「見險而能止，知矣哉」，進退得宜，相時而動，見到險難而能知止，才是有智慧。「蹇利西南，往得中」，蹇卦利西南，喜行坤、巽、離、兌等柔順之地，九五在柔順之地，中道往行，更加得利。「不利東北，其道窮」，蹇卦險難，更不利東北乾、震、坎、艮等陽剛之地，故其道窮蹇。見蹇難而止，惟避難仍需冒險犯難，否則何以濟功？故化危機為轉機。「利見大人，往有功」，持中道見大人，大人能接濟蹇難之世，故所往必有功業。「當位貞吉，以正邦」，六二、九五當位相應，上下一心，得以保家衛國，端正民風。「蹇之時用大矣」，蹇卦順時而處，慮險而行，由平易之道，顯至正之理，其時效作用甚大。

> 象曰：山上有水，蹇，君子以反身修德。

　　蹇卦，外卦為坎險，內卦為艮山。山上有水，行走困難之象。君子藉以反求諸己，三省吾身，進德修業。《周易正義》云：「處難之世，不可以行，只可反自省察，脩己德用，乃除難。君子通達道暢之時，並濟天下，處窮之時則獨善其身。」《論語·顏淵》：「內省不疚，夫何憂何懼？」

> 初六：往蹇來譽。
> 象曰：往蹇來譽，宜待也。
> 占義：事物之初，不進則待機而動。

「往蹇來譽」，《王弼注》：「處難之始，居止之初，獨見前識，覩險而止，以待其時，知矣哉！故往則遇蹇，來則得譽。」「往蹇」，初六柔順謙卑，蹇難之開始，知覩險而止，觀察形勢，以待其時。謙卑躬謹，換來美譽。《程頤傳》：「當蹇之時，以陰柔无援而進，其蹇可知。來者，對往之辭。上進則為往，不進則為來。止而不進，是有見幾知時之美，來則有譽也。」君子在局勢險難之時，先觀察評估主客觀環境，不貿然奮進。「宜待也」，既然往前有蹇難，來則有美譽，自宜待時觀變而進。

> 六二：王臣蹇蹇，匪躬之故。
> 象曰：王臣蹇蹇，終無尤也。
> 占義：仁義之事，奮不顧身，必有美譽回饋。

「王臣蹇蹇」，王指九五，王臣指六二。六二處難之時，履當其位，上應九五，匡濟王事，盡忠於君；又親比於九三得位。「蹇蹇」，六二陰柔，奮不顧身飛蛾撲火般接濟位於坎險之中的九五，蹇中又蹇。「匪躬之故」，六二大公無私，私其身家於後，故未見其遭受怨尤。「終無尤」者，六二雖柔，竭力赴君王之險難以濟蹇，故不受責難怨尤。《王弼注》：「處難之時，履當其位，居不失中，以應於五。不以五在難中，私身遠害，執心不回，志匡王室者也。」《程頤傳》：「六二雖

中正，以陰柔之才，豈易勝其任？所以蹇於蹇也。志在濟君於蹇難之中，其蹇蹇者非為身之故也。雖使不勝，志義可嘉，故稱其忠蓋不為己也。」忠臣良將的先決條件，是置個人生命利益於度外，才能與君國共度犯難。

九三：往蹇來反。

象曰：往蹇來反，內喜之也。

占義：困蹇之中，利人不損己，守身修德。

「往蹇來反」，九三上下陰爻，自陷坎險之中，往則自陷蹇卦。「來反」則得位，下卦僅九三為陽爻，故為下卦之主，反即回歸本位，爻變即得坤柔之道。「內喜之」者，內指初六、六二。九三在艮卦之上，若進入四爻則有坎卦之險，若固守原位，則初六、六二陰柔，竊喜上位陽爻包庇，稍安而無須往蹇。《程頤傳》：「九三以剛居正，處下體之上，當蹇之時，在下者皆柔，必依於三，是為下所附者也。三與上為正應，上陰柔而无位，不足以為援，故上往則蹇也。來，下來也。反，還歸也。三為下二陰所喜，故來為反其所也，稍安之地也。」尺蠖屈以求伸，龍蛇蟄以存身，君子往蹇何不知反？

六四：往蹇來連。

象曰：往蹇來連，當位實也。

占義：履正而充實自己，八方來歸。

「往蹇來連」，六四陰爻得位，雖本體信實，但上卦承坎水，自為三、四、五爻形成的離火，故往前無應，退回艮止，

往來皆難，雖不知吉凶，但不會因自己虛妄而招來凶咎。又因
六四親比九五，六二相應九五，三爻主動相連，使九五當位有
實德。「當位實也」，六四陰爻居陰位，處於當位，已經是信
守本分，故無愧於天地。《王弼注》：「往則無應，來則乘
剛，往來皆難，故曰『往蹇來連』。得位履正，當其本實，雖
遇於難，非妄所招也。」

九五：大蹇，朋來。

象曰：大蹇朋來，以中節也。

占義：不經一番寒徹骨，怎得梅花撲鼻香。

「大蹇，朋來」，九五陷入坎窞與離火之上，然九五居不
失正，履不失中，不改其節，聚人以德，故登高一呼，四方回
應。「朋來」者，朋指諸爻，九五因剛中得位，得以連結諸
爻，使四方相約接濟蹇困而來。「以中節」者，九五有中正之
德，相應亦有中正之德的六二，均不失其守，節度有宜。《王
弼注》：「處難之時，獨在險中，難之大者也，故曰：『大
蹇』。然居不失正，履不失中，執德之長，不改其節，如此則
同志者集而至矣，故曰『朋來』也。」凡度過艱險，或在艱險
中搏鬥，都能受到朋友的尊崇。

上六：往蹇來碩，吉，利見大人。

象曰：往蹇來碩，志在內也。利見大人，以從貴也。

占義：不宜自陷困境，貴人就在身邊。

「往蹇來碩」，碩者，大也。上六是險難終結之地，不宜

再往前，往前則蹇；來則險難終結，聚眾人則為碩大之象。
「利見大人」，大人指九五，蹇道終極而見有德之人，德不孤
必有鄰，指九五能接濟蹇困。「志在內」，往蹇，往則有失。
上六相應九三，相比九五；故來碩，來則得之，往內有碩大吉
利。「從貴」，從九五陽爻，蹇卦終極，撥雲見日，曙光初
現。《周易正義》云：「上六難終之地，不宜更有所往，往則
長難，故曰『往蹇』也。」

40. 解卦

	解卦：坎下震上（春雷行雨之卦，憂 　　　　散喜生之象）。 卦辭：解，利西南，无所往，其來 　　　　復吉，有攸往，夙吉。

〈序卦傳〉：「物不可以終難，故受之以解。解者，緩
也。」解卦與蹇卦互為綜卦。險難不能是永續而停滯，經過艱
難的磨練，必然有解困之道。「利西南」，西周起於西南，
坤，眾也，解決之道應順應民情。西南坤卦，處於平順之地，
接濟拯解困難正大之志，利於廣博施加於眾人。「无所往，其
來復吉」，若「解」道無用武之地，暫時回歸原位，一動不如
一靜，利於復歸靜守中道。「有攸往，夙吉」，夙，速也。需
解用之時，有難而往，必須速速趕赴，當機立斷。

判曰：解者，散也。出于險難，惡事消散，
　　　獄訟可釋，共相歌贊。婚不和諧，人
　　　如隔面，久患在床，今當冰泮。
占義：堅冰遇春始融，諸事宜解不宜結。

象曰：解，險以動，動而免乎險，解。解利西南，往
　　　得眾也。其來復吉，乃得中也。有攸往夙吉，
　　　往有功也。天地解而雷雨作，雷雨作而百果草
　　　木皆甲坼（彳亡ˋ）。解之時用大矣哉！

　　「解，險以動，動而免乎險，解」，《王弼注》：「遇險
不動，无由解難。動在險中，亦未能免咎。今動於險外，即是
免脫於險，所以為『解』也。」解卦，上卦為震，動也。下卦
為坎險。動於坎險之上，故振奮剛動可以脫離險境，這是解卦
意義。「解利西南，往得眾也。」蹇卦之後以西南柔順之地，
利於緩解生息，故合眾人之意。

　　「其來復吉，乃得中也。」九二為主爻與六五相應，兩者
交復往來，符合中道陰陽相應，故早晚夙夜匪懈，必有功效。
若無災難，則解道無用，故退回默守中道。「天地解而雷雨
作，雷雨作而百果草木皆甲坼。」天地的「解」道是陰陽之氣
和諧交會，則產生雷雨。雷雨發作，萬物逢春，則百果破甲殼
而出，草木破土壤而萌芽，萬物生生不息。解卦有解除束縛，
逢機而生的時效作用。

> 象曰：雷雨作，解，君子以赦過宥（一又ㄟ）罪。

　　赦，謂放免。宥，謂寬宥。罪，謂故犯。蹇難之後，人民需要休養，雷雨發作，是天地陰陽一體的作用，君子體悟天下一體，解除人民重負，司法斷案亦然，同為人體，寬恕赦罪，從輕發落乃天經地義之理。

> 初六：无咎。
> 象曰：剛柔之際，義无咎也。
> 占義：以柔制剛，冤家宜解不宜解。

　　「无咎」，上卦為雷，下卦為水，初六陰爻處無位之地，此時險難未夷。在險難之初，剛強不凌，柔弱無咎，故初六無咎。「剛柔之際」者，初六上比九二，與九四陰陽相應，皆為剛柔之際，此時「義無咎」，比喻重新洗牌，大家都是一張白紙。俗諺：不知者無罪。《程頤傳》：「六居解初，患難既解之時，以柔居剛，以陰應陽，柔而能剛之義。既无患難，而自處得剛柔之宜。患難既解，安寧无事，唯自處得宜，則為无咎矣。方解之初，宜安靜以休息之。爻之辭寡，所以示意。」用「无咎」少少的字，隱喻初六應該休養生息。

> 九二：田獲三狐，得黃矢，貞吉。
> 象曰：九二貞吉，得中道也。
> 占義：中道經營事業，利達三江財廣進。

　　「田獲三狐」者，狐者，隱伏。「黃」者，道理中正。

「矢」者，直也。九二剛中得位，遇到困蹇，以豐沛、正直、中道之說理，將隱伏之癥結條條陳述，所以得貞吉。九二以中道輔佐六五，剷奸發伏，大有收穫。「得中道」者，九二陽爻居陰位，不當位居中，故須貞守正道。《程頤傳》：「九二以陽剛得中之才，上應六五之君，用於時者也。天下小人常眾，剛明之君在上，則明足以照之，威足以懼之，剛足以斷之，故小人不敢用其情，然猶常存警戒，慮其有閒而害正也。六五以陰柔居尊位，其明易蔽，其威易犯，其斷不果而易惑，小人一近之，則移其心矣。況難方解而治之初，其變尚易。二既當用，必須能去小人，則可以正君心而行其剛中之道。田者，去害之事。狐者，邪媚之獸。三狐指卦之三陰，時之小人也。獲謂能變化除去之，如田之獲狐也，獲之，則得中直之道，乃貞正而吉也。」

> 六三：負且乘，致寇至，貞吝。
> 象曰：負且乘，亦可醜也。自我致戎，又誰咎也。
> 占義：小人得志即遭殃，切莫自取其辱。

「負且乘，致寇至，貞吝」，六三陰爻居陽位，處非其位，履非其正，又不應上六，本應負重苦行，竟然騎馬盤附資財，招搖過街，利用九二之中道，上乘九四諂媚逢迎，其醜態引來盜賊攻伐，為貞正君子所鄙吝。《周易正義》云：「六三，失正无應，下乘於二，上附於四，即是用夫邪佞以自說媚者也。乘者，君子之器也。負者，小人之事也。施之於人，即在車騎之上，而負於物也。故寇盜知其非己所有，於是競欲奪之。」穿金戴玉，招搖過市，自曝於風險之中。「貞吝」，愚

者執迷不悟，而智者鄙吝。「亦可醜」，諂媚上位，驕橫下位，一副小人得志的嘴臉。「自我致戎」，小寇為盜，大盜為戎，自我不檢點，遭致匪寇，怪咎何人？

九四：解而拇，朋至斯孚。

象曰：解而拇，未當位也。

占義：遠離小人，擇益友同氣相應。

「解而拇，朋至斯孚」，解，解除。而，汝也。拇，足大指。九四陽爻居陰位，向前行必須先解除六三如腳拇指般，貼附在下的諂媚逢迎，隱喻除去身邊的小人，誠信君子必然相循而來。「未當位」者，九四陽爻不當位，才有六三諂媚來附，如果是六四陰爻當位，六三也就無從諂媚而來，雖上下陰陽相比，根本之道仍在解除自己的不當位，才能得諸爻信服。《王弼注》：「失位不正，而比於三，故三得附之為其拇也。三為之拇，則失初之應，故『解其拇』，然後朋至而信矣。」甩掉周邊諂媚之人，才能得到君子歸附。

六五：君子維有解，吉，有孚于小人。

象曰：君子有解，小人退也。

占義：理直而柔順解事，注意小人。

「君子維有解，吉」，維者，唯有、只有。六五陰爻居尊履中，相應於九二，仍有可為，以謙柔中道，作為解決疑難雜症的手段。「有孚于小人」，若能感化諂媚之佞人，以恩威並濟之「解」道，使之熱誠信服君子是吉利的。「君子有解，小

人退」者，君子是否有「解」，端在於使小人知難而退。《王弼注》：「居尊履中而應乎剛，可以有解而獲吉矣。以君子之道解難釋險，小人雖間，猶知服之而无怨矣。故曰『有孚于小人』也。」唯有中正無間，解退小人。

> 上六：公用射隼于高墉之上，獲之无不利。
> 象曰：公用射隼，以解悖也。
> 占義：伶牙之後必有俐齒。

「公用射隼于高墉之上」，「隼」者，貪殘之鳥。高墉，高牆。上六與六三無應，以隼鳥代表六三行為不正，囂張至出現在城牆上；君王藏器於身，待時而動。對悖逆之現象應強力誅討，以獲取誅滅敵梟之戰果。「解悖」者，六三負且乘，與上六不相應，既為悖逆者，唯有先禮後兵，「射隼」以對。《王弼注》：「初為四應，二為五應，三不應上，失位負乘，處下體之上，故曰『高墉』。墉非隼之所處，高非三之所履，上六居動之上，為解之極將解荒悖而除穢亂者也。故用射之，極而後動，乘而後舉，故必『獲之』，而『无不利』也。」上六誠意求「解」至解卦的終極，進退無路，仍需動用干戈，先求解而後兵。

41. 損卦

損卦：兌下艮上(鑿石見玉之卦，握土為
　　　山之象)。
卦辭：損，有孚，元吉，无咎，可貞，利
　　　有攸往。曷之用，二簋可用亨。

　　〈序卦傳〉：「解者緩也，緩必有所失，故受之以損。」解除困難，必須付出損害的代價，天下沒有白吃的午餐。損下益上，非不得已，故須心存誠信，「曷之用」？只能動機純正，固守正道，始可無往不利。「二簋」，雖僅是簡陋之竹籃，節約的貢品，但無辭可咎，有何不可用？《周易正義》云：「『損』者減損之名，此卦明損下益上，故謂之『損』。『損』之為義，『損下益上』，損剛益柔。損下益上，非補不足者也。損剛益柔，非長君子之道者也。若不以誠信，則涉諂諛而有過咎，故必『有孚』，然後大吉，无咎可正，而『利有攸往』矣。」

> 判曰：損者，益也。損上益下，後易先難，本非走
> 　　　失，事主憂官，必損而已，何以為安。
> 占義：損己益人，財去心安樂，以誠感人。

> 象曰：損，損下益上，其道上行。損而有孚，元吉，无咎
> 　　　可貞，利有攸往。曷之用？二簋可用享，二簋應有
> 　　　時，損剛益柔有時，損益盈虛，與時偕行。

　　損卦，艮卦在上，兌卦在下。「損下益上，其道上行」者，以六三陰虛換取上九陽實，則變地天泰卦，萬民受利。若將初九、九二換取六四、六五，則變天地否卦，萬民遭殃。「損而有孚，元吉，无咎可貞，利有攸往。」《周易正義》云：「損柔益上，不以盈上，損剛而不為邪，益上而不為諂，則何咎而可正？雖不能拯濟大難，以斯有往，物无距也。」在必要的情勢下，損害順民的利益，並非企圖使上位者盈滿；不

因邪道而損害剛強，增益上位動機也不在諂媚，因此排難解紛而造成損害的行為，不受責咎，故利有攸往。

「二簋可用享」，誠意的相待不在乎祭品的豐盛多寡。「二簋應有時，損剛益柔有時，損益盈虛，與時偕行。」節約的祭禮還是必須斟酌環境條件，不可長久以往。損剛益柔，以強濟弱，盈必損之，虛必增之，觀察客觀形勢，合理相應時空變化。

> **象曰：山下有澤，損，君子以懲忿窒欲。**

山下有澤，澤中之水山上來，故艮山以減損自己，增補兌澤。君子體悟後窒塞情慾，克己復禮。《程頤傳》：「君子觀損之象，以損於己；在修己之道所當損者唯忿與欲，故以懲戒其忿怒，窒塞其意欲也。」吃喝嫖賭，酒色財是欲望，氣是忿。《論語・公冶長》：「子曰：『吾未見剛者。』或對曰：「申棖。」子曰：『棖也慾，焉得剛？』」無欲則剛。

> **初九：已事遄往，无咎，酌損之。**
> **象曰：已事遄往，尚合志也。**
> **占義：損己益人，助人不居功，功成身退。**

「已事」者，暫將事情告一段落。「遄往」者，速速前往。「酌損之」，初九陽爻得位，相應六四，損下益上，與上位相合，共赴險難，但應斟酌損益比例。又完事速速離去，不居功。損己益人需遵守中道，斟酌自己的承擔減損能力。「尚

合志」者，初九上合於六四且急速補助損害，不失時效，使受益者彷彿久旱逢甘霖。《程頤傳》：「初以陽剛應於四，四以陰柔居上位，賴初之益者也。下之益上。當損己而不自以為功，所益於上者，事既已，則速去之，不居其功，乃无咎也。若享其成功之美，非損己益上也，於為下之道為有咎矣。四之陰柔，賴初者也，故聽於初；初當酌度其宜，而損己以益之，過與不及，皆不可也。」

> 九二：利貞，征凶，弗損益之。
> 象曰：九二利貞，中以為志也。
> 占義：助人以中庸之道，損益平衡。

「利貞，征凶，弗損益之。」九二居中不得位，但願以剛健本體幫助六五，在初九損己之後，九二利於居正守貞，不要執著於增益他人而減損自己，否則成為剝卦，不合「損」義。「中以為志」者，柔不可以全益，剛不可以全削，六五、九二不宜棄守中道。《程頤傳》：「二以剛中，當損剛之時，居柔而說體，上應六五陰柔之君，以柔悅應上，則失其剛中之德，故戒所利在貞正也。征，行也。」助益他人，以中庸而保留實力。

> 六三：三人行則損一人。一人行則得其友。
> 象曰：一人行，三則疑也。
> 占義：助人以誠，疑人者人恒疑之。

「三人行則損一人，一人行則得其友。」《王弼注》：「損之為道，『損下益上，其道上行』，三人，謂自六三已上三陰

也。三陰並行，以承於上，則上失其友，內无其主，名之曰『益』，其實乃『損』。」六三、六四、六五連續三個陰爻，稱「三人行」。《程頤傳》：「蓋天下無不二者，一與二相對待，生生之本也，三則餘而當損矣，此損益之大義也。」六三、六四分屬上下卦，其情義不同。天下之理，陰陽足矣；兩不立則一不可見，一不見則兩之用息；故三人行則損多餘六三。

　　六三陰爻不得位，但上應上九，為君王守社稷者，上九已有六四、六五兩陰爻，故非必全體共事，以損失一人，增益全體作為優先考量。「一人行則得其友」，「一人」，指六三。《正義》云：「若六三一人獨行，則上九納己無疑，則得其友矣。」六三犧牲小我，非獨上九受益，亦得朋類相親比。「三則疑」也，六三獨自行進，乃得其友上九。若三陰爻一併上行，將使上九不知所措，益生疑竇。比喻天上掉下來太多禮物，接手前還是應該仔細評估一番。

```
六四：損其疾，使遄有喜，无咎。
象曰：損其疾，亦可喜也。
占義：損利則道德日增，損疾則元氣益旺。
```

　　「損其疾，使遄有喜，无咎」，疾，疾病，毛病，瑕疵等。「損其疾」者，比喻去除心頭憂患。六四陰爻居上卦之下，接近帝尊，應知足知止，不可有貪欲之病。六四滯塞貪欲，又與初九相應，上下皆恪守其職，無咎害。「損其疾，亦可喜」者，六四得到初九增益，欲望得到平復。另說六四雖有疾，願意自損與初九配合。《周易正義》云：「『疾』者，相

思之疾，不善。初九自損己遄往，己以正道速納，陰陽相會，
同志斯來，無復企予之疾，故曰『損其疾』。疾何可久，速乃
有喜，有喜乃无咎，故曰『使遄有喜，无咎』。」

六五：或益之十朋之龜，弗克違，元吉。

象曰：六五元吉，自上祐也。

占義：自損的道義不是物質所能換取的。

「或益之十朋之龜，弗克違，元吉。」朋，朋黨。龜，作
為卜筮用，代表智慧；亦作為錢幣，代表財富；指人才與錢財
匯聚。「十朋之龜」指君王厚賜。九二弗損，六五陰爻反願相
應九二，故回饋利益甚豐。「弗克違」，六五寬宏大量，使上
下和諧而不違逆。《正義》云：「朋者，黨也。龜者，決疑之
物也。陰不先唱，柔不自任，尊以自居，損以守之，則人用其
力，事竭其功，智者慮能，明者慮策，而不能違也。」六五是
不先唱，不自認，居尊守損，人人願意供其役使。

「元吉」，六五得到四方增益而吉。《程頤傳》：「有益
之事，則十朋助之矣。十，眾辭。龜者，決是非吉凶之物。眾
人之公論，必合正理，雖龜筮不能違也。如此，可謂大善之吉
矣。」六五損己的正理，不是靈龜能換取的。「自上祐也」，
六五與九二陰陽相應，但各居中位不互補，而是得到上九之相
比，與天地之理，眾人之議，殊途而同歸。

> 上九：弗損益之，无咎，貞吉。利有攸往，得臣无家。
> 象曰：弗損益之，大得志也。
> 占義：策略性管理，超越操弄私欲。

「弗損益之」，上九居高臨下治理萬民，事理非物質損益所能平。「得臣无家」，得臣，謂得人心歸服；无家，謂無遠近內外之分。四海歸心臣服，君德廣布萬邦，非僅適於一隅。「大得志」者，物質損益有限制性，故以政策全面性施祿於下。上九有六三相應，剛爻柔位，不損而萬民所歸，君子之志，唯在助益下民而已。

《程頤傳》：「凡損之義有三：損己從人也，自損以益於人也，行損道以損於人也。損己從人，徒於義也；自損益人，及於物也；行損道以損於人，行其義也；各因其時，取大者言之。四五二爻，取損己從人；下體三爻，取自損以益人；損時之用，行損道以損天下之當損者也。上九則取不行其損為義。九居損之終，損極而當變者也。」上九是陽爻居陰位，損下益上的主爻，應停止巧取豪奪，其次處於損卦之終，反而幫助天下。若萬民得其恩澤，君王何往不利？

42. 益卦

| | 益卦：震下巽上（鴻鵠遇風之卦，滴水天河之象）。

卦辭：益，利有攸往，利涉大川。 |

〈序卦傳〉：「損而不已必益，故受之以益。」益卦與損卦互為綜卦，損失到極點，轉化成受益。上卦巽為風，下卦震為雷，雷乘風遠颺，風乘雷迅烈，兩者互益。《周易正義》云：「『益』者，增足之名，損上益下，故謂之益。下已有矣，而上更益之，明聖人利物之无已也。損卦則損下益上，益卦則損上益下，得名皆就下而不據上者。」取下謂之損，與下謂之益，皆以下民利益為主。「利涉大川」，互益則無往不利，利於涉險。

> 判曰：益者，損也。風雷相舉，益道如然。
> 　　　小人達情，刑獄之怨。君子位變，見
> 　　　善則遷。利有攸往，行人速還。
> 占義：益道無往不利，利人利己則善。

> 象曰：益，損上益下，民說無疆。自上下下，其道
> 　　　大光。利有攸往，中正有慶。利涉大川，木
> 　　　道乃行。益動而巽，日進無疆。天施地生，
> 　　　其益無方。凡益之道，與時偕行。

震，動也。巽，順也。「益，損上益下，民說無疆」，益卦，上卦巽木，下卦震動，損上益下，故黎民受益，喜悅無疆。「自上下下，其道大光，利有攸往，中正有慶。」九五中正，無往不利，以至尊甘願卑下於九二，故大道廣備，萬民有慶。「木道乃行。益動而巽，日進無疆」。以巽木輕浮而利於行舟，下卦震動奮進，故日日增益，百里無疆。「天施地生，其益無方」，以天地否卦為例，初六上行與九四互益，乾以陽

實，互益坤之陰虛，稱天施地生，受益無限。「凡益之道，與時偕行。」君王收斂欲望，廣施利益於萬物，無往不利。君子震動興作，順天應理，日日進修，廣博無疆。「益」卦施益助人，應隨時位而客觀變動。

> 象曰：風雷，益。君子以見善則遷，有過則改。

　　益卦，雷風相薄，古人以為風烈則雷迅，雷激則風怒，雷風相得益彰。君子以天地萬物為師，取長補短，見善則跟隨，見不善則改過。《程頤傳》：「見善能遷，則可以盡天下之善；有過能改，則无過矣。」《論語・子張》：「君子尊賢而容眾，嘉善而矜不能。」矜不能，憐憫弱者。

> 初九：利用為大作，元吉，无咎。
> 象曰：元吉无咎，下不厚事也。
> 占義：其事開頭吉利，不宜搶頭功。

　　「利用為大作」，初九陽爻得位，處卦爻之始，體會震德剛健，不違巽木風行草偃之性，以茲利用振興大事，吉利而無咎患。《正義》云：「『大作』謂興作大事也。初九處益之初，居動之始，有興作大事之端，又體剛能幹，應巽不違，有堪建大功之德，故曰『利用為大作』也。」「元吉无咎，下不厚事」，厚事，指大事。《王弼注》：「時可以大作，而下不可以厚事，得其時而无其處，故「元吉」，乃得『无咎』也。」初九卑下之位，無法承擔重責大任，得時而無位，但開始的方向是正確的。

> 六二：或益之十朋之龜，弗克違，永貞
> 　　　吉。王用享于帝，吉。
> 象曰：或益之，自外來也。
> 占義：至柔馳騁至堅，知無為之有益。

　　「或益之十朋之龜，弗克違」六二居下卦之中，上應九五，益自外來，謙恭接納。「十朋之龜」者，形容助益之多，受益之大及於萬物鬼神，「益」道既受明靈降福，自應相受不違，感應而祭告天帝。「永貞吉」，六二體柔，柔又居柔，應永續貞守而吉。「自外來」，六二守中，不召而至，得到外來的助益者。《正義》云：「六二體柔居中，當位應巽，是居益而能用謙沖者也。居益用謙，則物『自外來』，朋龜獻策，弗能違也。……然位不當尊，故永貞乃吉，故曰『永貞吉』。」

> 六三：益之，用凶事，无咎。有孚中行，告公用圭。
> 象曰：益用凶事，固有之也。
> 占義：助益他人，救急不救貧。

　　「益之，用凶事，无咎」六三以陰居陽下承陰爻，外強中乾，益之以錦上添花，人見其諂媚而已；不如用於緊要凶吝之事，受者如同久旱逢甘霖，不得用之私己，自無咎害。另說六三取得上九陽剛助益，在震卦之極轉弱為強，而能面對「凶事」。《正義》云：「以陰居陽，求益者也，故曰：『益之』。益不外來，己自為之，物所不與，故在謙則戮，救凶則免。以陰居陽，處下卦之上，壯之甚也。用救衰危，物所恃也，故『用凶事』，乃得『无咎』也。」

「有孚中行，告公用圭」，孚，誠信；六三處於互卦坤的中爻。圭，珍貴的玉器，比喻誠信美德，故上九願意對六三伸出援手，振衰起弊。《正義》云：「用此『有孚中行』之德，執圭以告於公，公必任之以救衰危之事，故曰『告公用圭』。」《正義》云：「告王者宜以文德燮理，使天下人寧，不當恒以救凶，用志褊狹也。」君王以教化文明為永續目標。「益用凶事，固有之也」，助益之事，應用在艱難之凶災，是本來應有之德行，故不可反求對象回饋。

六四：中行，告公從，利用為依遷國。
象曰：告公從，以益志也。
占義：中庸之道，上下得利益志。

「中行，告公從」中行，六四得初九相助，相應六五，以中庸之道行政，位不在中，但體柔當位，布施利益於下卦，遵從上位公卿意旨。「利用為依遷國」，《正義》云：「六四：居益之時，處巽之始，體柔當位，在上應下，卑不窮下，高不處亢，位雖不中，用中行者也。」

《程頤傳》：「遷國為依，依附於上也。遷國，順下而動也。上依剛中之君，而致其益，下順剛陽之才以行其事，利用如是也。」遷國等大事，獻策也得上公引用，互動良好，以至於在遷徙都城等大事中擔任要角。「告公從，以益志」，在與公卿良好的互動中，有助益於完成志向。

> 九五：有孚惠心，勿問元吉，有孚惠我德。
> 象曰：有孚惠心，勿問之矣。惠我德，大得志也。
> 占義：所求之事，利人利己，其志必得吉。

　　「有孚惠心」，惠心，惠民之心。「勿問元吉」，嘉惠人民自始就是吉利的。「有孚惠我德」，君王以誠信下施萬民德澤恩惠，萬民因受利而以帝尊推崇之。《王弼注》：「得位履尊，為益之主者也。為益之大，莫大於信。為惠之大，莫大於心。因民所利而利之焉，惠而不費，惠心者也。信以惠心，盡物之願，固不待問而『元吉有孚惠我德』也。」九五陽爻得位，以誠信對待下屬，謙卑施讓利益，故不待問卜而吉利。「惠我德，大得志」，《正義》云：「天下皆以信惠歸我，則可以得志於天下，故曰『大得志』也。」九五所作所為，天下懷德，其志大行，在於合乎人民志願。

> 上九：莫益之，或擊之，立心勿恒，凶。
> 象曰：莫益之，偏辭也。或擊之，自外來也。
> 占義：自私固執，罔顧民生，必強敵環伺。

　　「莫益之」，上九處益卦之終極，本應下益六三，但終極必反；故剛健固執而過於驕吝，橫徵暴斂，損民莫益。「或擊之」，上九追求利益貪婪無厭，以致備受怨言，遭受全面性抨擊。「立心勿恒」，益助下民而無善終，必凶。《王弼注》：「處益之極，過盈者也。求益無已，心无恒者也。无厭之求，人弗與也。」「莫益之，偏辭也」，上九益卦終極，何以得不到四方之助益？因自私而捏造片面之辭，或偏私一己之辭，而

遭致怨恨攻擊。「或擊之，自外來也」，若益民而無恒，放於利而行，將遭致外來責備，千夫所指凶險將至。

43. 夬卦

	夬卦：乾下兌上(神劍斬蛟之卦，先損後益之象)。
	卦辭：夬，揚于王庭，孚號有厲。告自邑，不利即戎。利有攸往。

夬卦，十二辟卦中的三月。〈序卦傳〉：「益而不已必決，故受之以夬，夬者，決也。」幫助他人切勿氾濫，必須當斷則斷，故繼之以夬卦。「揚於王庭」者，五陽爻在下，僅一個陰爻在最上爻，一陰統五陽，五陽共決一陰。如何決去劣政、昏君、小人，應宣揚並當機立斷，將政令公佈於王庭等公共場所。「孚號有厲」者，五陽一陰，小人衰微，君子道盛，至誠而心存危厲，當顯行於公朝，使人明知善惡。「告自邑，不利即戎」者，剛厲之行僅可施行於采邑之內，整頓內部奸佞，不可崇尚武力。「利有攸往」者，五陽爻宜進取上六，畢其功而使陽爻取代陰爻，夬卦乃成。

判曰：夬者，決也。乾兌相刑，惡聞其聲，文字契約，事未易成，必須剛斷，始得吉亨。
占義：金戈之地，提高警覺，整頓實力。

> 象曰：夬，決也，剛決柔也。健而說，決而和。揚于王庭
> ，柔乘五剛也。孚號有厲，其危乃光也。告自邑，
> 不利即戎，所尚乃窮也。利有攸往，剛長乃終也。

　　「夬，決也，剛決柔也。健而說，決而和。」「夬」者，決裂，除斷。下卦乾為健，能決斷；上卦兌為悅，悅能和，剛健則能決斷。「揚于王庭，柔乘五剛也」，一陰乘凌五陽，陰爻為眾陽所忌，勢必除去而快，故應高揚於宮庭，廣大週知。「孚號有厲，其危乃光」，誠信以危厲號召天下，則陰柔邪道面臨危滅，危厲之時即分明可見，故眾人廣知，視為借鑒。「告自邑，不利即戎，所尚乃窮也」，告誡上六，昭示采邑，但以崇尚武力決事，以兵戎相見為窮盡之道。「利有攸往」，以利益臣服上六，剛長柔消，才是「夬」卦實益。「剛長乃終」，夬是剛直的行為，應該堅持上進，到了上六變成乾卦乃終止，否則成為亢龍。

> 象曰：澤上于天，夬。君子以施祿及下，居德則忌。

　　「澤上于天，夬」，《易經》的解釋大致分為義理派重義理，象數派重象數，因此辭義與卦象成為主要說理依據。《正義》云：「『決』有二義，〈象〉則澤來潤下，〈象〉則明法決斷，所以君子法此夬義。威惠兼施，雖復施祿及下，其在身居德，復須明其禁令。」澤上於天，恩澤盈滿必來潤下，以明法而決斷，故恩威並濟。君子仿效「夬」卦，積物盈滿必遭禍，故廣施利祿於下民，積德則忌自以為盈滿而怠惰。

```
初九：壯于前趾，往不勝，為咎。
象曰：不勝而往，咎也。
占義：所求之事應慎加規劃，冒進必敗。
```

　　「壯于前趾，往不勝，為咎」，初九夬卦之始，以健壯的腳趾，比喻躍躍欲試。初九不知審查在先，未雨籌策，如暴虎馮河般躁進，必然無法勝任職責，是為咎害而已。「不勝而往，咎也」，初九居陽位，九二、九四陽剛而不應，又為乾卦之下，過剛必無勝理，往進必遭咎害。《正義》云：「初九居夬之初，當須審其籌策，然後乃往。而體健處下，徒欲果決壯健，前進其趾，以此而往，必不克勝，非決之謀，所以『為咎』。」

```
九二：惕號，莫夜有戎，勿恤。
象曰：有戎勿恤，得中道也。
占義：加強防禦，慎檢樞紐機關要道。
```

　　「惕號，莫夜有戎」，惕號，惕懼呼號。莫，暮也。恤，憂心。不受疑惑煽動，面對暗夜魅影幢幢的啼嚎，能決斷其事，加強警戒。「有戎勿恤，得中道」，九二雖與九五無應，但以戎卒警戒，不必憂懼。比喻君子依恃中道，無恃敵之不來，恃吾有以待之。《正義》云：「九二體健居中，能決其事，而无疑惑者也。雖復有人惕懼號呼，語之云莫夜必有戎卒來害己，能審己度，不惑不憂，故『勿恤』也。」健全防衛系統，利於守正護民。

> 九三：壯於頄（ㄎㄨㄟˊ），有凶，君子夬夬，獨行，
> 　　　遇雨若濡，有慍，无咎。
> 象曰：君子夬夬，終无咎也。
> 占義：所求之事雖正，亦有陰邪反撲，可慍不可亂。

「壯於頄，有凶」，「頄」者，顴骨，比喻九三居陽位，臉色剛亢，喜怒形於色，胸無城府，有凶。「君子夬夬」，君子當機立斷，振奮不已。「獨行」，」九三過亢，導致孤僻獨行。「遇雨若濡」，濡，浸潤。小人遭決必反撲，九三上應六陰首當其衝。「有慍，无咎」，臉色雖然悻悻然，但无咎。《正義》云：「若不能決斷，殊於眾陽，應於小人，則受濡濕其衣，自為怨恨，无咎責於人，故曰『有慍无咎』也。」君子處在此種境地，受到陰邪利誘，無法與眾陽爻齊心。「濡濕其衣」，雨為陰陽交合，比喻與上六陰陽相應，故濡濕衣物，但決而果斷不疑，雖遭疑忌小有怨惱，尚無咎害。

《周易正義》云：「九三處夬之時，獨應上六，助於小人，是以凶也。若剝之六三，處陰長之時而應上，是助陽為善。今九三處剛長之時，獨助陰為凶也。」九三與上六相應，處於剛長之時，而暗助柔爻，故有凶。「君子夬夬，終无咎」，九三獨獨與上六相應，陽爻當位，遇雨水濡濕，雖惱而慍，居五陽爻之中，自我克制而無咎害。

> 九四：臀无膚。其行次且，牽羊悔亡，聞言不信。
> 象曰：其行次且，位不當也。聞言不信，聰不明也。
> 占義：所問之事，前途迷惘資訊混亂，謹言慎辨。

「臀无膚，其行次且」，比喻臀部皮膚有傷不能坐，指九四利於陰位，不利直行，故難以前進。「其行次且」，九四陽居陰位，路途顛簸。《正義》云：「九四據下三陽，位又不正，下剛而進，必見侵傷，侵傷則居不得安，若『臀无膚』矣。『其行次且』，行不前進也。」「牽羊悔亡」，羊者，牴狠難移之物。「牽羊」，控制自己魯莽衝撞，無悔。若九四自恃剛健，衝撞九五，必然自食惡果；不如謙順信服九五，則無悔吝。「聞言不信」，九四終究剛爻不當位，不識大局，難以教化，以耳雖聽聞教訓，但盲目不明而心智蒙昧。亦可說，聽到謠言應細細分辨實虛，不可驟然相信。

九五：莧(ㄒㄧㄢˋ)陸夬夬，中行无咎。
象曰：中行无咎，中未光也。
占義：依現實狀態直接了當的進行，無咎恨。

「莧陸夬夬，中行无咎」，「莧陸」者，草之柔脆者。「夬夬」，九五與上六相比，最容易迷惑於陰邪，所以夬上加夬，形容不能猶豫不決。「中行无咎」，九五斷決上六甚易，但以至尊至眾克勝，必須以中正之行，否則難杜悠悠之口。《正義》云：「五處尊位，為夬之主，親決上六，決之至易也，如決莧草然，故曰『莧陸夬夬』也，但以至尊而敵於至賤，雖其克勝，不足貴也。」九五處尊位，為夬卦之主導，率五陽爻親決上六。「中未光」者，一陰五陽，實力懸殊，勝之不武，又九五相比上六，不免感情上徇私斷決，其道未能光明盛大。

> 上六：无號，終有凶。
> 象曰：无號之凶，終不可長也。
> 占義：有因有果，正義終必伸張。

「无號，終有凶」，无號，比喻君子與小人的決斷終止了。上六夬卦之終，面對群陽制裁，眾所共棄，已非嚎咷所能解救，終局不免凶險。「終不可長」者，上六一卦之終，即將被斷決之景象，凶惡已達嚎咷不足以形容，既已窮極，豈可復見長久乎？《正義》云：「上六，居夬之極，以小人而居羣陽之上，眾共棄也。君子道長，小人必凶。非嚎咷所免，故禁其嚎咷。」

44. 姤卦

> 姤卦：巽下乾上(風雲相濟之卦，君臣會合之象)。
>
> 卦辭：姤，女壯，勿用取女。

姤，媾，遇；不期而遇。〈序卦傳〉：「夬，決也。決必有所遇，故受之以姤，姤者，遇也。」姤卦與夬卦互為綜卦，決斷之後當然另有邂逅。《程頤傳》：「取女者，欲其柔和順從，以成家道。姤乃方進之陰，漸壯而敵陽者，是以不可取也。」一陰敵五陽，一女而遇五男，周旋游刃，壯盛於男事，此女甚壯應戒懼勿用。勿用取女，隱喻做事不可顛覆男尊女卑的倫理。

判曰：姤者，遇也。以陰遇陽，以柔遇剛，本无所望，而
　　　卒然值之，不期而遇，占者得之，所謀无不吉也。
占義：做事不可陰陽顛倒，本末倒置。

象曰：姤(ㄍㄡˋ)，遇也。柔遇剛也。勿用取女，不
　　　可與長也。天地相遇，品物咸章也。剛遇中正
　　　，天下大行也。姤之時義大矣哉！

「姤，遇也」，柔遇剛也」，姤卦，上卦為乾，下卦為
巽，一陰邂逅五陽。「柔遇剛」，一陰遇五陽，巽遇乾。「勿
用取女，不可與長」，施之於人事，淫壯之女勿用，恐無婉順
貞節，難以白首偕老，不可與之長久。「天地相遇，品物咸
章」，天地陰陽二氣相遇，萬物品類化生，皆含章美文采。
《正義》云：「天地若各亢所處，不相交遇，則萬品庶物，无
由彰顯，必須二氣相遇，乃得化生。」「剛遇中正，天下大
行」，九五、九二皆陽剛中正，君得剛中之臣，臣遇中正之
君，其德大行天下。「姤」是天地、陰陽、君臣、男女、父子
相遇的意義，事物不相遇，作用即難以發揮。

象曰：天下有風，姤，后以施命誥(ㄍㄠˋ)四方。

后，《爾雅・釋詁》：「林，烝，天，帝，皇，王，后，
辟、公，侯，君也」。《程頤傳》：「風行天下，无所不周，
為君后者，觀其周徧之象，以施其命令，周誥四方也。」天下
有風，風行草偃，柔順相隨，故取君后之形象，以政令申告四
方，藉政令德澤萬民。

初六：繫于金柅（ㄋㄧˇ），貞吉，有攸往，見凶，
　　　羸豕孚蹢（ㄓˊ）躅（ㄓㄨˊ）。
象曰：繫于金柅，柔道牽也。
占義：事業、家庭、愛情柔順之道，專一而已。

「繫于金柅」者，繫，綑綁拘束。柅，剎車器具，在車之下，用於止住車輪。金，表示其重要性。比喻陰爻停止邂逅，初六貞定必有吉利。「有攸往，見凶」，若不繫於專情，一昧的挑逗愛情遊戲，所往唯見凶險而已。「羸豕孚蹢躅」，羸，瘦弱。蹢躅，跳躍。比喻初六躍躍鼓動，不安於室。「繫于金柅，柔道牽也」，陰柔之道開始浸侵，必須有所牽制，由九二居中牽制初六上進。

《正義》云：「初六處遇之初，以一柔而承五剛，是不繫金柅，有所往者也。不繫而往，則如羸豕之務躁而蹢躅然也。」防患未然，見幾而作。《正義》繼云：「若不牽於一，而有所行往，則惟凶是見矣。」專情於一，慎勿劈腿，不見凶。《正義》又云：「初六陰質，若繫於正，應以從於四，則貞而吉矣。」初六唯一陰爻代表壯女，以少為貴，必須與九四緊緊相繫。

九二：包有魚，无咎，不利賓。
象曰：包有魚，義不及賓也。
占義：唯女子與小人亂事，君子慎思明辨。

魚，指初六。賓，指九四。「包有魚」，比喻初六貪圖與

九二相處，樂於自行前往。而九二自恃近水樓台，乾柴烈火，享魚水之樂。《程頤傳》：「二之剛中，遇固以誠，然初之陰柔，羣陽在上，而又有所應者，其志所求也，陰柔之質，鮮克貞固，二之於初，難得其誠心矣。」按理初六應與九四相應，但九二近水樓臺得與初六相親比，以包有魚比喻初六係聞香而來，非九二橫刀相奪，故無咎。「不利賓」，此「魚」終究不適宜公開讓來賓品頭論足。「義不及賓」，指來賓止步，嘗鮮不及。九二得比初六，而初六乃眾人之物，道理上不適於公開炫耀。

九三：臀无膚，其行次且，厲无大咎。
象曰：其行次且，行未牽也。
占義：其事未合義理，難以牽動所行。

「臀无膚，其行次且，厲无大咎」，臀部皮膚潰爛，九三位不中，固執上行。「其行次且」，九三下不比二，上無應於九六，以至進無所遇，退無其位，進退失據，故以臀部受傷行進困難作比喻。但同類相拱，陽爻履得其陽位，故「厲无大咎」，艱危而無咎患。《正義》云：「九三處下體之上，為內卦之主，以乘於二，无陰可據，居不獲安，上又无應，不能牽據以固所處，同於夬卦九四之失據，故曰『臀无膚，其行次且』也。」九三地位不利，難以牽制規勸初六。《程頤傳》：「非義求遇，固已有咎矣；知危而止，則不至於大也。」懸崖勒馬，尚無大咎害。「其行次且，行未牽」者，九三陽爻也想親近唯一陰爻，未比合，未相應，師出無名，故未被女色牽動。

> 九四：包无魚，起凶。
> 象曰：无魚之凶，遠民也。
> 占義：口袋不實，無利相予，遠民起凶。

「包无魚，起凶」，九四陽爻居陰位，相應之初六「包有魚」歸九二，九四相對落入「包无魚」的窘境。初六陰爻為九四陽爻之民眾，而九二擅自與初六相應，比喻九四面臨失去民心之凶險。「无魚之凶，遠民也」者，隱喻九四無魚而九二有魚，比喻失去民心之敗象。《程頤傳》：「四與初為正應，當相遇者也，而初已遇於二矣，失其所遇，猶包之无魚，亡其所有也。四當姤遇之時，居上位而失其下，下之離，由己之失德也。四之失者，不中正也。以不中正而失其民，所以凶也。」九四在五陽爻之中，莫賠了夫人又折兵。

> 九五：以杞（ㄑㄧˇ）包瓜，含章，有隕自天。
> 象曰：九五含章，中正也。有隕自天，志不捨命也。
> 占義：順天道，立仁志，水到渠成。

「以杞包瓜」，杞樹高大，瓜藤匍匐於地，隱喻天地都有可取之處。「含章」，九五下不得九二相應，以杞柳高大柔韌，即時包覆瓜果，謂九五處得尊位，內蘊中正之德，充實章美。含章亦指本體剛健，復當中位，不改節操，進德修業。九五靜待其時，其志與天下賢才興發流行。「有隕自天」，天是客觀的規律，靜待瓜熟蒂落；繫果不食，隱喻天命未至，。「志不舍命」者，君子立志不違背客觀的天命。俗諺：強摘的果實不甜。《程頤傳》：「命，天理也。舍，違也。至誠中

正，屈己求賢，存志合於天理，所以有隕自天，必得之矣。」
九五承接天命，以閑邪存誠為己志。

上九：姤其角，吝，无咎。
象曰：姤其角，上窮吝也。
占義：無義無祿，清靜以為正，無責以咎。

「姤其角，吝」，上九處於姤卦終極，陽剛如「角」，自
無姤合餘地，故獨恨而鄙吝。但與獨陰初六無瓜葛，故無咎。
《程頤傳》：「上九高亢而剛極，人誰與之？以此求遇，固可
吝也。己則如是，人之遠之，非他人之罪也。由己致之，故无
所歸咎。」上九在高亢的位置，无所復遇，獨自悔恨，然不與
物相爭，其道雖吝但無咎患，或因為自己不沾鍋所致，無處可
歸咎。「上窮吝」者，不為六五所淫合，但窮上剛極，曲高和
寡，閉門造車，不害道。

45.萃卦

萃卦：坤下兌上(魚龍會聚之卦，如水就
　　　下之象)。
卦辭：萃，亨，王假有廟，利見大人。亨
　　　，利貞。用大牲吉，利有攸往。

亨，衍文。假，音格，至也。〈序卦傳〉：「姤者遇也。
物相遇而後聚，故受之以萃，萃者聚也。」利用民心士氣的聚
集，使國政亨通。《王弼注》：「『萃』，卦名也，又萃聚
也，聚集之義也。能招民聚物，使物歸而聚己，故名為『萃』

也。亨者，通也。擁隔不通，无由得聚，聚之為事，其道必通，故云『萃亨』。」能夠道理通順，聚萃民意，自然亨通。《論語・述而》：「子之所慎：齊，戰，疾。」齋，祭祀之前的準備。

「王假有廟」者，國家大事《王弼注》：「假，至也，王以聚至有廟也。」指國政亨通，使君王能萃聚民心，保有宗廟，比喻國家興旺繁榮，政權穩固。「利見大人」者，聚集賢能有德者，亨通有利。「用大牲吉」者，祭禮乃上交鬼神，下接民物，能萃聚大人得利，大行祭祀始有神鬼庇佑之靈，無往而不利。若「萃」之道理不全，而用豐富祭祀，神鬼仍不賜福。

> 判曰：萃者，聚也。內外喜悅，上下俱柔，萬事蕃息，利祿悠悠。求謀有濟，解釋憂愁。
> 占義：聚人以財，使民以義，諸行吉利。

> 彖曰：萃，聚也，順以說，剛中而應，故聚也。王假有廟，致孝亨也。利見大人亨，聚以正也。用大牲吉，利有攸往，順天命也。觀其所聚，而天地萬物之情可見矣！

「萃，聚也，順以說，剛中而應，故聚也。」萃，聚集。上卦為澤，下卦為地，上兌和悅，下坤順從。「剛中而應，故聚」，剛為九五，下應六二，兌澤自往下積聚，滋潤萬物。《正義》云：「二體及九五之爻釋所以能聚也。若全用順說，

則邪佞之道興；全用剛陽，而違於中應，則強亢之德者，何由得聚？今『順以說』，而剛為主，則非邪佞也。應不失中，則非偏亢也。如此方能聚物。」九五與六二相應，故招民聚物。

「王假有廟，致孝亨也」，君王應慎終追遠，以宗廟祭祀聚集人心，孝行義舉是政權的道德基礎。「利見大人亨，聚以正也」，萃卦是得到亨通因而聚集之義，君臣皆以正道聚集，故利見大人，得以建功立業。「用大牲吉，利有攸往，順天命也。」天命剛健而不失中道，豐富的祭祀，誠信的順從天命，得天庇佑，無往不利。「觀其所聚，而天地萬物之情可見矣。」《王弼注》：「方以類聚，物以羣分，情同而後乃聚，氣合而後乃羣。」觀察其所聚同類，可見天地萬物情趣，順而和悅，興衰端倪。

> 象曰：澤上於地，萃。君子以除戎器，戒不虞。

除，整治修繕。戒不虞，加強警備。「澤上於地，萃」，澤水聚集在地上，比喻君臣萬民聚會。「君子以除戎器，戒不虞」《正義》云：「除者，治也。人既聚會，不可无防備。故君子於此之時，脩治戎器以戒備不虞也。」君子藉民心萃聚，整理軍器，訓練兵事，以防備不虞之需。

> 初六：有孚不終，乃亂乃萃。若號，一握為
> 　　　笑，勿恤，往无咎。
> 象曰：乃亂乃萃，其志亂也。
> 占義：所求初時紊亂，應求教志同道合者。

「有孚，不終，乃亂乃萃」，初六與九四正應，但六三上承九四，親比而暱，信心受到打擊，疑惑而無法堅持到終結，初六轉為與六二、六三同類相聚。「乃亂乃萃」者，乃亂，惑亂人心。乃萃，與其同類相聚。初六猶豫在與九四相應，或六三、六四同類間，情意迷亂，萃亂而不以禮。「若號」，比喻如熱鍋上的螞蟻，四處奔走求援。《程頤傳》：「初與四為正應，本有孚以相從者也。然當萃時，三陰聚處，柔无守正之節，若舍正應而從其類，乃有孚而不中也。」

「一握為笑」者，握手如手掌折枝，比喻九四伸出援手，初六破涕為笑。《程頤傳》：「初若守正不從號呼，以求正應，則一握笑之矣。」指初六應堅定相應九四，不可心猿意馬。《正義》云：「一握者，小之貌也，自比一握之間，言至小也。為笑者，非嚴毅之容，言懦劣也。己為正配，三以近寵。若自號比為一握之小，執其謙退之容，不與物爭，則不憂於三，往必得合而『无咎』矣。」初六掌握陰陽相應的道理，堅毅往九四相合。「其至亂也」，只因為猶豫在與同類陰爻或相應陽爻而搖擺不定，心志為此而迷亂。

六二：引吉，无咎，孚，乃利用禴（ㄩㄝˋ）。
象曰：引吉，无咎，中未變也。
占義：強者製造時機，弱者順隨貴人提供的時機。

「引吉，无咎，孚，乃利用禴」，六二體柔當位，處坤道之中，與九五相應，但陷於陰爻之中，故雖操守志向相異，面對紊亂局勢，居危地而中流砥柱，無法自變剛強，故須九五牽

引乃得吉。「乃利用禴」禴，薄祭之名，利用祭祀聚集同志，若有誠信，守中道，薄祭何妨？《王弼注》：「居萃之時，體柔當位，處坤之中，己獨處正，與眾相殊，異操而聚，民之多闢，獨正者危。未能變體以遠於害，故必見引，然後乃『吉』而『无咎』也。」「引吉，无咎，中未變也」，六二居中未變，自薦而不躁進，相應九五，吉而無咎。

六三：萃如嗟如，无攸利，往无咎，小吝。
象曰：往无咎，上巽也。
占義：憂患長嘆，進而不捨，小利即足。

「萃如嗟如，无攸利」，六三陰爻居陽位，「萃如」者，六三往下爻六二萃比，六二與九五相應；六三再往九四萃比，九四已經與初六相應，故「嗟如」哀嘆而已。「往无咎，小吝」，九四還是相應六三，故往無咎。「小吝」，小小的進度。《程頤傳》「(六)三，陰柔不中正之人也，求萃於人，而人莫與求。四則非其正應，又非其類，是以不正為四所棄也。與二，則二自以中正應五，是以不正為二所不與也。故欲萃如，則為人棄絕而嗟如，不獲萃而嗟恨也。上下皆不與，无所利也。」「往无咎，上巽也」，嗟嘆無濟於事，往上萃比於上六，雖不相應，柔順從事，小吝而已。

九四：大吉，无咎。
象曰：大吉无咎，位不當也。
占義：豐碩之時，位可不當，義不可不當。

「大吉，无咎」，大者，功業周遍，至善至美。九四陽爻居陰，履非其位，不正而據，但又下據三陰，失其所處，故須立大功，乃得無咎。比喻不由正道必須立下大功奇業，以弭平不當位之缺失。《程頤傳》：「四當萃之時，上比九五之君得君臣之聚也；下比下體羣陰，得下民之聚也。得上下之聚，可謂善矣。然四以陽居陰，非正也，雖得上下之聚，必得大吉然後為无咎也。」「大吉无咎，位不當也」，九四不當位，但相應初六，下比六三，仍得萃卦聚集之意，統領下卦，一網打盡。

九五：萃有位，无咎，匪孚，元永貞，悔亡。
象曰：萃有位，志未光也。
占義：所問之事，其禍出於蕭牆之內。

「萃有位，无咎，匪孚。」九五陽爻得位，故稱「萃有位」，萃聚之道德旺盛，無咎可言。「匪孚」者，因九四陽爻居陰大吉，履非其位，誠信不足以服眾，故九五必須振奮堅持，以「匪孚」憂患自惕，以克服九四僭越聚眾之舉。「元永貞，悔亡」，堅持憂患自惕，無悔恨。《正義》云：「九五處聚之時，最得盛位，故曰『萃有位』也。既得盛位，所以『无咎』。『匪孚者』，良由(九)四專而聚，己德化不行，信不孚物，自守而已，故曰『无咎，匪孚』。若能修夫大德，久行其正，則其悔可消。」九四積蓄地氣，反成為九五修德之羈絆。「萃有位，志未光」，九五陽爻雖居中，但下卦三陰爻為九四所拒，無法前來相聚，故九五未能廣博宏大。

> 上六：齎（ㄐㄧ）諮，涕洟（ㄧˊ），无咎。
> 象曰：齎諮涕洟，未安上也。
> 占義：先天下之憂而憂，必無悔咎。

「齎諮，涕洟，无咎」，上六處上獨立，遠近無助，自知身陷重圍，憂禍懼災，涕洟滂沱，故憂患意識抬頭，終無災咎。上六戰戰兢兢，不敢安居九五之上，以免卦終翻盤。「齎諮涕洟，未安上也」，君子非義不居，安然處於危地，不累其心志。小人則貪而從欲，顛沛作亂。上六孤陰无應，未能安居其位。《王弼注》：「處聚之時，居於上極，五非所乘，內无應援，處上獨立，近遠无助，危莫甚焉。齎諮，嗟歎之辭也。若能知危之至，懼禍之深，憂病之甚，至於涕洟，不敢自安，亦眾所不害，故得『无咎』也。」

四、〈升〉〈困〉〈井〉〈革〉〈鼎〉〈震〉繼

46. 升卦

	升卦：巽下坤上（靈鳥翔翔之卦，顯達光明之象）。 卦辭：升，元亨，用見大人，勿恤，南征吉。

〈序卦傳〉：「萃者聚也。聚而上者謂之升，故受之以升。」前卦萃是聚集，物質聚集將高大增升。升卦與萃卦互為

綜卦。萃卦是向內聚集，升卦是向上揚升。一如蹲的低，是為了跳得高。升者，登上之義，升而得大通，故元亨。「南征吉」，南方離火，火為炎上，同卦辭意義「升」。又坤卦西南，巽卦東南，皆南方象徵。《王弼注》：「陽爻不當尊位，无剛嚴之正，則未免於憂，故用見大德之人，然後乃得无憂恤，故曰：用見大人，勿恤。『南征吉』，以柔之南，則麗乎大明也。」比喻往光明前進。

> 判曰：升者，進也。木生于土，萌芽漸長，
> 　　　積小成大，升進而上，宜見王公，褒
> 　　　嘉歡賞，出闇向明，亨通之象。
> 占義：春天得利，出行、買賣、農作亨通。

> 象曰：柔以時升，巽而順，剛中而應，是以大亨。
> 　　　用見大人，勿恤，有慶也。南征吉，志行也。

　　「柔以時升」，坤卦為地，本應在下，地中有木，柔巽生長。升卦，下謙遜上柔順。「剛中而應」者，六五陰柔不能自升，九二以剛中之道應於六五，六五有九二的支持，所以得「大亨」。「用見大人，勿恤，有慶也」，指巽木向上奮力騰生，需有大人之德，大人之德普照奮進之人，無須憂慮否塞困蹇，必有慶善美事。又巽木柔而入，坤為順，九二剛中上應六五，固守中道而亨通。六五引薦九二，用人不疑，無須憂慮。巽木志在向南，生南方離火，比喻得文明之象，志向遂行於坦坦大道。

> 象曰：地中生木，升。君子以順德，積小以高大。

　　「地中生木」，始於細微，以至高大。巽木始於毫末，終至合抱，在地中緩慢成長，最後成為參天巨木。故君子體會柔順漸進之功效，勿以善小而不為，積小德而成大業。〈繫辭〉云：「善不積不足以成名」。《老子・六十四章》：「九層之臺，起於累土；千里之行，始於足下。」君子見幾，小人見利而動。

> 初六：允升，大吉。
> 象曰：允升大吉，上合志也。
> 占義：晉升則吉，處於同志相允之境域。

　　初六陰爻秉持巽木之柔順，居二陽爻之下，上比合志於九二之陽剛，汲取養分，利於進升之吉。「允升」者，九二、九三分別與六五、上六有應，為初六無應，因柔順以時生，故藉由相應九二，而一併共同俱升。故大吉是因「上合志」也。「上」，指九二、九三。

> 九二：孚，乃利用禴，无咎。
> 象曰：九二之孚，有喜也。
> 占義：以誠待人，互利讓利皆亨通。

　　九二居中不得位，但相應於六五，志在嫌棄邪惡，心存誠正，廣開功業，如果晉見六五，必得信任。故以剛健的本質，不假文飾於外，內心誠正。「利用禴」，利用簡約的祭祀，表

達誠信自無咎患。「有喜」者，九二相應九五，且禴祭而心
誠，不違背神鬼先祖，除可免罪咎外，又可行剛中之道，恩澤
及於天下。

> 九三：升虛邑。
> 象曰：升虛邑，无所疑也。
> 占義：經營腹地，擴展事業順利。

「升虛邑」，《程頤傳》：「三以陽剛之才，正而且巽，
上皆順之，復有援應，以是而升，如入无人之邑，孰禦哉？」
另解：九三陽爻得位，履得其位，其上三陰爻，陰為虛，上卦
形象類似「虛邑」，荒廢的村落，必須戮力經營，卦終九三與
上六相應。上爻坤道柔順，虛位以待，利於進升。故往進何所
疑乎？

> 六四：王用亨于岐（くーノ）山，吉，无咎。
> 象曰：王用亨于岐山，順事也。
> 占義：聚集民氣，眾志成城。

「王用亨于岐山」，《王弼注》：「處升之際，下升而
進，可納而不可距也。距下之進，攘來自專，則殃咎至焉。若
能不距而納，順物之情，以通庶志，則得吉而无咎矣。岐山之
會，順事之情，无不納也。」六四陰爻當位，六五居中，接近
尊位要順勢而行。故周文王祭祀天地，就是順勢而為，納天下
萬民之輿情，終吉而無咎，柔爻當位本質皆順物之情，自然立
功達業。

> 六五：貞吉，升階。
> 象曰：貞吉升階，大得志也。
> 占義：順境之中，讓利謙遜中正不可免。

升得尊位，體柔而下應九二，虛心禮賢下士。「升階」者，居尊位不擅自專權，應廣開升階大道，納而不拒，任而不專，虛懷若谷而納百川，故志向得遂。《程頤傳》：「階，所由而升也。任剛中之賢，輔之而升，猶登進自階，言有由而易也。指言九二正應，然在下之賢，皆用升之階也，能用賢則彙升矣。」階，指晉陞之正道，六五以正道陞遷群臣，等於得眾臣輔佐。程頤傳：「君道之升，患無賢才之助爾。」

> 上六：冥升，利于不息之貞。
> 象曰：冥升在上，消不富也。
> 占義：得利令人志昏，潔身自保富不消。

「冥」者，黑暗，深遠。「冥升」，《程頤傳》：「六以陰居升之極，昏冥於升，知進而不知止者也，其為不明甚矣。」上卦之坤道陰柔暗昧，處升卦之終極，若不知當止則止，是蒙昧無知的。「利于不息之貞」，《程頤傳》：「求升不已之心，有時而用於貞正，而當不息之事，則為宜矣。」故君子於貞正之德，終日乾乾，自強不息。反之，貪婪奢望之事，不宜以升卦精神面對。「消不富」者，消指消衰；不富，無復增益也，指將上進之心平復，以免物極必反。《程頤傳》：「昏冥於升，極上而不知已，唯有消亡，豈復有加益也？」一卦之終，不能包容萬物俱皆晉升，然為政不可息，但

上六進入卦中窮極之地，勞不可久；於今之計，先求潔身自愛，為政不息，切勿沉溺於物欲之中。

47. 困卦

	困卦：坎下兌上(河中无水之卦，守己待時之象)。
	卦辭：困，亨貞，大人吉，无咎，有言不信。

〈序卦傳〉：「升而不已必困，故受之以困。」《程頤傳》：「兌上而坎下，水居澤上，則澤中有水也；乃在澤下，枯涸无水之象，為困乏之義。又兌以陰在上，坎以陽居下，與上六在二陽之上，而九二陷於二陰之中，皆陰柔揜於陽剛，所以為困也。君子為小人所揜蔽，窮困之時也。」大道無常，長遠必返，恆升必困。小人遭困，窮斯濫矣；君子遭困，不改節操。故困卦對有德之人，困而不失其道，亨通有利。切勿巧言弄辭，而遭不信之謗。畢竟落井下石，過河拆橋，多過於雪中送炭。

判曰：困者，危也。水在澤下，萬物不生，君子困窮，小人濫盈。三山幽谷，向暗背明。占者有難，守而勿爭。

占義：坐守困地，控制情緒，變通待時而已。

> 象曰：困，剛揜(一ㄢ∨)也。險以說，困而不
> 　　　失其所亨，其唯君子乎？貞，大人吉，
> 　　　剛中也。有言不信，尚口乃窮也。

　　困卦，窮厄萎頓之名。剛揜，剛爻被柔爻遮蔽，指九二上下為陰爻；上六陰居九四、九五之上。「險以說，困而不失其所亨。」外卦兌悅，內卦坎險，君子雖然困頓，不改節操，但安其所遇，履正體而自求亨通。「其唯君子乎？」，嘆息語氣，指困厄中而亨通，唯君子所能，小人無法承擔。君子九二、九五皆剛而正直，正直所以為貞，大人利用剛中，若非如此，僅以口舌逞能，必窮困而無自處餘地。故君子固守剛中之道，造次顛沛無礙其操守。《王弼注》：「處困而用剛，不失其中，履正而能體大者也。能正而不能大博，未能濟困者也，故曰：貞，大人吉也。」指修德求通尚未完滿，「尚口乃窮」者，若徒尚口說，泡沫橫飛，仍自陷困境。

> 象曰：澤无水，困，君子以致命遂志。

　　澤中無水，澤上必枯槁，百物困頓而無生機。君子恰足以鍛煉德性，守道而遂其高志，貧賤而不移。《周易正義》云：「水在澤下，則澤上枯槁，萬物皆困，故曰：『澤无水，困也』。『君子以致命遂志』者，君子之人，守道而死，雖遭困厄之世，期於致命喪身，必當遂其高志，不屈撓而移改也，故曰『致命遂志』也。」

初六：臀困于株木，入于幽谷，三歲不覿。
象曰：入于幽谷，幽不明也。
占義：初時受困無凶勿憂，幽德必敗。

「臀困」者，初六陰爻不當位，困於最卑下之地位。以臀部受株木夾阻為比喻。「入於幽谷」者，與九四相應，九二橫阻於前，比喻困在幽谷。覿，來訪，會見。「三歲不覿」者，比喻三年之久，因局勢不利而受困於幽隱之中，自藏避困，伺機而動。《王弼注》：「最處底下，沉滯卑困，居无所安，故曰『臀困于株木』也，欲之其應，二隔其路，居則困於株木，進不獲拯，必隱邅者也，故曰『入于幽谷』也。困之為道，不過數歲者也。以困而藏，困解乃出，故曰『三歲不覿』也。」「幽不明」者，陰爻居於困卦，又自陷昏暗之中。

九二：困于酒食，朱紱(ㄈㄨˊ)方來，
　　　利用享祀。征凶，无咎。
象曰：困于酒食，中有慶也。
占義：聲色酒食，利人而損己之德。

「困於酒食」，《王弼注》：「夫謙以待物，物之所歸；剛以處險，難之所濟。履中則不失其宜，无應則心无私恃，以斯處困，物莫不至，不勝豐衍，故曰『困于酒食』，美之至矣。」以美德比喻酒食。程頤傳則云：「酒食，人所欲而所以施惠也。二以剛中之才，而處困之時，君子安其所遇，雖窮厄險難，无所動其心，不恤其為困也。所困者，為困於所欲耳。君子之所欲者，澤天下之民，濟天下之困也。(九)二未得遂其

欲，施其惠，故為困於酒食也。大人君子懷其道而困於下，必得有道之君求而用之，然後能施其所蘊。」比喻美德不遂。

「紱」者，祭服。「朱紱方來」，《程頤傳》：「二以剛中之德困於下，上有九五剛中之君，道同德合，必來相求，故云『朱紱方來』。」九二陽爻居陰位，執中道而無位，居坎水中爻險惡，上下陰爻不利奮進，暫且以酒食自養，待祭服送到，名正言順會聚正人賢士，登高一呼，舉事必成。「利用享祀」，君王利用祭祀典禮封官，聚集民心；比喻受九五重用，賜與權柄。此時征伐凶頑，必無咎悔。「中有慶」者，九二守其剛中之德，暫時以酒食自娛，靜待時機，必有後福。

> 六三：困于石，據於蒺（ㄐㄧˊ）藜（ㄌㄧˊ）。
> 　　　入于其宮，不見其妻，凶。
> 象曰：據於蒺藜，乘剛也。入于其宮，不見其妻
> 　　　，不祥也。
> 占義：眾叛親離，腹背受敵，改弦易轍。

「困於石，據於蒺藜」，石，九四；蒺藜，九二。六三陰柔居陽位，才德不足，前有九四應於初六，又堅硬如磐石擋道，自身陷入荊棘之中，九二剛強不馴，如坐針氈，以至四面楚歌。「入于其宮，不見其妻」，回到自己的寢宮，連最親愛的妻子都不見，天地之大，無地容身。《周易正義》：「石之為物，堅剛而不可入也。蒺藜之草，有刺而不可踐也。六三以陰居陽，志懷剛武，己又无應，欲上附於四，四自納於初，不受己者也，故曰『困於石』也。」六三陰爻居陽位，腹背受

敵。《周易正義》：「无應而入，難得配偶，譬於入宮，不見其妻，處困以斯，凶其宜也。」以不見其妻比喻眾叛親離之困境。不祥，指不善不吉。

九四：來徐徐，困于金車，吝，有終。
象曰：來徐徐，志在下也。雖不當位，有與也。
占義：抱負無從發揮，徐圖解套之途。

「來徐徐」，疑懼之辭。「金車」，謂九二陽剛，足以勝任負載重責。何以被困？《王弼注》：「志在於初而隔於二，履不當位，威令不行。棄之則不能，欲往則畏二，故曰『來徐徐，困於金車』也。」九四志在於初六，自身陽爻居陰，履不當位，阻隔於九二，以至徐行而困。另說，乘坐金車即大人，大人之志與九五不應，無從發揮。「吝，有終」，初六最終才相應九四。

《王弼注》：「有應而不能濟之，故曰『吝』也。然以陽居陰，履謙之道，量力而處，不與二爭，雖不當位，物終與之。故曰『有終』也。」「有終」《正義》：「以陽居陰，不失謙道，為物之所與，故曰『有終』。」有應而不能相濟，知鄙吝而奮發。雖不當位，疑懼徐行，不敢疾速，謙卑之象，尚有同類初六相應，吉凶未知，尚可一搏。「有與也」，指初六來相應。

九五：劓刖（ㄩㄝˋ），困於赤紱，乃徐有說，利用祭祀。
象曰：劓刖，志未得也。乃徐有說，以中直也。利用祭祀
　　　，受福也。
占義：受累於困境，徐圖尚須虔敬變通。

「劓」，截鼻。「刖」，砍足。劓刖，初上兩爻皆陰，比喻上下受刑傷，或解為阢陧不安。「赤紱」者，諸侯之代稱。九五「利用祭祀」，九二「利用享祀」，兩者雖剛爻无應，但利用祭祀典禮之誠心卻道同德合。「困於赤紱，乃徐有說」九五剛強太盛，用刑太過，故諸侯不服而失去民心志向。當王權受困，應不貪不暴，寬緩而徐徐解困，以九五剛中正直，再利用祭祀展現對天地至誠，四方所歸，人民心悅誠服，故人心匯聚。「乃徐有說」，《王弼注》：「九五剛猛，不能感異方之物也。若但用其中正之德，招致於物，不在速暴而徐徐，則物歸之而有說矣，故曰『乃徐有說』也。」與九五溝通，應慢工出細活。「以中直也，利用祭祀，受福也」，九五居中正直，寬緩修德，利用祭祀表現誠意，得受四方與鬼神賜福。

上六：困于葛藟（ㄌㄟˇ），於臲（ㄋㄧㄝˋ）卼，
　　　曰動悔有悔，征吉。
象曰：困于葛藟，未當也。動悔有悔，吉行也。
占義：脫困雖然吉利，悔悟之心長存。

「葛藟」者，引蔓纏繞之草。「臲卼」者，動搖不安。上六處於困卦之極，承於陽剛，六三無應，行則蔓草纏繞，居則動搖不安，悔而思慮，有悔可思，故知悔而征行必獲吉。《程

頤傳》：「動悔，動輒有悔，无所不困也。有悔，咎前之失也。曰，自謂也。若能曰，如是動皆得悔，當變前之所為，有悔也；能悔，則往而得吉也。困極而征，則出於困矣，故吉。」上六能因處境困難，忌諱動輒得咎，故牽動反省自悔，痛改前非，往征而無處不吉。上六與六三都是困境，六三不見其妻，是因為以陰乘剛，行事暴凌；而上六是以陰乘陰，徐緩取悅，而得征吉。

48. 井卦

	井卦：巽下坎上（珠藏深淵之卦，守靜安常之象）。 卦辭：井，改邑不改井，無喪無得，往來井井。汲至亦未繘（ㄩㄝˋ）井，羸其瓶，凶。

〈序卦傳〉：「困乎上者必反下，故受之以井。」井卦與困卦互為綜卦。困則窮困而思慮，物極必反，可得井卦源源不斷之活水養育。以道德比喻水井，養物不窮，故修德養民是不能變遷的。「改邑不改井」，村邑可以搬遷，井口固定於地中，而井水是民生必需品。「無喪無得」者，井水終日引汲，未嘗有損；終日灌注，未嘗言益。「往來井井」者，眾人共用一口井汲水，水性潔淨，不渝變化。

「繘」，提水的井繩。「羸」，打破。以汲水出井而水瓶被打破，比喻君子修德養性，應有始有終，切勿功虧一簣。《周易正義》：「『井』者，物象之名也。古者穿地取水，以瓶引汲，謂之為井。此卦明君子脩德養民，有常不變，終始无

改，養物不窮，莫過乎井，故以修德之卦取譬名之『井』焉。
『改邑不改井』者，以下明『井』有常德，此明『井』體有
常，邑雖遷移而『井體』无改，故云『改邑不改井』也。」

判曰：井者，靜也。邑乃可改，井不可移，安身勿動，守道
　　　無虧，所作于人，且宜修之，逃亡難得，應沒還期。
占義：井道大公無私，公共財應共同管理使用。

象曰：巽乎水，而上水，井。井，養而不窮也。改
　　　邑不改井，乃以剛中也。汲至亦未繘井，未
　　　有功也。羸其瓶，是以凶也。

　　　井卦，上卦為坎，水性柔順。下卦為巽木，巽為入。以木
入於水而提起井水。「養而不窮」，井水源源不絕，供養生息
不止。「改邑不改井，乃以剛中」，《王弼注》：「以剛處
中，故能定居其所而不變也。」以九二、九五皆剛正中道，故
無法為欲望邪念所撼動，井不能移動，所以隱喻為道德。「汲
至亦未繘井，未有功也」，掘井完成若缺乏打水的工具，無水
可用，亦無功用，比喻有賢人而不用，等於浪費社會資源。孟
子曰：「掘井九仞而未及泉，猶棄井也。」「羸其瓶」者，汲
水不慎打破陶罐，比喻修德未成，功虧一簣。

象曰：木上有水，井，君子以勞民勸相。

　　　木架上有水，表示提出井水飲用，而開井是村民團結的成
果。君子以井水滋養萬民，又以人民到井邊勞作家務的現象，

勸化勞民相互勉勵。《程頤傳》：「木承水而上之，乃器汲水而出井之象。君子觀井之象，法井之德，以勞徠其民，而勸勉以相助之道。」君子學習井水汲養而不窮的現象。

初六：井泥不食，舊井无禽。
象曰：井泥不食，下也；舊井无禽，時舍也。
占義：事無發跡，清理整頓，清除小人。

「井泥不食」者，初六以陰柔居下，與六四無應，汙泥沉在井底，不能接濟事物而獲其用。《程頤傳》：「井本濟人之物，六以陰居下，无上水之象，故為不食。井之不食，以泥也，猶人當濟物之時，而才弱无援，不能及物，為時所舍也。」沉於井底之泥渣，無法食用，比喻小人不應任用或初六才不堪用。

「舊井無禽」者，若人不食，則禽類亦隨之放棄。比喻非獨君王捨棄，連帶下位者亦不屑一顧。初六陰爻居陽位，履非其位，比喻以井泥。「下也」，井泥對民生無助，留在井下，比喻捨棄小人。「時舍」者，《程頤傳》：「无水而泥，人所不食也，人不食，則水不上，无以及禽鳥，禽鳥亦不至矣。見其不能濟物，為時所舍置不用也。若能及禽鳥，是亦有所濟也。」廢井不合時宜，君子不器，改時異地皆能貢獻才智。

九二：井谷射鮒（ㄈㄨˋ），甕敝漏。
象曰：井谷射鮒，无與也。
占義：資源未到位，器具不全，難以立功。

　　九二陽剛之才而居下卦，與九五無應，而相比於初六，比喻小人下達。「井谷射鮒」，「鮒」者，小魚，蝦蟹之類。能射這種小生物，表示水淺而不清。九二下比初六，比喻志在初爻，小魚蝦蟹比喻其道鄙微。「甕敝漏」者，《周易正義》云：「井而下注，失井之道，有似甕敝漏水，水漏下流，故曰『甕敝漏』也。」瓦甕破則井水無法提取，向下洩流。比喻九二自甘向下墜落。兩句話合併是人無材質，手無工具，眾人所棄。「無與」者，《周易正義》云：「井既處下，宜應汲上。今反養下，則不與上交，物莫之與，故曰『无與也』。」九二之水與九五無應，只能往下與初六相應，既不能往上，與井水上升背道而馳，即無功於飲水澤潤之用。此時九二應獨善其身，而不逐水漂流。

九三：井渫（ㄒㄧㄝˋ）不食，為我心惻，可用汲。
　　　王明，求受其福。
象曰：井渫不食，行惻也；求王明，受福也。
占義：整理職務本分，切莫急功近利，自有貴人。

　　「井渫不食」者，渫，治去穢汙。「為我心惻」，惻，心傷惻愴。君子志在為生民立命，不見用於世，心情不免悲悵。《王弼注》：「渫，不停污之謂也。處下卦之上，復得其位，而應於上，得井之義也。當井之義而不見食，脩己全潔而不見用，故『為我心惻』也。」「可用汲」，九二與九五無相應，九三與上六有應，應把握管道晉見，井水也需有人汲取向上，隱喻提拔人才。

「王明，求受其福」，英明的君王應該啟用九三。《程頤傳》：「若上有明王，則當用之而得其效。賢才見用，則己得行其道，君得享其功，下得被其澤，上下並受其福也。」君王用人得當，上下交相受福。「井渫不食，行惻也」，井中污泥清除乾淨，但一時間無人食用，使九三傷心愴然不已。比喻君子見世不得用，黯然神傷。為與上六相應，可用汲取的方法，得到君王明鑒，嘉許其行，上下皆受井水德澤之福氣。「王明」，君王明察，嘉其渫井之功。

> 六四：井甃（ㄓㄡˋ），无咎。
> 象曰：井甃无咎，修井也。
> 占義：守住本分，修治才學，靜待時機。

「井甃，无咎」，甃，治也，修補崩壞的井。《周易正義》云：「六四得位而无咎，自守而已，不能給上，可以脩井崩壞。施之於人，可以脩德補過，故曰『井甃无咎』也。」六四陰爻得位，才德不足承上啟下，亦能柔順自守，以磚疊井，修補井壁，比喻修飾臣節，既不曠廢職事，自無咎害。「修井」，比喻君子於晦暗之時，處正位，端正修己。

> 九五：井洌（ㄌㄧㄝˋ）寒泉，食。
> 象曰：寒泉之食，中正也。
> 占義：卦象有利於民生事業，兜攬民心士氣。

「井洌寒泉」，「洌」，潔也。九五居中得正，潔身自愛，必取寒泉潔水飲用；比喻帝尊僅任用賢能之士，搭配剛健

之志，盡力而為，莫問吉凶，將成敗拋諸腦後。《周易正義》云：「九五為卦之主，擇人而用之。洌，絜也。九五居中得正，而體剛直，既體剛直，則不食污穢，必須井絜而寒泉，然後乃食。以言剛正之主，不納非賢，必須行絜才高，而後乃用，故曰『井洌寒泉，食』也。」「寒泉之食，中正也。」寒泉，比喻賢臣。若非居中得正，則任用非賢，恐怕等不到上等寒泉吧！比喻君王應禮賢下士，才得有賢臣輔佐。

上六：井收。勿幕，有孚元吉。
象曰：元吉在上，大成也。
占義：凡有利公益之事業皆成，勿有私心。

「井收，勿幕」，井道有成，不擅自私用，不專收其利。「勿幕」，勿覆蓋，比喻基於私欲，私自掩覆。《周易正義》云：「上六，處井之吉，『水已出井，井功大成』者也，故曰『井收』也。『勿幕，有孚元吉』者，幕，覆也。井功已成，若能不擅其美，不專其利，不自掩覆，與眾共之，則為物所歸，信能致其大功，而獲元吉。」「有孚元吉」，誠心的將井泉利益推諸天下，推及公益事業，故眾心所歸而大有吉利。「元吉在上，大成也」，比喻井水到達上六，居井口之上，博施而有常，故眾人得寒泉飲食，井道畢其功而成。

49.革卦

䷰	革卦：離下兌上（豹變為虎之卦，改舊從新之象）。 卦辭：革，巳日乃孚，元亨利貞，悔亡。

　　巳，浹日，一旬十天。〈序卦傳〉：「井道不可不革，故受之以革。」井是固定的位置，不能更改，故接續大刀闊斧的改革。「巳」或「己」日各有說法，茲作為革新後的一段時期。《王弼注》：「夫民可與習常，難與適變；可與樂成，難與慮始。故革之為道，即日不孚，『巳日乃孚』也。孚，然後乃得『元亨利貞，悔亡』也。巳日而不孚，革不當也。悔吝之所生，生乎變動者也。革而當，其悔乃亡也。」正當的改革是必要而無悔恨的。「孚」，誠信、相信、確信等。革新後必有元亨利貞的新氣象。若人民對改革的陣痛期並不後悔，變動改革是亨通而有利的。革，去故也。《程頤傳》：「火在下，水在上，相就而相剋，相滅息者也，所以為革也。又二女同居，而其歸各異，其志不同，為不相得也，故為革也。」

判曰：革者，改也。改故就新，變易之道，交易其所，君子豹變，時有不遇，竝宜改革，守舊則凶，從新則吉。 占義：適時適地的改革事業，不宜激進強取。

> 彖曰：革，水火相息。二女同居，其志不相得，曰革。
> 　　　巳日乃孚，革而信之。文明以說，大亨以正。革
> 　　　而當，其悔乃亡。天地革而四時成。湯武革命，
> 　　　順乎天，而應乎人。革之時大矣哉！

　　「革，水火相息」，革卦，上卦為澤水，下卦為離火，火欲上而澤欲下。「息」，滅也。故水火交戰，變革而相生相息。「二女同居，其志不相得，曰革」，澤為少女，離為中女，二女同居，並非陰陽交感，其志不合；陰陽交戰必有變革。「巳日乃孚，革而信之」，變革初期必有適應不良，將出現既得利益者之阻逆反撲，故改革之時應詳細告知，至巳日後詳而信之。

　　「文明以說，大亨以正」，改革志願完成後，「革」道變化得當，因離火之文明，澤水之喜悅，使萬物大為亨通，革道正當而無悔。「天地革而四時成」，論天道，陰陽在天地間生息而有四季變革。「湯武革命，順乎天，而應乎人」，論人道舉湯武革命為例：夏桀、殷紂逆天行事，故商湯、武王上順天理，下應百姓，革其王命。改「革」的道理在時間點上，經常是風雲際會之時，關鍵成敗的意義很大。

> 象曰：澤中有火，革，君子以治歷明時。

　　「澤中有火，革」，澤中有火，則是靜水非動水，故火能燃燒在澤中，故澤中必無水。水火性質難以相容，陰陽偏枯也非長久之道，無水則陰陽偏枯，必以「革」道更新。《程頤

傳》：「水火相息為革，革，變也。君子觀變革之象，推日月星辰之遷易，以治厤數，明四時之序也。」改朝換代，君王自以為千秋萬世，故重訂曆法，使人民觀革時象，順天應人。

> 初九：鞏(《ㄨㄥˇ)用黃牛之革。
> 象曰：鞏用黃牛，不可以有為也。
> 占義：固守原地，靜觀時勢，黃中通理。

「鞏用黃牛之革」，「鞏」，鞏固。牛製成的皮索，以黃牛的皮較堅韌，也可以「黃」代表中道。初九發動改革，上不相應於九四，先選擇以黃牛的皮索鞏固自己的地位，比喻謹守中順之道，未肯造次。《王弼注》：「在革之始，革道未成，固夫常中，未能應變者也。此可以守成，不可以有為也。鞏，固也。黃，中也。牛之革，堅仞不肯變也。」革道之初，守成而不可激進。「不可以有為也」，伺機行動，堅忍自固，暫時不可妄動。

> 六二：巳日乃革之，征吉，无咎。
> 象曰：巳日革之，行有嘉也。
> 占義：按部就班的改革，無須躁進生敵。

「巳日乃革之」，離卦文明，但陰爻柔弱，順從有餘，專權不足，故相應九五，隨其後往征，始無咎害。《程頤傳》：「以六居二，柔順而得中正，又文明之主，上有剛陽之君，同德相應。中正則無偏蔽，文明則盡事理，應上則得權勢，體順則无違悖。時可矣，位得矣，才足矣，處革之至善者也。」六

二柔爻當位，柔順則進緩而無阻逆，當位則權勢穩固；如此「征吉，无咎」，無往不利。「巳日革之，行有嘉」者，鑒於掌握「征吉无咎」的條件，六二陰柔，觀察主客觀形勢後，以救蔽濟世之行為，得到嘉獎喜慶。

九三：征凶，貞厲，革言三就，有孚。
象曰：革言三就，又何之矣？
占義：認真改革，協調眾議，棄舊從新。

「征凶，貞厲」，澤卦在火之上，水性陰柔可以接受變革。而九三在下卦離火之上，躁動而無法猝然接受改革，九三離火之上爻，澤水在上，下乘陰爻，進犯無力，與上六相應，但九四、九五剛厲橫阻於前。若一昧執著必然危厲變革之道。《程頤傳》：「九三以剛陽為下之上，又居離之上而不得中，躁動於革者也。在下而躁於變革，以是而行，則有凶也。然居下之上，事苟當革，豈可不為也？」初九與九三條件不同。

「格言三就」，格言，將革而謀謂之言，指改革的輿論。三，多。就，成就。指九三再三耳提面命，加強溝通，熱誠之情，溢於言表，而得到認同。「又何之矣？」再三審慎評估改革的方案，確實符合人民的利益，始推出上下一致的改革信念，順理時行，非一己之私，利人利己何需三心兩意？

九四：悔亡，有孚，改命吉。
象曰：改命之吉，信志也。
占義：卦象有利於尋找合作，伸張自己的志向。

「悔亡，有孚，改命吉」，九四與初九不相應，初九在下卦之下，改革未成，未能變道；九四處上卦之下，所以能變。居水火會變之始，不移改命之志，合於時空條件，故伸張改革大志，能變則無悔。《王弼注》：「初九處下卦之下，九四處上卦之下，故能變也。无應，悔也。與水火相比，能變者也，是以『悔亡』。處水火之際，居會變之始，能不固吝，不疑於下，信志改命，不失時願，是以『吉』也，有孚則見信矣。見信以改命，則物安而无違，故曰『悔亡，有孚改命，吉』也。」九四位於水火交接之處，相信改革是正當有利的，而願跟隨變革，以便合乎時代考量。「改命之吉，信志也」，改革成功之道，在於上下互信，有志一同。

九五：大人虎變，未占有孚。

象曰：大人虎變，其文炳也。

占義：變革必成，煥然一新，文質雙美。

「大人虎變」，「虎變」者，煥然一新，神采奕奕。九五居中處尊，剛健齊心的改革，損益適中，含章而文采郁郁。如果順天應人，自然履道坦坦，捨我其誰？故不勞占筮，得上下信服。《周易正義》云：「九五居中處尊，以大人之德為革之主，損益前王，創制立法，有文章之美，煥然可觀，有似『虎變』，其文彪炳。則是湯、武革命，廣大應人，不勞占決，信德自著，故曰『大人虎變，未占有孚』也。」「文炳」者，柄，著也。文質彬彬，斐然有成。

> 上六：君子豹變，小人革面，征凶，居貞吉。
> 象曰：君子豹變，其文蔚也。小人革面，順以從君也。
> 占義：上者革心，下者革面，人情順達。

　　「君子豹變，小人革面」，上六居變革之終極，「君子豹變」者，君子才智高於小人，受惠於變革，而潤澤滋身，如豹文蔚彰。「小人革面」，小人見識狹隘，受益雖淺，但變化其心志，或心志未變革提升，但怡情轉性也能和顏悅色，從容順應。《王弼注》：「居變之終，變道已成，君子處之，能成其文。小人樂成，則變面以順上也。」君子之德風，小人之德草，草隨風而偃。

　　「征凶，居貞吉」，革道到了終極之時，勿矯枉過正，得隴望蜀，居安守靜則吉。若不敬持守成，則革道復生變革，故不宜往征，以免遭致凶咎。《王弼注》：「改命創制，變道已成，功成則事損，事損則无為。故居則得正而吉，征則躁擾而凶也。」「君子豹變，其文蔚也」，君子受到教化，文質彬彬，文采蔚然。「小人革面，順以從君也」，收斂邪惡，擇善順從君王之教令。

50.鼎卦

䷱	鼎卦：巽下離上(調和鼎鼐之卦，去舊取新之象)。 卦辭：鼎，元吉，亨。

　　〈序卦傳〉：「革物者莫若鼎，故受之以鼎。」鼎卦與革卦互為綜卦，上卦離火，目明；下卦巽風，禮賢下士，故元吉亨通。《王弼注》：「革去故而鼎取新，取新而當其人，易故而法制齊明，吉然後乃亨，故先『元吉』而後『亨』也。鼎者，成變之卦也。革既變矣，則制器立法以成之焉。變而无制，亂可待也。法制應時，然後乃吉；賢愚有別，尊卑有序，然後乃亨，故先『元吉』而後乃『亨』。」革卦是革去陋習，鼎卦是創新法制。鼎上鑄有國家重要文獻，是國家意識與朝代革新的表現重點。革道完成，聖人制器立法，鼎新去故，然後吉利亨通。鼎之為器有二義：烹飪之用與物象之法。

判曰：鼎者，定也。鼎象九州，和羹之器，變生
　　　為熟，以成香味。鼎乃易溢，不宜爭事。
　　　官鬼持世，求官最利。
占義：卦象利於求官、上任，南方與中央不順。

象曰：鼎，象也。以木巽火，烹飪也。聖人烹以享
　　　上帝，而大烹以養聖賢。巽而耳目聰明，柔
　　　進而上行，得中而應乎剛，是以元亨。

　　「鼎，象也」，有法象與烹飪之用。「以木巽火，烹飪也」，烹飪之時，以木生火，火藉風勢，巽木又為風。「聖人烹以享上帝，而大烹以養聖賢」，《周易正義》云：「烹飪所需，不出兩種，一供祭祀，二當賓客。若祭祀則天神為大，賓客則聖賢為重，故舉其重大，則輕小可知。享帝直言『亨』，養人則言『大亨』者，享帝尚質，特牲而已，故直言『亨』，

聖賢既多，養須飽飫，故『亨』上加『大』字也。」常人重飲食，聖人注重烹飪在祭祀與養賢之作用，祭祀乃尊天敬祖，烹飪乃接待眾賢人，以求輔佐君王。

「巽而耳目聰明，柔進而上行」，巽為入，離為目，故耳目聰明。離中女，巽長女，皆為柔性象徵；與初六柔推，六五柔拉，下卦巽柔隨火性而上行。「得中而應乎剛」，六五得中有九二陰陽相應，故亨通的開始。鼎卦，卦象與「鼎」形象接近，初六鼎腳，九二、九三、九四象鼎腹，六五鼎耳，上九鼎蓋。

> 象曰：木上有火，鼎，君子以正位凝命。

「木上有火」，離火在上，巽木在下，木上生火，有藉「鼎」烹飪之象。君子體會「鼎」卦木上有火，四平八穩的形象，端正嚴謹而接受君命，出使於四方，籌謀於其政。《程頤傳》：「君子觀鼎之象，以正位凝命。鼎者法象之器，其形端正，其體安重。取其端正之象，則以正其位，謂正其所居之位。」以鼎的卦象比喻為德威重。

> 初六：鼎顛趾，利出否；得妾以其子，无咎。
> 象曰：鼎顛趾，未悖也；利出否，以從貴也。
> 占義：問子息平安無事，問小人尚待出清。

「鼎顛趾」，初六是鼎卦之始，鼎覆則趾顛。鼎顛趾，將鼎顛倒，趾就在顛部。「利出否」，利於整理鼎中否穢之物，比喻清除敗類。《周易正義》：「凡陽為實而陰為虛，鼎之為

物，下實而上虛。初六居鼎之始，以陰處下，則是下虛上實，而鼎足倒矣，故曰『鼎顛趾』也。『利出否』者，否者不善之物，鼎之倒趾，失其所利，鼎覆而不失其利，在於寫出否穢之物也，故曰『利出否也』。」鼎新除舊，應善用時勢。

「得妾以其子，无咎」，妾婦雖非正室，但正室無出，若妾生有賢子，母以子貴，以之為繼室，免於不孝無後之咎患。《周易正義》：「妾者側媵，非正室也。施之於人，正室雖亡，妾猶不得為室主。妾為室主，亦猶鼎之顛趾，而有咎過。妾若有賢子，則母以子貴，以之繼室，則得『无咎』。」妾要以子為貴，否則屬於顛倒家庭倫理。「鼎顛趾，未悖也」，將鼎倒置是倒行逆施的現象，但如果為了清除敗類不算悖道。《程頤傳》：「鼎覆而趾顛，悖道也。然非必為悖者，蓋有傾出否惡之時也。」「利出否，以從貴也」，指棄穢納新。《程頤傳》：「去故而納新，瀉惡而受美，從貴之義也。應於四，上從於貴者也。」與九四相應，從子貴而扶正。

> 九二：鼎有實，我仇有疾，不我能即，吉。
> 象曰：鼎有實，慎所之也；我仇有疾，終无尤也。
> 占義：靠人不如靠自己，遠離小人。

九二得中道，履非其位，「鼎有實」者，九二陽剛比喻物體實存於鼎中，不可復加，否則器滿則傾，弄巧成拙。「我仇有疾」，仇，匹配，或謂配偶，或為六五。疾，妬害。「不我能即」者，六五乘於九三九四之上，困於乘剛之疾，騎虎難下，因為正應九二遭到阻隔；反而使九二剛實不得復加，故而

恰到好處，得吉利。另說，九二剛中，不惡而莊嚴，仇者無隙可趁，害不及我身。《王弼注》：「以陽之質，處鼎之中，有實者也。有實之物，不可復加，益之則溢，反傷其實。」

　　疾，六五與九二中間有九三九四阻隔，六五與九二相應，九二已經盈滿，六五欲來則必傾溢。《王弼注》：「困於乘剛之疾不能就我，則我不溢，得全其吉也。」九二自力更生。「鼎有實，慎所之也」，《王弼注》：「有實之鼎，不可復有所取。才任已極，不可復有所加。」忌功高震主，器滿則傾。「我仇有疾，終无尤也」，六五有乘剛之疾，不能增益於我，反使九二自守以正，運作自如。

> 九三：鼎耳革，其行塞，雉膏不食。方雨虧悔，終吉。
> 象曰：鼎耳革，失其義也。
> 占義：利益充塞鼎中，以致無法虛心受教。

　　「鼎耳革，其行塞」，初六是鼎趾，九二、九三、九四是鼎腹，九五是鼎耳。「鼎耳革」者，食物若被充塞至鼎耳，則鼎的作用無法實行。《王弼注》：「『鼎』之為義，虛中以待物者也。而三處下體之上，以陽居陽，守實无應，无所納受。耳宜空以待鉉，而反全其實塞，故曰『鼎耳革，其行塞』。」「雉膏不食」者，雉，指六五，有文明之德。膏，甘美之物，指祿位。九三以陽居巽之上，剛而能巽，故其才能足以濟世利人，但以陽居陽，守實無應，以致「雉膏不食」。也因九三與上九無應，比喻得不到上九支持，以鼎蓋打不開形容。「方雨虧悔」，雨者，陰陽交合的現象。九三陽爻不中，但統領巽、離陰卦，非全然剛亢

之象，以陰陽和諧為本，自求不虧於悔吝，終有吉利。「鼎耳革，失其義」，失去鼎卦虛中納實的意義。

九四：鼎折足，覆公餗（ㄙㄨˋ），其形渥（ㄨㄛˋ），凶。
象曰：覆公餗，信如何也？
占義：吃相難看，才不堪重用，及時悔悟。

「鼎折足」者，九四乃大臣，九四與初六相應，秉持民心剛健前往履新，殊不知陽爻居陰位，自身履非其位，致使鼎之足部折斷，比喻不堪重任。《王弼注》：「處上體之下而又應初，既承且施，非己所堪，故曰鼎折足」。「覆公餗」，糝也，粥類，八珍之膳，指鼎中食物傾倒，因九二、九三，至九四，一昧以陽爻撐往鼎中。「其形渥」，沾濡之貌，比喻辱及其身，因智小而謀大，不自量力且急功近利，以至凶相畢露。「覆公餗，信如何也？」以食物傾倒之穢象，表示吃相難看，無可信任，乃不信前面所說，如何云云等語。前車之鑑，後人之師，力薄不任重。

六五：鼎黃耳，金鉉（ㄒㄩㄢˋ），利貞。
象曰：鼎黃耳，中以為實也。
占義：以實利在中，虛以待人皆吉。

「鼎黃耳，金鉉」，黃，中也。金，剛也。鉉，穿耳的槓子，便於施力抬舉移位。《程頤傳》：「五在鼎上，耳之象也。鼎之舉措在耳，為鼎之主也。五有中德，故云黃耳。鉉，加耳者也。二應於五，來從於耳者，鉉也。二有剛中之德，陽

體剛中色黃，故為金鉉。五文明得中而應剛，二剛中巽體而上應，才无不足也，相應至善矣，所利在貞固而已。」六五居中以柔，親比於上，相應於九二，鼎耳放置於中位，都是利於鼎新之舉。「鼎黃耳，中以為實」者，六五居中，又得九二陽爻相輔，所受不妄皆為實利。

上九：鼎玉鉉，大吉，无不利。

象曰：玉鉉在上，剛柔節也。

占義：鼎鑊有利，必利益均霑而吉。

「鼎玉鉉，大吉，无不利」，玉，堅剛而有潤者。上九鼎蓋掀鍋，美食烹調完成，吉無不利。《周易正義》：「『鼎玉鉉』者，玉者，堅剛而有潤者也。上九居鼎之終，鼎道之成，體剛處柔，則是用玉鉉以自舉者也，故曰『鼎玉鉉』也。『大吉，无不利』者，應不在一，即靡所不舉，故得『大吉』而『无不利』。」上九是鼎道之成，本體剛健履柔之上，用勁施加在鉉棍，比喻能抬舉下位，上下感應，何往不利？「玉鉉在上，剛柔節也」，上九與六五相應，烹飪之道陰陽相濟，火候適中。《周易正義》：「以剛履柔，雖復在上，不為乾之『亢龍』，故曰『剛柔節』也。」

51. 震卦

震卦：震下震上（震驚百里之卦，有聲无形之象）。

卦辭：亨。震來虩虩（ㄒㄧˋ），笑言啞啞。震驚百里，不喪匕鬯（彳尢ˋ）。

〈序卦傳〉：「主器者莫若長子，故受之以震。」鼎是國家大器，主器者以長子最適合。「震」，動，振奮。「震來虩虩」，恐懼之貌。「笑言啞啞」，笑語之聲。震的作用是電光石火的整頓、震攝，以威嚴施之於人事，因恐懼後不敢為非作歹，故人民安居樂業而有笑語嘻聲。「震驚百里」，比喻王者整頓受封之管轄區。「不喪匕鬯」者，匕，酒匙。鬯，五穀類所釀之酒。比喻雷動萬里，驚不動手中酒匙，比喻臨危不亂，足以承擔維繫宗廟之責任。

判曰：震者，動也。重雷發響，百里飛聲，無事之者，愕然而驚。求謀和遂，官爵難成，空聞其響，不見其形。
占義：其初勢壯，其終水花泡沫，慎始懼終。

象曰：震，亨。震來虩虩，恐致福也。笑言啞啞，後有則也；震驚百里，驚遠而懼邇也。出，可以守宗廟社稷，以為祭主也。

震卦，亨通。鄭玄以卦象解釋：「震為雷。雷，動物之氣也。雷之發聲，猶人君出政教以動中國之人也。故謂之震。人君有善聲教，則嘉會之禮通矣。」《程頤傳》：以卦德解釋「陽生於下而上進，有亨之義。又震為動，為恐懼，為有主；震而奮發，動而進，懼而修，有主而保大，皆可以致亨，故震則有亨。」「虩虩」，恐懼貌。「恐致福」，因恐懼自省，臨事而懼，故而振奮威德。

虩虩之時，仍笑言啞啞，談笑風生。「後有則」，當面臨春雷驚動大地，而言行泰然自若，處變不驚，言行一如往昔準則，必有後福。鄭玄周易注以天象解釋人事：「雷發聲聞於百里，古者諸侯之象。諸侯出教令，能警戒其國內，則守其宗廟社稷，為之祭主，不亡匕與鬯也。」警惕諸侯領主守住宗廟社稷。「驚遠而懼邇」，驚遠，表示威德遠播。懼邇，表示內部攝伏。出，故君王巡狩，長子可以祭守宗廟社稷，擔任祭主。比喻擔綱一方，修己而達人。另解，匕為防衛武器，鬯為飲食，兩者均為生存條件，隱喻家園、飯碗可保平安。

> 象曰：洊雷，震，君子以恐懼脩省。

「洊」者，重重也，震雷相隨不已。君子戰戰兢兢，憂懼不肖賢慧，反身自省。君子畏懼天德，則反省而脩正，來知德註「惟此心恐懼，所以修省也。恐懼者，作于其心；修省者，見于行事。」震耳欲聾的雷聲，此起彼落，喚起君子感嘆大自然的威力，《論語·里仁》說：「見賢思齊焉；見不賢而內自省也。」

> 初九：震來虩虩，後笑言啞啞，吉。
> 象曰：震來虩虩，恐致福也；笑言啞啞，後有則也。
> 占義：凡事警惕在先，必有後福回報。

主爻可以先取陽爻又得位者。《程頤傳》：「初九，成震之主，致震者也。」初爻也暗示當機早斷。初九陽剛得位，面對震攝恐懼，冷靜應付，率以自身剛健面對險難，自因修身納

福後，而得笑顏逐開之吉象。「震來虩虩，恐致福」者，初始即知戒慎恐懼，提早準備必有福報。「笑言啞啞，後有則」，則，法則，準則，常態。不管是因為恐懼而脩身，或不敢違背法則，或因冷靜而談笑風生，凡不違常態都是吉利的。

六二：震來厲，億喪貝，躋（ㄐㄧ）于九陵，
　　　勿逐，七日得。
象曰：震來厲，乘剛也。
占義：面對事物衝擊，花錢消災勿逐利。

　　　厲，猛也，危也。六二陰爻居中，反初九之道，忽略面對震卦之警惕，震來則驚懼恐慌。「億喪貝」者，億，嘆息、感嘆，臆測度量。喪，拋棄。貝，資貨、糧食等，隱喻因人心渙散恐懼，造成物質方面的損失。「躋於九陵」，躋，升也，九，多也；準備黍稷以祭祀山嶽，陵，土山、高阜，慌忙躲到山野中，隱喻面對震攝人心的變動，而躲避至高地避難。「勿逐」，避難而失去的財貨不必追逐，因為六二貪圖安逸。「七日得」，周流六虛，終而復始，故七日來復，取概數而言自動回歸。隱喻兵荒馬亂之時，不應違逆天理追逐物欲，而應明哲先保身。俗諺「留得青山在，不怕沒柴燒」。「承剛」者，六二自恃乘凌初九，狐假虎威，又不相應六五，面對初九剛震進犯，身陷險地。

六三：震蘇蘇，震行无眚。
象曰：震蘇蘇，位不當也。
占義：外局不利，內部無氣，振作以待轉機。

「蘇蘇」者，畏懼不安，神氣緩散自失之狀。「震行无眚」，六三帶領下卦發動，震性奮發有為，六三居不當位，又與上六無應，相比之六二、九四皆不當位，只能提高戒慎，自無災眚之難。

九四：震遂泥。
象曰：震遂泥，未光也。
占義：動非其時，自陷泥沼，收斂志氣。

「震遂泥」，遂，墜落。九四陽爻處四陰爻之中，上下皆二陰爻圍繞，為眾陰之主，彷彿陷入泥沼，應帶頭振奮。《程頤傳》：「九四居震動之時，不中不正。處柔失剛健之道；居四無中正之德。陷溺於重陰之間，不能自震奮者也，故云遂泥。」「未光」，九四應自居眾陰之主，宜以威勇之身，安於群眾。若心懷震懼，則道德未能恢弘光大。另解，震發動與上下爻成為坎水，自化而陷於泥水中，無法發揮震攝之功效。

六五：震往來厲，億无喪，有事。
象曰：震往來厲，危行也；其事在中，大无喪也。
占義：驚懼危厲的環境，柔中固守本事。

六五上下無應，自身陰柔，居於五爻君位，其下九四又剛強震主，若長久居於雷聲轟隆之中必有喪失。「震往來厲」，來去都是不安震慄。「億無喪」，億，噫也；無喪，無所喪失。六五不當位居中，原來不管事，而有事者，六四墜泥，須利用六五居中之地位，面對危險的情境，固守中道而知避危趨

利。「有事」，長子固守宗廟社稷。「危行，其事在中」，危行，心存危懼，憂患而行。二、三、四爻艮卦，六五失位乘於高山之頂無應，故六五陰柔僅能掌握中道盡力而為。「大无喪」，掌握中道雖危無喪。

上六：震索索，視矍（ㄐㄩㄝˊ）矍，征凶。震不於其躬，於其鄰，无咎。婚媾有言。

象曰：震索索，中未得也；雖凶无咎，畏鄰戒也。

占義：詳周遭氛圍，取憂患戒懼，無利亦可保身。

「索索」者，顫慄、心不安。「矍矍」者，眼神游移、視覺不專。比喻上六處震卦之終極，而復前行，若不知所應止，所往必凶。「震不於其躬」，指九四震攝六五，力道未及於上六，而上六及時脩省自身，故无咎。另說，震攝驚懼雖非己身所致，而由鄰居六五所造成，無咎害。「婚媾有言」，婚媾，指所親而同受於震者，有言，不滿怨懟。自保有餘時，對於結親之鄰邦或即將婚媾之鄰邦，應情義相挺，以免有非議臨身。上六雖非中位，見六五震索索，唇亡齒寒，知所警惕。「中未得」，中指中理、中道、中心等。《程頤傳》：「若能見鄰戒而知懼，變於未極之前，則无咎也。」上六雖然受到驚攝但無咎害，以戒懼在先，引鄰居災禍為戒。

五、〈艮〉〈漸〉〈歸妹〉〈豐〉〈旅〉〈巽〉

52. 艮卦

䷳	艮卦：艮下艮上（遊魚避網之卦，積小成高之象）。 卦辭：艮，艮其背，不獲其身；行其庭，不見其人；无咎。

〈序卦傳〉：「震者動也。物不可以終動，止之，故受以艮，艮者止也。」艮卦與震卦互為綜卦，震一陽始生於下，其德為動；艮一陽終止於上，其德為不動，而事物現象本為一體兩面，震卦不能永無休止，故震卦之後以艮卦靜止。「艮其背，不獲其身」者，人以眼目見物，先視其面；若將目視停止於背面，則無法獲得其身全貌，等於無知無欲；隱喻為忘我，安於艮止之道。「行其庭」，艮為門關，兩個門中間就是庭院，而灑掃庭院時竟然視而不見，近則行走於庭院，止於背，故不見其人形象。不獲其身是忘我，不見其人是忘人，忘我忘人則無欲無私，《程頤傳》：「外物不接，內欲不萌，如是而止，乃得止之道，於止為无咎也。」比喻為能止於未然，治於事情未萌發之時。「無咎」，因為艮其背，止於當止。

判曰：艮者，止也。純艮危危，安靜无虧，時
　　止則止，時移則移。錢財散失，失在小
　　兒，尋求不得，東北宜之。
占義：當止則止，其行巍巍，景然無愧。

象曰：艮，止也。時止則止，時行則行，動靜不失其時，
　　其道光明。艮其止，止其所也；上下敵應，不相與
　　也。是以不獲其身，行其庭，不見其人；无咎也。

　　艮為山，山體靜止。「時止則止，時行則行」，天道運行，循環不已，時行時止，必行止兩用合一。「動靜不失其時」，運動與靜止在一定條件下互相轉化，日新又新，生生不息。九三、上九阻止陰爻進犯，當止則止。「艮其止，止其所也」，《程頤傳》：「夫有物必有則，父止於慈，子止於孝，君止於仁，臣止於敬，萬事庶物莫不各有其所，得其所則安，失其所則悖。」九三止住初六、六二，上九止住六四、六五，上下各自為政，陰陽分明。「上下敵應，不相與也」，八純卦皆世爻與應爻相沖，敵對不相應。故不見當面，不知其意，止而不交，對峙而不應，不如不見其人，不至有咎害。

象曰：兼山艮，君子以思，不出其位。

　　艮，止也，二艮重疊，止意更堅。「兼山艮」，項安世《周易玩辭》：「兩雷、兩風、兩水、兩火、兩澤，皆有相往來之理；獨兩山並立，各止其所，不相往來。人之一身，至易止者背，至難止者心。能使心之所思，各止其位，不貳不雜，

則可以言止矣。」君子體會此象，固守貞道。《論語・泰伯》：「不在其位，不謀其政。」君子固守其職位，以艮道之止，不涉入無謂風險。

初六：艮其趾，无咎，利永貞。
象曰：艮其趾，未失正也。
占義：危邦不入，亂邦不居，有道則見，無道則隱。

　　艮是照顧、注意、約束，「艮其趾」，初六為事物開端，約束照顧自己的行為舉止，若強行發動後必有得失。「艮」初六在「止」之初時，不可躁動，以其爻陰柔無應，行則得咎，故止道為無咎害。「未失正」者，來知德周易註：「理之所當止者曰正，即爻辭之貞也。」貞就是正。初六不當位，但止於趾，衡量主客觀條件作出正確判斷，即是守住常道。

六二：艮其腓，不拯其隨，其心不快。
象曰：不拯其隨，未退聽也。
占義：委曲求全，掛冠求去，不沾鍋。

　　「腓」者，腿也。「拯」，舉也，拯救。腓是利於運動之處，「不拯其隨」，指六二無法跟隨九三。六二居中得正，但與六五无應，不獲君王青睞，又為九三所止，等於六二之腓，無法拯舉跟隨九三。「其心不快」，自然因止非其所而不快。「未退聽」者，六二既不能整動，九三又不願謙退傾聽六二，比喻感情與現實乖違，難以取捨。

> 九三：艮其限，列其夤（一ㄣㄣ），厲熏心。
> 象曰：艮其限，危熏心也。
> 占義：所求內外憂心，無外援，反求下人。

「限」，僅在身之中也，上下交界的腰部，九三是六五之下唯一陽爻，「艮其限」的作用很大。九三當兩象之中，將一至五爻一分為二，體分二主，大器喪矣。「艮其限」者，指九三是位在上卦下卦之間，又有被限制的情況，不能靈活自如。「夤」，夾脊之肉，隱喻連結上下卦。「列其夤」者，分裂夾脊肉，比喻身體上下有分裂的矛盾情況。艮卦重疊，有各止其所，一分為二的憂厲。「熏」者，燒灼，比喻憂心忡忡，進退失據。不論限制身體或心靈，造成與事物隔絕均非道理。

> 六四：艮其身，无咎。
> 象曰：艮其身，止諸躬也。
> 占義：凡事進則反身修省，退則激勵能動，無外援。

六四「艮其身」比九三「艮其限」更進一步發展，陰爻不適合對外止進，應反躬修己。《王弼注》：「履得其位，止求諸身，得其所處，故不限於咎也。」六四爻是陰爻居當位，四爻位置是屬於身體，並非上下不接，故艮止是總止其身不分全體。「止諸躬」者，止住身體的躁動，應止則止。不正當的欲念產生時，應加以抑制。

> 六五：艮其輔，言有序，悔亡。
> 象曰：艮其輔，以中正也。
> 占義：雅言庸言序言，利於執中守正，使於四方。

「輔」，輔頰，六五位置接近口舌。比喻蓋上話匣子，約束自己的言語。「言有序」者，六五陰爻雖履不當位，但居中道，故言有中節次序，邏輯清晰，溝通無礙，恰如其分，故無悔吝之事。「以中正」，六五雖居中失位，但以中為止的行為標準，反而端正其行為。

> 上九：敦艮，吉。
> 象曰：敦艮之吉，以厚終也。
> 占義：所問以篤實厚道對應，終必有成。

艮為厚土堆積，上九又在艮卦終極，隱喻敦厚。「敦艮」，敦重如艮山之厚道，自止而不陷非妄，自清而不陷佞危，得敦厚自重而吉祥，乃得全身而退。《程頤傳》：「人之止，難於久終。故節或移於晚，守或失於終，事或廢於久，人之所同患也。上九能敦厚於終，止道之至善，所以吉也。」「厚終」，敦厚自終。《程頤傳》：「天下之事，唯終守之為難。能敦於止，有終者也。」六爻之終，創業維艱，守成不易，以忠厚的本性保固晚節。

53. 漸卦

| 漸卦：艮下巽上（高山植木之卦，積小成大之象）。 |
| 卦辭：漸，女歸吉，利貞。 |

〈序卦傳〉：「艮者止也。物不可以終止，故受之以漸，漸者，進也。」《正義》：「『漸』者，不速之名也。凡物有變移，徐而不速，謂之漸也。『女歸吉』者，歸，嫁也，女人生有外成之義，以夫為家，故謂嫁曰『歸』也。婦人之嫁，備禮乃動，故漸之所施，吉在女嫁，故曰『女歸吉』也。『利貞』者，女歸有漸，得禮之正，故曰『利貞』也。」艮止不可太過，不應陷滯而溺，應緩步漸進。上卦為巽風，下卦為艮山，風遇山必遲緩漸進。女子出嫁，其步驟為問名，訂盟，納采，納幣，請期，親迎等，需按部就班，如漸卦步驟之慎重，乃利女子於歸。

判曰：漸者，進也。漸進之義，動靜皆宜。食無求飽，
　　　款曲施為，婚姻和合，行人將歸。
占義：好事多磨，徐圖進展，百年之事莫急功。

象曰：漸，漸進也，女歸吉也。進得位，往有
　　　功也。進以正，可以正邦也。正其位，
　　　剛得中也。止而巽，動不窮也。

　　「漸，漸進也，女歸吉也」，漸卦，上卦為巽柔，下卦為艮止，漸漸而進之，施於人事婚姻，慢工出細活，女子有歸宿吉事。「進得位，往有功也。」九五剛中得位，六二往適九五相應，進而得正位，利於建功立業。「進以正」，二、三、四、五爻得正位。「可以正邦」，六二往應九五，以正道晉身，體現「漸」卦意義，故身體力行，足以端正家邦。「正其位，剛得中也。」六二陰爻居陰、九五陽爻居陽均得位，剛柔相應，名分端正，權位自然穩固。「止而巽，動不窮也。」《正義》：「止不為暴，巽能用謙，以斯適進，物无違拒，故能漸而動，進不有困窮也。」艮卦止進，巽卦謙柔，兩者並用，順乎事理而動化無窮。

象曰：山上有木，漸，君子以居賢德善俗。

　　賢德，君子賢養道德以修己；善俗，善教風俗以渡人。《正義》：「山上有木，漸者，木生山上，因山而高，非是從下忽高，故是漸義也。『君子以居賢德善俗』者，夫止而巽者，漸之美也。君子求賢得使居位，化風俗使清善，皆須文德謙下，漸以進之。若以卒暴威刑，物不從矣。」艮為山，巽木簇生在山上，日積月累之功夫。君子體會賢德善俗，漸以進德化民，欲速則不達。

初六：鴻漸于干，小子厲，有言，无咎。
象曰：小子之厲，義无咎也。
占義：問婚事吉，諸事有言而無進展。

「鴻漸于干」，「鴻」，水鳥。「干」，水涯。《正義》：「漸進之道，自下升高，故取譬。鴻飛，自下而上也。初之始進，未得祿位，上无應援，體又窮下，若鴻之進于河之干，不得安寧也，故曰『鴻漸于干』也。」以候鳥飛行，比喻婚媾列隊漸進而不亂。又水鳥水中覓食，柔順而不躁進，無應而能悠閒。「小子厲，有言，无咎」，初六上無應援，體又窮下，以常情而言是憂慮的，《正義》：「始進未得顯位易致陵辱，則是危於小子，而被毀於謗言，故曰『小子厲有言』。小人之言，『未傷君子之義』，故曰『无咎』也。」比喻初六尚無地位，易遭毀謗凌辱，閒言閒語或自怨自艾，不妨礙進德修業的志向，並非自己所造成之咎患。「小子之厲，義无咎也。」小子面對表面平緩的局勢，守柔奮進，雖有暗樁棘石，在義理並無過咎。

六二：鴻漸於磐，飲食衎(ㄎㄢˋ)衎，吉。
象曰：飲食衎衎，不素飽也。
占義：卦象小利有攸往，行有餘力則以學文。

「鴻漸於磐，飲食衎衎」，「磐」，平整安穩之石塊，「衎衎」，和樂之象。鴻鳥逐漸聚集在磐石之上，形成眾鳥和樂進食之情狀。比喻初六之「小子」已經得到職位，身家都有著落。《正義》：「六二進而得位，居中而應，得可安之地，故曰『鴻漸于磐』。既得可安之地，所以『飲食衎衎』然，樂而獲吉福也。」「不素飽」者，吃飽飯沒事幹；六二雖飽食自養，然不忘伺機待時而進；比喻君子不以口腹之欲為滿足，仍心懸天下。

九三：鴻漸于陸。夫征不復，婦孕不育，凶，利禦寇。
象曰：夫征不復，離群醜也；婦孕不育，失其道也；利
　　　用禦寇，順相保也。
占義：去心賊，不迷知返，遠離渣男女小人。

　　「鴻漸於陸」，九三與六四相親比，逐漸接近陸地。《王弼注》：「陸，高之頂也。進而之陸，與四相得，不能復反者也。」鴻鳥著陸可以嬉遊，樂不思蜀。「夫征不復，婦孕不育，凶，利禦寇。」《程頤傳》：「四，陰在上而密比，陽所說也。三，陽在下而相親，陰所從也。二爻相比而无應。相比則相親而易合，无應則無適而相求，故為之戒。夫，陽也。夫謂三。三若不守正，而與四合，是知征而不知復。征，行也。復，反也。不復謂不反顧義理。婦謂四。若以不正而合，則雖孕而不育，蓋非其道也，如是則凶也。三之所利，在於禦寇。非理而至者，寇也。守正以閑邪，所謂禦寇也。不能禦寇，則自失而凶矣。」「寇」，心賊，比喻不合理的事物。「禦寇」，修戒自身抵禦邪道。人夫迷合於外而不反，婦人非夫而孕，故「不育」，皆因非理而凶憾，引以為戒，利於守正而以閑邪拒惡。

　　「夫征不復，離群醜也。」人夫出征迷失於欲望，為悖離群類的醜態。「婦孕不育，失其道也。」非夫而孕，失去婦道，養育責任難以歸屬？「利用禦寇，順相保」，《程頤傳》：「君子之與小人比也，自守以正。豈唯君子自完其己而已乎？亦使小人得不陷於非義。是以順道相保，禦止其惡，故曰禦寇。」六三是艮卦上爻，其作用在止，故應抵禦心賊，堅

守本位時，連帶保護整體，不分裡外喜忌。

六四：鴻漸於木，或得其桷（ㄐㄩㄝˊ），无咎。

象曰：或得其桷，順以巽也。

占義：步步紮營，以謙卑經營事業。

「鴻漸於木」者，鴻鳥飽食後，飛進樹林枝頭。《程頤傳》：「謂四之處本危，或能自得安寧之道，則无咎也。如鴻之於木，本不安，或得平柯而處之，則安也。四居正而巽順，宜无咎者也。必以得失言者，因得失以明其義也。」因鴻鳥無爪，棲息枝頭終究不如桷木安穩。「桷」者，可以托住屋瓦之木椽。六四雖乘於陽剛（枝頭），不如往前相應九五（桷木）。「順以巽」者，《正義》：「四雖乘三體，巽而復下，三雖被乘，上順而相保，所以六四得其安栖，猶『順以巽也』。」六四義正而卑巽，順而漸入事理，以磐、木、桷為支點，步步為營，隨遇而安。

九五：鴻漸于陵，婦三歲不孕，終莫之勝，吉。

象曰：終莫之勝，吉，得所願也。

占義：日積月累，順時推誠感人而得願。

「鴻漸于陵」，陵，高岡。九五尊位，以高陵比喻地位。「三歲不孕」，比喻時間拖延很久。《程頤傳》：「陵，高阜也。鴻之所止，最高處也，象君之位。雖得尊位，然漸之時，其道之行，固亦非遽。與二為正應，而中正之德同，乃隔於三四。三比二，四比五，皆隔其交者也。未能即合，故三歲不

孕。」「終莫之勝」， 比喻發展順遂到九五，與六二相應，且各自履正居中， 三、四間爻不能久塞其途，打破三年無孕，終而遂其所願。「終莫之勝，吉，得所願也」，九五正配六二，君臣以中正相交，漸進之道，日久感人心，縱然有閑人居間，徐徐漸變，得其所願。

上九：鴻漸于陸。其羽可用為儀，吉。
象曰：其羽可用為儀吉，不可亂也。
占義：卦象風節明亮，進退為儀，無攸利。

「鴻漸于陸」上九無處可應，超然退於權祿之外。「其羽可用為儀」，羽，白麗亮節，隱喻高潔的行為可為表率。《王弼注》：「進處高絜，不累於位，无物可以屈其心而亂其志。峨峨清遠，儀可貴也，故曰『其羽可用為儀，吉』。」鴻漸於陸，表示奮鬥到上位極品，上九與九三皆是內外卦最上爻，比喻飛鳥掌握從天而降之制高點。「其羽可用為儀吉，不可亂也。」比喻處於高位，不為物欲所累，自知動見觀瞻，以飛翔拍動羽毛的動作，作為威儀表率，故「漸」卦以漸進而不散漫其志，以其有序而不亂。

54.歸妹卦

歸妹卦：兌下震上(浮雲蔽日之卦，陰陽不交之象)。

卦辭：歸妹，征凶，无攸利。

〈序卦傳〉：「漸者進也。進必有所歸，故受之以歸妹。」歸妹卦與漸卦互為綜卦，婦人謂嫁為歸。上卦為震，震為長陽。下卦為兌，兌為少陰。長陽下悅少陰，說動歸嫁。震者，動成一家；兌者，悅成口舌。歸妹卦在人生的時限上，即指婚姻生活之期限，初爻為時尚早，上爻失之過遲，以二爻到五爻為宜；然而四個爻，陰爻居陽，陽爻居陰，爻象凶險。征凶，指強婚後，無所得利。

《程頤傳》：「卦有男女配合之義者四：咸、恒、漸、歸妹也。咸，男女之相感也，男下女，二氣感應，止而說，男女之情相感之象。恒，常也，男上女下，巽順而動，陰陽皆相應，是男女居室夫婦唱隨之常道。漸，女歸之得其正也，男下女而各得其正，止靜而巽順，其進有漸，男女配合得其道也。歸妹，女之嫁，歸也，男上女下，女從男也，而有說少之義。以說而動，動以說則不得其正矣，故位皆不當。」「征凶，无攸利」，男動於上而女從之，位不當，動則不悅，無利而凶。

判曰：歸妹者，大也。歸妹未吉，其道將窮。天
　　　地不交，閉塞不通。有殃有咎，無始無終
　　　。所作不順，必見其凶。
占義：婚配自是兩情相悅，莽撞雷動安得禽。

象曰：歸妹，天地之大義也。天地不交，而萬物不興；
　　　歸妹人之終始也。說以動，所歸妹也。征凶，位
　　　不當也。无攸利，柔乘剛也。

「歸妹，天地之大義」，歸妹卦，歸妹即是少女出嫁，傳宗接代之始源。《程頤傳》：「陰陽交感，男女配合，天地之常理也。歸妹，女歸於男也，故云天地之大義也。男在女上，陰從陽動，故為女歸之象。」天地交合，萬物繁興，前者有終，後者有始，相續不窮，牽涉繼嗣不絕的人倫大義。反之，「天地不交，而萬物不興。」位於下卦之兌，迎合上卦之震，躍躍欲試。「征凶」者，二、三、四、五爻皆不當位，悅而一時衝動。「柔承剛」，六五乘九四，六三乘九二，妻奪夫權，無所得利。

> 象曰：澤上有雷，歸妹，君子以永終知敝。

「澤上有雷」，下兌上震，兌為澤，震為雷，澤上有雷，陽男牽動陰女，深知婚姻乃人倫大事，故長相廝守，始終如一。《程頤傳》：「歸妹，說以動者也，異乎恒之巽而動，漸之止而巽也，少女之說，情之感動，動則失正，非夫婦正而可常之道，久必敝壞。知其必敝，則當思永其終也。」忌諱夫婦反目成仇，先行知敝。「永終」，白頭偕老。君子體悟婚姻是終身之事，慎始知敝，願賭服輸。

> 初九：歸妹以娣（ㄉㄧˋ），跛能履，征吉。
> 象曰：歸妹以娣，以恒也；跛能履，吉，相承也。
> 占義：英雄不嫌職位低，患才德不配位。

「歸妹以娣，跛能履，征吉」，「娣」者，古代眾妾同事一夫之中最幼者。初九陽爻得位，以震得兌妻繼姊為娣。「跛

能履」者，以跛釋娣為年幼之偏房而不正，但妹隨姊出嫁，不失婚嫁之禮。《程頤傳》：「女之歸，居下而无正應，娣之象也。剛陽在婦人為賢貞之德，而處卑順，娣之賢正者也。」

「歸妹以娣，以恒也」，「娣」位卑下，只能獨善其身，保持恆久之德。而踐履歸妹之道，無往而不利。「跛能履，吉，相承也」，跛者不善於履步，比喻娣以恒常之心，安份輔佐相承家業，吉而相宜。

九二：眇能視，利幽人之貞。
象曰：利幽人之貞，未變常也。
占義：守定先天條件，發揮後天動能。

「眇能視，利幽人之貞。」眇者，僅一目可視。《王弼注》：「雖失其位，而居內處中，眇猶能視，足以保常也。在內履中，而能守其常，故『利幽人之貞』。」九二剛健不當位，但居內處中，履非其位，故能守其常道。娣妾此時處在幽微中，謹守側室妾道，睜一隻眼，閉一隻眼，利於自己的身分地位。「幽人」者，閨房中少女，未變常道，安靜守本分。「未變常也」，履中不偏，固執其志，利於妾的存在。

六三：歸妹以須，反歸以娣。
象曰：歸妹以須，未當也。
占義：名不正，言不順，僭越本分未當也。

「歸妹以須，反歸以娣。」六三陰爻居陽位，想當大老婆。《程頤傳》：「三居下之上，本非賤者，以失德而無正

應，故為欲有歸而未得其歸。須，待也。待者，未有所適也。六居三，不當位，德不正也。柔而尚剛，行不順也。為說之主，以說求歸，動非禮也。上无應，无受之者也。无所適故須也。女子之處如是，人誰取之？不可以為人配矣。當反歸而求為娣媵則可也，以不正而失其所也。」「娣」者，陪嫁丫環，眾妾中之稚者。六三陰爻佔據陽位，下乘九二陽剛，一心往前相應六五，凌越婦道，故遭到貶反，回歸「娣」位。「歸妹以須，未當也」者，六三不當位，只能當陪嫁品。

九四：歸妹愆期，遲歸有時。
象曰：愆期之志，有待而行也。
占義：婚姻大事，無須遷就，未逢其人其時莫進。

「歸妹愆期，遲歸有時」，女子九四陽剛為正德，居高貴之地，有賢能之才，人情所願娶。「愆期」，差違也，無應而失時。九四陽爻居陰位無應，自居坎卦之中位，坎險不得妄進，故等待彼道窮盡，四面楚歌，然後待之而行。「愆期之志，有待而行」，婚嫁應該及時進行，所以愆期者，由自己的意願決定佳期，而非彼方。九四有實料，人人所願娶之，所以愆期，乃有所等待，非得佳配不行嫁。《正義》：「嫁宜及時。今乃過期而遲歸者，此嫁者之志，正欲有所待而後乃行也。」婚齡已過，九四寧缺勿濫。

> 六五：帝乙歸妹，其君之袂（ㄇㄟˋ），不如
> 　　　其娣之袂良；月幾望，吉。
> 象曰：帝乙歸妹，不如其娣之袂良也；其位
> 　　　在中，以貴行也。
> 占義：凡事守禮，親和四方，莫炫耀。

　　「帝乙」，殷商倒數第二個君王。「袂」，衣袖。「帝乙歸妹」，紂王之父和親於周文王，其君之袂，指帝乙和親所嫁出六五，雖穿著金碧輝煌，但還不如陪嫁者娣之衣袖華麗，因為妾的衣著不宜超過嫡夫人。比喻六五下嫁九二，以少女順從長男，以尊高遷就卑下，以美德取勝。「月幾望」者，將近十五的月亮，接近圓滿，比喻結果吉利。「其位在中，以貴行也」，六五居柔得中，故有尊貴屈就下民之美德。《程頤傳》：「以帝乙歸妹之道言，其袂不如其娣之袂良，尚禮而不尚飾也。五以柔中，在尊高之位，以尊貴而行中道也。柔順降屈，尚禮而不尚飾，乃中道也。」歸妹之道在崇敬的禮儀，而不在豪華奢侈。

> 上六：女承筐无實，士刲（ㄎㄨㄟ）羊无血，无攸利。
> 象曰：上六无實，承虛筐也。
> 占義：男女各有職責，各盡本分，勿逆性行事。

　　「女承筐无實，士刲羊无血。」女子出嫁或祭祀，負責以手捧竹籃框裝填錢幣、乾肉、紅棗等吉祥物，既然「筐無實」表示女子失德無實物。「士刲羊」者，刲，割殺。男子刲羊而無血，比喻進退失職。上六到終極，無應於下，自身虛柔，

「承虛筐」，空捧虛框而往無利。《正義》：「女之為行，以上有承順為美；士之為功，以下有應命為貴。上六處卦之窮，仰則无所承受，故為女承筐，則虛而无實。又下无其應，下命則无應之者，故為『士刲羊』則乾而『无血』，故曰『女承筐，无實，士刲羊无血。』則進退莫與，故无所利。」

55.豐卦

豐卦：離下震上（日麗中天之卦，背暗向明之象）。

卦辭：亨，王假之，勿憂，宜日中。

〈序卦傳〉：「得其所歸者必大，故受之以豐。」《正義》云：「王假之」者，假，至也，豐亨之道，王之所尚，非有王者之德，不能至之，故曰『王假之』也。」王用豐亨无憂之德，得其所歸，適其所性，循序而進，必得豐美盛大。〈象傳〉與〈序卦〉皆以「大」訓「豐」。故財多德大為豐。豐必亨通，非有王者之德，不能至之。君王以日正當中般豐盛無憂之美德，照臨萬國。豐卦的背景應是指發生日食，「宜日中」，日食發生在白晝歸天道之事，人則應自主持盈保泰。

判曰：豐者，大也。日中見斗，幽而不明，
　　　此事適大，隱映其形，水中見日，无
　　　所取呈，求財未得，事卒難明。
占義：所求似乎豐盛，雷火有煙灰之兆。

> 象曰：豐，大也。明以動，故豐。王假之，尚大也。勿憂
> ，宜日中，宜照天下也。日中則昃，月盈則食，天
> 地盈虛，與時消息，而況於人乎？況於鬼神乎？

「豐，大也。明以動，故豐。」上卦震動，下卦離火光明，卦象豐盈滿足，盛德富有。「王假之，尚大也」，假，至也，王道崇尚豐大，比喻君臨萬國，以豐道徧照四方，風行草偃，因政道亨通而眾望所歸。「勿憂，宜日中，宜照天下」，指豐卦雷火光明，一掃陰霾，宜日正當中，徧照四方。「日中則昃」，盛必有衰，故日中太陽，過中則昃。「月盈則食」，月滿雖盈豐，過盈則蝕缺。「天地盈虛，與時消息」，天地寒暑往來，盈者與時而息，虛則與時而消。「而況於人乎？況於鬼神乎？」故天地隨時空而變化，人與鬼神則必然順應天道，唯以中道固守人道，萬古不變。

> 象曰：雷電皆至，豐，君子以折獄致刑。

「雷電皆至，豐」，《正義》云：「雷者，天之威動，電者，天之光耀。雷電俱至，則威明備，足以為豐也。」雷為動，離為火，雷電交作，聲勢盛大，明照在先，威動於後，天威如電光石火般豐碩壯大。君子體悟斷決訴訟，應輕重得宜，刑罰得體。

初九：遇其配主，雖旬无咎，往有尚。
象曰：雖旬无咎，過旬災也。
占義：對象應平分秋色，合夥事業不利。

「遇其配主」，初九相配九四。《正義》云：「豐者，文明必動，尚乎光大者也。初配在四，俱是陽爻，以陽適陽，以明之動，能相光大者也，故曰『遇其配主』也。」初爻陽剛，對應於九四陽爻，雖陰陽無應，唯以陽適陽，互相光大豐沛。「雖旬無咎，往有尚」者，《正義》云：「旬」，均也。俱是陽爻，謂之為均，非是陰陽相應，嫌其有咎，以其能相光大，故雖均，可以无咎，而往有嘉尚也。」兩雄相遇，平分秋色，無須嫌其非陰陽相應，「往有尚」者，往進是值得崇尚嘉許的行為。過猶不及，唯中庸而已。「過旬災也」，過旬，打破勢力均衡，則相傾奪，災咎即相繼而至。

六二：豐其蔀（ㄅㄨㄟ），日中見斗，往
　　　得疑疾，有孚發若，吉。
象曰：有孚發若，信以發志也。
占義：所問之事艱困前行，發誠則吉。

「豐其蔀」者，蔀，蒙蔽，用於遮蔽陽光之草席。「日中見斗」，斗是北斗星，日間見斗表示光線昏暗，比喻六二往應六五，九三、九四遮蔽前往道路，又六二得位，但六五陰柔居尊，昏庸之輩。「往得疑疾，有孚發若」，六五昏瞶，前往相應反得猜疑之疾，但六二履行自己的誠信，發揚豐美之道，必得相應之吉。《正義》云：「二以陰居陰，又處於內，幽闇无

所覩見，所豐在於覆蔽，故曰『豐其蔀』也。」比喻離火的光明被遮掩。

　　《正義》云：「『日中見斗』者，二居離卦之中，如日正中，則至極盛者也。處日中盛明之時，而斗星顯見，是二之至闇，使斗星見明者也。處光大之世，而為極闇之行，譬日中而斗星見。」日食使太陽被遮蔽，光明燦爛中的離火，竟足以白晝目視北斗星辰，比喻六二在離卦光明之中，有極為昏黯的景象。「信以發志」者，六二守中，以自己的誠信感動謙虛而中正的六五相應。

```
九三：豐其沛，日中見沬。折其右肱(ㄍㄨㄥ)，无咎。
象曰：豐其沛，不可大事也。折其右肱，終不可用也。
占義：局勢昏亂，勿驚慌失措，大事不成。
```

　　「豐其沛，日中見沬」，沛，幡幔，防禦盛光。「沬」，微昧之明，無名小星星。「折其右肱」，右手斷了，僅自守，無法承擔重任。《王弼注》：「應在上六，志在乎陰，雖愈乎以陰處陰，亦未足以免於闇也，所豐在沛，日中見沬之謂也。施明，則見沬而已，施用，則折其右肱，故可以自守而已，未足用也。」九三「豐沛見沬」終不可用，比六二「豐蔀見斗吉」還慘，因上有遮避陽光之物，光線陰昧，以施用折其右肱，無著力點，比喻局勢不明而有佞人居間危害，但自守其位，可得無咎，然終無大用。「折其右肱」，指發生日食驚慌失措而損害的景象。

九四：豐其蔀，日中見斗，遇其夷主，吉。
象曰：豐其蔀，位不當也；日中見斗，幽不
　　　明也。遇其夷主，吉行也。
占義：前途雖然不明，但遇到平等對待。

　　「豐其蔀，日中見斗，遇其夷主，吉。」九四「豐其蔀」
與六二日中見斗處境相同。九四陽爻居陰位，「遇其夷主」，
夷，平也，故九四與初九勢均力敵，在黑暗中往前遇「夷
主」，指初九，有賓主之義。比喻人臣時位不當，尋求同志相
挺，以避凶趨吉。九四處豐卦中，本應光明盛大，因「位不
當」，而「幽不明」。「幽不明」者，「遇其夷主，吉行
也」，九四處在陰位幽暗之地，有初九陽剛相應，放低身段，
故為吉行。六二攀附六五之尊貴，九四借用初九之陽剛；比喻
逆境中永不放棄尋求生機。

六五：來章有慶譽，吉。
象曰：六五之吉，有慶也。
占義：謙卑下人，處處皆貴人。

　　「來章有慶譽，吉」，六五以柔尊帝位，履中，處豐美之
道，以陰柔居中彰顯其德，得四方慶其美譽之吉。「來章」
者，六五主動下求六二來互利彰明。《程頤傳》：「五以陰柔
之才，為豐之主，故不能成其豐大。若能來致在下章美之才而
用之，則有福慶，復得美譽，所謂吉也。」六二的等待有回
報。兩者互補適得其助。「六五之吉，有慶也。」《程頤
傳》：「人君雖柔弱，若能用賢才，則可以為天下之福，唯患

不能耳。」疑人不用，用人不疑。

上六：豐其屋，蔀其家，闚（ㄎㄨㄟ）其戶，闃（ㄑㄩ�ˋ）其
　　　無人，三歲不覿（ㄉㄧˊ），凶。
象曰：豐其屋，天際翔也；窺其戶，闃其無人，自藏也。
占義：不宜封閉事業，坦開心胸，走開放路線。

　　上六陰爻，在豐卦之中，不應一昧豐美自居之屋，而應謙
卑低調。「豐其屋」者，超過其應有本分奢侈擴張豪宅。「蔀
其家」遮掩空曠屋宅，使之深藏幽隱，有違君子之道。「闚其
戶」，同窺。「闃」，寂靜。「三歲不覿」者，三年不見。以
上比喻君子應豐美其身，今反其道而幽隱深藏，凶吝而已。

　　《程頤傳》：「如上六者，處无一當，其凶可知。豐其
屋，處太高也。蔀其家，居不明也。以陰柔居豐大，而在无位
之地，乃高亢昏暗，自絕於人，人誰與之？故闚其戶，闃其无
人也。至於三歲之久而不知變，其凶宜矣。不覿，謂尚不見
人，蓋不變也。」上六閉門謝客，此後高而不明。「豐其屋，
天際翔也」，住豪宅，高高在上浮於太虛，自絕於人。「自
藏」者，放縱私欲，掩藏道德，其道鄙吝。徒有物質瑰麗，而
無人和情趣。

56. 旅卦

䷷	旅卦：艮下離上(如鳥焚巢之卦，樂極哀生之象)。 卦辭：旅，小亨，旅貞吉。

〈序卦傳〉：「豐，大也。窮大者必失其居，故受之以旅。」豐盛至於窮極，由奢入儉難，則必失其所安，故旅卦與豐卦互為綜卦。一昧的追求豐美盛大，由盛而衰，以致棲身之地動搖而羈旅在外。「旅」卦，離火在上卦，艮山在下卦，山止於下，火炎於上，下雖止而上附麗於外，比喻不受羈旅。因六五陰柔居中，失去本居地，而寄居他方，苟求存居之地，尚可得小亨。在旅行中，應堅持正道必得吉利。

判曰：旅者，客也。長途落落，羈旅淒淒。火
　　　行山上，逐高低。如鳥焚巢，无枝可棲
　　　。雖然先笑，後有悲啼。
占義：原地難以經營，轉機在外，四面羈絆。

象曰：旅，小亨。柔得中乎外，而順乎剛；止而麗乎
　　　明，是以小亨，旅貞吉也。旅之時義大矣哉！

旅卦，出外飄泊，寄人籬下，只有小的亨通。「柔得中乎外」，柔，六五居中在外卦，「順乎剛」，處於曲而求於剛。《王弼注》：「旅者，客寄之名，羈旅之稱，失其本居，而寄

他方，謂之為旅。既為羈旅，苟求僅存，雖得自通，非甚光大，故旅之為義，小亨而已。」《程頤傳》：「下艮止，上離麗，止而麗於明也。柔順而得在外之中，所止能麗於明，是以小亨。」

「柔得中乎外，而順乎剛；止而麗乎明，是以小亨」，《王弼注》：「夫陽為物長，而陰皆順陽。唯六五乘剛，而復得中乎外，以承于上，陰凶順陽，不為乖逆。止而麗明，動不履妄，雖不及剛得尊位，恢弘大通，是以小亨。今附旅者不失其正，得其所安也。」離為火，中女依然柔順，下卦為艮，順少男之剛性。離火附麗艮山，商旅在荒郊野外，有一宿之處，止其所止。「旅」卦教導漂泊羈旅與外出經商之生存哲學，衣錦榮歸或斷羽而歸，旅之時效意義甚大。

象曰：山上有火，旅。君子以明慎用刑，而不留獄。

「山上有火，旅。」《正義》云：「火在山上，逐草而行，勢不久留，故為旅象。又上下二體，艮止離明，故君子象此，以靜止明察，審慎用刑，而不稽留獄訟。」火山旅，火在山上，利於觀察明照。君子體會用刑將關係到人民權益，故應明察於先，慎斷於後，而不積壓案件，不羈押無辜者，使百姓早日脫離訴訟折磨。

初六：旅瑣瑣，斯其所取災。
象曰：旅瑣瑣，志窮災也。
占義：所求瑣瑣無益，收斂私欲而無災咎。

「旅瑣瑣，斯其所取災」，瑣瑣者，指初六陰柔卑下，細小卑賤之貌。「斯其所取災」，由於鄙猥瑣細，貪私欲不養大體，而取災至禍。《程頤傳》：「志卑之人，既處旅困，鄙猥瑣細，无所不至，乃其所以致悔辱，取災咎也。」比喻初六陰爻居陽位，斤斤計較，志意窮困而不成器，以致身不得所安，極易自釀災禍。「志窮災」者，君子羈旅在外應柔順中正，不卑不亢，不因環境而志氣窮困，小人則窮斯濫矣。

六二：旅即次，懷其資，得童僕貞。
象曰：得童僕貞，終无尤也。
占義：所問皆無亨通吉利，僅倖免於難。

「旅即次」，「即」，到達。「次」，舍。次者，旅行中安身之所。「懷其資」，得到生活所需的物資。「得童僕貞」，得到初六忠貞的童僕可供役使。六二守柔以中道，心懷賓主之義，主人也給予必要資助，可保無咎。《王弼注》：「得位居中，體柔奉上，以此寄旅，必獲次舍。懷來資貨得童僕之所正也。旅不可以處盛，故其美盡於童僕之正也。過斯以往，則見害矣。童僕之正，義足而已。」以童僕之象比喻旅人應柔順中正。不云吉利是因漂泊在外，故不云亨通往吉，僅求倖免「終无咎」。

九三：旅焚其次，喪其童僕，貞厲。
象曰：旅焚其次，亦以傷矣。以旅與下，其義喪也。
占義：顧此失彼，賞功不均，民心士氣挫散。

「旅焚其次」，九三陽剛得位不中，又居六二之上，且居
艮卦之首，狼子野心，喧賓奪主，與上九不相應，以致遭敵對
焚燒其安身之所。「喪其僮僕」，童僕逃散，四面楚歌，局面
危厲。「亦以傷矣」，因剛強恣肆，惹禍上身，而自我傷害。
「以旅與下，其義喪也」，以刻薄的態度對待下人，失去旅人
應有之道義。《王弼注》：「居下體之上，與二相得，以寄旅
之身而為施下之道，與萌侵權，主之所疑也，故次焚僕喪，而
身危也。」旅人九三忽略了初六的感受。

> 九四：旅於處，得其資斧，我心不快。
> 象曰：旅於處，未得位也。得其資斧，心未快也。
> 占義：人財雖保全無虞，水既往，地猶濕。

「旅於處，得其資斧」者，九四陽爻居陰位，雖得到羈旅
之處，但身居六五陰爻之下，有寄人籬下，懷才不遇的悽愴。
「我心不快」，《正義》云：「九四處上體之下，不同九三之
自尊，然不得其位，猶寄旅之人，求其次舍，不獲平坦之所，
而得用斧之地。言用斧除荊棘，然後乃處，故曰『旅于處，得
其資斧』也。求安處而得資斧之地，所以其心不快也。」「旅
於處，未得位也」，九四陽爻居陰位，未得其位，其下九三盤
據艮卦，雖自成局面，非九四所能制轄。「得其資斧，心未
快」者，所旅並非豐美之地，而是須用斧之銳利披荊斬棘，此
時當然心中不痛快。九四陽爻居陰位，雖然不缺資財利器，但
所居之處不得位，心不暢快，比喻懷才未受賞識。

> 六五：射雉，一矢亡，終以譽命。
> 象曰：終以譽命，上逮也。
> 占義：卦象宜對外經商，名利雙收。

「射雉，一矢亡，終以譽命」，〈說卦傳〉「離為雉」。六五陰爻柔順居中位。「射雉，一矢亡」，射雉鳥時連箭矢都連帶丟失，比喻無功而返。《王弼注》：「射雉以一矢，而復亡之，明雖有雉，終不可得矣。寄旅而進，雖處于文明之中，居于貴位，此位終不可有也。以其能知禍福之萌，不安其處以乘其下，而上承於上，故終以譽而見命也。」

《程頤傳》：「離為雉，文明之物。射雉，謂取則於文明之道而必合。如射雉，一矢而亡之，發无不中，則終能治譽命也。」雖然射中雉鳥，但雉鳥夾著羽箭遠颺而去。但也算箭無虛發，能牽引中道，執此以往，何愁美譽不臨？故六五中道的表現，知禍福之先機，不侵權於下，能承上以自保，最後得到良機，爭取美譽褒揚。「終以譽命，上逮也」，承歡君上，六五相應上九。

> 上九：鳥焚其巢，旅人先笑後號咷，喪牛于易，凶。
> 象曰：以離在上，其義焚也；喪牛于易，終莫之聞也。
> 占義：勝敗乃兵家常事，勝不驕，敗不餒。

「鳥焚其巢」，上九陽剛處陰柔，失位之象。賓客旅居在外，居於上位，不以謙恭，必遭眾人忌妒，侵奪其旅居之地，故以「鳥焚其巢」作為比喻。「旅人先笑後號咷」，上九經營

得利，高高在上得意忘形，後遭焚巢之凶。得意時先笑，忌害相繼而來則號咷。「喪牛於易」者，牛，象徵柔順。易，輕忽。另有解釋在名為「易」之地喪失牛隻。旅人失去柔順的美德，凶咎即將來臨；以離卦之火象徵焚燒之禍。

　　《正義》云：「最居於上，如鳥之巢，以旅處上，必見傾奪，如鳥巢之被焚，故曰『鳥焚其巢』也。客得上位，所以『先笑』。凶害必至，故『後號咷』。眾所同嫉，喪其稼穡之資，理在不難，故曰『喪牛於易』。物莫之與，則傷之者至矣，故曰『凶』也。」「終莫之聞」，離火災咎及身，眾人自顧不暇，危而不扶，無人賞識，九三不應，無人忠告以言，聞其終局，慘不睹言。

57. 巽卦

䷸	巽卦：巽下巽上(風行草偃之卦，上行下效之象)。 卦辭：巽，小亨，利有攸往，利見大人。

　　〈序卦傳〉：「旅而無所容，故受之以巽，巽者入也。」巽是謙遜，上下卦皆謙巽，隱喻命令通順送達，然而重複強調謙巽，所通達必然受限，故僅「小亨」。「利有攸往」，《周易正義》：「巽悌以行，物无違距」，以低調謙卑排除隔閡，與人相合。「利見大人」，《船山內傳》：「大人謂二五剛中，德位並隆者。選慎以入而相見，見斯利矣。」柔依附於剛，不敢為天下先。剛願接納柔，其德勢日益尊榮。前卦旅在

外，終究是以無所容身，而求於他人，巽卦柔順，利於求人。巽之德是以柔順為主，柔順僅能小而亨通。巽道利於交往，大人利於以巽柔用事。

> 判曰：巽者，順也。乃順成天，動用相尚，
> 　　　消息交通，無諸蔽障，惡事不同，風
> 　　　飄其響，所作隨順，進達之象。
> 占義：柔順謙遜，風行草偃，諸占無不利。

> 象曰：重巽以申命，剛巽乎中正，而志行；柔皆順
> 　　　乎剛，是以小亨；利有攸往，利見大人。

　　　巽卦，上下卦皆巽，「重巽以申命」，重覆發號施令，上位能接待屬下，屬下能奉承上位，以巽為風通令天下，無所不入。「剛巽乎中正」，九二、九五居上下卦之中位，剛而能巽，不失其中道。「志行」，利於伸張志向。卦義為柔，順從剛健，惟陰爻主事，故僅小有亨通。「利有攸往，利見大人」，剛柔並濟，固守中道，自然無往不利，利於見大人，謀求一官半職，上者濟世，下者養家。

> 象曰：隨風，巽，君子以申命行事。

　　　「隨風，巽，君子以申命行事」，風柔和而相隨，風行草偃，以萬物隨風搖擺流行，隱喻相隨之物無不順。君子體會巽卦無所不入之本義，先行告誡叮嚀，申令如風遠颺，發號司令應貫徹到底，並使眾人耳提聽隨，故君子以巽卦意義代表人民

接受服從訓令。

初六：進退，利武人之貞。
象曰：進退，志疑也；利武人之貞，志治也。
占義：事物之初不宜過柔，剛柔相濟則吉。

　　初六陰爻柔順，下達命令剛嚴不足，致使群臣進退不一，未能悉心從令，故先禮後兵，宜用武人整治。「進退」，《正義》：「初六，處令之初，法未宣，著體於柔巽，不能自決，心懷進退，未能從令者也。成命齊邪，莫善威武，既未能從令，則宜用武人之正，以整齊之。」「武人」，剛強果毅，知進羞於退。「志疑」者，初六陰柔，使受命者未明其令，進退狐疑。「志治」者，未明其令又懼罪及身，故以武人整治，強調命令之剛嚴必行。卦象初六，卦名巽柔，宜武人相配。

九二：巽在床下，用史巫紛若，吉，无咎。
象曰：紛若之吉，得中也。
占義：經營事業四平八穩，不可有死角。

　　「床」者，卜筮所設的台案，床下陰暗，引巽風無所不入之意。「史巫」者，接事鬼神之人。「紛若」者，甚多之貌。「巽在床下」，九二在巽的下卦，以陽居陰，臨事用居中之德，以巽卦卑柔之質，虔誠禱事，不輕易藉由威勢排難解紛，吉無咎害。隱喻以尊天地敬鬼神的精神取得眾人擁護。「得中」者，九二陽爻不得位但居中，且不呼應九五，因為吉祥來自於虔誠的心意。

> 九三：頻巽，吝。
> 象曰：頻巽之吝，志窮也。
> 占義：管理事業，直方大，不可叨民。

　　「頻」者，頻蹙憂戚之容。「吝」，鄙吝。九三雖陽爻得位，但與上九無應，且為六四所乘，心懷不快。「頻巽，吝」，頻頻發布公報，幾達擾民。《正義》：「九三體剛居正，為四所乘，是志意窮屈，不得申遂也。既處巽時，只得受其屈辱也。頻蹙而巽，鄙吝之道。」比喻由巽道表現出過於謙卑，而無所進展。「志窮」者，方法窮困，重複申令，或屢屢顯示過於謙柔，都是志向困窘，鄙吝之象。

> 六四：悔亡，田獲三品。
> 象曰：田獲三品，有功也。
> 占義：上下巽順，近利市三倍。

　　「悔亡」，無悔。《程頤傳》：「陰柔无援，而承乘皆剛，宜有悔也。而四以陰處陰，得巽之正，在上體之下，居上而能下也。居上之下，巽於上也。以巽臨下，巽於下也。善處如此，故得悔亡。」六四得位承九五，承乘皆剛，處境不利。但陰爻居陰位，柔順守中，承尊以行申命，反而扭轉乾坤得獲「三品」。「田獲三品」，三品者，乾豆先用於祭祀，其次宴請賓客，最後充君之庖廚，比喻六四畋獵豐盛。「有功」者，六四柔爻，上下相比皆剛爻相應。田獵有收穫，比喻聽令行事必有功績。

> 九五：貞吉悔亡，无不利，无初有終。先庚三日，
> 　　　後庚三日，吉。
> 象曰：九五之吉，位正中也。
> 占義：事物之溝通應明確，再三確認，減少失誤。

　　九五陽爻居中得尊位，實行政令無不利，「無初」者，改革初期必有阻力，若用剛直行令，而不諄諄教化，則民不誠悅，初期收益不大。「有終」者，柔順中道，邪道消失，終於中正，使萬物服從化生。「先庚三日，後庚三日」者，庚者，庚祿在申，庚即是以政令變更。先庚三日是丁，叮嚀。人民蠱惑日久，故政令須先三令五申，以三日隱喻相當期限，然後誅而無怨。「位正中」者，九五陽爻居中位，利於教化申命。「九五之吉，位正中」，過猶不及，以中正齊物，得中道善利而趨吉。

> 上九：巽在床下，喪其資斧，貞凶。
> 象曰：巽在床下，上窮也；喪其資斧，正乎凶也。
> 占義：窮則變，變則通，迂腐不通則凶。

　　上九以陽居陰位，居卦位終極，「巽在床下」者，比喻過於謙遜而失其剛斷，床下幽暗，比喻僅處理芝麻小事。「喪其資斧」者，資，所有也，亦指財貨；斧本用於斬決，以喻君王威斷之勢。「上窮」，上九巽柔太過，不能當機行權，則以喪其資斧比喻無法以威勢行權。「正乎凶」，故上九無公權力裁斷法理，無資財以聚人，自以為行正道而不知迂腐致遭凶。

六、〈兌〉〈渙〉〈節〉兮〈中孚〉至

58.兌卦

    	兌卦：兌下兌上(江湖養物之卦，天 　　　　降雨澤之象)。 卦辭：亨、利貞。

〈序卦傳〉：「巽者入也。入而後說之，故受之以兌，兌者說也。」兌卦與巽卦互為綜卦。巽卦出自真心的柔順，必得他人的喜悅回饋，自己也能感應和悅的氣氛。兌為澤，澤能潤生萬物，提供水利，滋潤農作物，調節氣候等。亨通、利益、貞道，魚貫而得，利益領導者提供恩澤養民。相悅則相入，相入則相悅。「利貞」，柔在外有利可圖，貞在內理直氣壯，追求喜悅之亨通，必須依循常道。本卦在說明悅人、悅己與面對外來諂媚取悅的應付之道。

判曰：兌者，悅也。澤潤萬物，恩惠兆民。居上
　　　愛下，悅而忻忻。利有攸往，无不亨貞。
占義：諸事悅而行，名利兩惠，宜慎行。

象曰：兌，說也；剛中而柔外，說以利貞，是以順
　　　乎天，而應乎人；說以先民，民忘其勞；說
　　　以犯難，民忘其死；說之大，民勸矣哉！

兌卦，悅也，少女，口舌。澤可以潤生萬物，所以萬物皆和悅。「剛中而柔外」，剛中指上下卦的中爻九二、九五皆陽爻。柔外指兌為少女，主爻在六三、上六之陰爻，都在上下卦之外，整體卦義柔順，兩卦重疊則剛柔相濟，足以喜悅而固守正道。《王弼注》：「說而違剛則諂，剛而違說則暴。剛中而柔外，所以悅以利貞也。剛中故利貞，柔外故說亨。」

「順乎天而應乎人」，以仁義發揚天性，以中節調和喜悅，內外和諧，即是順天應人。「說以先民，民忘其勞」，君王施政先百般利物悅民，後驅使人民勞役犯難，民不畏勞苦死亡。人君以恩惠養民，上下和悅相感，國政欣欣向榮，政通人和，事物相利相濟。「兌」卦之意義在於勸勉人民勤奮和善。《中庸》：「喜怒哀樂之未發，謂之中；發而皆中節，謂之和。」兌，西方之卦，秋收喜悅。

> 象曰：麗澤兌，君子以朋友講習。

「麗澤兌，君子以朋友講習」，麗，附麗，相連結。兌為澤，澤上澤下重疊，互相增益滋潤。有朋自遠方來，講其所明之理，習其未明之事，兩相喜悅。《程頤傳》：「麗澤，二澤相附麗也。兩澤相麗，交相浸潤，互有滋益之象。故君子觀其象，而以朋友講習。朋友講習，互相益也。」

> 初九：和兌吉。
> 象曰：和兌之吉，行未疑也。
> 占義：初涉事物，溫柔敦厚，無往不利。

初九陽爻行不失正，不與九四相應，反而心無所私，以和悅而無往不利。《程頤傳》：「陽剛則不卑，居下則能巽，處悅則能和，无應則不偏。」能合悅，雖無應不偏。《程頤傳》：「有求而和，則涉於邪諂。初隨時順處，心无所繫，无所為也，以和而已，是以吉也。」悅，有所求是諂悅，無所求是誠心相悅之吉。「行未疑」者，初九涉世未深，未與陰柔邪佞相混合，不沾鍋而無須自疑疑人。

```
九二：孚兌吉，悔亡。
象曰：孚兌之吉，信志也。
占義：敬業誠信迎人，利達三江，志向伸張。
```

九二陽爻居陰位，又上承不當位的六三，履失其位，但外表悅而不失中道，內心亦不失剛正，外柔內剛，而無悔咎，信服和悅之志，終能獲吉。《程頤傳》：「心之所存為志。二，剛實居中，孚信存於中也。志存誠信，豈至說小人而自失乎？是以吉也。」九二將剛中而柔外的氣質，貞固發揚，不受六三淫惑，發揚伸張誠信的心意。《論語・為政》：「子夏問孝。子曰：『色難』。」和悅易知難行。

```
六三：來兌，凶。
象曰：來兌之凶，位不當也。
占義：巧言令色，喻於利，人知諂媚而無與。
```

六三以陰柔居陽剛之位，以柔順討悅九二，禮多必詐，過於取悅，枉己非道，非正當之求悅，必包藏邪佞，兌險禍害將

臨身。《程頤傳》：「六三陰柔不中正之人，說不以道者也。
來兌，就之以求說也。比於在下之陽，枉己非道，就以求說，
所以凶也。」屈就敦厚的本性，為利益巧言令色必凶。「來兌
之凶」者，陰居陽位，自處不中正，上六不相應，又自陷於四
陽爻之中，內無實德，諂媚求說。

九四：商兌未寧，介疾有喜。
象曰：九四之喜，有慶也。
占義：利於經營多元事業，不可故步自封。

「商」者，商量制裁。「未寧」，謂擬議所從而未決，未
能有定案；如同會而不議，議而不決。「介」，隔也。「疾」
，比喻邪佞之人。六三邪佞之人，九四為剛正之臣，不應初
九，力阻六三瞹狔接近九五。如果本身不能剛健斷決，務必謹
防小人接近。《程頤傳》：「兩間謂之介，分限也；故人有節
守謂之介。若介然守正，而疾遠邪惡，則有喜也。從五正也，
說三邪也。四，近君之位，若剛介守正，疾遠邪惡，將得君以
行道，福慶及物為有喜也。」

九四剛健隔絕六三，匡內制外，未嘗有朝安寧，願以阻絕
國家禍患為喜。「有慶」者，一卦之主九五有九四作防火牆，
是可慶幸之事。「九四之喜」，《程頤傳》：「守正而君說
之，則得行其剛陽之道，而福慶及物也。」六三之凶被九四擋
下，故得九五喜悅賜福。

> 九五：孚于剝，有厲。
> 象曰：孚於剝，位正當也。
> 占義：剛直中正，防範陰邪侵蝕。

　　「剝」者，消陽之名。陰，消陽者也，蓋指上六。小人道長，消蝕君子之正。「孚於剝」者，九五處帝尊之位，下無應於九二，只能相比於上六，悅而信之，殊不知陰柔本質柔媚不正；隱喻識人不明，若遠君子而親小人，危厲及於政權。《程頤傳》：「九五得尊位而處中正，盡說道之善矣，而聖人復設有厲之戒，蓋堯、舜之盛，未嘗无戒也。戒所當戒而已。雖聖賢在上，天下未嘗无小人，然不敢肆其惡也，聖人亦說其能勉而革面也。」九五雖然中正當位，但堯、舜猶有所戒，何況九五？若將小人之假善當成真善，未能及時發現包藏陰邪，則危厲悄然臨身。「孚於剝，位正當」，面對上六陰柔消蝕誠信的風險，九五唯有以剛正當位的本質面臨考驗。

> 上六：引兌。
> 象曰：上六引兌，未光也。
> 占義：引兌入室必須合理，忌禍起蕭牆之內。

　　「引兌」，上六相應六三，「來兌，凶」。「引兌」與「來兌」有何不同？《程頤傳》：「他卦至極則變，兌為說極則愈說。上六成說之主，居說之極，說不知己者也。故說既極矣，又引而長之。然而不致悔吝，何也？曰：方言其說不知己，未見其所說善惡也；又下乘九五之中正，无所施其邪說。」上六引人喜悅之舉並非私欲邪道，故不致自陷泥沼，且

下爻九五有匡正之作用。上六以柔爻居陰位，又居一卦之終極，基於本性回頭尋求相應者，六三是包藏邪佞的小人，上六卻引來愉悅自己。或者上六是謙卑待下，尋訪賢能，所引的愉悅是舉國上下歡騰，還是舉國共憤，惟卜卦者自決吉凶。「未光」，所引喜「兌」之事，終究不如恢弘道德，故其道未能廣博宏大。

59. 渙卦

䷺	渙卦：坎下巽上（順水行舟之卦，大風吹物之象）。 卦辭：亨，王假有廟，利涉大川，利貞。

〈序卦傳〉：「兌者說也。說而後散之，故受之以渙。」兌卦的喜悅是不能長久的，渙，離散之象；進而使小人離散，適合君王建功立德，是渙散的正面作用。《程頤傳》：「說則疏散也，人之氣憂則結聚，說則舒散，故說有散義，渙所以繼兌也。為卦，巽上坎下。風行於水上，水遇風則渙散，所以為渙也。」廟是古代宗族聚會商討大事的地點，故為民心凝聚象徵。君王可以藉由祭祀活動，聚合渙散的民心，以解決國政，如同乘巽木渡坎險，因而獲得利益。

判曰：渙者，散也。逐波隨水，患難將消。惡事離身，獄訟出牢。利涉大川，舟楫遙遙。出入無滯，福德滔滔。 占義：無益眾人之事，勵志有成，遠行獲利。

> 彖曰：渙，亨。剛來而不窮，柔得位乎外，而上同。王
> 　　　假有廟，王乃在中也；利涉大川，乘木有功也。

　　渙卦，讓小人離散奔逃，君子利用時機而有作為，故亨通時行。「剛來而不窮，柔得位乎外」，將天地否卦的二爻四爻對調，就成為渙卦。渙卦上下卦主爻皆陽爻，九二陽剛上進，陽剛來而生息不窮。巽卦在上，柔順於外，「而上同」，六四符合陰爻居陰位，相應於九五。《王弼注》：「二以剛來居內，而不窮於險。四以柔得位乎外，而與上同。」「王假有廟，王乃在中也」，九五君王利用宗廟祭祀推行中道，故利於涉險犯難，如同涉水利用巽木舟行之功用。《程頤傳》：「當渙之時而守其中，則不至於離散，故能亨也。……天下離散之時，王者收合人心，至於有廟，乃是在其中也。」君王立廟，以收歸民心。「乘木有功」，利用宮廟祭祀，比喻乘木涉川，必無沉溺之患，功業可成。

> 象曰：風行水上，渙。先王以享于帝，立廟。

　　上卦為巽木，下卦為坎險，風行水上，渙散之象。《程頤傳》：「風行水上，有渙散之象。先王觀是象，救天下之渙散，至于享帝立廟也。收合人心，无如宗廟。」民心渙散是陰，宗廟聚氣是陽。「享於帝」是聚集宗人，收歸民心。故眾志成城，民氣可用，立廟可借助宗教信仰推行政教。

> 初六：用拯馬壯，吉。
> 象曰：初六之吉，順也。
> 占義：初創剛進耗力，不如借力使力。

　　「馬」，指九二，比喻快速有力。初六於渙散之初，急尋外援，六四不相應，九二又阻逆其間，因此順水推舟與九二相親比。《程頤傳》：「六居卦之初，渙之始也。始渙而拯之，又得馬壯，所以吉也。六爻獨初不云渙者，離散之勢，辨之宜早，方始而拯之，則不至於渙也，為教深矣。馬，人之所託也。託於壯馬，故能拯渙。馬謂二也。」渙卦，人心渙散之始，利於拯馬壯，搶先機，為力則易，順時而動，故初始是良好的著力點。

> 九二：渙奔其机，悔亡。
> 象曰：渙奔其机，得願也。
> 占義：聚集人氣，遠親不如近鄰。

　　「渙奔」者，離散奔逃之象。「机」，承物者也，指初六。《正義》云：「『渙奔其机』者，机，承物者也，初承於二，謂初為机，二俱无應，與初相得，而初得遠難之道，今二散奔歸初，故曰『渙奔其机』也。『悔亡』者，初得散道而二往歸之，得其所安，故悔亡也。」九二陽爻居陰位，履非其位又與九五不相應，失位奔逃時，幸有初六伸出援手。九二倚几從容而坐，渙亂已成，既失去先機，則從長計議。「得願也」，渙散奔逃，心願是安全無虞，有初六避險得願以償。渙散之初，找最近的資源，初六九二互相鼓勵。

> 六三：渙其躬，无悔。
> 象曰：渙其躬，志在外也。
> 占義：先立其大，循序漸進，否泰有吉。

「渙其躬，无悔」，「躬」，自身，比喻為私欲。渙卦，上卦巽柔，下卦坎險，內險而外安。六三陰爻居陽位，不中不得位，觸動憂患意識，先渙散其私欲，再結合上九；先保全自身元氣，再徐圖良機而動。《正義》云：「渙之為義，內險外安，六三內不比二，而外應上九，是不固所守，能散其躬，故得无悔。」鞏固領導，無悔。「志在外」者，身在內而應在上九，先公忘私，捨身濟世。

> 六四：渙其群，元吉。渙有丘，匪夷所思。
> 象曰：渙其群，元吉，光大也。
> 占義：乘勢而起，不如順勢而退。

「渙其群」者，六四得位進入巽卦，體會柔道而與九五相親比，故能渙散群眾之險難，《正義》云：「六四出在坎上，已踰於險，得位體巽，與五合志，內掌機密，外宣化命者也，能為群物散其險害，故曰『渙其群』也。」雖然以此獲得吉祥，但六四終究處於上卦之下，承於九五，責重任憂，故不可專斷用事。「渙有丘」者，召喚民氣使眾志成城，氣勢堅如山丘般，出乎意料之外。

「匪夷所思」者，不要被渙散的結果所疑惑或誤導，故雖應保有渙散的吉象，猶應思慮於丘墟未平，道路險阻之危難，

不可掉以輕心。也不要忽略民氣聚集後的巨大能量。《程頤傳》：「渙有丘，匪夷所思：贊美之辭也。丘，聚之大也。方渙散而能致其大聚，其功甚大，其事甚難，其用至妙。夷，平常也。非平常之見所能思及也。非大賢智，孰能如是？」，「渙其群，元吉，光大」，「渙」道可以散去群險，元吉指六四施用，九五大成，君臣相合光明盛大。

九五：渙汗其大號，渙，王居无咎。
象曰：王居无咎，正位也。
占義：卡位之優勢，亦須端正利用。

「渙汗」者，人遇到驚險或健康因素等會冒汗，比喻清除積弊。「大號」者，九五居尊得位，故發號施令，氣勢雄渾。《程頤傳》：「五與四君臣合德，以剛中正巽順之道，治渙得其道矣。唯在浹洽於人心，則順從也。當使號令洽於民心，如人身之汗浹於四體，則信服而從矣。如是，則可以濟天下之渙，居王位為稱而无咎。大號，大政令也。謂新民之大命，救渙之大政。」九五登高呼喚出國家新政。

「渙王居」者，渙出險惡，聚入順民，九五是王者大位，正其位而得政權安穩，故九五雖不得九二相應，然則王獨居，順其勢位，故無咎。《正義》曰：「『渙，王居无咎』者，為渙之主，名位不可假人，惟王居之，乃得无咎。」九五是君王正位，六四注定為九五驅策效勞。

上九：渙其血，去逖(去一ㄟ)出，无咎。
象曰：渙其血，遠害也。
占義：大功告成，最忌居德，不爭無尤。

「血」，傷也，比喻小人之害。「逖」，遠離。《正義》
云：「上九處於卦上，最遠於險，不近侵害，是能散其憂傷，
去而逖出者也。故曰『渙其血，去逖出』也。『无咎』者，散
患於遠害之地，誰將咎之矣。」上九散逸其身，出離於遠害之
地，故咎害不臨身。「渙其血，遠害」者，渙卦既終結，上九
相應六三，風行天上，下應坎險，須剛健而防止被拖入混水，
重入渙散險難中。

60. 節卦

節卦：兌下坎上（船行風橫之卦，寒
暑有節之象）。

卦辭：亨，苦節不可貞。

〈序卦傳〉：「渙者離也。物不可以終離，故受之以
節。」節卦與渙卦互為綜卦。《程頤傳》：「物既離散，則當
節止之，節所以次渙也。為卦，澤上有水。澤之容有限，澤上
置水，滿則不容，為有節之象，故為節。」渙卦的離散不是長
久之道，渙散雖可各舒其性，必須節制。「節」，止也，比喻
制事以節，其道乃亨。「苦節不可貞」者，苦守節道，傷於刻
薄，失去中庸而干擾事物平衡。節卦，上卦坎水，下卦兌悅，
澤水接納其上之坎水有限，必須量力而為，不可固守以為常。

判曰：節者，止也。天地得節，四時所成，
　　　節以制度，儉以豐盈，內憂外悅。不
　　　出戶庭，于身謹節，无不康寧。
占義：節用愛人，以禮節之，悅而不苦。

象曰：節，亨，剛柔分，而剛得中。苦節不可貞，其道
　　　窮也。說以行險，當位以節，中正以通。天地節
　　　，而四時成；節以制度，不傷財，不害民。

　　節卦，亨通，初九、九二與六三、六四剛柔兩對，九五、
上六剛柔一對，三剛三柔。「剛柔分而剛得中」，《正義》
云：「上下二體居二、五剛中，釋所以為節得亨之義也。坎居
剛上，兌柔處下，是剛柔分也。剛柔分，男女別，節之大義
也。二、五以剛居中，為制之主，所以得節，節不違中，所以
得亨。」九二、九五都是剛爻得中位，節制足以亨通。「苦節
不可貞，其道窮也」，刻薄的苦苦節制，使人與物難以堪任，
既非中道不值得固守，而窮途末路必須通權達變。

　　「說以行險」，說以行險，指下卦兌為喜悅，上卦坎為
險，發自於內心真誠的自我節制。「當位以節，中正以通」，
指九五在上主導節制。因盤據中道得位，節道得宜，乃亨通之
時。「天地節，而四時成」，大自然要有節度，天地節制順應
自然規律，故四時循環。人事依照四時循環運作，而四時依靠
天地節制運行。「節以制度，不傷財，不害民」，行事涉險犯
難，應該取當位節制，致中道融通。君王對典章制度應節制施
行，不傷害人民生命財產，提供穩定的生活條件。

> 象曰：澤上有水，節。君子以制數度，議德行。

　　澤有調節水量的功用，不及宣洩，湖澤可以容納；雨量不足，湖澤可以提供。故君子體會節卦作用，用民有道，使民有時，並教化德行。「君子以制數度，議德行」，《正義》云：「數度，謂尊卑禮命之多少。德行，謂人才堪任之優劣。君子象節以制其禮數等差，皆使有度，議人之德行任用，皆使得宜。」君王不得專擅橫暴，應制定典章節度，透明的評議機制。《論語・為政》：「禮之用，和為貴。先王之道，斯為美；小大由之。有所不行，知和而和，不以禮節之，亦不可行也。」為政不患寡，患不均。

> 初九：不出戶庭，无咎。
> 象曰：不出戶庭，知通塞也。
> 占義：立身處世，對外維繫知幾進退。

　　「不出戶庭，无咎」，初九節道之始，整頓離散而立典章節度，面對否塞，從長計議，不輕易跨出門庭，不致遭到咎害。《正義》云：「初九處節之初，將立制度，宜其慎密，不出戶庭，若不慎而洩，則民情奸險，應之以偽，故慎密不失，然後事濟而无咎。」節卦之義，在慎守機密，避免走漏風聲。「知通塞」者，《程頤傳》：「雖當謹守，不出戶庭，又必知時之通塞也。通則行，塞則止，義當出則出矣。」俗諺：「秀才不出門，能知天下事。」比喻通曉時機，觀風察勢。

> 九二：不出門庭，凶。
> 象曰：不出門庭凶，失時極也。
> 占義：內部充實剛正，卦象有利擴張版圖。

「不出門庭，凶」，九二陽爻居陰履中，適合執行中道，此時宜宣揚制度典章，反而隱匿失時，不出門庭，凶險之象。以不出門庭之險形容澤上之水即將氾濫。《正義》云：「初已制法，至二宜宣。若猶匿之，則失時之極，可施之事，則遂廢矣。不出門庭，所以致凶。」初爻制定評議機制，應宣達廣布，昭告天下。「不出門庭凶，失時極」。極，中也。事物發展至二爻，應出未出，失去先機必有凶象。

> 六三：不節若，則嗟若，无咎。
> 象曰：不節之嗟，又誰咎也。
> 占義：德不配位，不知進退，則嗟嘆。

「不節若，則嗟若，无咎」，六三陰爻居陽位，以陰處陽，以柔乘剛，驕橫放縱，違背節卦意旨；若尚知反省，趁早嗟嘆悔改，自節其身，可避免咎害。《正義》云：「節者，制度之卦，處節之時，位不可失，六三以陰處陽，以柔乘剛，失位驕逆，違節之道，禍將及己，以至哀嗟，故曰『不節若，則嗟若』也。或自己致，無所怨咎，故曰『无咎』。」「不節之嗟，又誰咎也」，六三不知節制，陰爻居陽位，全面承接上卦坎水，超過負擔能力，只能怨自己。

> 六四：安節亨。
> 象曰：安節之亨，承上道也。
> 占義：無為有守，承正道安於節度。

「安節亨」，六四進入坎險之下，陰爻居陰位，得位而不改其節，且上承順於五，不失其道而得亨通。《正義》云：「六四得位，而上順於五，是得節之道。但能安行此節而不改變，則何往不通，故曰『安節亨』，明六三以失位承剛，則失節而招咎，六四以得位承陽，故安節而致亨。」「安節之亨」，六四為澤上之水，安靜穩定，比喻相對九五，六四是謹守臣道之下屬。

> 九五：甘節，吉。往有尚。
> 象曰：甘節之吉，居位中也。
> 占義：堅守理想，甘於節制，其占有成。

「甘節，吉。往有尚」，「甘」者，為節而無傷害，則是不苦而甘，比喻恰到好處的節制。《正義》云：「『甘』者，不苦之名也。九五居於尊位，得正履中，能以中正為節之主，則當〈象〉曰『節以制度，不傷財，不害民』之謂也。為節而无傷害，則是不苦而甘，所以得吉，故曰『甘節，吉』。以此而行，所往皆有嘉尚，故曰『往有尚』也。」九五得位居中，為節卦之主爻，但下與九二不相應，雖有上下卦親比，但畢竟非事事稱心，必須順從中道節制，甘於節卦之刻薄。《程頤傳》：「既居尊位，又得中道，所以吉而有功。節以中為貴，得中則正矣，正不能盡中也。」

> 上六：苦節，貞凶，悔亡。
> 象曰：苦節貞凶，其道窮也。
> 占義：處世言寡尤，行寡悔，何須苦節。

「苦節，貞凶，悔亡」，上六節卦終結，與六三無應。陰爻虛空，若過於節制，以致事物不堪勝任，若堅持前往執事，則有凶悔。《王弼注》：「過節之中，以致亢極，苦節者也。以斯施人，物所不堪，正之凶也，以斯脩身，行在无妄，故得悔亡。」寬以待人，嚴以律己，故苦節僅運用於修身，可得無悔之吉。「其道窮」，若過於苦守節道，失去中庸，違反人性，其道必窮。《論語・衛靈公》：「君子固窮；小人窮斯濫矣。」《易經》彌綸天地之道，融通於君子小人間，甚易知，甚易行。

61. 中孚卦

> 中孚卦：兌下巽上(鶴鳴子和之卦，
> 　　　　事有定期之象)。
>
> 卦辭：豚魚吉，利涉大川，利貞。

〈序卦傳〉：「節而信之，故受之以中孚。」節卦立下典章節度，安於節道所行，就是誠信普及的現象。中孚卦，上卦為巽順，下卦為兌悅，上下誠心相待。「豚」者，獸之微賤。「魚」者，蟲之幽隱，比喻信孚達於至微至細。「中孚」者，信發於中。中孚之誠信，光被萬物，故萬物莫不得其所而獲吉。故以此涉險，何往不通。《程頤傳》：「豚躁魚冥，物之

難感者也，孚信能感於豚魚，則无不至矣，所以吉也。」

> 判曰：中孚，信也。天地養育，萬物安居，澤被草
> 　　　木，信及豚魚，利涉大川，厄難消除。
> 占義：人無信不立，感及天地山川，得天佑而吉。

> 象曰：中孚，柔在內，而剛得中，說而巽，孚乃化
> 　　　邦也。豚魚吉，信及豚魚也；利涉大川，乘
> 　　　木舟虛也；中孚以利貞，乃應乎天也。

「柔在內，而剛得中，說而巽」者，六三、六四柔爻在六爻中間，九二、九五兩剛爻居上下卦中爻，上卦巽為順入，下卦兌為喜悅，兩者氣質相同，信孚風化流行於邦國鄉里間，喜悅柔順。《正義》云：「三、四陰柔併在兩體之內，二、五剛德各處一卦之中，及上下二體說而以巽，釋此卦名為『中孚』之義也。柔內剛中，各當其所，說而以巽，乖爭不作，所以信發於內，謂之『中孚』。」

「豚魚吉，信及豚魚也」，淳厚的中信之德，雖然微隱渺茫，但無所不至。「利涉大川，乘木舟虛也」，三、四爻為陰，離中虛，木舟虛中則無沉溺之虞。「中孚以利貞，乃應乎天也」，信守誠信之道，中孚卦何以利於占卜？乃誠信相應天道，而值得信守。

> 象曰：澤上有風，中孚，君子以議獄緩死。

　　「澤上有風，中孚」，澤上有風，無所不周，誠信亦無所不至。議獄，盡其忠，立其義。緩死，寬免罪孽。風雖然看不見，但能推波助瀾，且確實存在無所不至。故君子掌理獄政，凡誠信而非故犯者，情有可原，應謹慎審議刑度，緩捨當死之刑，建立司法威權。

初九：虞吉，有他，不燕。
象曰：初九虞吉，志未變也。
占義：釋出誠信，始應考核對象，而志未變。

　　「虞」，專一，審度其可信而後相從。「燕」，安於。初九於誠信之始專心與六四相應，專心一志，不變更所親比對象，尚不知吉凶。《正義》云：「初為信始，應在于四，德其專一之吉，故曰『虞吉』。既係心於一，故更有他求，不能與之共相燕安也，故曰『有它不燕』也。」「志未變」者，初九上有九二，又與六四相應，斟酌九二中位優於六四非中爻，故親比於九二，比喻信守中孚專一而已。《程頤傳》：「初與四為正應，四巽體而居正，无不善也。爻以謀始之義大，故不取相應之義。若用應，則非虞也。」慎於始，不要輸在起跑點。

九二：鳴鶴在陰，其子和之。我有好爵，吾與爾靡之。
象曰：其子和之，中心願也。
占義：選擇誠信對象應相配，誠心而有應。

　　「靡」者，散也。九二處下卦而居在重陰之下，幽昧之中，唯德是與，母鶴鳴在幽遠之處，其子必相應，比喻君主聚

會賢能者，同類相應。「我有好爵，吾與爾靡之」，靡，散也，又無偏應；指分享醇酒，表現大公無私，故近悅遠來。《正義》云：「九二體剛，處於卦內，又在三四重陰之下，而履不失中，是不徇於外，自任其真者也。處於幽昧，而行不失信，則聲聞于外，為同類之所應焉。如鶴之鳴於幽遠，則為其子所和。」「中心願」者，唯德是與，願與同類誠信者相應，是誠摯的願望。

六三：得敵，或鼓或罷，或泣或歌。
象曰：或鼓或罷，位不當也。
占義：進退兩難，回頭審辨敵我態勢。

「得敵，或鼓或罷，或泣或歌。」形容進退交征，勝負無常之象。《正義》云：「六三與四，俱是陰爻，相與為類。然三居少陰(兌)之上，四居長陰(巽)之下，各自有應對，而不相比，敵之謂也，故曰『得敵』。欲進礙四，恐其害己，故或鼓而攻之，而四履正承尊，非己所勝，故或罷而退敗也。不勝而退，懼見侵凌，故或泣而憂悲也。四履于順，不與物校，退不見害，故或歌而歡樂也。」

「敵」者，六三居二陽之上，以陰居陽，欲前進之象。六三與六四，兩陰爻相敵，動止不定。六四履正位而承九五，非六三能克勝。以至鼓進乃泣或罷兵而歌，猶豫難決，未知吉凶。「或鼓或罷，位不當」，比喻六三居陽位，不當位心理不踏實，舉棋不定，優柔寡斷，自喪中孚。

> 六四：月幾望，馬匹亡，无咎。
> 象曰：馬匹亡，絕類上也。
> 占義：選擇相應匹配者，應以守正者為優先。

「月幾望，馬匹亡，无咎」，「月幾望」者，比喻六四陰爻道德圓滿。六四居中孚之時，處巽順與兌悅，相應於初九，陽爻比日，陰爻比於月。「馬匹亡，无咎」，匹，相對匹配，六四選擇九五，放棄相應初九。《正義》云：「六四居中孚之時，處巽應說，得位履順，上承於五，內毗元首，外宣德化，充乎陰德之盛，如月之近望，故曰『月幾望』也。」

《正義》云：「三與己敵，進來攻己，己若與三校戰，則失其所盛，故棄三之類，如馬之亡匹，上承其五，不與三爭，乃得无咎。」六三欲進而攻六四，六四居盛德之位，與六三競逐，有失風範，故退避三舍，如馬飛奔而馳走，比喻與九五相應方為上策。「絕類上」者，六四甩脫六三，毅然決然往上親比九五。比喻君子上達，不與小人纏鬥。

> 九五：有孚攣如，无咎。
> 象曰：有孚攣如，位正當也。
> 占義：為政以德，譬如北辰居其所而眾星拱之。

「攣如」者，相牽繫不絕之名。九五尊位，以信孚統領群物，道德如豚魚微物，無所不在，且如江水東流，晝夜不捨。《正義》云：「攣如者，相牽繫不絕之名也。五在信時，處於尊位，為羣物之主，恒須以中誠交物，孚信何可暫舍？故曰

『有孚攣如』。繫信不絕，乃得无咎。」誠信相繫不絕，故無咎害。「有孚攣如，位正當也」，九五居中得正，尊位者應以誠信與萬民牽攣相繫。

上九：翰音登于天，貞凶。

象曰：翰音登于天，何可長也。

占義：色屬而內荏，高調不成事。

「翰音登于天，貞凶」，「翰」，高飛也。「翰音」者，謂聲音虛揚高飛，比喻華麗不實。《正義》云：「上九處信之終，信終則衰也，信衰則詐起，而忠篤內喪，華美外揚，若鳥之翰音登于天，虛聲遠聞也。」上九處在中孚卦之終極，信孚若終盡，篤實內喪，華美外揚，好比翰音登於天，虛而無實。「何可長」者，翰音無法自比鶴鳴，欺世盜名，虛張聲勢，固守而不通，窮極而不變，焉能持久？《論語・顏淵》：「色取仁而行違，居之不疑；在邦必聞，在家必聞。」

七、〈小過〉〈既濟〉兼〈未濟〉

62.小過卦

小過卦：艮下震上（飛鳥遺音之卦，上逆下順之象）。

卦辭：亨，利貞，可小事，不可大事。飛鳥遺之音，不宜上宜下。大吉。

　　〈序卦傳〉：「有其信者必行之，故受之以小過。」中孚與小過，互為錯卦。小過，指小人蒙昧，過程中不免有差錯，君子應以厚道的行為糾正，故矯世勵俗，利在歸正，得「利貞」。「可小事，不可大事」，過於厚道，小有過差，均只能適用在小事上可彌補之時。前卦風澤中孚須確實執行才有效益，而實行之中，不免犯有小過，故雷山小過卦象是亨通的，君子不怕小過而勇於任事，在錯誤中學習而認清是非；但限於小事，不可大事，否則錯誤的代價太大。「飛鳥遺音，不宜上宜下」，遺，失也；鳥失去正常聲音，其鳴也哀。君子尋求宜居之地，體認過上則逆君無所適，過下則卑順無不安，故宜下而得吉利。

判曰：小過者，過也。飛鳥翩翩，音徹于天，
　　　進則有咎，退則無怨。多憂過失，疾病
　　　相纏。出入不利，必有迍邅。
占義：防微杜漸，惡小而為之，秋霜變雪崩。

象曰：小過，小者過而亨也。過以利貞，與時行也，
　　　柔得中，是以小事吉也。剛失位而不中，是以
　　　不可大事也。有飛鳥之象焉，飛鳥遺之音，不
　　　宜上宜下，大吉，上逆而下順也。

　　「小過，小者過而亨也」，小過卦提到諸小事，若順時矯俗，雖小過可得亨通，故凡視小事為大事之態度，累積諸小事，積小成大，順時矯俗，均可亨通而行。「過以利貞，與時行也」，雖然超過中道，矯枉過正，若能把握時機，仍利於貞

道。「柔得中，是以小事吉也」，六二、六五陰爻柔順居中，施以小事而吉，恰可累積大用。

「剛失位而不中，是以不可大事也。」九三得位不中，九四失位不中，雖剛健不可交付大事。「有飛鳥之象焉，飛鳥遺之音，不宜上宜下」，以飛鳥作比喻，鳥高飛總是為遷徙、避險、覓食等，均非舒閑安逸之時，故鳥鳴叫宜於在下，比喻在上逆境，在下順境。在上高亢，有彈丸之累。

象曰：山上有雷，小過。君子以行過乎
　　　恭，喪過乎哀，用過乎儉。

小過卦，山上有雷，雷應奮動於地中，今出自山上，雖不違本質，小而超過其本位。「行過乎恭，喪過乎哀，用過乎儉」，恭、哀、儉雖超越中庸，但仍在可接受之範圍，小人之過，在於驕慢不恭，喪儀不哀，奢侈不儉。故君子行恭、喪哀、用儉，貴在中道，寧可小過不可不及。

初六：飛鳥以凶。
象曰：飛鳥以凶，不可如何也。
占義：機會稍縱即逝，錯誤稍縱即凶。

「飛鳥以凶」，初六陰爻居陽位，九四陽爻居陰位，又不比六二，以飛鳥比喻進退失據，無所安頓，凶險之象。《王弼注》：「小過，上逆下順，而應在上卦，進而之逆，无所錯足，飛鳥之凶也。」「飛鳥以凶，不可如何」者，前述初六陰

爻居陽位，與二爻不應，與九四相應，惟九四不中不當位，外無應援，不知進退如何，其過如飛鳥般迅疾，無所施救。

六二：過其祖，遇其妣。不及其君，遇其臣，无咎。
象曰：不及其君，臣不可過也。
占義：中庸而時中，拳拳服膺，中立而不倚。

「過其祖，遇其妣」，「祖」，初始也。「妣」者，母之稱，二爻為臣，五爻為君。居內履中而正；故過其初爻而至二爻。「不及其君」者，九二位於二爻臣位，並無僭越冒犯等行為，故無咎。《正義》云：「過而得之謂之遇，六二在小過而當位，是過而得之也。祖，始也，謂初也。妣者，母之稱。六二居內，履中而正，故謂之妣。已過於初，故曰『過其祖』也。履得中正，故曰『遇其妣』也。過不至於僭，盡於臣位而已。故曰『不及其君，遇其臣，无咎』。」「臣不可過」，六二無法以陰爻直接跨過九三、九四，且與六五不相應，僅在二爻相遇王臣。比喻臣道自有操作範圍，不可造次。

九三：弗過、防之，從或戕（くーた／）之，凶。
象曰：從或戕之，凶如何也？
占義：自恃剛強，而漠視卑微之輩，凶。

「弗過、防之，從或戕之，凶」，九三經過兩個陰爻，而居下卦之上，以陽當位，不知在過錯前，預先防範，或者上六不知約束九三，竟隨之從戕而亂，俱皆凶險。《程頤傳》云：「陰過陽之時，三獨居正，然在下无所能為，而為陰所忌惡，

故有當過者，在過防於小人。若弗過防之，則或從而戕害之矣，如是則凶也。」「凶如何」者，九三是小過錯的極限，上六小人盤據，若要往上相應上六，則有殘害之凶。

> 九四：无咎，弗過遇之，往屬必戒，勿用永貞。
> 象曰：弗過遇之，位不當也。往屬必戒，終不可長也。
> 占義：不正者不宜激進，不正非長久之計。

「无咎，弗過遇之」，九四陽剛不居其位，處於小過不寧之時，自知以陽居陰，不能有所為，既然無為自守，則無咎。「弗過」者，不要僭越行事。《正義》曰：「居小過之世，小人有過差之行，須大德之人，防使无過。今九四雖體陽爻而不居其位，故「位不當」，不防之責，責不在己，故得无咎。所以无其咎者，以其失位在下，不能為過厚之行，故得遇於无咎之宜，故曰『无咎，弗過遇之』也。」「往屬必戒，勿用永貞」者，九四是陰過之地，僭越的行動將遭致禍患，應戒懼不為；以陽居陰，退縮自保有餘，然而終非長久之道。

> 六五：密雲不雨，自我西郊，公弋(一ㄟ)取彼在穴。
> 象曰：密雲不雨，已上也。
> 占義：卦象缺乏格局才能，不利鴻圖大展。

「密雲不雨，自我西郊」，「雨」者，比喻德之教化。六五居帝尊之位，德不配位，艮止於下，雷動於上，上下卦不相應，以至雲雖密而不雨。歧山西郊之雲，來自西北荒漠，不含水氣難以落雨。「公弋取彼在穴」，公指六五，彼是六二，六

二在艮卦中，卦象是山中的小洞穴，隱喻六五陰柔，只能捕獵洞穴小獸，故無吉凶。

　　《正義》云：「公者臣之極，五極陰盛，故稱公也。小過之時，為過猶小，而難未大作，猶在隱伏。以小過之才，治小過之失，能獲小過在隱伏者，有如公之弋獵，取得在穴隱伏之獸也。」治理小過之時，雖無法廣施道德教化，但亦能經營隱微之處，如王公狩獵獲得穴中小獸之利益。「密雲不雨，已上也」，下卦為艮止，六五之上為上六無應，又六五陰爻居陽位，居於九三九四之上，自己強奪君王之位過於剛強，故上卦等不到密雲交會成雨。

> 上六：弗遇過之，飛鳥離之，凶，是謂災眚。
> 象曰：弗遇過之，已亢也。
> 占義：貧而無諂，富而無驕，亢進必咎。

　　「弗遇過之」，上六小過到達終極，過而不知極限，就像飛鳥宜下不宜上，不知自己何從何往？《正義》云：「上六處小過之極，是小人之過，遂至上極，過而不知限，至于亢者也。過至於亢，无所復遇，故曰『弗遇過之』也。」「飛鳥離之，凶」，飛鳥過亢，必遭羅網附麗而止。《正義》云：「以小人之身，過而弗遇，必遭羅網，其猶飛鳥，飛而无託，必離矰繳，故曰『飛鳥離之，凶』也。」「災眚」，行此凶險必有天災人禍。「已亢」者，六爻終結已經過於亢進，高亢不止，災禍跟隨而來。

63.既濟卦

既濟卦：離下坎上(舟楫濟川之卦，陰陽配合之象)。

卦辭：既濟，亨小、利貞，初吉終亂。

〈序卦傳〉：「有過物者必濟，故受之以既濟。」小過適可而止，可以在錯誤中學習，而得水火交融之美，故小過之後是水火既濟。既濟卦，上卦坎水，下卦離火，水性潤下，火性炎上，乃成烹煮飲食之道。又謂陽爻居陽位，陰爻居陰位，三陽為三陰所乘，反者，道之動也，至有陰陽交融之氣象。萬事皆濟而亨通，皆始於小而亨，若不進德修業逐步緩進，則危亂必如影隨形。

「亨小」，當萬事皆濟，小者尚亨，何況于大？又大小剛柔，各當其位，皆得其所，非正不利，故曰『利貞』。《正義》云：「人皆不能居安思危，慎終如始，故戒以今日。既濟之初，雖皆獲吉，若不進德脩業至於終極，則危亂及之，故曰『初吉終亂』也。乾坤兩卦代表世間事物發展的開始，既濟卦是過程中完美境界，而未濟卦代表進入另一個境界的循環。

判曰：既濟合也，水火相遇會合之義，往渡得船，成功必濟，所求必從，所從必遂，斯不失時，謂之既濟。

占義：水火交融吉，水火交戰敗，不知止敗，不知進敗。

> 象曰：既濟，亨。小者亨也。利貞，剛柔正而位當也。初
> 　　　吉，柔得中也。終止則亂，其道窮也。

　　既濟卦，亨通。「小者，亨也」，小事亨通，才有整體的亨通，舉輕明重。《王弼注》：「既濟者，以皆濟為義者也，小者不遺，乃為皆濟，故舉小者，以明既濟也。」「利貞，剛柔正而位當也」，利於固守正道，初、三、五爻居陽位，二、四、上柔居陰位，剛柔六爻皆正而當位，相比相應，邪道不能入侵。「初吉，柔得中」，初始二爻陰柔居中，事物圓滿。《正義》云：「六二以柔居中，釋『初吉』也。以柔小尚得其中，則剛大之理，皆獲其濟。物无不濟，所以為吉，故曰『初吉』也。」「終止則亂，其道窮也」，至六爻終結時，若因既濟卦的完美而自滿，進而驕溢狂奢停止既濟，必因終止而窮亂，造成既濟之道翻轉而時窮理衰。

> 象曰：水在火上，既濟，君子以思患而豫防之。

　　水火既濟卦，水在火上，水決則火滅，火旺則水竭，相對統一同時存在。君子以初吉終亂，思前顧後而預防為德不卒，晚節不保。《程頤傳》：「自古天下既濟而致禍亂者，蓋不能思患而豫防也。」過於順利則輕忽，過於輕忽則失察，失察則大意失荊州，初吉難，終亂易。

> 初九：曳其輪，濡其尾，无咎。
> 象曰：曳其輪，義无咎也。
> 占義：凡人生即永續經營，健行其義无咎。

「曳其輪」者，古時涉水視為險難之事，尚需托引車輪，比喻尚未脫離濕地險境，不可掉以輕心。「濡其尾」者，小狐游過河弄濕自己漂亮的尾巴，比喻功虧一簣，小有遺憾。初九以陽剛之質當位，離開濕地尚未進入平坦大道，不應得意忘形。「曳其輪，義无咎」，以成功後推引車輪之象，比喻繼續幹活，既濟卦脫離險境，雖須謹慎，但無礙既濟的本義。

> 六二：婦喪其茀(ㄈㄨˊ)，勿逐，七日得。
> 象曰：七日得，以中道也。
> 占義：卦象指不利婦道，勿受輕薄物淫。

「婦喪其茀，勿逐」，「婦」，指六二。「茀」者，婦人之首飾。婦人喪失首飾，相應九五有失顏面，有礙出行。六二居中履正，處文明之盛，與九五相應，以中道執乎貞正，文采章美，有輕薄之徒竊取其首飾，無須追逐，數日後不見婦人心動即歸回。《正義》云：「六二居中履正，處文明之盛，而應乎五，陰之光盛者也，然居初、三之間，而近不相得。夫以光盛之陰，處於二陽之間，近而不相得，能无見侵乎？故曰『婦喪其茀』。」以六二上下為陽爻，有侵凌之虞。「中道」者，六二上應九五，婦人貞定心有所屬。

> 九三：高宗伐鬼方，三年克之，小人勿用。
> 象曰：三年克之，憊也。
> 占義：水火相接，必有一番征戰，義不為己。

「高宗伐鬼方，三年克之」，「高宗」者，指九三，殷王武丁。九三處既濟之時，相應於上六，居文明之終，雖履得其位，但國勢衰憊，故征伐鬼方須用三年，比喻師老兵疲。《正義》云：「九三處既濟之時，居文明之終，履得其位，是居衰末，而能濟者也。高宗伐鬼方，以中興殷道，事同此爻，故取譬焉。高宗德實文明，其勢甚衰憊，不能即勝，三年乃克。」九三下卦之首帶領火勢炎上，水火交融首當其衝，敵勢甚殷，水剋火，師老兵疲。

「小人勿用」，《正義》云：「勢既衰弱，君子處之，能建功立德，故興而復之，小人居之，日就危亂，必喪邦也。」征伐前選用將帥，戰勝後論功封賞，均須知人善用，重責大任自非小人所能承擔。「三年克之，憊也」，以高宗之英明尚需三年征戰，若為私欲而戰，則天怒人怨，禍國殃民。

> 六四：繻有衣袽(ㄖㄨˊ)，終日戒。
> 象曰：終日戒，有所疑也。
> 占義：害人之心不可有，防人之心不可無。

六四陰爻為虛，指漏水之處。「繻」者，濡也，比喻船舟漏水。「袽」者，敗絮。「繻有衣袽」者，《正義》云：「六四處既濟之時，履得其位，而近不與三五相得，如在舟而漏

矣。而舟漏則濡濕，所以得濟者，有衣袽也。鄰於不親，而得全者，終日戒也。」行舟之人備有阻塞船舟漏水之破絮，比喻戒備周全。六四處既濟之時，雖履得其正，但乘九三之陽剛，又相應於初九而無法專一承五，故行動需四平八穩，如行舟般戒慎恐懼。「終日戒，有所疑」者，四多懼，陰柔之地，隨時警戒九三、九五之侵剋，終日戒備，故卦辭無吉凶悔吝。

九五：東鄰殺牛，不如西鄰之禴祭，實受其福。
象曰：東鄰殺牛，不如西鄰之時也。實受其福，
　　　吉大來也。
占義：祭祀誠信，德風歸厚，比鄰悅來。

「東鄰殺牛，不如西鄰之禴祭」，「牛」，祭之盛者。「禴」，祭之薄者。九五居帝尊之位，宇內盛平，自應祭祀天地鬼神之福德。「東鄰」，暗指東方之殷商。「西鄰」，隱指西方之周朝。《正義》云：「九五居既濟之時，而處尊位，物既濟矣，將何為焉？其所務者，祭祀而已。祭祀之盛，莫盛脩德。九五履正居中，動不為妄，脩德者也。苟能脩德，雖薄可饗。假有東鄰不能脩德，雖復殺牛至盛，不為鬼神歆饗；不如我西鄰禴祭雖薄，能脩其德，故神明降福。」

當君王榮登極位，往往伴隨驕奢橫逆；反之，創業維艱之時，臥薪嚐膽，兩者反映在祭祀之虔誠，天壤之別。「實受其福」者，比喻周朝由於虔誠奮進，有天命在茲，以至取代殷商保有天下。「西鄰之時」，《正義》云：「言周王廟中，羣臣助祭，並皆威儀肅靜，甚得其時。」比喻君臣和諧，上下同

心，由人和得致天時。「吉大來」，非僅自身之福，福澤順時而來，綿延萬代後世。

> 上六：濡其首，厲。
> 象曰：濡其首，厲，何可久也？
> 占義：思維清晰則吉，濡首則厲，真章立見。

「濡其首，厲」，上六在卦終，以近取諸身而言像頭部。濡其首，剛開始犯難，尚未全身而沒。初九濡其尾，故上六濡其首。濡尾以足部之進退思考，濡首以頭部之思維判斷；既濟進入終極，若不知居安思危，首既被濡，身將陷沒，其道必有氾濫淹沒之危厲，何可長久？易道變易而不窮。《正義》云：「上六處既濟之極，則反於未濟。若反於未濟，則首先犯焉。若進而不已，必遇於難，故濡其首也。」上六注意翻盤。

64. 未濟卦

	未濟卦：坎下離上(竭海求珠之卦，憂中望喜之象)。 卦辭：未濟，亨，小狐汔濟，濡其尾，征凶，无攸利。

〈序卦傳〉：「物不可窮也，故受之以未濟終焉。」既濟與未濟互為綜卦與錯卦。天地運行永無休止，事物變化生生不息，故以火水未濟為六十四卦終結，代表易經思想層出不窮，健行不止。「未濟，亨」者，未能濟渡之名。未濟之時，才幹尚小，不能建功立德，若能執柔用中，廣納賢德，則隨時可得

接濟之亨通。「汔」者，水涸之象。小狐涉水，力猶未逮，狐尾濡濕，比喻後繼無力，功虧一簣。「征凶，无攸利」，《正義》云：「小才不能濟難，事同小狐雖能渡水，而无餘力，必須水汔，方可涉川。未及登岸，而濡其尾，濟不免濡，豈有所利？」老狐狸多疑畏，小狐狸涉世未深，奮勇當先，往征濡其尾，無所利。

> 判曰：未濟者，失也。水火不交，剛柔失位，
> 　　　求事未成，多有壅滯，如狐渡水，必濡
> 　　　其尾。積小成大，謂之未濟。
> 占義：水火泡沫之後，必有四方責難。

> 象曰：未濟，亨，柔得中也。小狐汔濟，未出中也。濡其
> 　　　尾，无攸利，不續終也。雖不當位，剛柔應也。

「未濟，亨，柔得中也」，未濟卦，代表事情尚未成功，六五陰爻居中有柔順之質，相應九二，繼續努力必得亨通。《正義》云：「六五以柔居中，下應九二，釋『未濟』所以得『亨』，柔而得中，不違剛也。與二相應，納剛自輔，故於未濟之世，終得亨通也。」六五收納九二自輔，知人善用。「小狐汔濟，未出中也」，小狐狸過河，必須水汔乃濟，因力有未逮，尚未脫離坎中水險。

「濡其尾，无攸利，不續終也」，未濟之時，實力尚不足擔綱大任，強行躁進，無所往而得利，終局堪憂。《程頤傳》：「其進銳者其退速，始雖勇於濟，不能繼續而終之，无

所往而利也。」「雖不當位，剛柔應也」，《正義》云：「今
日雖未濟，復有可濟之理。以其不當其位，故即時未濟，剛柔
皆應，是得相拯，是有可濟之理。故稱『未濟』，不言『不
濟』也。」六爻陰陽不當位，但剛柔皆相比應，事物猶大有可
為。「不續終」者，結局濡其尾不夠圓滿。

象曰：火在水上，未濟，君子以慎辨物居方。

未濟卦，火在水上，《正義》云：「火在水上，不成烹
飪，未能濟物。故曰『火在水上，未濟』。」火在水上，事物
倒置之象。君子謹慎分辨事物之不同，使物以分類，各居其
方，各止其所，以便於互相接濟。

初六：濡其尾，吝。
象曰：濡其尾，亦不知甚也。
占義：過河之前置作業，攸關成敗。

「濡其尾，吝」，比喻初六在未濟卦之初時，有共赴險難
之心，而無濟國幹事之才，不知進三退二，全身沒入，故尚無
功業可言。「吝」者，亢進不止所致。《正義》云：「初六處
未濟之初，最居險下，而欲上之其應，進則溺身，如小狐之渡
川，濡其尾也。未濟之始，始於既濟之上六也。既濟上六，但
云『濡其首』，言始入於難，未沒其身。此言『濡其尾』者，
進不知極，已沒其身也。然以陰處下，非為進亢，遂其志者
也。困則能反，故不曰凶。」初六若困而知返，雖力不從心，
已然避凶趨吉。《正義》云：「不能豫昭事之幾萌，困而後

返，頑亦甚矣，故曰『否』。」事先不知慎辨，即有頑進之否。「濡其尾，亦不知甚也」，小狐狸不在意既濟卦上六「濡其首」，分辨不出濡首之時已經渡河，竟在未渡河之前弄濕尾巴，減輕浮力，增加負擔。

九二：曳其輪，貞吉。
象曰：九二貞吉，中以行正也。
占義：上卦殷殷教導，下卦身體力行，中正進往。

「曳其輪，貞吉」，九二剛健居中與五相應，為下卦坎水之主，領頭拖曳車輪，掌理進退，以求脫離坎險。比喻九二堅守任重道遠之職責，居中履行正道，位雖不正，但居中則正，故辛勞後必得吉象。「中以行正」，九二位雖不正，但能行中道。《正義》云：「九二居未濟之時，處險難之內，體剛中之質，以應於五。五體陰柔，委任於二，令其濟難者也。經綸屯蹇，任重憂深，故曰『曳其輪』。『曳其輪』者，言其勞也。靖難在正，然後得吉。」

六三：未濟，征凶，利涉大川。
象曰：未濟征凶，位不當也。
占義：未濟之時，不放棄任何上進機會。

「未濟，征凶，利涉大川」，六三陰爻失位居險，才薄志大，自身難保，遑論涉險濟世？故往征必凶。既如此，為何利涉大川？因為進入九四就即將脫離未濟窘境。《正義》云：「六三以陰柔之質，失位居險，不能自濟者也。身既不能自

濟，而欲自進求濟，必喪其身。故曰『未濟，征凶』也。『利涉大川』者，二能拯難，而己比之，若能棄己委二，則沒溺可免，故曰『利涉大川』。」「未濟征凶，位不當也」者，六三雖上應九六，下乘九二，上有目標，下有得力幹部，且內外財智一應俱全，足以憂國濟時。但六三陰爻居陽位又不得中，無濟險之才幹，凶險在本體內部。

九四：貞吉，悔亡。震用伐鬼方，三年有賞于大國。

象曰：貞吉悔亡，志行也。

占義：以健居柔，窮寇莫追，有損元氣。

「貞吉，悔亡」，九四進入上卦，脫離坎險，居離卦文明之初，只須志在正道，以陰位柔承帝尊，以陽剛普世濟渡，則吉而無悔。「震用伐鬼方」者，《王弼注》：「處未濟之時，而出險難之上，居文明之初，體乎剛直，以近至尊。雖履非其位，志在乎正，則吉而悔亡矣。其志得行，靡禁其威，故曰『震用伐鬼方』也。」征伐鬼方是興衰圖存之征，比喻振衰起弊之時，應以震撼威嚴為用。

「三年有賞於大國」者，鬼方強悍難馴，九四處文明之初，其德未必昌盛，故以三年形容征戰之激烈，既克而還，必得盛大之賞賜。《王弼注》：「五居尊以柔，體乎文明之盛不奪物功者也，故以大國賞之也。」建侯立國，論功行賞，不在話下。「貞吉悔亡，志行也」者，志向成就與否，依賴健壯力行不止。

> 六五：貞吉，无悔，君子之光，有孚，吉。
> 象曰：君子之光，其暉吉也。
> 占義：政者正也，子帥以正，雖柔而廣。

「貞吉，无悔，君子之光，有孚，吉。」六五以柔處尊，處文明之盛，須正己而後有吉。「君子之光」者，不自見其能，相應於九二，任用賢能，付物以能，則物竭其誠而反身相待，故取得鬼方之勝。《正義》云：「以柔順文明之質，居於尊位，有應於二，是能付物以能，而不自役，有君子之光華矣，故曰『君子之光』也。」君子之光乃萬民之福，故曰「有孚，吉」。「君子之光，其暉吉」者，九二君子相應，故先王竭其能，光輝卓見，必有誠信孚於萬民。

> 上九：有孚於飲酒，无咎。濡其首，有孚，失是。
> 象曰：飲酒濡首，亦不知節也。
> 占義：勝利沖昏理智，理智失則德行敗。

「有孚於飲酒，无咎」，上九脫離國難，自詡大功底定，遂大肆慶祝，自逸於飲酒行樂，尚不知安邦定國之基礎在於人民「有孚」，人民不信任君王，政權何以穩固？《王弼注》：「未濟之極，則反於既濟。既濟之道，所任者當也。所任者當，則可信之无疑，而己逸焉。」。「濡其首，有孚，失是」，酒池肉林的荒誕生活，使上九頭腦被酒精沖昏，而即時的悔改尚可無咎害。反之，自以為無咎，不知節制，當失去邦國統治權基礎的「信孚」者，人民在下如水之利下，水能載舟，亦能覆舟。「飲酒濡首」者，勝利慶祝切勿放縱欲望；

「濡其首」者，比喻過度的驕奢，不知節制，將導致飲敗。

《王弼注》：「以其能信於物，故得逸豫而不憂於事之廢，苟不憂於事之廢，而耽於樂之甚，則至於失節矣。由於有孚，失於是矣，故曰：『濡其首，有孚，失是』也。」

第十二章 〈彖傳〉會通儒道義理

〈彖〉傳解釋六十四卦的卦名卦義及卦辭。隨經分上、下兩篇，共六十四條，解釋六十四卦之卦名、卦義、卦辭等，但未解釋爻辭，因為〈象傳〉已經逐卦逐爻解釋，無須重複。〈繫辭〉說：「彖者，材也。」材，指德行、裁定，一卦的卦義。又說：「觀其彖辭，則思過半矣。」彖，斷也，斷定一卦之義。〈彖傳〉乃論斷六十四卦卦名、卦象、卦辭之意義，故名為「彖」。其基本上是根據上下卦的關係、爻位說、剛柔說等而定。〈彖傳〉在象數學中提供宇宙觀、卦爻位思維，在義理方面也提供君王治國之道，例如〈彖傳〉地水師卦：「師，眾也；貞，正也；能以眾正，可以王矣；剛中而應，行險而順，以此毒天下，而民從之，吉，又何咎矣。」談君王剛中而應，治理天下。〈彖傳〉水澤節卦：「說以行險，當位以節，中正以通。天地節，而四時成；節以制度，不傷財，不害民。」君王以中正之道，節制民用。〈彖傳〉風火家人卦：「家人，女正位乎內，男正位乎外。男女正，天地之大義也。家人有嚴君焉，父母之謂也。父父子子，兄兄弟弟，夫夫婦婦，而家道正。正家而天下定矣。」家道應先端正男女本分，循序漸進天下定矣。

一、上下卦的關係

將上下卦之間的卦象與爻位，還原成兩個經卦而作出卦象的理解，進而由義理、德行作出詮釋。例如水雷屯卦，上卦坎

為水，代表險難，下卦震為雷，代表動盪變化，因此〈彖傳〉由「象」引申出「屯，剛柔始交而難生，動乎險中，大亨，貞。雷雨之動，滿盈。」例如天水訟卦，上卦乾為天，代表剛健，下卦坎為水，代表柔弱，因此〈彖傳〉由「象」引申出「訟，上剛下險，險而健，訟。」例如〈彖傳〉解釋地火明夷卦說：

> 明入地中，明夷。內文明而外柔順，以蒙大難，文王以之。利艱貞，誨其明也。內難而能正其志，箕子以之。

離是文明，坤是柔順，根據上卦下卦之間的卦象與爻位作出解釋，故《周易正義》疏云：「能用明夷之人，內懷文明之德，撫教六州，外執柔順之能，三分事紂，以此蒙犯大難，身得保全，惟文王能用之。」明夷卦，離火入於地中，以人事而言「傷」也，比喻昏君執政，蹧蹋人才。離為文明，坤為柔順，內有人文義理，外有柔順堅忍，箕子對於昏亂之世不同流合污，所以「內文明而外柔順」就把卦辭和卦象聯繫起來。〈彖傳〉解釋水天需卦：

> 需，須也。險在前也。剛健而不陷，其義不困窮矣。需有孚，光亨貞吉。位乎天位，以正中也。利涉大川，往有功也。

《周易正義》：「需道所以得亨，由乾之剛健，前雖遇險而不被陷滯，是其需待之義，不有困窮矣。故得光亨貞吉，由乾之德也。」「需」者，須也。乾卦剛健，雖坎卦之險在前，但因掌握需待之義，不滯陷、不自設困境，乾為天，有職掌權位之義，陽爻陽位既中又正，故行險而往有功。需卦是等待的藝術，九五雖然遇到險境在前，但因為以剛健誠信對待，並整體評估進退時機，善用手中資源，故利於涉險建立功業。需卦

由「彖」解釋引申自身陽剛而能需待，必因謙卑而得利。〈彖傳〉解釋地天泰卦云：

> 泰，小往大來，吉亨。則是天地交而萬物通也，上下交而其志同也。內陽而外陰，內健而外順，內君子而外小人。君子道長，小人道消也。

《周易正義》疏：「泰者，止由天地氣交而生養萬物，物得大通，故云『泰』也。『上下交而其志同』者，此以人事象天地之交。上謂君也，下謂臣也，君臣交好，故志意和同。」泰卦，坤在上，乾在下，天地上下全面融合的交往，比喻萬物整體和諧，在人事義理方面比喻君臣志向相同。坤在外屬陰，乾在內屬陽，比喻內部剛健，有君子統籌決勝於千里之外；外部則有言聽計從，以供驅策的臣屬。泰卦由「彖」解釋引申大自然交融舒泰，故人事義理正常運作。地山謙卦六爻皆吉，〈彖傳〉對此解釋云：

> 謙，亨，天道下濟而光明，地道卑而上行。天道虧盈而益謙，地道變盈而流謙，鬼神害盈而福謙，人道惡盈而好謙。謙尊而光，卑而不可踰，君子之終也。

《周易正義》疏云：「欲明天地上下交通，坤體在上，故言『地道卑而上行』也。其地道既上行，天地相對，則『天道下濟』也。且艮為陽卦，又為山。天之高明，今在下體，亦是天道下濟之義也。『下濟』者，謂降下濟生萬物也。而『光明』者，謂三光垂耀而顯明也。『地道卑而上行』者，地體卑柔而氣上行，交通於天以生萬物也。『天道虧盈而益謙』者，從此已下，廣說謙德之美，以結君子能終之義也。」天道損有餘補不足，因濟助人道而光明絢爛。鬼神不致於庇佑驕橫盈滿

之徒，而是賜福給謙卑者。謙卦由山體高大願謙居於地中卑低之位的「象」，引申出謙虛為諸行之善，所往皆暢通合宜的人事義理觀念。

二、爻位說

所謂爻位，指六十四卦均由八卦重疊而成，所以每卦有初、二、三、四、五、上共計六爻，再依據陽爻居陽位，陰爻居陰位，下卦二爻居中位，上卦五爻居中位等解釋卦辭大義。初位象徵事物發端萌芽，主潛藏勿用。二爻象徵事物嶄露頭角，主居中適時進取。三爻象徵事物功業小成，應謹言慎行。四爻象徵事物接近高層核心，主警惕審慎。五爻象徵事物圓滿成功，當興盛旺象應立德戒盈。上位象徵事物發展終盡，主窮極必反，慎防亢龍之悔。〈象傳〉體例有中位說、當位說、應位說、順乘說等，故有「周流六虛」、「六位時成」、「時乘六龍」等說法。也是〈象傳〉解釋卦辭的主要方式。

（一）、中位說

六十四卦二、五爻位為中位。二為下卦中位，五為上卦中位，〈象傳〉作者認為，一般情況下，雖不當位，如居中位亦吉。若當位不居中，應與中爻相應，有孚於對應，必有無咎、有攸往、悔亡等局面。〈繫辭傳〉云：

> 二與四同功而異位，其善不同，二多譽，四多懼，近也。柔之為道，不利遠者。其要无咎，其用柔中也。

三與五同功，而異位，三多凶，五多功，貴賤之等
也，其柔危，其剛勝邪？

「二多譽」，二爻居於中位，容易因掌握中道得到美譽。
「四多懼」，位置逼近君王，伴君如伴虎。「五多功」，五爻
陽位喜陽爻剛健，可以勝任職責；陰爻處之含弘居中，順而從
之不失其貞，故居中位二、五爻則吉。例如〈彖傳〉火水未濟
卦云：

未濟，亨，柔得中也，小狐汔濟，未出中也。濡其尾，
征凶，无攸利，不續終也。雖不當位，剛柔應也。

孔穎達《周易正義》疏：「六五以柔居中，下應九二，釋
『未濟』所以得『亨』，柔而得中，不違剛也，與二相應，納
剛自輔，故於未濟之世，終得亨通也。」未濟卦代表事情尚未
成功，六五陰爻居中有柔順之質，繼續努力必得亨通。小狐狸
過河，力有未逮，尚未脫離坎中險難，未濟之時，實力尚不足
擔綱大任，強行躁進，無所得利，終局堪憂。六爻陰陽不當
位，但剛柔皆相比應，復有可濟之理。此為卦象剛柔相應，引
申出人事義理若居中，而陰陽不當位，猶有可為。〈彖傳〉火
風鼎卦說：

鼎，象也。以木巽火，烹飪也。聖人烹以享上帝，而
大烹以養聖賢。巽而耳目聰明，柔進而上行，得中而
應乎剛，是以元亨。

《周易正義》疏：「六五釋『元亨吉』，以柔進上行，體
已獲通，得中應剛，所通者大，故能制法成新，而獲『大亨』
也。」離火在上，巽木在下，木上生火有烹飪之象。常人重飲

食，聖人注重烹飪在祭祀與養賢之作用，祭祀乃尊天敬祖，烹飪乃誠信接待賢人輔佐君王之責。初六柔爻推進，六五柔爻催進，巽木隨火性而上行，九二與六五陰陽相應，雖不當位，但居中位，九二爻辭「鼎有實，我仇有疾，不我能即，吉。」九五爻辭「鼎黃耳，金炫，利貞。」黃，中也。金，剛也，都因居中位論吉。故〈鼎〉卦由中位的「象」，陰陽相應，引申出人事義理。

（二）、當位說

〈彖傳〉認為一卦六爻一、三、五是奇數，為陽位。二、四、六為偶數，為陰位。陽爻居一、三、五陽位，陰爻居二、四、六陰位，稱為「當位」。如陽爻居陰位，陰爻居陽位，稱為「不當位」。一般情況當位則吉，不當位則凶。〈彖傳〉天山遯卦說：

> 遯，亨，遁而亨也。剛當位而應，與時行也。小利貞，柔浸而長也。遯之時義大矣哉！

《周易正義》疏：「舉九五之爻，釋所以能遯而致亨之由，良由九五以剛而當其位，有應於二，非為否亢，遯不否亢，即是相時而動，所以遯而得亨，故云『剛當位而應，與時行也。』」遯卦，退避不爭，亨通，初爻二爻為陰，以上四爻俱為陽。上卦為乾剛，下卦為艮止，九五陽剛當位與六二相應，順時機而變化流行，當位的退避九五爻讚為「嘉遯，貞吉。」六二爻「執之，用黃牛之革，莫之勝說。」九五剛中當位與六二陰陽相應，故六二與九五當位之「象」，引申出在逃

遯之時，因居中位而對棄己遯逃者，施以中和柔順之人事義
理。〈彖傳〉火雷噬嗑卦云：

> 頤中有物，曰「噬嗑」，噬嗑而亨。剛柔分動而明，雷
> 電合而章。柔得中而上行，雖不當位，「利用獄」也。

《周易正義》疏：「陰居五位，是『柔得中』也。而『上
行』者既居上卦，意在向進，故云『上行』，其德如此，雖不
當位，所居陰位，猶『利用獄』也。」當位的反面是不當位、
失位。噬嗑卦上卦為離，為光明、文明、清廉等形象，下卦為
震，剛動、奮發、迅速等。剛爻分明，火雷可以結合出文章才
華，六五柔中上行，然而不當位，故必須利用司法威權維持正
道。〈彖傳〉噬嗑卦利用不當位的「象」，引述利用司法威
權，剛柔相濟的占筮時機。

（三）、應位說

〈彖傳〉認為下卦和上卦相對應位置的爻，即初爻與四
爻，二爻與五爻，三爻與上爻有對應關係，謂之「應」。而陽
爻與陰爻，陰爻與陽爻皆可陰陽相應，謂之「有應」。陽爻與
陽爻，陰爻與陰爻，同性相斥謂之「無應」。一般而言，有應
則吉，無應則凶。〈彖傳〉火天大有卦說：

> 大有，柔得尊位大中，而上下應之，曰「大有」。其
> 德剛健而文明，應乎天而時行，是以「元亨」。

《周易正義》疏云：「『大中』者，謂六五處大以中，柔
處尊位，是其大也。居上卦之內，是其中也。」柔中指陰爻居

中位，而剛中指陽爻居中位。而正中則是說既占有中位，又居正位，反宜施祿於下，慎勿驕溢。六五陰爻主導全卦，上下陽爻均尊奉之。「大中而上下應之」，九二居下卦中爻與六五相應，五陽爻俱受一陰爻牽動，故得大有之象。五爻雖不當位，但與上九、九四、九二相應，故大有卦以三陽爻在下的剛健，外卦為離火文明之象，引申出人事大有包容，順天立命的義理。〈彖傳〉地水師卦云：

> 師，眾也。貞，正也。能以眾正，可以王矣。剛中而應，行險而順，以此毒天下而民從之，吉又何咎矣？

《周易正義》疏云：「『剛中而應』者，『剛中』謂九二，而『應』謂六五。『行險而順』者，『行險』謂下體坎也，而『順』謂上體坤也。若剛中而无應，或有應而不剛中，或行險而不柔順，皆不可行師得吉也。」九二與六五一陰一陽相應。有應則有相助。興師動眾必須名分端正，若得眾人信服，則王師所到之處，大軍披靡。九二剛中，上應六五，雖身處坎卦之險，但順應上意，以此中正之德治理天下。師卦以卦象「相應」解釋九二不當位而相應，故在「師中吉」。

（四）、順承說

〈彖傳〉的「順乘」說，指陰爻居陽爻之下為順，象徵卑微柔弱者應該順承尊高剛強者。反之陰爻居陽爻之上為乘剛，象徵弱者乘凌強者，小人乘凌君子，爻義多不吉。順則吉，乘則凶。〈彖傳〉巽為風卦云：

> 重巽以申命，剛巽乎中正而志行，柔皆順乎剛，是以

小亨，利有攸往，利見大人。

《正義》疏云：「此卦以卑巽為名，以申命為義。故就二體上下皆巽，以明可以申命也。上巽能接於下，下巽能奉於上，上下皆巽，命乃得行，故曰『重巽以申命也』。」此言卦象「柔順」。又云：「『剛巽乎中正而志行』者，雖上下皆巽，若命不可從，則物所不與也。故又因二五之爻，剛而能巽，不失其中，所以志意得行，申其命令也。」〈巽〉卦上下卦皆巽，重覆發號施令，以巽為風通令天下，無所不入。九二、九五居上下卦之中位，利於伸張志向，卦象為柔，順從剛健，引申出固守中道，無往不利的道理。〈彖傳〉水山蹇卦說：

> 蹇、難也，險在前也。見險而能止，知矣哉！蹇利西南，往得中也不利東北，其道窮也。利見大人，往有功也。當位貞吉，以正邦也。蹇之時用大矣哉！

《周易正義》疏云：「蹇者，有難而不進，能止而不犯，故就二體，有險有止，以釋蹇名。坎在其外，是『險在前也』。有險在前，所以為難。若冒險而行，或罹其害。艮居其內，止而不往，相時而動，非知不能，故曰『見險而能止，知矣哉』也。『蹇利西南往得中也』者，之於平易，救難之理，故云『往得中』也。『不利東北其道窮』者，之於險阻，更益其難，其道彌窮，故曰『其道窮』也。『利見大人往有功也』者，往見大人必能除難，故曰『往有功』也。『當位貞吉，以正邦也』者，二、三、四、五爻皆當位，所以得正而吉，故曰『當位貞吉』也。『以正邦也』者，居難守正，正邦之道，故曰『以正邦也』。」蹇，難也，有險在前，畏而不進。見到險難而能知止，智者所為。蹇卦利西南，故喜行坤、離、兌等柔

順之地，不利東北震、艮、坎等陽剛之地。見蹇難而止，惟避難之時仍需奮勇抗難，否則何以濟功？故化危機為轉機，持中道見大人，六二、九五當位，君臣共濟保家衛國，端正民風之吉。以卦象陰陽分判，引申出蹇卦利於柔順之地，不利於陽剛險阻之地。

三、〈彖傳〉的義理內涵

　　〈彖傳〉在義理方面對儒家傳統最大的影響，應該是提出了一個比較屬於自然觀系統的宇宙論。戰國中期以前的儒家思想，對於天道是不討論的，即便討論也是以道德為本體。儒家所重視的經典如《詩》、《書》中，也沒有可供發揮的自然天道觀的素材，《周易》以獨特的性質，論及推天道以明人事，使儒家思想脈絡更加細緻廣泛。作為六十四卦基礎的八卦，被認為代表了天、地、山、澤、雷、風、水、火，這八種自然現象，成為中國天道觀的本源。〈彖傳〉天道觀依據八卦性質對各種情境做出解釋。其次，〈彖傳〉往往依據一卦之標題，揭示全卦之主旨，例如〈謙〉卦「謙尊而光，卑而不可踰」，〈睽〉卦「天地睽而其事同，男女睽而其志通」等，或就卦名之意義論述，例如頤卦「觀頤，觀其所養」，論及養身、養志、養賢人、養天下。經由解釋卦體、卦辭、卦位、卦義，自然達到闡揚義理內涵的目的。〈彖傳〉乾卦云：

> 大哉乾元，萬物資始，乃統天。雲行雨施，品物流形。大明終始，六位時成，時乘六龍以御天。乾道變化，各正性命。保合大和，乃利貞。首出庶物，萬國咸寧。

　　《周易正義》王弼注云：「天也者，形之名也。健也者，用形者也。夫形也者，物之累也。有天之形而能永保无虧，為物之首，統之者豈非至健哉！大明乎終始之道，故六位不失其時而成，升降无常，隨時而用，處則乘潛龍，出則乘飛龍，故曰『時乘六龍』也。乘變化而御大器，靜專動直，不失大和，豈非正性命之情者邪？」廣博的天道以乾卦精神為主，當天道剛健的運行，萬物循環升降，往復幽明，六爻升降為萬象縮影，適時適地展現陰陽不測。其次，乾卦是天地萬物天道性命的綱領，每一爻就是一條龍，象徵自然與人事變化的現象，由卦象變化引申出乾卦「雲行雨施」事物諧和運作。「六位時乘」各安其位，順時而行。「保合太和」萬物保養和悅。「萬國咸寧」四海生民皆安和寧靜。乾卦推天地之心，布散恩澤，任用群賢，衍生天地四時運作，各正其位。〈彖傳〉坤卦云：

> 至哉坤元，萬物資生，乃順承天。坤厚載物，德合無疆。含弘光大，品物咸亨。牝馬地類，行地無疆，柔順利貞。君子攸行，先迷失道，後順德常。西南得朋，乃與類行。東北喪朋，乃終有慶。安貞之吉，應地無疆。

　　《周易正義》王弼注云：「地之所以得『无疆』者，以卑順行之故也。乾以龍御天，坤以馬行地。地也者，形之名也。『坤』也者，用地者也。夫兩雄必爭，二主必危，有地之形，與剛健為耦，而以永保无疆，用之者不亦至順乎？若夫行之不以『牝馬』，利之不以『永貞』，方而又剛，柔而又圓，求安難矣。」王弼掃象，闡述《易》理。萬物資地而生，『乾』是剛健能統領於天，『坤』是陰柔以和順承奉於天。地體安靜而

貞正，人若得靜而能正，即得其吉。地道以其廣厚載物，光明弘大，品類亨通，應合地之无疆是慶善之事。故君子體會地道柔順，是由坤道引申出義理所致。

〈彖傳〉對於乾坤兩卦的解釋稱為「乾坤二元」，具有統一對立的本質，二者乾始坤成，乾為大始，坤作成物，缺一不可，其餘六十二卦都是陰陽爻不同的組合。因此〈彖傳〉在以天施地生為本質的宇宙論有豐富的說法。例如〈彖傳・泰〉云：「泰，小往大來，吉亨，則是天地交而萬物通也。上下交而其志同也。」〈坤〉卦下行，〈乾〉卦上揚，交融和諧的現象。〈彖傳・咸〉說：「咸，感也。柔上而剛下，二氣感應以相與。止而說，男下女，是以亨利貞，取女吉也。天地感而萬物化生。」指天地二氣互相感應，能感應才是同類，二氣可以由抽象到具象，例如乾坤、水火、上下、男女、君臣、夫妻等，論為萬物正反對立，又能相生相成之理。〈彖傳・恒〉說：「天地之道，恆久而不已也。『利有攸往』，終則有始也，日月得天而能久照，四時變化而能久成。」恒心才能得志，故舉天地日月運行之道，恒久不已，雖四時更替，寒暑相變，聖人以應變得時，萬物從化而成。把握恒卦天地無窮運轉，變則通，通則久的意義，可得安家治國之作用。

《易經》經由推天道以明人事，故〈彖傳〉的宇宙論與自然觀，主要目的在引申出人道的內涵。例如〈彖傳・兌〉說：「兌，說也。剛中而柔外，說以利貞，是以順乎天而應乎人。」〈彖傳・大畜〉亦云：「大畜，剛健篤實輝光，日新其德，剛上而尚賢。能止健，大正也。不家食吉，養賢也，利涉大川，應乎天也。」在《易經》中有自然現象與社會人事結合

的現象，但在自然科學技術不足以深入探討宇宙萬象時，先賢自然就往當下必須規範之倫理道德闡述。略分例如：

（一）、修身養性

　　〈象傳〉以「卦象」象徵萬物，進而解釋卦義、德行、義理，並提出「當位」「承乘」「比應」「時中」「剛柔往來」「天地相生」「天人相應」等原則，討論卦象吉凶悔吝。較為常見的是「持中守正」「好謙」「養正」等，例如天水訟卦「利見大人，尚中正」，離為火卦「柔麗乎中正，故亨」。地山謙卦，唯一六爻皆吉，「人道惡盈而好謙」。山雷頤卦，「養正則吉也，觀頤，觀其所養也，自求口實」。《易經》有寡過遷善之作用，以澤風大過卦探討過失，〈象〉云：

> 大過，大者，過也；棟橈，本末弱也；剛過而中，巽而說，行利有攸往，乃亨。大過之時大矣哉！

　　《周易正義》疏云：「『大者過』，謂盛大者乃能過其分理以拯難也。故於二爻陽處陰位，乃能拯難也，亦是過甚之義。『棟橈』，以大過本末俱弱，故屋棟橈弱也，似若衰難之時始終弱。」大過卦，初六與上六為陰爻，中間四爻為陽爻，陽爻多而密集，有過於陽剛的現象。故「棟橈」是由於本末陰爻過於柔弱所致，君子觀察局勢，審酌倫理道義之缺陷，以拯弱興衰為修身治德為本。〈象傳・泰〉云：

> 泰，小往而大來，吉亨，則是天地交而萬物通也，上下交而其志同也。內陽而外陰，內健而外順，內君子而外小人，君子道長，小人道消也。

《周易正義》疏云：「內健則內陽，外順則外陰。內陽外陰據其象，內健外順明其性，此說泰卦之德也。陰陽言爻，健順言卦。」坤卦在上，乾卦在下，天地上下全體和諧交往，在人事方面比喻君臣志氣相同，修身養性足以親近內比君子，大有助於進德修業，並推卻邪惡之人在外，始得「閑邪存其誠」，退卻邪惡，親往至誠。

（二）、教化慎法

教育是立國大計，儒家思想特別強調禮樂教化，《論語·為政》：「道之以政，齊之以刑，民免而無恥；道之以德，齊之以禮，有恥且格。」《論語·里仁》：子曰：「君子懷德，小人懷土，君子懷刑，小人懷惠。」儒家特重教化，《易傳》作者亦然。〈彖傳·觀〉說：「大觀在上，順而巽，中正以觀天下，觀。『盥而不薦，有孚顒若』，下觀而化也。觀天之神道，而四時不忒，聖人以神道設教，而天下服矣。」王弼《周易注》云：「統說觀之為道，不以刑制使物，而以觀感化物者也。神則無形者也。不見天之使四時，『而四時不忒』，不見聖人使百姓，而百姓自服也。」此云教化使人自然垂化，君子懷德不懷土，懷刑不懷惠。山水蒙卦〈彖傳〉云：

> 蒙，山下有險，險而止，蒙。蒙亨，以亨行時中也；匪我求童蒙，童蒙求我，志應也；初筮告，以剛中也；再三瀆，瀆則不告，瀆蒙也；蒙以養正，聖功也。

坎水上行遇艮止，是知險而止，進退兩難故生蒙昧。《周易正義》疏：「凡不識者求問識者，識者不求所告，闇者求

明，明者不諳於闇」，艮為止，坎上遇止，無所適從，不免蒙昧滋生。而蒙昧者汲汲於亨通之道解困，故闇者往求識者，理同志合之應。九二剛健在下卦之中，對於猥褻神明再三求筮者，均不以理會。蒙卦因虔誠養正的作用，故成教化之功。噬嗑卦云：「初六：發蒙，利用刑人，用說桎梏，以往吝。」《周易正義》疏云：「『發蒙』者，以初近於九二，二以陽處中，而明能照闇，故初六以能發去其蒙也。『利用刑人，用說桎梏』者，蒙既發去，无所疑滯『故利用刑戮于人，又利用說去罪人桎梏，以蒙既發去，疑事顯明，刑人說桎梏皆得當。』《論語・堯曰》：「不教而殺謂之虐」，刑法畢竟是加害於人，必為善道良心所惡，故利用以正法制，必須謹慎教化在先。〈象傳・噬嗑〉說：

> 頤中有物，曰噬嗑。噬嗑而亨，剛柔分動而明，雷電合而章，柔得中而上行，雖不當位，利用獄也。

《周易正義》疏云：「『利用獄』之義。剛柔既分，不相溷雜，故動而顯明也。雷電既合，而不錯亂，故事得彰著，明而且著，可以斷獄。剛柔分謂震剛在下，離柔在上。『剛柔』云『分』，『雷電』云『合』者，欲見『明』之與『動』，各是一事，故『剛柔』云『分』也。『明動雖各一事，相須而用，故『雷電』云『合』。但易之為體，取象既多。若取分義，則云』『震下離上』。若取合義，則云離、震合體，共成一卦也。」噬嗑卦，初九、上九為牙齒，九四為間隔之物。上卦離火，有光明、文明、清廉之象。下卦為震、剛動、奮發、迅速等。剛柔二爻分明，教化為柔，刑獄為剛，分別運作動化，結合絢麗文采。六五柔中上行，雖不當位，全卦剛柔並

濟，適宜判刑斷獄。

（三）、齊家治國

　　〈彖傳〉是解釋卦辭的，也兼釋卦名，並由卦名、卦辭進而闡釋一卦之義，再由一卦之義引述卦德。故〈彖傳〉以卦名為線索，直探卦義，解釋卦辭，剖析爻位爻義闡發義理。在「齊家」以家人卦論述男女天地之大義。蠱卦教人承襲一家之業。震卦提升到勉勵長子守宗廟社稷，以為祭主。〈彖傳〉風火家人卦云：

> 家人，女正位乎內，男正位乎外。男女正，天地之大義也。家人有嚴君焉，父母之謂也。父父、子子、兄兄、弟弟、夫夫、婦婦而家道正，正家而天下定矣。

　　談到家庭的倫理關係，家內管理以女性為主。《周易正義》疏云：「此歎美正家之功，可以定於天下，申成道齊邦國。既家有嚴君，即父不失父道，乃至婦不失婦道，尊卑有序，上下不失，而後為家道之正。各正其家，无家不正，即天下之治定矣。」家人卦談家庭倫理，故上卦為巽長女，下卦為離中女。女主內，內卦六二為陰爻；男主外，外卦九五為陽爻。故男女分得正位，家道興，乃得天地大義。家中以父母為尊主，同於一國之嚴君。父母尊卑有序，兄弟和睦有情，夫婦相親相愛，以致家庭倫理端正，推及安邦定國。山風蠱卦，「蠱，剛上而柔下，巽而止，蠱。蠱元亨，而天下治也。」面對蠱惑，剛以斷志，柔以施令，止而不爭，靜觀其變，治理天下如反掌折枝，遑論區區一家！震為雷卦，「震，亨。震來虩

號，恐致福也。笑言啞啞，後有則也。震驚百里，驚遠而懼邇也。出，可以守宗廟社稷，以為祭主也。」震驚百里，由近而遠，由齊家而治國。

〈彖傳〉認為天道是基本的規律，人道必須效法天道，在政治觀方面，以陽為尊，以陰為卑，陽乘陰則吉，陰乘陽則凶；其次天道的盈虛變化，代表謙受益，滿遭損。當事物發展到了極盡，就是人心思變的時候，因此〈彖傳〉的政治觀有「變革」、「順天應人」、「聖人養賢以及萬民」等。〈彖傳〉澤火革卦說：

> 革、水火相息。二女同居，其志不相得，曰革。已日乃孚，革而信之。文明以說，大亨以正。革而當，其悔乃亡。天地革而四時成。湯武革命，順乎天，而應乎人。革之時大矣哉！

變革是因為生於不合，「離」火欲上，而兌「澤」欲下，水火交戰而生變革。故二女同居，近似水火其志不相合。《周易正義》：「天地之道，陰陽升降，溫暑涼寒，迭相變革，然後四時之序皆有成也。『湯武革命，順乎天而應乎人』者，以明人革也。夏桀、殷紂，凶狂无度，天既震怒，人亦叛亡。殷湯、周武，聰明睿智，上順天命，下應人心，放桀鳴條，誅紂牧野，革其王命，改其惡俗，故曰『湯武革命，順乎天而應乎人』」。論天道，二女並非陰陽交感，其志不合。論人道，夏桀、殷紂逆天行事，故商湯、武王順天理人事，此時革命意義重大。〈彖傳〉的歷史進化觀念是「保合大和」，是萬物隨天道變化而各適其性，天道不僅生發自然界的資源，而且社會人

事皆有其發展規則，由自然界的日月盈虧，陰陽消長，體認歷史變動旺衰，因此而知戒慎警惕，例如「順動」、「時之義」、「時用」等。

　　〈彖傳〉採用「中」「正」「中正」「當位」「應」「乘」等術語，從爻的位次關係上解釋卦義，例如〈彖・臨〉九二得六五相應，故云：「說而順，剛中而應，大亨以正。」等。然而〈彖傳〉另外亦引用形象解釋卦義，例如〈彖・鼎〉離火在上，巽木在下，木上生火，有烹飪之象，故云：「鼎，象也。以木巽火，亨飪也。聖人亨，以享上帝，而大亨以養聖賢。」總而言之，〈彖傳〉由「象」引申出義理，而「數」在〈彖傳〉中似乎並無發揮出義理的說法。

第十三章 〈文言傳〉與乾坤兩卦

儒家思想與〈文言傳〉相扣最緊，且僅解釋〈乾〉、〈坤〉兩卦的卦辭與爻辭。解〈乾〉卦之卦辭與爻辭者通稱〈乾文言〉，解〈坤〉卦之卦辭與爻辭者通稱〈坤文言〉。為何稱為〈文言傳〉？《左傳‧襄公二十五年》：「言以足志，文以足言，……言之無文，行而不遠。」言語需有文采美質，君子表彰自己的言行，以文字陳述自己志向。故〈文言〉者，謂用文字以記其言也，以記載其解釋〈乾〉〈坤〉兩卦之言，均出自儒家之手。

易學大師李鏡池說：「〈文言〉與〈彖〉〈象〉都是解經之作，但〈彖傳〉〈象傳〉兼講象位，而〈文言傳〉則注重解卦爻辭，這是〈文言傳〉與〈彖傳〉〈象傳〉二傳之別，亦即〈文言傳〉之以為文言也。」〈文言傳〉解釋卦爻辭，大致為問答式、定義式、引證式、重點注釋式等，爻象分陰陽爻，爻位有上中下位、當位、相應、重剛、天地人位等。〈文言傳〉大體為儒家作品，以卦象闡述〈乾〉〈坤〉兩卦的儒家義，對於數術甚少直接影響。

一、〈文言傳〉與乾卦義理

〈文言傳〉曰：「元者善之長也，亨者嘉之會也，利者義之和也，貞者事之幹也。君子體仁足以長人，嘉會足以合禮，利物足以和義，貞固足以幹事。君子行此四德者，故曰：乾，

元、亨、利、貞」。「元者善之長」，元是施生之宗，仁道作為君子生養萬物的依循。「亨者嘉之會」，天地萬物能互相和諧，才有嘉美亨通之象。「利者義之和」，萬物受到乾元施生，庶物各得其宜。「貞者事之幹」，貞是堅定正確的行事風格，事情的進行當然能幹既濟。根據前述「四德」本質，〈文言傳〉應該是儒家學者的作品。以乾卦六爻為例，首先將每爻視為人生不同階段的境遇，因而有不同的階段性脩業目標。

〈文言〉解釋初九說，「潛龍勿用，何謂也？子曰：龍德而隱者也。不易乎世，不成乎名。遯世無悶，不見世而無悶。樂則行之，憂則違之，確乎其不可拔，潛龍也。」聖人懷龍德而隱居，遠離權位核心，不因世俗貪戀祿位之影響而移轉心志，也不求功名顯達於世，讓自己心無所愧，則樂於行之，能進則進，不見進則閒雲野鶴。君子處世立身，不論主客觀因素而無法得到重用，應保持不憂、不懼、不悱的精神，堅守中道，進退有據，觀察時勢，伺機而動。

〈文言〉解釋九二爻說：「見龍在田，利見大人，何謂也？子曰：龍德而正中者也。庸言之信，庸行之謹。閑邪存其誠，善世而不伐，德博而化。《易》曰：見龍在田，利見大人，君德也。」九二陽爻居中，陽爻不當位，「庸言之信，庸行之謹」，指平常保持一貫之信實平庸與謹慎，「閑邪存其誠」，放下邪惡的念頭，保存誠敬的性體。「善世而不伐」，處世與人為善，盡善性於道體，而不自伐誇耀其功。「德博而化」，君子秉持道德行事，其德廣博而流行，故《論語・顏淵》說：「君子之德風；小人之德草；草上之風必偃。」

〈乾〉卦九三爻說：「君子終日乾乾，夕惕若，厲無咎，何謂也？子曰：君子進德修業。忠信所以進德也，修辭立其誠，所以居業也。知至至之，可與言幾也，知終終之，可與存義也。是故居上位而不驕，在下位而不憂，故乾乾因其時而惕，雖危無咎矣。」九三處下卦之極，君子進德修業，乾乾惕厲，方至上卦之下。「知至至之，可與言幾也」，既然知道階段性即將結束，將至途窮之地，有了這種體認，則可識通先機，可與共同論述幾微之事。「知終終之，可與存義」，居下卦之盡頭，而保全事物的善終，是「知終」也，猶如元亨利貞，舉一反三，周而復始，君子凡事能固守義理。

〈乾〉卦九四爻說：「或躍在淵，無咎。何謂也？子曰：上下無常，非為邪也。進退無恆，非離群也。君子進德修業，欲及時也，故無咎。」為何九四在「或躍在淵」的危險境遇中可以無咎？因為九四所作所為不是為滿足自己的邪念，所以上而欲躍，下而欲退，離開深淵，居非中位，乾卦當然是奮勇前進，取得服務眾人的制高點。但不要離群索居，自絕於社會。進德修業，處世進退都秉持正道，追隨九五必須是觀察細微且及時掌握機變的。履卦辭：「履虎尾，不咥人，亨。」以柔應剛，澤悅履踐，故不見害。

〈乾〉卦九五爻說：「飛龍在天，利見大人，何謂也？子曰：同聲相應，同氣相求。水流濕，火就燥。雲從龍，風從虎，聖人作而萬物覩。本乎天者親上，本乎地者親下，則各從其類也。」九五爻同聲同氣，水流濕，火就燥，雲從龍，風從虎，都是指同類相感，因此聖人擔負起生養之德，萬物有生養

之情。天地絪縕，和合陰陽二氣，各依其性，有受氣於天偏多者，「本乎天者親上」。有受氣於地偏多者，「本乎地者親下」，領導者善用各種局面，尋求相同氣勢，以為助力。《論語‧憲問》說：「君子上達；小人下達。」同聲相應，同氣相求，各從其類而已。

〈乾〉卦上九曰：「亢龍有悔，何謂也？子曰：『貴而無位，高而無民，賢人在下位而無輔，是以動而有悔也。』」乾龍到達最上位，為何反而悔不當初？因為「貴而無位，高而無民」，陽爻居陰位不當位，六爻皆陽，陽為君，陰為民，無陰則無民，位君而無民，險象憂虞滋生。爻位發展到最終，亢龍到極點反而憂虞悔吝，因為與人民隔離，故「賢人在下位而無輔」，即帝王將遠離賢臣輔佐，而失去民心支持。天人合一是《易經》的主要義理思想，乾卦〈文言〉又云：

> 夫大人者，與天地合其德，與日月合其明，與四時合其序，與鬼神合其吉凶。先天而天弗違，後天而奉天時，天且弗違而況于人乎？況于鬼神乎？

大人，指有才能道德之人，大人行事光明磊落，能與天地、日月、四時等相感運行而契合道德，故與萬物相感，無所不合，能依據時空變遷，通情達理，順隨變化行事。大人享有高位，彷如鬼神般的福善禍淫，在天時之前行事，天道在後亦不違大人所為；若在天時之後行事，能奉順上天，是大人順合天道。

「天人合一」是《易經》義理派主要思想之一，術數派亦

可藉此托言「參天地之奧妙」。要先理解「天」與「人」如何相合，必須先了解「天」與「人」的定義，不是指自然的、物理的、神話的。馮友蘭《中國哲學史》將天的意義分為五種：物質之天，即與地相對之天。主宰之天，即所謂皇天上帝，有人格的天，帝。運命之天，乃指人生中吾人所無奈何者，如《孟子》所謂「若夫成功則天也」之天。自然之天，乃指自然之運行，如《荀子‧天論篇》所說之天「天行有常，不為堯存，不為桀亡」。義理之天，乃謂宇宙之最高原理，如《中庸》所說「天命之謂性」之天。《周易》天人合一的「天」主要指義理道德，「人」是指追求仁義的人，若不在這種定義範疇中是很難理解「天人合一」的精神所在。

　　古代宗教性的天與神位階幾乎相同，具有神聖至高的地位；進入周朝因為人文教化興起，道德超越性逐漸取代宗教的神話性，人格神影響性逐漸退縮出文化圈。在《周易》作者的學術認知，認為出於對宇宙的仰觀俯察，設定以天為道德的根源，道德是從天降下給人們的，即是包含在天命之中。進入孔孟時代，以仁為主的倫理觀逐漸架構而成，例如：「人而不仁，如禮何？人而不仁，如樂何？」「我欲仁，斯仁至矣」，在儒家下學上達的人格實踐中，發現道德的超越性、普遍性；而這種超越性與普遍性可以和傳統的天、天命的觀念相契合，於是性與天道可以融合，而天人合一的「天」是由概念推論出來的道德性質的天，是自己仁心所追求的人格道德天，屬於印證假設而確實存在的，不是自然的天，故儒家由仁心向外推出，道家可由天道影響人道。

天人合一是中國哲學的主要思想之一，幾乎每個階段都有學者討論，在一般人的想法中，天是自然性質的，天掌管下雨、放晴、明暗等，這與人又如何相合呢？這是從現代已經擁有的自然科學基礎上進行理解，而忽略上古人出於對天的敬畏；因為人民是上帝的子民，天生萬民，萬民的期盼就是天帝的期盼，而君王是代理天帝治理人民，當然必須順從天帝之意旨，因此《孟子》說：『天視自我民視，天聽自我民聽。』即將天涵蓋人文禮教的意義。天人正反的論述，朱熹解釋在《周易本義·文言傳》說：「先天不違，謂意之所指，默與道契；後天奉天，謂知理如是，奉而行之。」

其他例如〈說卦〉：「昔者聖人之作易也，幽贊於神明而生蓍，參天兩地而倚數，觀變於陰陽而立卦，發揮於剛柔而生爻。和順於道德而理於義，窮理盡性以至於命。昔者聖人之作易也，將以順性命之理，是以立天之道曰陰與陽，立地之道曰柔與剛，立人之道曰仁與義，兼三才而兩之，故易六畫而成卦。分陰分陽，迭用柔剛，故易六位而成章。」古聖人作易，以人立於天地之間，仰觀俯察萬物生化之妙，以六十四卦分陰陽與天地人三才，在觀察爻變之間，必須順於道德，窮盡善理，故能分判陰陽，剛柔相濟，仁義為本，進而有盛德大業之功。

二、〈文言傳〉與坤卦義理

〈文言傳〉坤卦說：「坤至柔而動也剛，至靜而德方，後得主而有常，含萬物而化光。坤道其順乎，承天而時行。」坤

卦六爻皆陰，稱「至柔」；卦體雖然柔弱，但《易》道是陰陽反覆，靜極則動，動就是陽剛的體現，故稱「動也剛」。初六「履霜堅冰至」，卦象由棉柔之霜，逐漸變化成堅硬的嚴冰；又大地生萬物，木硬金堅，柔可生剛。「至靜而德方」，坤道以牝馬、牛、母為卦象，地體不動即是「至靜」，天圓地方，故以坤德為方，方故能穩健。

〈文言傳〉說：「積善之家，必有餘慶；積不善之家，必有餘殃。臣弒其君，子弒其父，非一朝一夕之故，其所由來者漸矣，由辯之不早辯也。易曰，履霜堅冰至，蓋言順也。」初六「履霜」，比喻邪惡的事情逐漸累積，如果不知見幾而作，將導至後來發生無可挽救的結局。「積善之家，必有餘慶；積不善之家，必有餘殃。」餘慶來自於積善，餘殃肇禍於行事不積善德。「臣弒其君，子弒其父」皆是罪大惡極之事，何以逆行倫理至此？絕非一朝一夕，一蹴可及之事，而是漸進促成的。因為不及早分辨明察因果所致。「履霜堅冰至，蓋言順也」，謂陰惡積微不已，終遭禍亂。

〈文言傳〉解釋坤卦六二爻辭說：「直其正也，方其義也。君子敬以直內，義以方外，敬義立而德不孤。『直方大，不習无不利』，則不疑其所行也。」六二是陰爻居中當位，「直其正也，方其義也。」柔順又能居於下卦之中，篤守中道，就是發揮地道正直的特性。義者，宜也；面對諸般事端處理得宜，事理方正無私。「君子敬以直內，義以方外，敬義立而德不孤」，君子內心是以誠敬為本質，故行善在外合乎義理而得八方美譽。君子直而不邪，中正則謙恭，以此接待於人，

則人人相親還以「敬」「義」，而道德自非孤行。「不疑其所行」，人人仿效直方大的美德，無須懷疑困惑難行。《孟子·盡心下》說：「言近而指遠者，善言也；守約而施博者，善道也。君子之言也，不下帶而道存焉。君子之守，脩其身而天下平。人病舍其田而芸人之田，所求於人者重，而所以自任者輕。」六二敬義內省，萬民不疑其行無德。

六三爻辭：「含章可貞，或從王事，无成有終。」〈文言傳〉解釋坤卦六三爻辭說：「陰雖有美，含之以從王事，弗敢成也。地道也，妻道也，臣道也。地道无成，而代有終也。」「陰雖有美，含之以從王事，弗敢成也。」六三有才華可用，應該堅定正直的發揮，即使為君王作出重大貢獻，也不一定要需索對等代價，有事則從，不敢為首，順隨天命運勢，嚴忌功高震主。「地道也，妻道也，臣道也。地道无成，而代有終也。」地道卑柔，妻道不可奪夫權，臣道不可先唱成物。「地道无成，而代有終」，地道不爭權擅功，輔弼乾龍以成大業。

〈文言傳〉解釋坤六四爻辭說：「天地變化，草木蕃，天地閉，賢人隱。《易》曰：括囊，无咎无譽，蓋言謹也。」天地變化，比喻陰陽交會，坤卦所承載之草木萬物欣欣繁衍。若「天地閉，賢人隱」，指陰陽二氣不相交，天地閉塞，賢人潛隱。「括囊，无咎无譽，蓋言謹也」，前述之陰陽不僅指天氣協調與否，也是抽象性的代表社會人事諸般現象。例如政治、職場、家庭、學界等，因此當情勢與運勢否、蹇、困、蠱之時，應該「括囊」，即像囊袋般束緊，閉緊口風，謹慎行事以免禍從口出，「无咎无譽」，平安下莊。

　　〈文言傳〉解釋坤六五爻辭說：「君子黃中通理，正位居體，美在其中，而暢於四支，發于事業，美之至也。」六四在五爻后位之下，括囊謹言慎行，六五爻在上卦中位，中正得體。「黃中通理」，土以黃色居中，兼顧四方之理，是地道本分，能固守中庸中道，奉行臣職，理通而八方順服。「正位居體」者，以體為「本體」，以「四支」猶如人之四體，比喻為外在形物。而「美在其中」，故美德在身，必然發揚於四方，內外一體兼善，功德必顯於所營事業。

　　〈文言傳〉解釋坤上六爻辭說：「陰疑於陽必戰，為其嫌於无陽也，故稱龍焉；猶未離其類也，故稱血焉。夫玄黃者，天地之雜也，天玄而地黃。」坤卦柔順，何以上六展開戰鬥？因為猶豫間而未及早辨識，以致氣盛而陰奪陽位。「陰疑於陽必戰，為其嫌於无陽也，故稱龍焉。」陰爻發展到極端的上六，對立面的陽氣滋生疑端，故群陽發動欲除去陰邪，陰既旺盛，不肯退避，故「必戰」。六爻皆陰，因氣盛狂妄而自以為「稱龍焉」。「猶未離其類也，故稱血焉。」指出陰爻仍舊是陰爻的本質，同類相聚，狂妄至極，最後不免與乾龍血濺沙場，一決高下。「夫玄黃者天地之雜也，天玄而地黃。」形容戰爭之慘烈，玄，深赤色，即血流入黃土中的混合色系，「天玄地黃」，指天地變色，形容戰爭慘烈而兩敗俱傷。「陰疑於陽必戰」，《論語・八佾》說：「孔子謂季氏，『八佾舞於庭，是可忍也，孰不可忍也？』」即以陰犯陽，混亂綱紀。

　　〈文言傳〉由「潛龍勿用」說起，潛龍是形容遁隱的形象，且主客觀條件尚未成熟的休養狀態。《論語・泰伯》：

「天下有道則見，無道則隱。邦有道，貧且賤焉，恥也。邦無道，富且貴焉，恥也。」所以〈文言〉坤卦亦云：「天地閉，賢人隱。《易》曰：『括囊，无咎无譽』，蓋言謹也。」聖賢對於自身進退是依據外在環境而決定的。〈文言傳〉對〈乾〉卦的解釋是以君德與君道為核心。〈坤〉卦〈文言〉所云，例如「利牝馬之貞」、「先迷後得主」、「不習无不利」、「坤至柔而動也剛」、「陰疑於陽必戰」、「敬義立而德不孤」等。〈文言傳〉有雜湊的現象，但大抵上都是義理道德的闡述，與占筮無任何關係。〈文言傳〉文辭優美，以駢文的韻味提出儒家進德脩業的涵義，例如「居上位而不驕，在下位而不憂」、「學以聚之，問以辨之」、「寬以居之，仁以行之」、「敬以直內，義以方外」等，後世易學家以其精義無法超越，故僅懸於〈乾〉〈坤〉兩卦之後。總之，〈文言傳〉豐富了《周易》中的儒家道德，將卜筮之書的《易經》哲學化，發揚儒家倫理特色，而且具有邏輯思維，這些總結仍舊是現代的道德修養的進路。其中「水流濕，火就燥」、「雲從龍，風從虎」等則是分類、類推的思維，且正是卜卦占驗數術的基本邏輯範疇。「元、亨、利、貞」則衍生出四季五行的基本說理，使金、木、水、火、土各據一方。

第十四章 〈象傳〉的儒家義理觀

〈象傳〉解釋《易經》六十四卦的卦象卦名，爻象爻辭，而不及卦辭。解釋卦象卦名的部分稱〈大象傳〉，解釋爻象和爻辭的部分稱〈小象傳〉。同樣隨著經文分成上下兩篇。〈象傳〉寫作年代應該在〈彖傳〉之後，解說模式都是先說上下卦的卦象，次舉卦名，最後引申人事義理，因為思想與儒家相近，因此推定是儒家背景之學者所作，何人已無可考。

一、〈大象傳〉的儒家義理

〈大象傳〉推測是由儒家思想背景的作者所完成，其目的在於發揮儒家思想。古時天子、諸侯、公卿等，臨大事必先卜筮以決吉凶，卦象完備，其理至明，使君主不得獨斷而行，往後儒家更繫辭於各卦，藉此以約束惕勵君后者「先王以建萬國，親諸侯」、「后以施命誥四方」等。惕勵君子者「君子以經綸」「君子以果行育德」。惕勵倫理者「前言往行，以畜其德」「君子以非禮弗履」等。在六十四卦中有五十三卦講「君子」，另有七卦提到「先王」，兩卦提到「后」，一卦提到了「大人」和「上」。這些稱呼，如果我們放在先秦諸子的範圍中看的話，很明顯具有儒家的色彩。譬如「君子」一詞，就是一個典型的儒家術語，其他門派是不用或甚少用的。就其本義而言，「君子」指君之子，稱有地位的貴族階層，與指稱普通人的「小人」相對。由《論語》上來看，孔子非常喜歡使用「君子」、「小人」的稱呼，不過其含義更多地偏向於文化及

道德價值的方面。如「君子喻於義，小人喻於利」等。因此〈大象傳〉之形式與《論語》教條式說法類似，前半句講天道，後半句講人事。以下分述〈大象傳〉在政治觀、道德觀、方法論等內涵。

（一）、政治觀

《周易》認為天道與人道間存在一致性，且人事以天道運行之特性為基準，故〈大象傳〉包含君主治國之觀念。儒家的民本思想在〈大象傳〉屢見不鮮，君王保國衛民被視為義務，例如〈大象傳〉云：「山下有火，賁。君子以明庶政，无敢折獄。」《周易正義》云：「『山下有火賁』者，欲見火上照山，有光明文是也。又取山含火之光明，象君子內含文明，以理庶政，故云『山下有火，賁』也」。庶政，指各種政事。山下之火照耀草木路徑，比喻君王治理國事由明燈般的準則所指引，期望不必動用刑法，斷案切勿草率。〈大象傳〉又云：「地中有水，師，君子以容民畜眾。」《周易正義》云：「『君子以容民畜眾』者，言君子法此師卦，容納其民，畜養其眾，若為人除害，使眾得寧，此則『容民畜眾』也。又為師之主，雖尚威嚴，當赦其小過，不可純用威猛於軍師之中，亦是容民畜眾之義。」地中之水，源源不絕，君王以大德容民化物，廣畜天下歸附者。師者，兵源取之於民，軍政同源，寓兵於民。

〈大象傳〉云：「山附于地，剝。上以厚下安宅。」孔穎達《周易正義》云：「『山附于地剝』者，山本高峻今附於

地，即是剝落之象，故云『山附于地剝』也。『上以厚下安宅』者，剝之為義，從下而起，故在上之人，當須豐厚於下，安物之居，以防於剝也。」外卦艮山，附著於坤地，陽爻幾乎被剝盡。山高地厚，君王深知政權來源以民為本，故以厚道安頓下民。「厚」者，提供民利，興辦教育，薄稅斂，輕刑罰，避免人民流離失所等。〈大象傳〉又云：「雷電，噬嗑，先王以明罰敕法。」《周易正義》云：「『雷電噬嗑』者，但噬嗑之象，其象在口。雷電非噬嗑之體，但『噬嗑』象外物，既有雷電之體，則雷電欲取明罰敕法可畏之義，故連云『雷電』也。」噬嗑卦有雷電般的震撼、光明、迅速等特性，先王用之以昭示刑罰，整飭社會風氣。

（二）、道德與歷史觀

〈大象傳〉云：「地勢坤，君子以厚德載物。」《周易正義》云：「君子用此地之厚德容載萬物。言『君子』者亦包公卿諸侯之等，但『厚德載物』，隨分多少，非如至聖載物之極也。」坤為地，地界無疆，地貌至廣，地勢或方直，或不順，其勢承天，比喻君子學習坤道之特性，厚德容載萬物。〈大象傳〉繼云：「天在山中，大畜。君子以多識前言往行，以畜其德。」《周易正義》云：「君子則此『大畜』，物既『大畜』，德亦『大畜』，故多記識前代之言，往賢之行，使多聞多見，以畜積己德，故云『以畜其德』也。」天在山中，何其雄偉，氣勢大則積蓄多，見識廣。君子前瞻而仿效前人言行業績，以積蓄自己的德性。

　　〈大象傳〉又云：「雷出地奮，豫。先王以作樂崇德。殷薦之上帝，以配祖考。」《周易正義》云：「雷是陽氣之聲，奮是震動之狀。雷既出地，震動萬物，被陽氣而生，各皆逸豫，故曰『雷出地奮，豫』也。『先王以作樂崇德』者，雷是鼓動，故先王法此鼓動而作樂，崇聖德業，樂以發揚聖德故也，『殷薦之上帝』者，用此殷聖之樂，薦祭上帝也，象雷出地而向天也。『以配祖考』者，謂以祖考配上帝。用祖用考，若周夏正郊天配靈威仰，以祖后稷配也；配祀明堂五方之帝，以考文王也，故云『以配祖考』也。」奮，動也。殷，盛也。薦，進也。豫卦，上卦為震，下卦為地，春雷乍響，古人認為陽氣由地中沖出，萬物振奮。先王藉此欣欣之象，製作典章禮樂，殷勤的敬祀天帝與祖先。

　　〈大象傳〉的歷史觀是由政治與道德觀念所衍生，儒家歷史觀要對歷史人物進行評價，就在於是否符合儒家人文精神。〈大象傳〉對於不同社會歷史背景下的理想人格有豐碩的描述，例如〈象傳〉云：「內陽而外陰，內健而外順，內君子而外小人，君子道長，小人道消也。」而〈大象傳〉繼云：「天地交泰，后以財成天地之道，輔相天地之宜，以左右民。」這是歷史政治清明時期所產生的觀念。其它例如「教思无窮，容保民无疆」，「先王以省方、觀民、設教」，「君子以常德行，習教事。」等。在動盪不安的歷史環境中，〈大象傳〉則云：「天地不交，否。君子以儉德辟難，不可榮以祿。」故〈大象傳〉的歷史觀是面對變動不居的時代，窮則變，變則通，通則久。

（三）、方法論

儒家談經世致用，就必須有一套修養功夫論。儒家學者看出卜筮行為中根深蒂固的社會人性，故借用〈大象傳〉作出一份「道德語錄」，將儒家的道德名詞、道德信條，根據卦象思維紀錄，以傳承儒家思想。〈大象傳〉云：「天行健，君子以自強不息。」以「自強不息」為總綱，以非禮勿履，懲忿制欲，果行育德，立不易方，見善則遷等作為分則。

《周易正義》云：「『天』者，萬物壯健，皆有衰怠，唯天運動日過一度，蓋運轉混沒，未曾休息，故云『天行健』。」〈象〉者，像也。雖有實象、假象，皆以義示人。「天」者，萬物壯健，皆有衰怠；唯天體運行，晝夜不息，周而復始，无時虧退，故云「天行健」。言「君子」者，謂君臨上位，子愛下民，通天子諸侯，兼公卿大夫有地者。凡言「君子」，義皆然也。「自強不息」，指君子以人事法天所行，自強勉力，不有止息。所謂「君子」泛指有志於道者，乾為天，天體運行健壯有序。君子法天地自然循環之規律而不懈怠。

〈大象傳〉又云：「風雷，益。君子以見善則遷，有過則改。」《周易正義》云：「言必須雷動於前，風散於後，然後萬物皆益。如二月啟蟄之後，風以長物，八月收聲之後，風以殘物。風之為益，其在雷後，故曰『風雷，益』也。」益卦，雷風相薄，風相隨於雷，益彰其用。君子以天地萬物為師，取長補短，見善則跟隨，見不善則改過。〈大象傳〉繼云：「洊雷，震，君子以恐懼脩省。」《周易正義》云：「『君子以恐

懼修省』者,君子恒自戰戰兢兢,不敢懈惰,今見天之怒,畏雷之威,彌自脩身省察己過,故曰『君子以恐懼脩省』也。」「洊」者,重重,震雷相隨不已。君子戰戰兢兢,憂懼不肖賢惠,反身自省。

　　以上〈大象傳〉的思想,是偏向於政治領域,殷殷告誡君王的義務。其所謂「君子」,在很多時候都可以看出是有位者,其次「先王」、「后」、「上」或者「大人」等,都是儒家闡述政治哲學觀念的著作。雖然沒有提出新的政治哲學,但藉由《周易》闡發儒學,也使儒學揉進了《周易》的天道觀,而《易》學也得以依靠儒學弘揚天人合一的觀念,從而使《周易》由原來的卜筮之書,變成了一部修身、齊家、治國、平天下的教科書,進而成為闡發儒家倫理思想的經典。

二、〈小象傳〉卦位與儒家義理

　　〈小象傳〉與〈象傳〉和〈大象傳〉解經對象相比較,是從卦辭轉到爻辭。解釋的對象是六十四卦每一卦的爻辭,同時還包括用九和用六後面的文字,其目的就是要說明該爻所繫之辭意義何在。〈小象傳〉的寫作非常簡單、也漏掉了很多爻辭不加解釋,或者有解釋,也只是無意義的重複,例如〈訟〉卦九五「訟,元吉」,〈小象傳〉云:「訟,元吉,以中正也。」〈師〉卦初六「師出以律,否臧凶」,〈小象傳〉云:「師出以律,失律凶也。」而且有時候解釋的文字與經文的意義正好反對,例如〈否〉卦九五「休否,大人吉,其亡其亡,繫于包桑。」〈小象〉傳曰:「大人之吉,位正當也。」這或

許就提供後來的《易》學作者發揮自己的心得空間。

　　〈小象傳〉對爻辭意義的解釋大抵是採取爻位說，所謂爻位是指一爻在整個卦中的位置。一般而言，爻位包括三方面含義：一是依自然順序所劃分的初、二、三、四、五、上這「六位」；二是依爻位的奇偶而劃分的陰、陽之位，即初、三、五為陽位，二、四、上為陰位；三是依其處在內卦還是外卦而形成的內、外之位。這幾種含義中，前兩種先前的學者多有談及，後一種較少注意；其實也是很重要的，爻位說不見於春秋時期的易說，基本是由〈象傳〉最早提出。〈象傳〉經常結合爻位來說明卦名和卦辭，並提出了中位、當位、應位、乘承等不同的體例。〈小象傳〉採取爻位說，應是受了〈象傳〉的影響。〈小象傳〉關於爻位的說法很多，以下分別討論：

（一）、中位說

　　中位說與內外卦的區分是連繫在一起的。內卦的中位是二爻，外卦的中位是五爻。對於一個六畫卦而言，二、五爻所處便是中位。〈小象傳〉對於中位是很重視的，在解釋過程中，經常使用「中」、「中道」、「中心」、「中行」、「中正」、「正中」或「中直」等詞來解釋二或五爻。例如以「中」字作解的有：〈坤〉六五「文在中也」，〈泰〉六五「中以行願也」，〈復〉六五「中以自考也」，〈恒〉「能久中也」。以「中道」作解的有〈蠱〉九二，〈離〉六二，〈解〉九二，〈夬〉九二等，皆言「得中道也」。以「中正」或「正中」作解的有〈需〉九五「以中正也」，〈豫〉六二「以中正也」，〈比〉九五「位

正中也」。以「中心」或「中行」作解的有〈師〉六五「以中行也」，〈謙〉六二「中心得也」。

（二）、當位說

所謂當位，是指陽爻居陽位，或陰爻居陰位而言，反之，若陽爻居陰位，陰爻居陽位，則為不當位。當位則吉，例如〈賁〉六四「當位疑也」，〈蹇〉六四「當位實也」。〈履〉九五「位正當也」。不當位則凶，亦可稱「位不當」、「未當位」、「非其位」等，例如〈需〉上六「雖不當位」，〈師〉六五「使不當也」。因為「三多凶」指陰爻居陽位，不剋重任。「四多懼」，指陽爻居陰位，剛銳猛進，位逼於君，伴君如伴虎。所以「六三」與「九四」論凶機率較高。

（三）、承乘說

承乘說討論的是一卦中相鄰兩爻的關係。陰爻居陽爻之上叫「乘」，反之，陰爻居陽爻之下叫「承」。〈屯〉六二「六二之難，乘剛也。」〈豫〉六五「六五貞疾，乘剛也。」〈噬嗑〉六二「噬膚滅鼻，乘剛也。」〈困〉六三「困於蒺藜，乘剛也。」因為五陰爻乘於陽爻之上，故「乘剛」大抵論凶。「承」是「乘」的相反，承上是講究與上爻的關係。例如〈蠱〉初六「干父之蠱，義承考也。」〈節〉六四「安節之亨，承上道也。」另外「順」、「從」與「承」同義，例如〈比〉六四「以從上也」，〈頤〉六五「順以從上也」。

（四）、初爻與上爻

〈小象傳〉對一卦六位的稱呼有規律可循，例如二、五爻多稱「中」，三、四爻多稱疑。例如〈升〉卦九三「無所疑也」，〈既濟〉卦六四「有所疑也」。初爻居於一卦之始，所以常稱為「始」，例如〈坤〉卦初六「陰始凝也」。〈恒〉卦初六「始求深也」。又因居於一卦之下，故〈乾〉卦初九「陽在下也」，〈井〉卦初六「井泥不食」。又因居最下，日暮途窮，故稱「窮」。例如〈豫〉卦初六「志窮凶也」。〈大壯〉卦初九「其孚窮也」。又上爻居一卦之上，故多以「上」稱之。〈履〉卦上九「元吉在上」，〈姤〉卦上九「上窮吝也」，〈鼎〉卦上九「玉鉉在上」。又因一卦的盡頭，稱「亢」、「窮」。例如〈小過〉卦上六「已亢也」，〈無妄〉卦上六「窮之災也」。

（五）、內卦與外卦

〈小象傳〉的作者主要是以爻位解釋爻辭，所以基於內、外卦相對關係的解釋，在〈小象傳〉較少牽涉。但有時為了貼切說明，所以不免還是將上、下卦的關係再為敘述。例如〈泰〉卦九三「無往不復，天地際也」，〈需〉卦九三「需於泥，災在外也」因外卦坎水，險難在外。〈小象傳〉在解釋爻辭時，稱下卦為「內」，稱上卦為「外」。例如〈比〉卦六二「比之自內」，〈泰〉卦初九「志在外也」，〈益〉卦六二「自外來也」，〈渙〉卦六三「志在外也」。

綜合上述說明，〈小象傳〉對爻辭的解釋儘管簡略，甚至似乎重複或轉述，但其解釋爻辭仍可分為取義說與爻位說兩種，增加了義理性內容，且仍具有闡明義理，訓釋字義，闡釋爻德，注釋爻位，闡釋爻義等積極作用。闡明義理，例如〈益〉卦的六二爻就是〈損〉卦的六五爻，所以兩爻的爻辭都有「或益之十朋之龜，弗克違。」訓釋字義，例如〈屯〉六二「女子貞不字，十年乃字。」〈小象傳〉云：「十年乃字，反常也。」以「常」解釋「貞」。闡釋爻德，例如〈渙〉初六「初六之吉，順也。」稱「順」「從」的都是陰爻，從陰、柔等德性象徵引申。詮釋爻位，例如〈謙〉初六「謙謙君子，卑以自牧也。」詮釋爻義也詮釋爻位。

（六）、〈小象傳〉的儒家義理思想

〈小象傳〉並非出於一時一人之手，依附在六爻之下，有時有所發揮，有時以簡短之辭句，略為複誦。基於各自解說六十四卦，因此分類龐雜，但仍然是定位在儒家思想。例如家庭類〈家人〉卦「家人嗃嗃」〈小畜〉卦「夫妻反目，不能正室」。司法類〈噬嗑〉卦，「噬膚滅鼻」。婚姻類〈歸妹〉卦，「歸妹以娣」。教育類〈蒙〉卦，「童蒙之吉，順以巽也。」、軍事類〈師〉卦，「師出以律，失律凶也」。〈離〉卦，「王用出征，以正邦也」。〈小象傳〉的義理思想，是經由「盈虛反覆」「中正當位」，等引申出政治觀、道德觀等。陳述如下：

1、政治觀

〈小象傳〉是依附在六爻之下進行解釋，有時與〈大象傳〉有義理互涵關係，例如〈比〉卦陳述先王建國，〈小象傳〉初六云：「比之初六，有它吉」，指人民攜朋伴侶，前來依附。六二云：「比之自內，不自失」，指自有所應於九五。六三云：「比之匪人，不亦傷乎！」六三無處可比，悲嘆啊！六四云：「外比于賢，以從上也。」比於其上九五，盡得其賢。解釋上皆與爻義、〈大象傳〉有內在聯繫。〈小象傳〉有時各自對爻義解釋。例如履卦〈大象傳〉云：「上天下澤，履。君子以辯上下、定民志。」而〈小象〉六三云：「眇能視，跛能履」，六四云：「履虎尾，愬愬，終吉」等，基於〈大象傳〉難以完全契合六爻，故小象僅能選擇爻義注釋。

（1）、盈虛反復

〈小象〉乾初九「潛龍勿用，陽在下也」，九二「見龍在田，德施普也」，九三「終日乾乾，反復道也」，九四「終日乾乾，反復道也」，九五「飛龍在天，大人造也」，上九「亢龍有悔，盈不可久也」。經由潛龍、見龍、惕龍、躍龍、飛龍、亢龍等步驟，說明九五君王應該理解由卑至亢的天道規律，讓普世萬民「利見大人」，表示及時將恩澤被及四方的政治觀。又〈小象〉復初九「不遠之復，以修身也」，六二「休復之吉，以下仁也」，六三「頻復之厲，義无咎也」，六四「中行獨復，以從道也」，六五「敦復无悔，中以自考也」，上六「迷復之凶，反君道也。」初九及時回復正道，六二陰爻得位，中道柔順，往下親比於初九，無須躁進。六三與上六無應，時位搖擺無定。六四陰爻得位，處於五陰爻之間，卑微順

從中道。六五居中敦睦厚道，上六因迷惑失道，不知利用陰陽盈虛之自然法則，就是違背君王的道理。〈小象〉復卦的意旨是不遠之復，休復、頻復、獨復、敦復、迷復。小象以「復」道說明各種反復的狀態。

（2）、中正當位

〈小象〉比六二「比之自內，不自失也。」六二居下卦中爻，而九五則是陽爻當位居中，故能自動自發與九五親比。九五「顯比之吉，位正中也；舍逆取順，失前禽也；邑人不誡，上使中也。」九五能與上下爻剛柔親比，善待順民，因為當位中正所致，所以鄉里比和親近，邑民無須日夜警誡。〈小象〉小畜九二「牽復在中，亦不自失也。」九五「有孚攣如，富以其鄰。」九二剛中不得位，但掌握中庸正道，故無失德之處。九五陽爻剛中當位，滿懷誠信，願受九二攀攣，故能普施恩澤於天下。〈小象〉蠱九二「幹母之蠱，得中道也。」九二陽爻居中得位，與六五陰陽相應。雖然陽爻居陰位，不能全面幹練順服，但仍不失中道。〈小象〉睽九二「遇主于巷，未失道也。」「遇主于巷」者，同黨九五巷內不期而遇，雖失其位，不失其道，故無咎。比喻君子以中道應付難以預測之事。

2、道德觀

〈小象〉解釋爻辭是將爻位、爻義、字義等交集融通使用，道德觀往往藉由爻義解釋。例如解釋〈復〉卦初九「不遠復，无祇悔，元吉。」〈小象〉云：「不遠之復，以脩身也。」不遠而復，復必速，使不遂於迷亂渙散之凶。〈小象〉所云：「以脩身」，指能趁早脩正其身，惡不可積，有過則

改。至〈復〉卦六二「休復，吉。」〈小象〉云：「休復之吉，以下仁也。」六二上无相應，相比應於初九，己在其上又處中位，順仁義，往下附和。又例如〈大過〉卦初六「藉用白茅，无咎」〈小象〉云：「藉用白茅，柔在下也。」以下位謙柔之質，處過錯而無罪咎，唯「柔」之用大矣哉！以上均以爻義、爻位解釋爻辭。

（1）、盈虛反覆

〈小象〉泰初九「拔茅、征吉，志在外也。」初九陽爻與六四相應，引喻行善除惡，應糾集志同道合以類相從者。征伐除惡，如同防止野草趁機蔓延。外卦三陰爻，吸引三陽爻志向外行，盈滿之象。九二「包荒，得尚于中行，以光大也。」不分親疏遠近廣納萬民，又九二得中與六五陰陽相應，故不愛結黨營私，而開誠布公。乾坤包容廣大，九二中道發揚往來之功用，謙虛之象。九三「无往不復，天地際也。」九三即將進入上卦，並由陽爻變為陰爻，此處於天地交變，以平路將陂傾，往而必復即「盈虛反覆」的概念。在變革之世，能堅定方向行止端正，必無咎患。九三陽爻得位，居不失正，動不失應，與上六陰陽相應，不必憂慮誠信，「于食有福」者，誠信有助於食祿。九三在上下交接處，風雲際會，不可不慎，乃盈滿之象。六四「翩翩不富，皆失實也；不戒以孚，中心願也。」六四陰爻得位，下乘九三，與六五、上六同其志願與乾卦交往，因為陰陽的吸引性質，所以不用戒懼，只在乎真誠之意，並不以財富為目的。六四下應初九，六五、上六也一併隨同往下相應，因一氣相應，故不待告誡，而是心中真誠的意願，謙虛之象。六五「以祉元吉，中以行願也。」婦人謂嫁為歸，帝乙，

紂王之父，以和親手段對付周人極速膨脹的實力，六五居尊位，願向下祈求和平之吉象。六五屈尊行向九二，由上趨下，以尊就卑，必須源於心中真正的願望。上六「城復于隍，勿用師，自邑告命，貞吝。」上六到達盡頭，君道頹廢，下詔命令僅困於自己駐紮之城池，四面楚歌，不知懸崖勒馬，咎害即將臨身。故城復于隍，比喻國家綱紀敗壞，人民自顧不暇，社會一片亂象，肇因於君王亢亂盈滿而不知謙虛。

2、中正當位

〈小象〉賁六二「賁其須，與上興也。」六二陰爻得位，但無應於六五，只得上應九三，而離卦中虛上附九三，好像修飾鬍鬚般。「與上興」者，隨九三起舞，藤籮繫甲木，六二居中位尚可借九三陽爻為本質。〈小象〉觀初六「童觀，小人道也。」以「童觀」形容孩童蒙昧，無法體會宮廟之美，百官之富。初六童觀離九五最遠，君子不至鄙吝如此，小人之道仍需上進。六二「闚觀，女貞，亦可醜也。」「闚」，窺視即不能大開廣見，利女貞，上應九五，女子崇尚剛健正道，若偷窺則不夠莊重大方，六二羞醜而見識狹隘。六三「觀我生，進退，未失道也。」六三居下卦之首，內外交接之際，不比鄰於九五與童觀，退則闚觀，獨善其身；進則觀國，兼善天下。居在進退兩宜之地，未失其道。六四「觀國之光，尚賓也。」「觀國之光」，觀察國家政績風俗之光輝，而有體會。「尚賓」者，六四忠臣對九五帝王之應對，應崇尚賓主之禮。九五「觀我生，觀民也。」九五陽爻居中位，君王觀察民風世俗，聽四方誠鑑，故君道莫不在觀民，以察教化而已。上九「觀其生，志未平也。」君王處於上極之位，天下萬民觀其施生一切，一舉

一動都是人民的楷模，故君子所生若合乎「道」，必無咎患。
「志未平」者，君王以人飢己飢的精神，觀察民生樂利，焉敢
自滿？由盈轉虛，不以功高自滿。

第十五章 〈繫辭傳〉象數與義理內涵

〈繫辭傳〉是解釋《周易》的著作，依其體例、敘事、思想等，應非一時一人所作。〈繫辭傳〉分為上下兩篇，「繫辭」一指繫卦爻辭於卦爻象之下，二指總論所繫之卦爻辭的大意，對《周易》一些重要觀念和卦爻辭作出重點詮釋。〈繫辭傳〉因為屬於通論性質，對卦爻辭、卦爻象的解釋大體也是取象、取義兩者並用，並未逐卦討論。

取象說：例如「天尊地卑」天以陽剛而尊，地以柔陰而卑，以乾坤卦象定天地之體，斷天地之德。解釋「鼓之以雷霆，潤之以風雨」，以八卦既相推盪，震為雷，離為電，雷電交加鼓動萬物復甦；巽風坎雨滋潤大地。「日月運行，一寒一暑」，離火為日，坎水為月，寒暑交替運作。爻位說以上中下，當位，相應等取象，提出「六爻之動，三極之道」，認為在通其變，極其數之後，能掌握事物全般之運作規律。又以「天地之數」、「大衍之數」談數術的基源，並以爻象之變化，推演八卦之吉凶，及於大業盛衰。

取義說：例如以「易之興也」談《周易》起源。以「仰觀俯察」談八卦起源。以「三才之道」談《周易》廣大悉備。以「崇德廣業」談君子與聖人之義務。以「生生不息」談天地之大德。又以「一陰一陽之謂道」「形而上者謂之道，形而下者謂之器」「陰陽不測之謂神」等激起《周易》哲學璀璨的長河，使後續學者不斷灌入心血。〈繫辭傳〉就是一部《周易》

通論的著作，例如憂患九卦通論道德倫理，使儒家道德觀借此立論。以子曰言；「易有聖人之道四焉」「鳴鶴在陰，其子和之」「言行，君子之樞機」「同心之言，其臭如蘭」「慎斯術也以往，其无所失矣」「勞而不伐，有功而不德」「小人不恥不仁，不畏不義，不見利不勸，不威不懲。」等。又嘗言：「書不盡言，言不盡意」，引導玄學易「得意忘象」的討論。

一、〈繫辭傳〉的象數內涵

（一）、近取諸身，遠取諸物

〈繫辭傳〉云：「易有太極，是生兩儀，兩儀生四象，四象生八卦，八卦定吉凶，吉凶生大業。是故，法象莫大乎天地，變通莫大乎四時，縣象著明莫大乎日月，崇高莫大乎富貴。備物致用，立成器以為天下利，莫大乎聖人。探賾索隱，鉤深致遠，以定天下之吉凶，成天下之亹亹者，莫大乎蓍龜。」〈繫辭傳〉作者認為六十四卦最初的根源是「太極」，即未分的四十九根筮草，從太極到八卦生化的過程，啟發了一套宇宙形成的理論，也就是由象數闡揚了哲學。《易》道無所不極，經由參伍之變，錯綜其數，得出六十四卦，就是宇宙全般之縮影，可供聖人探頤索隱，備物致用，無微不究。〈繫辭傳〉云：

> 古者包犧氏之王天下也，仰則觀象於天，俯則觀法於地，觀鳥獸之文，與地之宜，近取諸身，遠取諸物，於是始作八卦，以通神明之德，以類萬物之情。

「近取諸身」者，指耳目口鼻，因此有乾為首，坤為腹，震為足，巽為股，坎為耳，離為目，艮為手，兌為口等形象解釋。「遠取諸物」者，指雷、風、山、澤之類。「易，窮則變，變則通，通則久」，《易》道微妙，變通利用才足以成功立業。例如〈益〉卦，啟示制器成物。〈噬嗑〉卦，合天下之物交易。〈渙〉卦，舟楫之利，致遠以利天下。〈豫〉卦，重門擊柝，防備暴客。〈大壯〉卦，形容遮風避雨之棟宇宮室。〈夬〉卦，以書契義理決斷萬事。

（二）、大衍之數

「大衍之數」又稱「揲蓍之數」。《周易正義》云：「大衍之數五十，其用四十有九。分而為二以象兩，掛一以象三，揲之以四，以象四時，歸奇于扐以象閏。五歲再閏，故再扐而後卦。天數五，地數五，五位相得而各有合；天數二十有五，地數三十。凡天地之數五十有五，此所以成變化而行鬼神也。乾之策二百一十有六，坤之策百四十有四。凡三百有六十，當期之日。二篇之策，萬有一千五百二十，當萬物之數也。是故四營而成易，十有八變而成卦，八卦而小成。引而伸之，觸類而長之，天下之能事畢矣。」將五十根蓍草進行占筮，取出一根，只用四十九根，再將四十九根約略均分兩堆，再從其中一堆中抽出一根夾在手指間，然後四個一組數之，將每一堆最後的餘數放在一起，整個過程稱為「一變」，其中分二、掛一、揲四、歸奇等四個步驟稱「四營」。「一變」之後，除去掛一，歸奇的數，將剩下的筮草，或四十或四十四根，再按照前面的過程重複一遍，稱為「二變」，剩下的筮草可能是四十、

三十六、三十二等三種情況。再經過一變，即第三變，剩下的筮草可能就是三十六、三十二、二十八、二十四，四種情況。用四去除這些餘數，商數必然是九、八、七、六四種情況。九、七奇數陽爻，八、六偶數陰爻，故三變後得出一爻。六爻各經三變後得出上下卦，稱為「十有八變而成卦」。

《周易》經由相同的語言講出占筮語言與哲學語言，提供「卜筮者尚其占」的作用。君子將有所為之時，雖謹言慎行，但仍卜問吉凶以契合天命。筮數變化錯綜，極其玄奧，可成天地之文，仿定天下之象。《周易》無思無為，寂然不動而與天地交感，通達至精至變至神的境界。因此，占筮的過程就是「彰往察來」的手段，「數」被理解為事物變化的規律，提供推斷未來的準則。

（三）、天地之數

《周易》彌綸天地之道，取天地相關之數字以進行占筮，又以數和數的變化決定畫卦，因而很重視「數」。〈繫辭〉中提出了「天地之數」的概念，說：「天一、地二、天三、地四、天五、地六、天七、地八、天九、地十。」《周易正義》說：「『易以極數通神明之德』者，謂易之為道，先由窮極其數，乃以通神明之德也。『故明易之道，先舉天地之數』者。」故其中以一、三、五、七、九為天之數，二、四、六、八、十為地之數；五個天數之和為二十五，五個地數相加為三十，因而總合天地之數為五十五。「天地之數」的提出是為了說明「大衍之數」的由來，《易傳》作者認為「《易》與天地

準」，易是模擬天地之化的，因而作為《周易》著草總數為大
衍之數是根據天地之數來規定的，這樣一種數的關係，才能保
證《周易》「與天地相似而不違」，「範圍天地之化而不
過」，「故能彌綸天地之道」。〈繫辭〉提出「天地絪縕，萬
物化醇；男女構精，萬物化生。」天屬陽，以奇數代表陽剛。
地屬陰，以偶數代表陰柔。以河圖而言，一與六相合，二與七
相合，三與八相合，四與九相合，五與十相合。以變化而言，
一變生水而六化成，二化生火而七變成，三變生木而八化成，
四化生金而九變成，五變生土而十化成。這種以天地之數湊合
出來的說法，明為「彌綸天地之道」，暗中成為數術家講地理
風水的基礎理論。

〈彖傳〉泰卦云：「泰，小往大來，吉亨，則是天地交而
萬物通也，上下交而其志同也。內陽而外陰，內健而外順，內
君子而外小人，君子道長，小人道消也。」〈彖傳・否〉云：
「大往小來，則是天地不交，而萬物不通也。上下不交，而天
下无邦也。內陰而外陽，內柔而外剛，內小人而外君子，小人
道長，君子道消也。」天地之數可以衍生出河圖、洛書的概
念，形成各種數術的基源，但亦可以發展出天人合一的《周
易》倫理觀。

二、〈繫辭傳〉的義理內涵

〈繫辭傳〉分上下兩篇，「繫辭」者，一是指繫卦爻辭於
卦爻象之下，一是指總論所繫之卦爻辭的大義；對卦爻辭的意
義即其卦象爻位等的解釋，大致有取義說、取象說、爻位說

等，〈繫辭傳〉屬於通論性質並非針對某卦某爻解，並以解《易》的形式向當時主政者提供治國方略，作者讚美《易》道深遠，極盡蓍策之能事，故卜筮者尚其占。又因事物變化之道，不為而自然，故知變化者能通鬼神之道。「是以君子將有為也，將有行也。問焉而以言，其受命也如響。」凡君子誠心以卜筮往問吉凶，蓍卦受天人之命，回應憂疑，響明如斯而不欺。故不分遠近幽深，遂知來物。非天下之極致精妙，難以參《易》道之功。

《易》道參伍以變，錯綜其數，以之為極深研幾，崇德廣業之書，遂成天地文采。若再窮盡其數術，追索至變之象，則能體會《易》道無思無為之境界。至精者，無籌策而不亂；至神者，寂然而無不應。所謂「極深而研幾」者，言《易》道深遠由初始之觀察入微下功夫，始能通天下之志，成天下之務。「唯神也，故不疾而速，不行而至。」言《易》道無思無為，寂然不動，因起心動念感而遂通，故所行通達無礙。〈繫辭傳〉義理內涵如下：

（一）、《易》彰往而察來

《易》道「神以知來，知以藏往」並進而提出「夫易彰往而察來，顯微而闡幽」的命題。「易彰往而察來」主要是指《周易》的功能而言，即《易》能彰明過去的事迹、察知未來的變化，也就是知來與藏往，即君子立身安命之道。《周易》示人以吉凶，並不是依賴於鬼神的神祕，而是依靠聖人的智慧，依據《周易》邏輯思維與各種推理，配合以往經驗、事件

情境的推斷。〈繫辭傳〉認為，《周易》是一種預知未來的工具，聖人依據其變易的法則推斷未來，確定事件發展的方向，為君臣萬民解除憂患。

（二）、盈虛變通

《易傳》的消長盈虛，即是主張事物運動的狀態，在消長盈虛中往復循環，在思想根源上這是基於對自然與社會變化的直接觀察，例如自然界日月盈虛，寒來暑往；社會人事的「窮則變，變則通」。節氣有寒來暑往，朝代有興衰治亂，國家有分合，人事有得失，世界處於永恆的流轉與變動之中。《易傳》的作者一方面以此解釋筮法的剛柔相摩與卦象交錯的吉凶大業，另一方面企圖對《周易》的物極必反作出解釋，例如〈否〉卦初六「拔茅茹」，六二「包承」，六三「包羞」，九四「疇離祉」，九五「休否」，上九「傾否，先否後喜」，由否道已傾，危機變轉機。又在統一對立不可分的法則中引出人事努力的精神，即「安而不忘危，存而不忘亡」。〈謙〉卦「惡盈好謙」，即防止驕盈，以謙為德，利用對立面轉化的法則以防止走向反面。

變通是《易傳》提出的重要範疇。〈繫辭傳〉云：「化而裁之謂之變，推而行之謂之通，舉而措之天下之民，謂之事業。」又說：「極天下之賾者存乎卦，鼓天下之動者存乎辭，化而裁之存乎變，推而行之存乎通。」〈繫辭傳〉所說的變卦指卦爻的變化，通指爻象的推移流動。認為卦包含了天下的奧秘，爻辭隱藏了天地運動變化的動因。對卦爻的變化加以裁

節，使陽爻變為陰爻，使陰爻變為陽爻，這就是「變」，即卦畫的交易；爻象往來上下，剛柔變動、周流無窮，這就是「通」。所以〈繫辭傳〉又說：「闔戶謂之坤，闢戶謂之乾，一闔一闢謂之變，往來不窮謂之通。」乾坤為《易》道門戶，陰陽剛柔的往來推移，正如門之一開一閉，這就是「變」，這個循環過程就是「通」。因此變通是指對立面互相更易而沒有窮盡的過程，既指卦爻的推移無礙，又同時指天地造化無窮之妙。〈繫辭傳〉作者認為，卦爻象的變通與天地人事的變化有關。「聖人立象以盡意，設卦以盡情偽，繫辭焉以盡其言，變而通之以盡其利，鼓之舞之以盡神。」主張人可以利用爻象的變通來顯示天地人事變化的趨勢，趨利避害，成就事業。

（三）、乾始坤成

乾元和坤元是〈彖傳〉所提出來的。〈彖〉在解釋乾、坤二卦時提出：「大哉乾元，萬物資始，乃統天」，「至哉坤元，萬物資生，乃順承天」。「元」的意思是始。大哉、至哉都是讚美乾坤的作用。「大哉乾元，萬物資始，乃統天」，指萬事萬物依賴乾元而後始有化生。乾元統率天道，成就萬物之始，六爻皆陽剛。陽爻初畫，既是乾卦之始，也是六十四卦之始，故稱乾卦初畫的第一爻為「乾元」。「萬物」指六十四卦、三百八十四爻，經天緯地，所以說「乃統天」。「至哉坤元，萬物資生，乃順承天」，指古往今來萬物賴〈坤〉道厚德載物，坤具有順從，協助天以生養萬物的德性。〈坤〉卦六爻皆陰，為柔爻，陰爻初畫，成為坤卦之始，此一畫輔助陽爻，故此一畫稱為「坤元」。

　　《易傳》作者把「乾元」、「坤元」作為萬物的基源，但乾坤二元作為哲學範疇，其意義在《易傳》本身雖有並不確定。如乾坤二元是精神還是物質，是觀念還是實體，《易傳》作者都未明確交代，但後來學者反而因此而有開闊的解釋空間。於是在易學史上便形成了解釋乾坤二元不同觀點的兩派：一派主取象說，以陰陽二氣解釋乾坤二元，這種作法始於漢易；另一派主取義說，以乾坤二元分別指天地之德行，即剛健和柔順，其代表有魏晉的王弼和北宋的程頤。就《易傳》本身而言，是以取義說為主。乾元、坤元是〈象傳〉提出來的，對此〈文言傳〉解〈乾〉〈坤〉說：「乾元者，始而亨者也；利貞者，性情也……大哉乾乎，剛健中正純粹精也。」這就是以剛健之德解釋「乾元」，即指〈乾〉卦代表的一種剛健通暢的性質。認為這種性質是萬物生成發展的根源。〈坤〉卦則為地的德行，順承協助天，以生養萬物。故「元」即德行，乾元為天肇始萬物的德行，天德剛健，坤元則為地長養萬物的德行，地德柔順，使萬物滋長順成，故「乾始坤成」生生不息由此發動。萬物依賴於天地生成長養，即是依賴天地的德行運作，因此稱這種根本的宇宙本性為「元」。

（四）、天地之大德曰生

　　〈繫辭傳〉中提出「日新之謂盛德，生生之謂易」。又提出「天地之大德曰生」。把生生不息看作天地事物最根本的性質。「日新」指「體化合變」，不斷衍生的變化，「生生」是指陰陽轉換不絕，萬物恒生，獎勵眾人為善。《周易》崇尚「變」「化」，在《易傳》作者看來，變化就是指日新、生生，其所謂

生生，有兩層涵義：一是就筮法說，指卦爻象處於不斷變化的過程；二是就哲學說，指宇宙不斷變化、發展的永恒過程。《易傳》提出的這一思想，即宇宙是一個生生日新的過程，宇宙的本性是變化發展的思想，聖人與天地廣生萬物，以其常生萬物，故云大德，對中國哲學與文化產生了很大影響。

　　宋代的程顥最為推崇《易傳》關於「生生」的思想。認為：「生生之謂易，是天之所以為道。天只是以生為道，繼此生理者，即是善也」。又說：「萬物之生意最可觀，此元者善之長也，斯所謂仁也」。天道的內容就是生生不息，這種生生之道就是「善」的根源，因為「道」是生物開通，善是順理養物，「仁」就是繼承了這種生生之理，所以生便是「仁」與「善」的實踐，故仁者、智者各以其能成就生生不息。〈繫辭傳〉生生的思想，論證儒家的道德原則，既以易的生生之道為宇宙萬物生育的法則，同時又把它視為人類社會道德的根源，故〈繫辭傳〉云：「百姓日用而不知，故君子之道鮮矣。」言四方百姓，賴此道得以生機，又不知道其所由來。

（五）、一陰一陽之謂道

　　剛柔相推，不僅包括陰陽二爻互變，也包括上下往來、互相消長。剛柔的相推進退，決定了爻象的變化及相應的吉凶悔吝。剛柔所體現出的對立面觀念進一步發展，則形成對立面相互聯結、相互作用造成事物變化的思想。《周易》六十四卦固然以陰爻陽爻組成，但爻辭中本無「陰陽」的觀念，《易》以道陰陽，約始於戰國。陰陽二氣的消長說明萬物變化的過程，

以陽氣主生、長、進，以陰氣主殺、消、退，易學家吸收了這些觀點，用陰陽解釋《周易》和筮法的變化法則，〈繫辭傳〉就是以陰陽變易解釋《周易》的原理，並概括為「一陰一陽之謂道」，意為宇宙間每件事物都有陰有陽，「分陰分陽，迭用柔剛，故易六位而成章。」指事物內在存有正反對立面，觀察六爻運動，從陰陽、剛柔、三才，觀察事物的變化文章。以八宮六爻排列為公式，六爻變動為演算。

〈繫辭〉說：「乾坤其易之門邪？乾，陽物也；坤，陰物也。陰陽合德而剛柔有體，以體天地之撰，以通神明之德。」又說：「乾道成男，坤道成女，乾知大始，坤作成物。」意思是乾卦為陽，坤卦為陰，其它各卦都是乾坤兩卦代表的陰陽的配合。乾為陽，為日、為男，坤為陰、為月、為女，乾主導事物的開始，坤接續事物的完成，乾坤配合而成六十四卦。乾坤兩卦卦象為純陰純陽，是其它陰陽相雜之卦的基礎，陰陽兩畫為六十四卦的基本要素，陰陽二性是卦象和事物的基本法則。〈繫辭〉發展了〈彖〉〈象〉的陰陽說，進一步提出：「一陰一陽之謂道，繼之者善也，成之者性也，仁者見之謂之仁，知者見之謂之知，百姓日用而不知，君子之道鮮矣。」「一陰一陽之謂道」，簡單說來就是二分法普遍存在，指陰陽兩個方面的對立與統一是宇宙的普遍法則。能繼承這一法則便是具有善的本質，這就是「繼之者善」；具備一陰一陽而完成其本性的，叫作「成之者性」。總之，陰陽的變易就是事物的本性。

「一陰一陽」就《周易》的卦畫說，狹義指陰陽二爻，廣義包括乾坤兩卦、奇偶兩數。奇偶、乾坤、陰陽爻都是一陰一

陽；乾坤以外其他各卦也都是由陰陽爻組成，也是一陰一陽；就六子卦說，震、坎、艮為陽卦，巽、離、兌為陰卦，也是一陰一陽；六十四卦也可分為三十二個對立卦，也是一陰一陽。總之，陰陽對立充滿了六十四卦，沒有陰陽對立變易也就沒有《周易》。就哲學思想來說，〈繫辭傳〉中的陰陽對立極為廣泛，例如：天地、日月、寒暑、晝夜、剛柔、健順、明幽、進退、辟闔、伸曲、貴賤、男女、君民、奇數偶數、君子之道為陽，小人之道為陰等。總之，陰陽的對立廣泛存在於自然與社會的一切事物中。而陰陽的對立又互相變通，推移往來等。〈繫辭傳〉發展起來的陰陽說，抽象表達事物對立性質的普遍範疇，把這種對立面的依存與轉化看成了物的本性和普遍規律，並概括出「一陰一陽之謂道」的命題，對後來的《易》學發生了深遠的影響。

（六）、形而上者謂之道，形而下者謂之器

〈繫辭〉說：「乾坤其易之縕邪！」「乾坤毀則無以見易；易不可見，則乾坤或幾乎息矣。是故形而上者謂之道，形而下者謂之器。」乾坤在這裡指卦象，易指易道即變易的法則。易道蘊釀於卦爻象之中，離開了卦爻象，易道便無所依附。《周易正義》疏云：「道是無體之名，形是有質之稱。凡有從无而生，形由道而立，是先道而後形，是道在形之上，形在道之下。故自形外以上者謂之道也，自形內而下者謂之器也。」，「形而上」指無形，「形而下」指有形。在筮法上，卦爻象是有形的，為「形而下」；易道是無形的，為「形而上」；無形的陰陽變易的法則就隱藏於有形的卦畫之中。就事

物來說，有可見的形象和形體的稱為「器」，其內在的無形的法則則稱為「道」。事物的法則是形而上的，它存在於形而下的器物之中，不能獨立存在；具體的事物雖有形象，但受其內在的法則所支配。以「道」指事物變化的法則，以「器」指一切具體的事物，並以「形而上」和「形而下」區分兩者。《周易正義》云：「既有形質，可為器用。」崔憬認為「道器」的關係為體用關係，程頤認為「道」是超越「器」之上的，朱熹認為「道」即理之謂也。「道」與「器」是中國哲學的主要論點之一。

（七）、太極、兩儀、四象、八卦

太極在〈繫辭傳〉中是筮法的一個範疇，指大衍之數或奇偶未分的狀態，也就是蓍草混而未分的狀態，以其為六十四卦的變化根源，故〈繫辭〉云：「易有太極，是生兩儀。兩儀生四象，四象生八卦。八卦定吉凶，吉凶生大業。」這段話是講揲蓍畫卦的過程，也可以與《道德經》：「道生一，一生二，二生三，三生萬物。」共同理解為世界生成圖式。「太極是生兩儀」是指太極由天地未分的原始統一體，開始分化。「分而為二以象兩」，也就是把四十九根蓍草任意分為兩部分，也是一陰一陽的概念。「兩儀生四象」是指「揲之以四以象四時」，即把分開的兩部分各以四根為一組而分別數之，也是太陰、太陽、少陰、少陽的概念，也指金、木、水、火與春、夏、秋、冬。「四象生八卦」即指「十有八變而成卦」，經過多次經營而畫出六爻，成為卦象。因此在筮法上〈繫辭〉這一段話的太極、兩儀、四象、八卦是指從大衍之數到畫卦完成的

過程；八卦乃至六十四卦是由太極即五十或四十九根筮草演變而來，從太極到八卦是一個生化、分化、轉化的過程。其次，《易傳》的這一講法也包含著宇宙論的哲學意義。由於「易與天地準」，筮法本身是模擬天地之化的，「分而為二以象兩」、「揲之以四以象四時」的象兩、象四時都表示象徵模擬天地四時。八卦既立，爻象周流相推，故足以斷天下之疑，知所以趨吉避凶，能預知事業趨勢，而成天下大務。

（八）、易與天地準

《周易》何以成為聖人指導事物的準則？其哲理的依據，除其筮法所代表的生化過程以外，其範圍就以《周易》準擬天地，廣明易道之大。〈繫辭傳〉所說：「辭也者，各指其所知。易與天地準，故能彌綸天地之道。」「易」指《周易》；「天地」狹義指天與地，廣義指自然界，抽象的以〈乾〉卦、〈坤〉卦表示，「準」即齊準對應；「彌綸」指普遍包羅。「易與天地準」，意謂《周易》與自然界的象和變化相對應，《周易》包容了世界的一切法則，足供人類效法。〈繫辭傳〉認為：「古者庖羲氏之王天下也，仰則觀象於天，俯則觀法於地，觀鳥獸之文與地之宜，近取諸身，遠取諸物，於是始作八卦，以通神明之德，以類萬物之情。」《周易》大則取象天地，細則觀鳥獸之文，無所不包，近則耳目口鼻，遠取雷風山澤，借八卦通變陰陽之道。

〈繫辭傳〉又云：「聖人有以見天下之賾，而擬諸其形容，象其物宜，是故謂之象。聖人有以見天下之動，而觀其會

通，以行其典禮，繫辭焉以斷其吉凶，是故謂之爻。」〈繫辭〉的作者認為，由於《周易》的卦象和筮法是對天地的模擬，因而《周易》筮法中剛柔往來上下屈伸的變化能夠反映天地的法則。如天地是自然界的根本，《周易》則以乾坤兩卦為根本；天高地卑有一定之序，爻象也因而分貴賤陰陽之位；天地動靜變化不一，爻象也就有柔剛、中正、當位等區別。故萬物異類而性質不同，所以卦爻辭也就吉凶不同。卦爻象因效法自然的特質，使得它的系統變化法則與天地的變化法則一致。

　　〈繫辭傳〉繼云：「與天地相似故不違，知周乎萬物而道濟天下，……範圍天地之化而不過，曲成萬物而不遺，通乎晝夜之道而知。」《周易》的卦象取擬於自然現象的事物，人們可以用各種思維預測天地變化，同時由於《周易》系統被看成宇宙縮影，人又可以直接從《易》象領悟宇宙之妙，創制人類的物質與社會文明。《周易》卦象取法於天地，而人類物質文明與社會倫理又取法於《周易》卦象，這是「易與天地準」包含的意義。

第十六章〈說卦傳〉〈序卦傳〉〈雜卦傳〉內涵

一、〈說卦傳〉義理內涵

〈說卦傳〉的第一章陳述，聖人作《易》，幽贊於神明而生蓍，以筮草占筮而可得神靈庇佑，經由卦數、卦象，剛柔推定等過程，人文義理與卦理互相闡發，故云「和順于道德而理于義」，聖人利用易理順成道德，合宜行事。〈說卦〉又云「窮理盡性，以至于命」。天下之物，莫不有理，故就此物之眾理，便賦予此物之性。此物不得不依其性而存在，這便是此物之命，故物性與物命無不同。人之為物，固有物性，但尚有人性、人命，人性指仁義禮智信，天命所賦予，故聖人之道以窮理盡性，進德修業，使人命天命合一。

（一）、六畫卦，和順於道德理於義

《周易》模擬自然界及其相互關係而創立，以奇數三代表天，以偶數二代表地，確立六爻來源，以六爻分別相處之位置，解釋事物性能與道理安排。再以陰陽統一、對立、盈虛、進退等觀測事物變化過程，是《易》學探討易象產生與推衍的重要資料。〈說卦傳〉云：

> 昔者聖人之作《易》也，幽贊于神明而生蓍，參天兩地而倚數，觀變于陰陽而立卦。發揮于剛柔而生爻，和順于道德而理于義，窮理盡性，以至于命。

昔者「聖人」指上古之時，道德與智慧等最高境界之人。

「幽」是幽遠深邃、神秘的意思，感通天地。「贊」是贊助得力，因此「幽贊於神明」是感而遂通，得到神秘、神明等力量。蓍，數也。而生成以蓍草占筮之方法，以啟發誘導，解決人生之疑惑。神明者，指看不見的形而上的力量，或是陰陽不測的神鬼之道。《周易》講天地之理，由〈繫辭〉的「易簡而天下之理得矣，天下之理得，而成位乎其中矣。」「理」是事物運作的法則，〈說卦〉講窮「理」，就是窮究事物的規律，盡「性」就是認識萬物的本性，在這種實踐善性的過程，《周易》使人順從天地之理，才能體會生命的意義。從而安身立命。總之，先通過卜筮追求宇宙奧秘，再經由「窮理盡性以至於命」是體會《周易》的方法，所謂「窮理」是探索天道地道，陰陽變易的法則。所謂「盡性」，是探索人的事物義理，因此窮理盡性後提升道德境界，建立正確的人生觀，完成人文生命的意義，就是〈說卦傳〉作者的義理目標。

（二）、窮理盡性以至於命

　　前言「窮理」是探索天道地道，陰陽變易的法則；所謂「盡性」，是探索人的事物義理。牟宗三《周易哲學演講錄》提到：「『窮理盡性』就是說：把這個理弄明白，就可以盡你的性，就可以充分了解你的性啦。『盡』就是充分了解，或者充分體現的意思。所以窮理就能盡你的性，盡你的性，你就可以至你的命。你看這個『命』字當該怎麼講。這句話中，這個『命』字有兩個講法，兩個系統的講法。」盡性就是通過仁義四端之心，來充分了解自己的本性，所以窮理盡性就是積極的道德實踐功夫，性體從心體見，性善就是心善，即心見性，所以窮理能盡性。

　　孟子說：「盡其心者，知其性也，知其性，則知天矣。」「窮理盡性以至於命」可以類比「盡心知性知天」的意思來理解。孟子「盡心知性知天」，所知者指天道。與「窮理盡性以至於命」的「命」同層次同類比。這種「命」還有一種說法，消極的講是「命限」，限制的意思，也就是「夭壽不貳，修身以俟之，所以立命。」的「命」，所以「至於命」結果都有限制，就是命運之命，命限之命，就是《孟子》裡面性命對揚的那個命。因此「至於命」可以通過「天命不已」指說道德的實踐是無窮無盡，以窮理盡性通達天命，即是孟子所言「盡心知性知天」，也可以說人終究無法脫離命限、命運。

（三）、三才之道六位成章

　　在〈繫辭傳〉說「六爻之動，三極之道」，以六爻具備天地人的道理，故君子觀察社會人事與宇宙自然變化，在易位輪番變動中，取象觀察所居之位，辨爻辭推動思維，故可見善思齊，見惡改過。總之，悔吝憂虞，變化進退，吉凶失得，俱在觀象辨辭中化險為夷。聖人作《易》的目的是「將以順性命之理」，用《易經》來發掘自然與社會人生變化的規律，以順天應人和諧於禮義，是〈說卦傳〉的義理價值，而「立人之道曰仁與義」就是「和順於道德而理於義」的具體表達，即鑽研追求仁義的道理並實踐之。〈說卦傳〉又云：

> 昔者聖人之作《易》也，將以順性命之理，是以立天之道曰陰與陽，立地之道曰柔與剛，立人之道曰仁與義，兼三才而兩之，故易六畫而成卦。分陰分陽，迭用柔剛，故易六位而成章。

　　《周易》六爻中以初爻、二爻為「地」道，三爻、四爻為「人」道，五爻、六爻為「天」道。在天成象，在地成形；天道以陰陽言其氣，有成物之陰與施生之陽。地道以剛柔言其形，有氣象之變化，而後山剛水柔之形象乃見。《周易正義》說：「天地既立，人生其間。立人之道，有二種之性，曰愛惠之仁；與斷割之義也。既備三才之道，而皆兩之，作《易》本順此道理，須六畫成卦，故作《易》者，因而重之，使六畫而成卦也。六畫所處，有其六位，分二、四為陰位，三、五為陽位，迭用六、八之柔爻，七、九之剛爻而來居之，故作《易》者，分布六位而成爻卦之文章也。」《周易》以周流六虛，廣推天地形象，繼之以邏輯辯證等思維之推衍，故能「逆數」往來之事。

　　〈說卦傳〉是先陳述「幽贊于神明」、「觀變於陰陽」、「發揮于剛柔」，以具有神秘隱奧的《易》學氛圍，足以窮理盡性深究生命本體的源頭。其次，論述先天八卦、後天八卦之來源，最後談到八卦形象，所述之八卦形象近取諸身，遠取諸物，推衍出許多供解卦者觸類旁通的形象，相對也提供給後來之江湖術士甚多資料。但除此外，〈說卦傳〉談「窮理盡性」、「三才而兩之」、「六位而成章」還是提供了大量的義理資料，對後來的宋明理學影響極深。

二、〈序卦傳〉義理內涵

　　〈序卦傳〉是解說《周易》通行本六十四卦排列順序的文章，「序」指六十四卦排列順序。〈序卦傳〉是一篇分析《周

易》六十四卦的編排次序，並揭示諸卦前後相承意義的專論。全文據《周易》上、下兩篇分為兩段，前段解釋上經〈乾〉〈坤〉到〈坎〉〈離〉三十卦的卦次，後段解釋下經〈咸〉〈恒〉到〈既濟〉〈未濟〉三十四卦的卦次。

（一）、順承與逆承

〈序卦〉解說卦序的根據有兩種：一是卦象，即一卦的象徵意義；二是卦名，即一卦的名稱含義。在這兩種意義的基礎上，用人事義理把上下兩卦連接起來，將六十四卦解釋成一個連續貫通的有序整體。在所借助的事物情理中，主要採用了事物之間的兩種關係：一是順承關係，一是逆承關係。所謂順承，指事物在發展過程中出現的方向不變的轉移和接續；所謂逆承，指事物在發展過程中出現的方向相反的轉化和接續。這種方式開啟義理解卦的反覆辯證，使義理派說法不至於支離破碎，而較象數派具有整體規格性。《周易正義》說：

> 〈序卦〉者，文王既繇六十四卦，分為上下二篇。其先後之次，其理不見，故孔子就上下二經，各序其相次之義，故謂之〈序卦〉焉。

〈序卦〉主旨是論卦序的意義，但在論卦與卦前後相連的關係時，也以簡單扼要的語言概括了諸卦名義。但這些對卦義的論述，有的切合各卦的義理，有的只是取其一端，以偏概全，自圓其說而已。為了揭示卦序之義，將六十四卦建立起因果連續的道理，這仍有幫助學習者理解與記憶的作用，因此依序解釋卦名、卦義的〈序卦傳〉得以列入《易傳》。《周易正義》云：

〈序卦〉以六門往攝，第一天道門，第二人事門，第三相因門，第四相反門，第五相須門，第六相病門。如乾之次坤、泰之次否等，是天道運數門也。如訟必有師，師必有比等，是人事門也。如因小畜生履，因履故通等，是相因門也。如遯極反壯，動竟歸止等，是相反門也。如大有須謙，蒙稚待養等，是相須也。如賁盡致剝，進極致傷等，是相病門也。

（二）、上經重天道

以「天道」運作論卦序者，例如〈乾〉卦後為〈坤〉卦，以天地生萬物為涵義。〈序卦〉分析卦義，一般都據卦名立說，只有乾、坤、咸三卦例外。它說：「有天地然後萬物生焉。盈天地之間者唯萬物，故受之以屯。」不提乾坤兩卦的卦名，而說天地。乾為天，坤為地，這是取象說。

〈泰〉卦〈否〉卦以〈序卦〉而言「泰者，通也。物不可以終通，故受之以否。」均為天地運作的形象。又如〈訟〉卦〈師〉卦言「人事」類者，以〈序卦〉而言「訟必有眾起，故受之以師。」人民聚訟成師，理之當然。以「因果」關係論述者，例如〈小畜〉生出〈履〉卦，「物畜然後有禮，故受之以履」剛進有禮，必然亨通。以「物極必反」者，例如〈遯〉卦反生出〈大壯〉卦，〈序卦傳〉云：「遯者退也。物不可以終遯，故受之以大壯」。又以「生養必須」的條件為卦者，例如〈大有〉卦，〈序卦〉云「有大者，不可以盈，故受之以謙。」又以「進極致傷」為卦序者，有〈賁〉卦生出〈剝〉卦，〈序卦〉云：「賁者，飾也。至飾然後亨則盡矣，故受之

以剝。」過分的裝飾是弊病，換來五陰剝一陽相傷局面。簡單說，〈序卦〉是揭示前後卦因果相承關係、前後卦條件關係、前後兩卦有種逆轉變化的關係、相反之理、蘊涵關係等。《周易正義》疏云：

> 韓康伯云：「〈序卦〉之所明，非《易》之縕也。蓋因卦之次，託象以明義。」不取深縕之義，故云「非《易》之縕」，故以取其人理也。今驗六十四卦，比之類是也。變者，反覆唯成一卦，則變以對之，乾、坤、坎、離、大過、頤、中孚、小過之類是也。且聖人本定先後，若元用孔子〈序卦〉之意，則不應非覆即變，然則康伯所云「因卦之次，託象以明義」蓋不虛矣。

〈序卦〉的作用就是在說明卦序時，依據卦象、依據卦名、順承逆承等關係，藉以發揮《周易》的義理。首先〈序卦〉提出了「盈天地之間者，唯萬物」的命題，雖然依據卦名立說，但上經〈乾〉〈坤〉兩卦並未列出，而直接以「天地」表示，由取象談萬物由此生。〈序卦〉云：

> 有天地，然後萬物生焉。盈天地之間者，唯萬物，故受之以〈屯〉，屯者，盈也。屯者，物之始生也。

〈屯〉卦，草木初生；屯，難也。坎水性柔向下，雷動性剛向上，剛柔始交而難生，不交則否。事物新創生必有艱難之象。創始、亨通、順利、貞艱，應運而生，順其自然，無往不利之象，一切以生生不息的精神為起始，在人事方面利於王侯建立基業，開展君德大道。故事物初創，利於貞正，往有大亨，利於建設人事。

（三）、下經重人道

　　〈序卦傳〉上經部分探討了自然和社會的歷史發展過程，對於道德實踐，在下經提出由宇宙觀進而夫婦、家庭、君臣的解釋。〈序卦〉云：

> 有天地，然後有萬物；有萬物，然後有男女；有男女，然後有夫婦；有夫婦，然後有父子；有父子，然後有君臣；有君臣，然後有上下；有上下，然後禮義有所錯。

　　下經由〈咸〉卦起，不談卦名，而直接以夫婦之道談男女君臣等禮義，《周易正義》韓康伯注說：「咸柔上而剛下，感應以相與。夫婦之象，莫美乎斯。人倫之道，莫大乎夫婦。故夫子殷勤深述其義，以崇人倫之始，而不係之於離也。先儒以乾至離為上經，天道也。咸至未濟為下經，人事也。夫《易》六畫而成卦，三才必備，錯綜天人以效變化，豈有天道人事偏於上下哉！斯蓋守文而不求義，失之遠矣。」宇宙整體發展，先有天地間的自然萬物，然後有人類社會。再經由男女結合的夫婦關係繁衍生息，又為求和諧的生存，必須以禮義規範夫婦、父子、君臣等關係。

　　六十四卦是天地形象的縮影，排列上可以多樣化，若窮盡摸索各種組合，在整體上有若干內部聯繫關係，〈序卦〉僅是其中一種。《易經》先形成卦象，然後八卦是機械式相疊，而卦名、卦辭是後人相繼在占筮後的紀錄，因此卦名不必然有內在聯繫，因為一定要在相鄰各卦之間建立必然的聯繫，故在解

說的思維邏輯之下，仍然不免有牽強附會，而自圓其說的存在，但並未成為術士據以為溫床的數術基源，反而在六十四卦邏輯間，反映一個不斷開展的歷史過程，在相因相成間，提出豐碩的歷史演進思想，由天地生萬物起，〈屯〉天造草昧，〈蒙〉對宇宙蒙昧求知，〈需〉飲食之道，〈訟〉資源之爭，〈師〉訟必興師，環環相扣的程序至上經結束，下經以天地→萬物→男女→夫婦→父子→君臣→上下→禮義為順序，〈咸〉卦以男女的感應為社會人事起點，〈既濟〉〈未濟〉代表歷史的進程生生不息。整體而言，「託象以明義」、「物極必反」、「進極致傷」、「對立轉換」等，仍是以《易經》義理為主，以卦名為主闡發卦義，基本上不涉及卦象。

三、〈雜卦傳〉義理內涵

〈雜卦傳〉成書於戰國後期或秦漢之時，是扼要發揮《周易》各卦蘊義的文章。「雜」，雜錯之意；「卦」，指六十四卦：「雜卦」，意謂雜錯解說六十四卦。

茲將〈雜卦傳〉原文錄下：

> 乾剛坤柔，比樂師憂，臨觀之義，或與或求。屯，見而不失其居。蒙雜而著。震，起也。艮，止也。損益，盛衰之始也。大畜，時也。无妄，災也。萃聚而升不來也，謙輕而豫怠也。噬嗑，食也。賁，无色也。兌見而巽伏也。隨，无故也。蠱則飭也。剝，爛也。復，反也。晉，晝也。明夷，誅也。井通而困相遇也。咸，速也。恒，久也。渙，離也。節，止也。

解，緩也。蹇，難也。睽，外也。家人，內也。否
泰，反其類也。大壯則止，遯則退也。大有，眾也。
同人，親也。革，去故也。鼎，取新也。小過，過
也。中孚，信也。豐，多故也。親寡，旅也。離上而
坎下也。小畜，寡也。履，不處也。需，不進也。
訟，不親也。大過，顛也。姤，遇也，柔遇剛也。
漸，女歸待男行也。頤，養正也。既濟，定也。歸
妹，女之終也。未濟，男之窮也。夬，決也，剛決柔
也。君子道長，小人道憂也。

　　〈序卦〉一篇乃作者解說此種順序之道理。其解說大都根
據各卦之名義，有時運用事物向正面發展或反面轉化之樸素辯
證觀點，具有一定之哲學意義。但其理解各卦之名義，則多不
合《易經》之原意。《周易正義》說：

> 故韓康伯云：「〈雜卦〉者，雜糅眾卦，錯綜其義，
> 或以同相類，或以異相明也。」虞氏云：「〈雜卦〉
> 者，雜六十四卦以為義，其於〈序卦〉之外別言
> 也。」此者聖人之興，因時而作，隨其時宜，不必皆
> 相因襲，當有損益之意也。

　　〈雜卦〉列於《十翼》最後，大都把通行本《易經》六十
四卦中兩個相鄰的對立的卦象抽取出來一起進行解說，其中多
有兩兩相顛倒的卦象，如比與師、否與泰、解與蹇、井與困等
等。〈雜卦〉也是古代《周易》學者為提供心得之著作，皆
「兩兩相耦」，每兩個卦一組，每組兩個卦的關係又是相綜相
錯或非覆即變。只有大過、姤、漸、頤、既濟、歸妹、未濟、
夬諸卦是單個抽出解說，並被置於整個文章的最後部分。

　　〈雜卦〉作者認為兩卦涵義有一定聯繫的，一種是相互對立，例如：〈乾〉卦剛健，相對於〈坤〉卦柔順。〈比〉卦親比則安樂，相對於〈師〉卦動眾則憂。〈臨〉卦以我臨物，相對於〈觀〉卦，物來觀我。〈震〉卦振奮而起，相對〈艮〉卦當止則止。〈損〉卦損我益人，眾人相感而益我；相對〈益〉卦極益必反遭眾人損之。〈兌〉卦兌貴顯說，相對〈巽〉卦巽貴則卑退。互相接近類比的例如：〈屯〉卦是事物初始，各有其位，立於建立事業。〈蒙〉卦是雜而未知所定，啟發蒙昧，則終有所定。〈大畜〉卦，伺時積蓄，故能成其大。〈无妄〉卦，四時戒懼虛妄，以免遭災。

　　〈雜卦傳〉的闡述很簡捷，依序點出各卦之要義，少則如〈復〉卦，「反」也。〈晉〉卦，「晝」也等。多者如〈姤〉卦，「遇也，柔遇剛也。」〈夬〉卦，「決也，剛決柔也，君子道長，小人道憂也。」依據解釋分析不外卦名、卦辭，例如剝、復、解、蹇等。以〈雜卦傳〉分析：〈剝〉卦，即剝落，物待腐爛時方才剝落，所以其意為爛。〈復〉卦，即往而回轉，所以其意為返。〈解〉卦，即鬆脫綁縛，所以其意為緩；〈蹇〉卦，即舉足不便，所以其意為難。若依據卦義詮釋，例如〈大過〉卦，〈大過〉卦由〈兌〉和〈巽〉組成，〈兌〉象徵澤、〈巽〉象徵木，澤處上、木處下是舟翻沉水之象，所以其意為顛覆。總之，〈雜卦〉以卦象啟發想像，進而訓示之義理大略是「兩兩相耦」引申「以類相從」，從「陰陽統一」引申「剛柔消長」，以「非覆即變」解釋「進退盈虛」。因為〈雜卦傳〉是雜論的性質，對於象數與義理的發揚，全賴讀者自行發揮，因時而作，隨其時宜，端視研讀《周易》之目標與

動機而不同,各自斟酌損益。

第十七章　《易經》哲學基本概念

一、《易經》的架構與歷史價值

　　《易經》是由「經」與「傳」兩部分組合而成，先有《易經》原文，大約至戰國中後期出現《易傳》，朱熹說，「《易》本卜筮之書」，是指《易經》原文。八卦先有符號，後有文字。符號部分有陰爻、陽爻之分，再由三個爻組成一個卦，相傳始於伏羲，共有乾（天）、兌（澤）、離（火）、震（雷）、巽（風）、坎（水）、艮（山）、坤（地）八個卦。陽爻稱九，陰爻稱六。

　　朱熹為方便初學者記憶，編出「乾三連，兌上缺，離中虛，震仰盂，巽下斷，坎中滿，艮覆碗，坤六斷」，以便記憶。《易經》包含六十四卦卦畫、卦辭、以及三百八十四爻之爻辭。卦爻辭具有吉凶、悔吝、无咎、无攸利、利有攸往等占斷性文字。因為《易經》原文晦澀，不利學習者閱讀理解，故後代陸續加入〈彖傳上〉、〈彖傳下〉、〈象傳上〉、〈象傳下〉、〈文言〉、〈繫辭上〉、〈繫辭下〉、〈說卦〉、〈序卦〉、〈雜卦〉共計十傳，而易學作者為因應時代需求，並參酌諸家詮釋，所以《易傳》除解釋《易經》本文外，又使《易》學更加深邃廣闊。《易傳》可以輔助學習者理解《易經》，故又稱《十翼》。《易傳》是詮釋《易經》的經文，使《易》學逐漸成為中國哲學的一部分。〈繫辭〉云：「易有太極，是生兩儀，兩儀生四象，四象生八卦，八卦定吉凶，吉凶

生大業。」八卦重疊組成六十四卦，起於乾、坤，終於既濟、未濟。至於六十四卦由何人組成，莫衷一是，普遍說法掛名周文王。

《易經》原本是卜筮之書，而往後與《易經》相關的學問，就稱為《易》學。在《易傳》中作者加入探討宇宙、人生、倫理、政經等豐富的內涵，表達了先聖賢對該項事物的概念認知、價值取向、實踐方法等指示性原則。簡單說，是集結古聖賢生活智慧與經驗的百科全書，也是龐大的學術思想體系。朱伯崑先生分析《周易》的歷史價值：第一，《易經》是一部占筮之書，在一定程度上解除卜問者疑惑。第二，《易經》所涉及的領域非常廣，從自然、社會到人生，無所不包，對生活有啟發指導作用。第三，《易經》中已經具備邏輯、辯證思維的萌芽，統一、對立、轉化的思想很豐富。第四，《易經》是中國古代哲學的一個源頭。

二、《周易》的作用

〈繫辭傳〉云：「易有聖人之道四焉，以言者尚其辭，以動者尚其變，以制器者尚其象，以卜筮者尚其占。」《周易》指導聖人之道四個方向：以卦爻辭涵義使言語溝通者，辭文並茂。《周易》本文、《易傳》等作品，均表現高超的文學品質，由《文心雕龍》可知，經由劉勰的闡發，《易》學思想與文學互相滲透。以卦爻變化指導行動者，知所進退。即「以動者尚其變」，指凡營造施為以《周易》陰陽變化面對阻逆，可收「變則通，通則久」的作用。以卦爻象之韻律、健美、平

衡，為製作器物的靈感。對憂疑難決之事，至誠可以感天。故敘明《周易》作用在文辭、動變、制器、卜筮等。

〈繫辭傳〉又云：「《易》與天地準，故能彌綸天地之道。仰以觀于天文，俯以察于地理，是故知幽明之故。原始反終，故知死生之說。」《周易》取法天地形象，六十四卦成為人生縮影，所以掌握《易》道，就能貼切理解放諸四海皆準的道理。古聖賢仰觀日月天象，俯查山川地貌，以便推斷幽暗光明，鉅細靡遺，進而知曉事物之本源，以同理反求結論，故參悟生生不息，物極必反，陰陽相濟，以達亨通感應之作用。

〈繫辭傳〉繼云：「夫易，聖人所以崇德廣業也。」《周易》鼓舞人性，以道德功業為人生價值觀。〈繫辭〉說：「觸類而長之，天下之能事畢矣。顯道神德行。是故可與酬酢，可與祐神矣。」參考卦象的基本形象，觸類旁通，可以囊括天下事物，足以擔綱重要儀典，且至誠足以感動神鬼山川。〈繫辭〉又云：「夫易，開物成務，冒天下之道，如斯而已者也。是故聖人以通天下之志，以定天下之業，以斷天下之疑。」《易經》指導人們開啟事物端倪，使天下之道亨通，是古聖人立志、定業、斷疑的準則，是當代百科全書，而具有全面指導的作用。

由於《易經》龐雜，由「經」、「傳」、「學」，逐步匯集而成，亦非一人、一時之作品，故〈繫辭傳〉有云：「書不盡言，言不盡意。」然則聖人之意，其不可見乎？子曰：『聖人立象以盡意，設卦以盡情偽。繫辭焉以盡其言，變而通之以

盡利，鼓之舞之以盡神。(神，指陰陽變化，非宗教神)』因此在說不完的道理中，讀〈易經〉必須先有以「意」體悟萬物存有之道理。而這個「意」即包含吾人解讀〈易經〉後存有的象、數、義、理等概念。首先「象」具有抽象表達的作用，「數」則可以具體化的「用」，「義」則適宜可大可久，「理」則行遍天下，無遠弗屆。〈說卦傳〉云：「數往者順，知來者逆，是故《易》逆數也。」〈周易〉具有推測未來事物之作用，而其作用並非在其具有探求神秘的功能，而是《論語・子路》所謂：「南人有言曰：『人而無恆，不可以作巫醫。』善夫！『不恆其德，或承之羞。』」子曰：「不占而已矣。」在學習《周易》中，提供推理邏輯的能力。

三、《周易》名稱由來

　　「三易」云：「一曰連山，二曰歸藏，三曰周易。」鄭玄《易論》則云：「夏曰《連山》，殷曰《歸藏》，周曰《周易》」。鄭玄又解釋：「《連山》者，象山之出雲，連連不絕；《歸藏》者，萬物莫不歸藏於其中；《周易》者，言易道周普，无所不備。」《易》學又稱《周易》的主要說法，一是周代成書，其次六十四卦自成完備周全之體系。《周易正義》卷首：「又文王作《易》之時，正在羑里，周德未興，猶是殷世也，故題周，別於殷。以此文王所演，故謂之《周易》，其猶《周書》、《周禮》，題『周』以別餘代。故《易緯》云『因代以題周』是也。先儒又兼取鄭說云：『既指周代之名，亦是普徧之義。』雖欲无所遷棄，亦恐未可盡通。」總之，不離因周文王時期而冠以「周」字。

四、《周易》難讀的原因

　　《易經》卦爻象與卦爻辭之間本無必然的聯繫。《易經》最初從八卦演變為六十四卦，並沒有卦辭與爻辭，或者是聯繫性不強的片段文字，為了供占筮方便解說吉凶，便需要在每一卦、每一爻後面繫上一段文字。

　　現在六十四卦主要從卜辭與筮辭中挑選出來的。《周禮‧春官》說：「凡卜筮既事，則繫幣以比其命，歲終，則計其占之中否。」意思是每一次卜筮之後，卜筮官都要將所得的兆象和占斷的辭句記錄下來，並收藏在府庫中。到年終時，再將一年中累積的卜辭和筮辭加以統計、整理，檢核應驗的部分，將之選出做為下一次占筮的依據。其次不管應驗與否，將卦爻辭加以編排修飾。至於卦爻辭非常整齊瑰麗者，可能是卜筮官以智慧與邏輯編纂而成。

　　其一，訓詁與原典字義經過長期演變，與當下社會語文常態有所不同，基於解釋字義的習慣與能力，故現在一般人讀起《周易》本文感覺趑趄難解。《周易》原文艱難晦澀，原典的卦爻辭是不能更改的，而語言文化又隨著時代演變，以現在的客觀條件閱讀幾千年前的文字，莫說研讀其中思想精髓，僅字義考據就格格不入。

　　其二、經文結構是卜辭應驗與卜筮官虛構合併而成。例如〈觀〉卦，初六：童觀。六二：窺觀。六三：觀我生。六四：觀國之光。六五：觀我生，上九：觀其生，六爻變化有邏輯上

的依據，不可能是占卜的事實，應該是周朝卜筮官依據自己的思路寫下的卜辭，並非確有其事。又例如〈蒙〉卦初六：發蒙。九二：包蒙。六三：勿用取女，見金夫，不有躬。六四：困蒙。六五：童蒙。上九：擊蒙。其中六三岐出於蒙昧的思路，而有跳躍性現象，應該是卜筮官如實記載所成，故很難用一種理論即可完成《周易》原典的詮釋。例如漢代孟喜的卦氣，京房的八宮，虞翻的卦變，到最後還是原則之外加上一堆特例，無法完全自圓其說。南宋朱熹將象數與義理併用，又說周易是個空殼子，則將《周易》往前推進一大步。

　　其三、《周易》是講空的事物。因此程頤說：「假象以顯義」、「因象以明理」，《周易》與其他經書的不同在於其他經書其人其事是存在的，例如《論語》是孔子弟子與再傳弟子所記載；《左傳》是由左丘明集結各國史書而成；《尚書》大部分是周朝開國文誥等。而《周易》由卜筮之書發展到高度抽象的陰陽剛柔、統一對立等範疇，須善於利用想像力在水平垂直上自行發展。

　　其四、《周易》經過幾千年的闡述，已經形成龐大的《易》學系統，其階段性大約可分為先秦易學、漢代象數學、魏晉唐易學、宋代易學、清代易學、現代易學等。所謂「兩派六宗」兩派指象數派與義理派。六宗指象數宗、機祥宗、造化宗、老莊宗、儒理宗、史事宗等。另外占卜宗，讖緯宗、丹道養生等，不及備載。因此《周易》繁衍叢生，令人眼花撩亂。

五、《易經》是中國文化之本源

《易經》講文化，其代表性之一為〈彖·賁〉云：「賁亨，柔來而文剛，故亨。分剛上而文柔，故小利有攸往，天文也。文明以止，人文也。觀乎天文，以察時變；觀乎人文，以化成天下。」所以文化就是文治教化，涵蓋中華民族與生活有關之精神、倫理、歷史、信仰、藝術、社會風氣、風俗習慣等方面。

中國文化之特質簡略言之人本、倫理、中庸。首先在於人本，因此《論語·學而》云：「節用而愛人，使民以時。」《論語·公冶長》云：「其養民也惠，其使民也義。」《尚書·五子之歌》：「皇祖有訓，民可近，不可下。民惟邦本，本固邦寧。」《孟子·離婁》云：「桀紂之失天下也，失其民也；失其民者，失其心也。得天下有道，得其民，斯得天下矣。」《孟子·萬章》引〈泰誓〉云：「天視自我民視，天聽自我民聽。」這些經典文訓表示中國「以民為本」的思想。在《周易》中，則有觀卦〈象傳〉云：「風行地上，觀。先王以省方、觀民、設教。」剝卦〈象傳〉云：「山附于地，剝。上以厚下安宅。」履卦〈象傳〉：「上天下澤，履。君子以辨上下，定民志。」儒家道德觀念一貫表現在《易經》思想中。

其次，《易經》是當代百科大典，君臣、家庭、個人修養之倫理道德不勝枚舉。《漢書·藝文志》稱「人更三聖，世歷三古」謂其源遠流長。〈繫辭〉云：「古者包犧氏之王天下也，仰則觀象于天，俯則觀法于地，觀鳥獸之文，與地之宜，

近取諸身，遠取諸物，于是始作八卦，以通神明之德，以類萬物之情。」因此《易經》內容包含天文、地理、人事、戰爭、商旅、婚姻、乃至占卜定吉凶，〈說卦傳〉云：「昔者聖人之作易也，將以順性命之理，是以立天之道曰陰與陽，立地之道曰柔與剛，立人之道曰仁與義。」，意思是說，《易經》將天地人三才之道全部囊括。講天道，下濟而光明；講地道，變盈而流謙，講人道，謙尊而光，卑以自牧。

　　《易經》中正、中行、時中等都是〈中庸〉的說法。〈中庸〉云：「不偏之謂中，不易之謂庸；中者，天下之正道；庸者，天下之定理。」又云：「君子中庸，小人反中庸。君子之中庸也，君子而時中；小人之反中庸也，小人而無忌憚也。」《易經》講陰陽和諧，就是以中和為本質。〈文言・乾〉云：「乾道變化，各正性命，保合太合，乃利貞。」古聖人治國，效法天道剛建，生養萬物，群類各有所屬，各有君長統領，故運作和諧。〈同人〉卦云：「文明以健，中正而應，君子正也，」是說九五居中且正。〈大有〉卦云：「大有，柔得尊位，大中而上下應之。」指六五爻雖陰柔而居正位，合五陽爻，是以元亨。〈臨〉卦，「剛浸而長，說而順，剛中而應，大亨以正，天之道也。」兩個陽爻在初爻與二爻，陽氣逐漸向上發展，九二與六五相應，內外卦中道相應。

六、《周易》兩派六宗與十宗

　　《周易》流派傳統說法，稱「兩派六宗」。兩派指象數派與義理派。象數在〈繫辭下〉云「《易》者，象也；象也者，

像也。」因此舉凡卦象、爻象、天地之數、大衍之數等即屬於象數內涵，從現實世界萬有現象中，尋求其變化的原則。義理則是由卦辭、六十四卦、三百八十四爻文辭所蘊含的哲學道理，探討宇宙人生形上、形下的能變、所變，與不變的道理。

《四庫全書總目・經部・易類》：「《左傳》所記諸占，蓋猶太卜之遺法。漢儒言象數，去古未遠也；一變而為京(房)、焦(贛)、入于磯祥；再變而為陳(摶)、邵(雍)，務窮造化。《易》遂不切於民用。王弼盡黜象數，說以老莊；一變而胡瑗、程子，始闡明儒理；再變而李光、楊萬里，又參證史事。《易》遂日起論端。此兩派六宗，已互相攻駁。」六宗指占卜宗、災祥宗、讖緯宗、老莊宗、儒理宗、史事宗等。

近代學者徐芹庭於《周易今註今譯》一書中提出新觀點，認為占卜、災祥、讖緯等三宗不脫象數範圍，以「老莊」來說易的，開始於魏、晉之初，由阮籍、王弼等開其先聲，繼之而起，便有北魏以後的道教，套用東漢魏伯陽所著《參同契》的觀念，彼此挹注，雜相運用「易」與「老莊」的道理。「儒理」說易，大盛於南北宋時期，如司馬光的「潛虛」、周敦頤的「太極圖說」、程頤的「易傳」，以至於朱熹的「易本義」等，大抵都屬於這一範圍。史事一系，也由宋儒開始，如楊萬里的易學，便偏重於這一觀點。由於象數易學的發展，包括術數的雜易等，因此徐芹庭補上醫道、丹道、堪輿、星相等，共計十宗。

七、《周易》時間與空間的概念

　　《易緯‧乾鑿度》云：「孔子曰：『易始於太極。太極分而為二，故生天地。天地有春秋冬夏之節，故生四時。四時各有陰陽剛柔之分，故生八卦。八卦成列，天地之道立，雷、風、水、火、山、澤之象定矣。其布散用事也；震生物於東方，位在二月；巽散之於東南，位在四月；離長之於南方，位在五月；坤養之於西南方，位在六月；兌收之於西方，位在八月；乾制之於西北方，位在十月；坎藏之於北方，位在十一月；艮終始之於東北方，位在十二月。八卦之氣終，則四正四維之分明，生長收藏之道備，陰陽之體定，神明之德通，而萬物各以其類成矣。』因此，太極主導天地萬物之生死，宇宙時空運作之原理都在其中，而以河圖、洛書等圖象抽象表示。

八、易簡、變易、不易

　　易簡者，如百姓之道，日用不知而日可見行也。變易者，日用之道交錯變化，及於天地萬事萬物也。不易者，變者恆變之理或不易之道理。鄭玄所注之《易緯乾鑿度》云：「易者，易也；變易也；不易也。……易者，以言其德也……。光明四通，簡易立節，天地爛明，日月星辰，布設八卦……不煩不擾，澹泊不失， 此其（簡）易也。變易者，其氣也，天地不變，不能通氣，五行迭終，四時更廢，君臣取象，變節相和，能消者息，必專者敗……此其變易也。不易者，其位也，天在上，地在下，君南面，臣北面，父坐子伏，此其不易也。」

《易緯乾鑿度》又云：「上古之時，人民無別，羣物未殊，未有衣食器用之利，伏羲乃仰觀象於天，俯觀法於地，中觀萬物之宜。於是始作八卦，以通神明之德，以類萬物之情。故《易》者所以斷天地，理人倫，而明王道。是以畫八卦，建五氣，以立五常之行；象法乾坤，順陰陽，以正君臣、父子、夫婦之義；度時制宜，作為網罟，以佃以漁，以贍民用。於是人民乃治，君親以尊，臣子以順，羣生和洽，各安其性。」以上為「三易」垂教之本意。

九、《周易》卦象與卦辭的關係

《易經》分為符號系統與卦、爻辭文字系統。傳統認為卦象與卦、爻辭之間必然有聯繫。所以歷代易學家都很努力的通過卦爻象所象徵的物象，探求卦爻象與卦名、卦爻辭間的內在聯繫，把卦爻象與卦爻辭聯繫起來，分析和推測事物的吉凶，以此論證《周易》具有奧妙的思想。所以偏重以卦象解釋的稱為象數派，偏重以義理解釋的稱為義理派。

近代易學家提出一些改革性觀點，認為《易經》起源於卜筮之法，其卦爻辭原本是筮辭，某卦象繫之於某種筮辭，是出於所占之事，而所占之事往往是多方面的，筮得同一卦象，是揲蓍的結果，如同抽籤算命一般的偶然。因此，筮辭和卦象之間沒有邏輯的聯繫。其次，爻辭重複與前後矛盾的現象，屢見不鮮。也因此解釋《周易》的體例也就豐富了。

個別參酌可以發現有些卦爻象與卦爻辭有某些關係。例如

蒙卦，初六發蒙，九二包蒙，六三勿用取女，六四困蒙，六五童蒙，上九擊蒙。六爻之間除六三勿用取女有跳脫現象外，蒙昧由啟發，包容，勿用取女見異思遷，困惑，柔謙啟蒙，擊蒙式當頭棒喝等，一連串邏輯連貫的啟蒙教育，當然是卜筮官吏運用思維所構成。其他諸如臨卦，初九咸臨，九二咸臨吉无不利，六三甘臨，六四至臨，六五知臨，上六敦臨。艮卦，初六艮其趾，六二艮其腓，九三艮其限，六四艮其身，六五艮其輔，上九敦艮；卜事之發展自無卦爻所續之規律性。也因此朱熹說《易》是個空殼子，提供往後之易學家一面塗鴉牆，而造就出璀璨的易學史。

十、《周易》的思維方式

　　《周易》是一門開啟智慧的學問，以思維方式提出個人追求學問之「釣魚竿」。《周易》的思維方式以直觀、形象、邏輯、辯證、象數為主要的思維方式。直觀思維與形象思維由感性出發，觀察外在的形象或表達內心的意念。而邏輯思維與辯證思維，從理性出發，考察客觀事物的本質和意念活動。

（一）、直觀思維

　　直觀思維是以過往的直接感受或經驗判定事物及其發展之趨勢的一種思維方式，主要依據個人的生活直觀感受或體驗。由感性出發，直接觀察自然現象和社會現象，從而探討事物的性質或功能。《周易》卦爻辭所講的具體事物與吉凶斷語，大都出於生活的直觀及其經驗教訓。例如〈井〉卦，「羸其瓶，

凶」，瓶子打破無法儲水，即是呈現無水可用之窘境，暗喻無功而返。師卦〈象傳〉云：「地中有水，師，君子以容民畜眾。」坤為地，坎為水，水不在地外；地能包水，水又眾大，是容民畜眾之象。

〈繫辭〉提出直觀思維起源，例如：「聖人設卦觀象，繫辭焉而明吉凶」，「仰則觀象于天，俯則觀法於地」，「以制器者尚其象」等。人類認識世界，首先接觸事物的外表，觀察卦象進而以直觀思維方式，考察自然現象與社會現象，又是進一步認識事物的起點，在難以繞道或捨棄之下，應思考如何在起始階段正確使用這種思維，不忽視事物內在的問題。《周易》象數派認為觀察卦象是研究一切事物的出發點。中國古代的天文氣象、醫學、工藝、建築、宗教等，與直觀卦象是密不能分的。

（二）、形象思維

形象思維是直觀思維的進化，指通過形象進行思考或表達觀念的方式，兩者都以事物的形象為思維過程的媒介，但直觀思維是以整體印象對比、衡量、判斷，而認識並創新事物道理。例如〈既濟〉卦，以水之潤下，火之炎上視為水乳交融的現象，比喻陰陽和諧。又例如《陰陽魚圖》，黑白有別，首尾銜接，整體環抱，故有一分為二，合二為一，既統一又對立之形象可供思考。形象思維則把握事物不離形象，故有將認識停留在事物表面與外在聯繫之虞，僅對事物內質與事物共性之掌握，尚須輔以其他思維方法。

〈繫辭〉云：「書不盡言，言不盡意，然則聖人之意，其不可見乎？子曰：聖人立象以盡意。」文字和語言雖不能充分表達自己意念，但《周易》有文字與符號兩套表達方式，可以相互輔助表達意念。形象所能包括的涵義，不受語言概念的侷限，而能在腦海中記憶、組構，體現出某些觀念和情意、創意。形象思維中的圖象思維，是藝術美學的基本認識方法。理性、價值觀、情感變化等，是形象思維的進一步體會。

（三）邏輯思維

指遵循形式邏輯的法則，思考問題、認識事物的思維方式。主要表現在分類、類推、思維形式化等。以分類而言，例如〈象‧乾〉云「雲行雨施，品物流行。」、「乾道變化，各正性命。」乾卦〈文言〉云：「同聲相應，同氣相求。水流濕，火就燥，雲從龍，風從虎。聖人作而萬物覩，本乎天者親上，本乎地者親下，則各從其類也。」以屬性作為事物發展變化的內在依據，而將境遇作為事物發展變化的外在條件。王弼打破這種思維，《周易略例‧明象》云：「是故觸類可為其象，合義可為其徵。義苟在建，何必馬乎？類苟在順，何必牛乎？」方以類聚，物以羣分，故分類是邏輯思維中最基礎的形式。

分類往前深化成為類推，類推是指把一個事物的類屬性推及同類的另一個事物身上，以求對另一種事物有所認識的思維方式，例如梅花易數。《周易》紀錄以往驗證之事，用筮草算卦後，據以推斷未來之事，就是利用同類事物，異中有同的特性。例如八卦一系列推演出六十四卦。又例如，登山遠行，開

發新案，若筮得「利涉大川」，都類推為吉利可行。類推思維的偏差在於運用當下牽強附會，或分類之籠統，造成同類異類之定位混淆。

六十四種卦象，由陰陽二畫組成，其圖示也是一種抽象的符號，而且具有邏輯結構。邏輯思維可以逐漸形式化，形成一定的、相對穩定的法則或公式，以此公式去限定思維的定向，只管對錯，不管真假，而且是出於算卦功能的需要。天下事物繁雜，在類推過程中，往往不是相類同等事，必須先將卦象、卦爻辭抽象而公式化，再將公式用在解卦，其如何靈活運用是主要考驗。古代邏輯思維能力的訓練大多是通過《周易》經傳的研究和解釋來實現，追求命題的抽象意義與事件之間的邏輯關係，對古代數學、哲學的發展也有很大貢獻。

（四）辯證思維

辯證思維，謂以辯證的觀點考察自然和人生的思維方式，不同於形式邏輯思維方式。形式邏輯思維是基於事物的靜態和相對穩定的條件而形成的思維方式，注重分析事物的類屬關係和概念的確定性。而辯證思維是基於事物的動態和變化的過程而形成的思維方式，注重從反面和動態，以及由整體角度多元思考問題。考察大略分為變易思維、相成思維、整體思維。

1. 變易思維是從變化的觀點，考察一切事物。（1）卦象與爻象的變化，例如乾卦最下一爻之變化，由剛健變為柔順。（2）卦象爻象所象徵的人事吉凶的變化，例如履卦「素履往，

無咎」，《周易》的吉凶是帶有條件的，無咎的原因在於九二樸實的誠心。（3）卦辭、爻辭借以表示的自然現象的變化，例如大過卦，「枯楊生稊」與「枯楊生華」，兩者意義迴然不同。因為自然界運作不息，變化就成為《周易》指導原則，〈繫辭〉云：「日新之謂盛德，生生之謂易」。「窮則變，變則通，通則久」。「一闔一辟謂之變，往來不窮謂之通。」總之，不斷的更新變易，事物才有存在的餘地。

2. 相成思維，是以相互聯繫，相互依賴，相濟互補的觀點，看待對立的兩個方面或對立的兩種事物的思維方式，故事物之存在前提是對立面同時存在。〈繫辭〉云：「一陰一陽之謂道」，「日月運行，一寒一暑。乾道成男，坤道成女。乾知大始，坤作成物。乾以易知，坤以簡能」，「形而上者謂之道，形而下者謂之器」等。例如：「陰陽相依」，謂陰陽相互依存和滲透，孤陰不生，獨陽不長。「陰陽相濟」，類指天地交而萬物生。天地感而萬物化生，聖人感人心而天下和平。「陰陽和諧」，乾卦〈彖〉云：「乾道變化，各正性命，保合太和乃利貞。」不論變易、相成、相依、相濟，都是指導如何看待事物的統一對立。

3. 整體思維，是以普遍聯繫，相互制約的觀點看待世界一切事物的思維方式。這種思維方式不僅把整個世界視為一個有機整體，認為構成這個世界的一切事物都是互相聯繫互相制約的，而且把每一個事物又各自視為一個小的整體，除了與其它事物之間具有相互聯繫，相互制約的關係外，其內部也呈現出多種因素、多種部件的普遍聯繫。《易經》通過探討六爻相互

關係，例如乾卦，由潛龍、見龍、惕龍、躍龍、飛龍、亢龍而完成一個人生週期。蒙卦，由發蒙、包蒙、女蒙、困蒙、童蒙、擊蒙而完成脫離蒙昧的過程。在整體思維中較具代表性的有三才說、八卦說、五行說等。

（五）象數思維

象數思維是以符號和數為媒介，認識、推斷或預測事物及其發展變化的一種思維形式。與形象思維不同之處，在於象數思維借助形象進行思維的時候總是伴隨著數的變化，以象數合一的觀念考察事物變化的過程與規律。通過象與數的演繹轉換，來推測事物變化的方向與趨勢。例如〈說卦〉云：「參天兩地而倚數，觀變於陰陽而立卦。」〈繫辭〉云：「大衍之數五十，其用四十有九。分而為二以象兩，卦一以象三，揲之以四，以象四時，歸奇於扐以象閏。五歲再閏，故再扐而後卦。天數五，地數五，五位相得而各有合。天數二十有五，地數三十。凡天地之數五十有五。此所以成變化而行鬼神也。」至於先有數後有象，或先有象後有數，雖爭論而未見定案。象與數不可偏廢，天地間一切事物，從自然到人類社會既有可感知的性質，又有數量的規定性，象數思維即是以品質與數量的變化，掌握《易》學的途徑。

十一、《易經》卜筮的觀念

《尚書》對於卜筮的態度，有兩則記載，一則為〈大禹謨〉：「官占，惟先蔽志，昆命于元龜。朕志先定，詢謀僉

同，鬼神其依，龜筮協從，卜不惜吉。」古時候基於軍政、立嗣、婚嫁、遷都等大事而猶疑難決時，帝王立卜筮之官，故稱為官占。卜卦時先確定問題重點，然後心意虔誠，敬告問於龜筮。志向確定，且詢問商量各方意見，對於卦象意見均相同，則亦得天地、鬼神、靈龜等相應，天賜吉兆，不得再三瀆告。

〈洪範〉云：「稽疑：擇建立卜筮人，乃命卜筮。曰雨，曰霽，曰蒙，曰驛，曰克，曰貞，曰悔，凡七。卜五，占用二，衍忒。」對於無法決定的事，就選擇適當的卜筮官吏。與龜卜相關的有雨、霽、蒙、驛、克，和卜筮有關的則是「貞」與「悔」，再經過推演變化後決定吉凶。〈洪範〉繼云：「立時人作卜筮，三人占，則從二人之言。汝則有大疑，謀及乃心，謀及卿士，謀及庶人，謀及卜筮。」卜筮官中若有三人參與推斷，則以兩人意見一致為判斷方向。問卜者若有疑難，先自己考詳慎謀，再與公卿大夫商量，最後聽聽老百姓意見。

〈洪範〉又云：「汝則從，龜從，筮從，卿士從，庶民從，是之謂大同。身其康彊，子孫其逢，吉。汝則從，龜從，筮從，卿士逆，庶民逆，吉。卿士從，龜從，筮從，汝則逆，庶民逆，吉。庶民從，龜從，筮從，汝則逆，卿士逆，吉。汝則從，龜從，筮逆，卿士逆，庶民逆，作內吉，作外凶。龜筮共違于人，用靜吉，用作凶。」問卜者、龜卜、筮卜、卿士、庶民等意見都一致，人心和順自然大吉。如果龜卜、占筮都與上下相逆，不動作而靜觀其變，則吉。這些機制其實是將人的智慧、經驗，經由卜筮儀式集思廣益，卜卦只是決策的輔助工具。

十二、《論語》有那些談論《易經》的內容？

　　《史記‧孔子世家》云：「孔子晚而喜易，序彖、繫、象、說卦、文言，讀易韋編三絕。曰：『假我數年，若是，我於易則彬彬矣。』」〈儒林傳〉亦云：「孔子晚而好《易》，讀之韋編三絕，而為之傳。」史冊昭昭彰彰。

　　《論語‧述而》：「子曰：『南人有言曰：「人而無恆，不可以作巫醫。」善夫！』『不恆其德，或承之羞。』子曰：『不占而已矣。』」沒有恒心學習，學作巫醫必然無成。孔子讚賞這句話，目的在教化弟子進德脩業，必須持之以恒。《易經》恒卦是講述恒久之道，卦辭「恒：亨，无咎，利貞。」各得所恒，修其常道，終則有始，往而無違。恒卦〈彖〉曰：「恒，久也。剛上而柔下，雷風相與，巽而動。剛柔皆應，恒『亨，无咎，利貞』，久于其道也。天地之道，恒久而不已也。」恒卦六五與九二相應，儒家講「學而時習之」「溫故而知新」「天何言哉，四時行焉」等，都是效法天道不息。

　　風火家人〈象傳〉云：「風自火出，家人。君子以言有物，而行有恒。」家中必有火，離火隨巽風在上，相生相成，有恒則家道興旺。《論語‧述而》云：「善人，吾不得而見之矣。得見有恒者，斯可矣。亡而為有，虛而為盈，約而為泰，難乎有恒矣。」孔子嘆息當世難見聖人君子，若是道德平常而有恒，即屬當世佼佼者。無而有，虛為盈，約為泰，只是矯情釣譽而已。

　　《論語・述而》云：子曰：「加我數年，五十以學《易》，可以無大過矣。」《周易》窮理盡性以至於命，孔子五十而知天命，以知命之年，讀至命之書，故使人趨吉避凶，又不敢自言無過，故謙稱可以無大過。《論語・述而》又云：「三人行，必有我師焉，擇其善者而從之，其不善者而改之。」三人結黨而行，本無賢能愚蠢之分，擇其善者從之，不善者改之，故學無常師。〈損〉卦六三：「三人行，則損一人。一人行，則得其友。」

　　《論語》與〈象傳〉倫理觀相同，例如：《論語・季氏》：「不學禮，無以立。」禮是行為的準則，君子處世立身之道。〈象傳〉：「雷在天上，大壯，君子以非禮弗履。」非禮勿聽、勿言、勿事，君子雷厲風行以禮為根本。《論語・公冶長》：「願無伐善，無施勞」〈象傳〉：「山上有澤，咸，君子以虛受人。」居功不驕，謙遜則無往不利，暴淫則禍起蕭牆。

　　《論語・衛靈公》：「躬自厚而薄責於人，則遠怨矣。」〈象傳〉：「天下有山，遯。君子以遠小人，不惡而嚴。」君子以反恭自省，避免小人危害。〈象傳〉：「山上有水，蹇，君子以反身修德。」蹇卦，外卦坎險，內卦艮山止住；山上有水，寸步難行的卦象，君子藉以反求諸己，寬厚待人。「薄責於人」，〈象傳〉：「雷雨作，解，君子以赦過宥罪。」雷雨是陰陽和諧的現象，天地一體，君子對小人應寬恕罪刑。《論語・里仁》：「見賢思齊焉，見不賢而內省者也。」〈象傳〉：「風雷，益。君子以見善則遷，有過則改。」雷風相薄，相得益彰，君子以天地萬物為師，取長補短，有過則改。

　　《論語・衛靈公》：「君子義以為質，禮以行之，孫以出之，信以成之，君子哉！」君子以義為本質，以禮節表彰內在文采，以謙遜的言語恭謹待人，立身處世信守承諾等，是君子的行事準則。〈象傳〉：「明出地上，晉。君子以自昭明德。」〈象傳〉：「澤上有水，節。君子以制數度，議德行。」澤有調節水量的功能，禮有節制行為的作用，議論德行不外信與義。〈象傳〉：「山上有雷，小過。君子以行過乎恭，喪過乎哀，用過乎儉。」雷應出自地中，今出自山上高於本位，姿態過高應節制，凡事過猶不及。

十三、易為君子謀，不為小人謀

　　《周易》最顯著的作用就是占卜，《張子正蒙・大易篇》云：「《易》為君子謀，不為小人謀。故撰德於卦，雖爻有大小，及繫辭其爻，必論之以君子之義。」張載的觀點就是認為君子汲汲於進德脩業，而占卜係為憂疑難決所設，故凡牽涉私欲之事，即失去占卜之意義。《論語》云：「君子喻於義，小人喻於利。」又說：「君子上達，小人下達」，「君子懷德，小人懷土；君子懷刑，小人懷惠」，由這些論述可知君子與小人價值觀不同。

　　〈象傳〉是儒家的作品，例如「天行健，君子以自強不息」、「地勢坤，君子以厚德載物」、「雲雷屯，君子以經綸」等。君子應遵奉的道德準則，都寄託在〈象傳〉中，如果小人以私欲占利，姑不論吉凶靈驗如何，開宗即與所述義理互相矛盾。其次，占驗吉凶，天何言哉？不過是在某些程度內提

升精神境界，達到移風易俗，遏惡揚善的目的。禍福吉凶，唯人自招。以反面論證而言，小人想提升成為君子，《易經》也為小人謀大義。

十四、先天八卦

〈說卦傳〉云：「天地定位，山澤通氣，雷風相薄，水火不相射，八卦相錯。」錯卦指兩卦陰陽爻對反，因此乾坤交錯，艮兌交錯，震巽交錯，坎離交錯。以天地定位而合德，山澤異體而通氣，雷風各動而相薄，水火不相入而相資。〈說卦傳〉解說其八卦交錯作用：「雷以動之，風以散之。雨以潤之，日以烜之。艮以止之，兌以說之。乾以君之，坤以藏之。」雷聲震耳欲聾，巽風藉以發散。坎雨滋潤萬物，離日教化光明，都是恩澤普施的現象。艮山知止而止，兌悅擇人相隨。乾道主導運作，坤道厚載萬物。邵雍以乾坤坎離為四正卦，推衍出一套圖式，認為此類圖示是伏羲氏觀察天地變化，山川地理所制成。有卦無文，具備陰陽變化之理，這是存在於《周易》之前的，所以稱先天易、先天圖。先天八卦，乾一，兌二，離三，震四，巽五，坎六，艮七，坤八。

十五、後天八卦

〈說卦傳〉云：「帝出乎震，齊乎巽，相見乎離，致役乎坤，說言乎兌，戰乎乾，勞乎坎，成言乎艮。」震為雷，造物者在春天發動萬物生長，震東方屬木。巽為風，若欲潔齊萬物，利

用巽柔申命，巽在東南方。離為火，正南，萬物相見在離，人與人相處在於附麗文明。坤為地，厚德載物役養萬物。兌為澤，秋天，喜悅於萬物收成之時。乾為天，純陽，處於西北陰地，故陰陽相搏交戰。坎為水，正北方，冬天萬物須及時閉藏，辛勤勞動之象。艮為山，艮為東北方，位於「丑」、「寅」之間，丑為歲前之末，寅為後歲之初，萬物終成復始之地。

　　〈說卦傳〉繼云：「萬物出乎震，震，東方也。齊乎巽，巽，東南也。齊也者，言萬物之絜齊也。離也者，明也。萬物皆相見，南方之卦也。聖人南面而聽天下，嚮明而治，蓋取諸此也。坤也者，地也，萬物皆致養焉，故曰致役乎坤。兌，正秋也，萬物之所說也，故曰說言乎兌。戰乎乾。乾，西北之卦也，言陰陽相薄也。坎者，水也，正北方之卦也，勞卦也，萬物之所歸也，故曰勞乎坎。艮，東北之卦也，萬物之所成終而所成始也，故曰成言乎艮。」漢易中以坎、離、震、兌為四正卦的圖示，是為因應逐漸文明的社會，而以倫理為依據所制成，並非出於自然。乃文王易，又稱後天易學。後天八卦，乾六，兌七，離九，震三，巽四，坎一，艮八，坤二。即洛書數。

十六、河圖

　　河圖相傳在伏羲氏之時，有龍(頭)馬(身)在黃河孟津一帶出現，背上有點狀的紋路，一、六在後方象徵北方壬、癸水。二、七在前方象徵南方丙、丁火。三、八在左象徵東方甲、乙木。四、九在右象徵西方庚、辛金。五、十在中央象徵戊、己土。中央五點又象徵太極含四象，中間一點又象徵太極含一

氣。五行分陰陽，共積為十點。〈繫辭傳〉云：「天一，地二；天三，地四；天五，地六；天七，地八；天九，地十。」一二三四五為五行的生數，六七八九十為五行的成數。如〈洪範〉云：「一曰水，二曰火，三曰木，四曰金，五曰土。」因此配上成數，一六為水，二七為火，三八為木，四九為金，五十為土。

《漢書・五行志》云：「天以一生水，地以二生火，天以三生木，地以四生金，天以五生土。」北宋劉牧解釋說：「此乃五行生成之數也。天一生水，地二生火，天三生木，地四生金，天五生土，此其生數也。如此，則陽無匹，陰無偶，故地六成水，天七成火，地八成木，天九成金，地十成土。于是陰陽各有匹偶，而物得成矣，故謂之成數也。」河圖就是古代時間與空間，物質循環相生的觀念，〈繫辭傳〉云：「凡天地之數五十有五，此所以成變化而行鬼神也。」

以一陰一陽交互變化而言，每個方位的黑白點均為一奇一偶。每個方位黑白點相差為五。若由中央起算，中央土生西方金，西方金生北方水，北方水生東方木，東方木生南方火，南方火生中央土。先天五行屬陽，故為奇數，一代表元精，屬水，為壬水。三代表元性，屬木，為甲木，五代表元氣，屬土，為戊土。七代表元神，屬火，為丙火。九代表元情，屬金，為庚金。以上稱五元，而仁義禮智信五德亦包含其中。元精本體純粹，表現為智。元神本體圓融，表現為禮。河圖是靜態的陰陽五行時空觀。

十七、洛書

相傳大禹治水時，洛河出現一隻神龜，龜的背上展現紋數，九在前方(頭)，一在下方(尾)，三在左，七在右，四在左(左肩)，二在右(右肩)，六在右(右足)，八在左(左足)，五在龜背中央，共有九個方向，又稱九宮。劉牧《易數鈎隱圖》云：「昔者宓羲氏之有天下，感龍馬之瑞，負天地之數，出于河，是為龍圖者也。戴九履一，左三右七，二與四為肩，六與八為足，五為腹心，縱橫數之，皆十五。蓋易繫所謂參伍以變，錯綜其數者也。太皡乃則而象之，遂因四正，定五行之數。以陽氣肇于建子，為發生之源；陰氣萌于建午，為肅殺之基。二氣交通，然後變化，所以生萬物焉，殺萬物焉。」洛書在三元九運中體現往復循環的元運觀，大量運用在堪輿風水中。

洛書是採逆運相剋之理，逆運相剋就是以陰剋陽，由左向右運行。因此，中央的陰十己土剋北方的陽一壬水，北方的陰六癸水剋西方的陽七丙火，西方的陰二丁火剋南方的陽九庚金，南方的陰四辛金剋東方的陽三甲木，東方的陰八乙木剋中央的陽五戊土。陰在前，陽居後，陰靜陽動，以靜制動，以剋為主，收斂成就之功。收斂成就乃是金火的功用，以火冶煉，以四九金刑伐，所以金居火的位置。金和火的陰(四、二)陽(九、七)數都顛倒錯亂。水和木的陽數(一、三)不動而陰數(六、八)錯亂，有金火剋制而水木生氣及收斂。洛書中央五點，比喻仁義禮智信，以信居中央，人無信不立，立必居中而正。故洛書錯綜變化，根基在中央立定根本，而曉諭逆而修練，達本還元的功夫。

十八、《易經》與陰陽五行

《易經》由陰爻、陽爻逐漸堆疊而成，且談論「一陰一陽之謂道」「陰陽不測之謂神」「陽卦多陰，陰卦多陽」等，因此《易經》談陰陽是主軸。但是在《十翼》中，似乎很少見到談論五行的說法，推測是《易經》與五行的結合，起於漢代天人感應。

「五行」最初的觀念是出自《尚書》，《尚書·洪範九疇》：「天乃錫禹洪範九疇，彝倫攸敘。初一曰五行……。一、五行：一曰水，二曰火，三曰木，四曰金，五曰土。水曰潤下，火曰炎上，木曰曲直，金曰從革，土爰稼穡。潤下作鹹，炎上作苦，曲直作酸，從革作辛，稼穡作甘。這是古人對自然元素的初步體認，應用於民生物質。在儒家經典《論語》《孟子》《荀子》等著作中尚無談論。

陰陽家以陰陽為進路，五行為變化基源，《史記·鄒衍列傳》云：「乃深觀陰陽消息，而作怪迂之變，終始大聖之篇。」陰陽與五行開始互相配合。《呂氏春秋》將五行配上春、夏、秋、冬四時，滲透到政治、人生、宇宙觀之中。董仲舒把陰陽五行化為「氣」，可以使天人互相感應。《春秋繁露·五行對》云：「天有五行：木、火、土、金、水是也。木生火，火生土，土生金，金生水，水為冬，金為秋，土為季夏，火為夏，木為春。春主生，夏主長，季夏主養，秋主收，冬主藏，藏，冬之所成也。是故父之所生，其子長之，父之所長，其子養之；父之所養，其子成之。」將四季五行輪迴，轉

化成父子親情倫理的根據。繼云：「諸父所為，其子皆奉承而續行之，不敢不致如父之意，盡為人之道也，故五行者，五行也。」五行在這裡就被說成五種德行，天道與人道一貫下來，感應如一，且罩上一層神祕色彩。

西漢京房由陰陽、卦氣、八宮、納甲、五行等講占筮法，通過對吉凶解釋的理論體系，構成西漢哲學的一部分。對術數的影響則是在建立金錢卦體系，往後成為命理大宗。五行之所以深入社會生活，在於五行與人類思考範疇密不可分，例如：五德：仁、義、禮、智、信。五事：貌、言、視、聽、思。五紀：歲、月、日、星辰、歷數。五福：壽、富、康寧、攸好德、考終命。尚有五音、五倫、五官、五臟等無須一一枚舉。

十九、《易經》與道教數術

關於道家思想淵源主要繫於《老子》《莊子》《周易》等原典。《老子》與《莊子》屬於道家思想無庸置疑，西漢立五經博士，《易經》成為五經之首，由儒家卡位官學，然而漢代象數學依舊以陰陽五行，天人感應為本體。因此儒家講義理，道家講象數，《周易》成為儒道兩家所爭執不休的哲學著作。折衷一般見解，《周易》囊括儒、道、陰陽等思想。所須明瞭者，當時六十四卦原文與《十翼》是各自成書，與現行的〈象傳〉〈象傳〉各自附於六十四卦原文之後是不同的。應該是王弼在注釋時，為便於讀者參閱，所以一個蘿蔔一個坑的重新排列，〈乾〉卦〈象傳〉氣勢滂沱講完「大哉乾元！萬物資始……首出庶物，萬國咸寧。」〈象傳〉云：「天行健，君子

以自強不息。」因為道家講清靜無為，順應自然，與剛健自強是有落差的；在這裡儒家以《易經》自我闡述，先行卡位，自然順理成章的也反對契合《易經》末端之五行的「術數」。

　　《易經》發源於古代原始宗教巫術文化，象數派大盛於漢代，至魏晉儒家占據統治地位，術數與方士修煉則依賴道家與道教傳承，其理論當然大量出於《周易》。因此，歷史上著名的道士，必然精通《周易》。劉歆的《七略》中，有天文、曆譜、五行、著龜、雜占、刑法等。《四庫全書總目提要》云：「術數之興，多在秦漢以後，其要旨，不出乎陰陽五行、生克制化。實皆《易》之支派，附以雜說耳。」「易本卜筮之書」，吾人研究《周易》很難將道教占驗等內容切割。至於「術數」內容不外乎讖緯學，例如劉伯溫《燒餅歌》，邵雍《梅花詩》，託名袁天罡、李淳風的《推背圖》等。其次，文王課、梅花易數、太乙神數、奇門遁甲、河洛理數、紫微斗數、子平推命術、風水堪輿等。

　　道教部分由秦漢的巫鬼道、方仙道發展而來，又將道家學說轉換成宗教理論；幾千年來發展成包羅萬象，體系龐雜的宗教體系，而基於命運難測與人類嚮往神秘的本性，其中自然存有非科學性的內容。然而既然與民間生活息息相關，且流行於數千年之中國社會，自然有存在的社會理由。吾人研究《周易》，無須汲汲於《周易》反科學之部分，而細細品味祖先遺留之「術數」遺產，〈豫〉卦：『六二：介于石，不終日，貞吉。』能掌握中道，不冀求虛妄收穫，庶幾自有精神水平之進化。

二十、《易經》與朱熹的理學

朱熹易學是綜合象數學與義理學，學界大致認同。朱熹繼承程頤路線，吸取周敦頤、邵雍、張載、朱震等人觀點，由易學命題引申，集理學派大成，認為脫離卜筮和象數，即無法理解《周易》的本義。

朱熹認為體用一源，體雖無迹，中已有用，顯微無間者，顯中便具微。天地未有，萬物已具，此是體中有用。天地既立，此理亦存。因萬事萬物初無形迹可見，故萬事萬物皆出於無形之理。而六十四卦，三百八十四爻為宇宙萬事萬物之縮影，該盡天下之理，故天地生萬物之理為體，天地生萬物為用，因此未有天地之先，就有此理。『體用一源』，從理而言，理為體，象為用，理中有象，即是先體而後用，先顯而後微。因此體用關係是先有理，而後才有事象。有其理，則有其事與之相應，雖然無其事相應，其理仍在。

理指所以然、規律性，故『道』是『理』的統稱。陰陽概括包含健順、動靜、虛實、尊卑、仁義等正反性質，也因此陰陽之理貫穿《周易》的一切領域。朱熹說：『聖人作易之初，蓋是仰觀俯察，見得盈乎天地之間，無非一陰一陽之理。有是理則有是象，有是象，則其數便自在這裏。』因此萬事不離乎陰陽，由陰陽可以推出萬事之理。朱熹又說：『看易者，須識理象數辭，四者未嘗相離，蓋有如是之理，便有如是之象，有如是之象，便有如是之數。有理與象數，便不能無辭。易六十四卦，三百八十四爻，有自然之象，不是安排出來。』講了半

天，道與理是形而上的世界，陰陽屬於形而下的世界。然而道非氣不形，器非道不立；因此社會上陰陽之事靠陰陽之理運行，有推行之理，方有流行之事。

二十一、《易緯乾鑿度》與後天八卦

有《易經》，當然就有《易緯》。經，織縱絲也；緯，織橫絲也。故經書代表當代思想，而具有不變經常之理；緯書則代表某一時代，思想潮流的橫切面，藉以輔助當代經學的義理。王莽篡漢，假造圖讖，亦託名緯書。漢代盛行讖緯之學，所謂「讖緯學」乃指讖錄圖緯占驗數術之學，為儒家所不言。然而易緯所含精義甚多，其中就包含「後天八卦」的道理。

《乾鑿度》解釋《周易》的「易之三義」，開宗明義言：「孔子曰：易者，易也，變易也，不易也。」其次，提出宇宙萬物生成說：「夫有形生於無形。乾坤安從生？故曰有太易，有太初，有太始，有太素也。太易者，未見氣也，太初者，氣之始也，太始者，形之始也，太素者，質之始也。」《乾鑿度》也促進了漢代象數易的發展，例如「初為元士，二為大夫，三為三公，四為諸侯，五為天子，上為宗廟。」可為卦象解例所用。

《乾鑿度》創八卦方位說，其云：「易始於太極，太極分而為二，故生天地。天地有春秋冬夏之節，故生四時。四時各有陰陽剛柔之分，故生八卦。八卦成列，天地之道立，雷風水火山澤之象定矣。其布散用事也，震生物於東方，位在二月，

巽散之於東南，位在四月，離長之於南方，位在五月，坤養之
於西南，位在六月，兌收之於西方，位在八月，乾制之於西北
方，位在十月，坎藏之於北方，位在十一月，艮終始於東北
方，位在十二月。八卦之氣終，則四正四維之分明，生長收藏
之道備，陰陽之體定，神明之德通，而萬物各以其類成矣。皆
易之所包也，至矣哉，易之德也。」十二個月中寅、申、辰、
戌月不配八卦，與〈說卦傳〉之說法：「帝出乎震，齊乎巽，
相見乎離，致役乎坤。說言乎兌，戰乎乾，勞乎坎，成言乎
艮。」順序相同，但《乾鑿度》加上月份與方位，也說明了五
行由先秦至漢朝的演進狀態。

二十二、《周易》推天道以明人事

　　《周易》卦爻辭具有以自然界變化，比擬人事變化的因
素，例如以龍的變化隱喻社會人事的變化。至春秋時代卜筮官
解釋《易經》，逐漸將天道與人道結合，至戰國時期〈繫辭〉
作者云：「《易》之為書也，廣大悉備，有天道焉，有人道
焉，有地道焉。」《周易》六爻變動，只是在反應天地人三才
之道，間雜成文。至於〈說卦〉云：「昔者聖人之作《易》
也，將以順性命之理，是以立天之道曰陰與陽，立地之道曰柔
與剛，立人之道曰仁與義。兼三才而兩之，故易六畫而成卦。
分陰分陽，迭用柔剛，故易六位而成章。」所以《周易》的架
構是天地人一體的思想，在天地人之間統合自然人文，倫理道
德等，這就是中國哲學天人合一思想的起源。

　　關於天道有單獨言「天」者，例如謙卦〈象〉云：「天道

下濟而光明」。剝卦〈象〉云：「君子尚盈虛，天行也。」復卦〈象〉云：「反復其道，七日來復，天行也。」因為天地同為自然現象，亦有「天地」合言，例如恒卦〈象〉云：「天地之道，恒久而不已也。日月得天而能久照，四時變化而能久成。」豫卦〈象〉云：「天地以順動，故日月不過，四時不忒。」。豐卦〈象〉云：「日中則昃，月盈則食，天地盈虛，與時消息。」總之，《易傳》解釋天道偏重陰陽推移，盈虛互易，周行而不止；顯然與儒家注重人道觀點不同。

　　關於人道在〈象傳〉與〈彖傳〉中，則繼承儒家的人文主義。例如賁卦〈彖〉云：「觀乎天文，以察時變，觀乎人文，以化成天下。」恒卦〈彖〉傳云：「聖人久於其道，而天下化成。」〈繫辭傳下〉云：「天地之大德曰生，聖人之大寶曰位。何以守位曰仁，何以聚人曰財。理財正辭禁民為非曰義。」天地之大德，簡言之天道之德。聖人之大寶，即言掌理人道之權位。故天地之德賴聖人發揮仁義，以財利萃聚萬民。

　　《易傳》具有自然觀與人文主義思想，聖人所以崇德廣業，如〈繫辭上〉所云：「知崇禮卑，崇效天，卑法地。天地設位，而易行乎其中矣。成性存存，道義之門。」崇拜聖賢智者，禮法謙卑下民，這是效法天尊地卑的自然現象。《周易》本就是循天道而運行，故養成心性，存其善念，就是開啟道義之門徑。人固然遵從天道，但也非一昧因襲，而是歸整準則或形塑思想境域。乾卦〈文言〉所說：「夫大人者與天地合其德，與日月合其明，與四時合其序，與鬼神合其吉凶。先天而天弗為，後天而奉天時。天且弗違而況於人乎，況於鬼神

乎？」大人物能將道德特性發揮如天地般博大，日月般光明，四時運作不息，斷吉凶靈驗如鬼神。「先天而天弗為」者，大人且能先於天時而動，見微知著，先發制人。「後天而奉天時」者，上天垂象世人，大人又能秉持天意，順應天時。所以人類認識天道變化之規律，能揣摩天道於未幾之時，利用規律的變化而行事，就是天人合一。

二十三、《周易》的憂患意識

中國人有強烈的憂患意志，這是以農立國的特色。〈繫辭傳〉云：「《易》之興也，其于中古乎？作《易》者，其有憂患乎？」上古伏羲時期社會單純，民情樸實，所以卦象就足以垂教於民。但中古時期事漸澆浮，非僅卦象所能教化，故需繫以文辭，示以變動吉凶，故卦爻之辭起於中古。《正義》：「今既作《易》，故知有憂患也。身既患憂。須垂法以示於後，以防憂患之事，故繫之以文辭，明其失得與吉凶也。」周朝鑒於殷商因失德而失天下，故脩德以避患。

〈繫辭傳〉第六章取履、謙、復、恒、損、益、困、井、巽，共九卦稱「憂患九卦」。〈繫辭傳〉云：「履，德之基也。謙，德之柄也。復，德之本也。恒，德之固也。損，德之脩也。益，德之裕也。困，德之辨也。井，德之地也。巽，德之制也。」履卦，與物和諧，履行至善。謙卦，謙卑而無往不利。復卦，分辨細微，不遠而返其所始。恒卦，執守固一，始終不變。損卦，自我降損利益，其德反增，先難後易。益卦，因物興務，使物性自然長養。困，處於窮困之地，守節亦能亨

通。井卦，改邑不改井，為德如井潤澤施惠。巽卦，宣揚號令，柔遜勸導而不張揚。

憂患九卦的作用，在〈繫辭傳〉云：「履以和行，謙以制禮，復以自知，恒以一德，損以遠害，益以興利，困以寡怨，井以辯義，巽以行權。」履卦，以禮敬事於人，可以調和性情。謙卦，性情謙順，可以裁制節度行為。復卦，可以反復求身，自知得失進退。恒卦，始終不移，其德純一。損卦，不囿於物欲，可以遠害保身。益卦，既能助益事物，事物亦能回饋助益自己。困卦，遇到困境守節不移，不怨天尤人，故不易遭致他人怨懟。井卦，施而無私，德澤廣被。巽卦，知權變，反經以合道，順時制變行權。憂患意識可以產生道德意識，所憂慮的是進德脩業不足彰顯。

二十四、朱熹說『易本卜筮之書』

《周易》為五經之首，經歷伏羲、文王、周公、孔子，所謂『人經四聖』延綿演繹。(亦有稱，人經三聖)。因此『四聖』所講解的易經，是針對時代環境而不同的。《朱子語類》說：『易本卜筮之書，後人以為止于卜筮。至于王弼用老莊解，後人便只以為理，而不以為卜筮，亦非。想當初伏羲畫卦之時，只是陽為吉，陰為凶，無文字，某不敢說，竊意如此。後文王見其不可曉，故為之作象辭。或占得爻不可曉，故周公為之作爻辭。又不可曉，故孔子為之作《十翼》，皆解當初之意。』《周易》發展初時在巫術時代，以陰陽吉凶為主，其後演變為哲理之書。

當伏羲畫卦時，《朱子語類》云：『古人淳質，初無文義，故畫卦爻以開物成物。』這是因為上古民智未開，對天地萬事欠缺理解，以龜卜卦畫趨吉避凶。到了文王、周公時代，《朱子語類》云：『自伏羲而上，但有此六畫，而未有文字可傳，到得文王、周公乃繫之以辭，故曰聖人觀卦象繫辭焉而明吉凶。……文王觀卦體之象而為之彖辭，周公視卦爻之變而為之爻辭，而吉凶之象益著矣。』周朝初期文字學建立，為便於讓卜卦蒼生易於理解判斷吉凶，故文王、周公繫上卦辭、爻辭，但仍是為了卜筮而作。

到了春秋時期，孔子解釋《周易》，已經是周朝分崩離析之時，朱熹說：『蓋易本卜筮之書。故先王設官掌于太卜而不列于學校，學校所設詩書禮樂而已。至孔子乃于其中推出所以設卦觀象繫辭之旨，而因以識夫吉凶進退存亡之道。』意思說，當時受教育是貴族特權，僅教授詩、書、禮、樂，不包含《周易》，孔子誨人不倦，教而無類，將《周易》納入講出義理。其中《易經》發展到《易傳》就是由卜筮之書到哲理的轉折點。

二十五、《周易》哲學的時中理念

〈繫辭下〉說：「天地之大德曰生」，生生不息是因為《周易》哲學對宇宙與人生持動態的觀點。《程頤易傳》：「易，變易也，隨時變易以從道也。」時指時間，位指空間，所以《易》就是人類生存繁衍在宇宙中的指導原則。六十四卦、三百八十四爻在論斷吉凶時，大致是以得位、得時、相應

論吉，而卦義多取「時」，爻義則因六爻翻動多取「位」，位置居中吉多凶少，故〈繫辭〉云：「二多譽……五多功」。二爻、五爻居上下卦中爻，下卦因表現而得到美譽，上卦因守中道而創立功業。

以「中」而言，損卦〈象傳〉云：「二簋應有時，損剛益柔有時，損益盈虛，與時偕行。」指初九以陽爻補助六四陰爻，九二雖相應六五，但應持中道，位置正確，故不冒然補助六五，而可「與時偕行」。豐卦〈象傳〉云：「日中則昃，月盈則食，天地盈虛，與時消息，而況於人乎？況於鬼神乎？」豐卦〈象傳〉以天道義理論述「中位」之重要性。孔穎達疏云：「王者以豐大之德，照臨天下，同於日中。然盛必有衰，自然常理。日中至盛，過中則昃；月滿則盈，過盈則食。天之寒暑往來，地之陵谷遷貿，盈則與時而息，虛則與時而消。天地日月，尚不能久，況於人與鬼神，而能常保其盈盛乎？勉令及時脩德，仍戒居存慮亡也。」

以「時」而言，乾卦〈象傳〉云：「大哉乾元！萬物資始，乃統天。雲行雨施，品物流行，大明終始，六位時成，時乘六龍，以御天。」「六位時成」，指六爻升降無常，隨時機而運作，潛伏飛躍，依時而成。又例如乾卦〈文言〉九三爻：「乾乾因其時而惕，雖危无咎矣。」九三爻在下卦之終極，斯時應心懷惕懼，若失去推進的時機，就是曠廢功業，而有危咎。〈文言〉九四爻：「上下无常，非為邪也。進退無恆，非離羣也。君子進德脩業，欲及時也，故無咎。」「上下無常」，指位置變動不居。「進退無恆」，指六爻變動。進德則

進，修業則退，進退及時而刻不容緩。

二十六、《周易》的宇宙演化學說

　　宇宙演化學說是有關天地萬物起源及其演變過程的學說。〈繫辭〉云：「易與天地準，故能彌綸天地之道。」又說：「易有太極，是生兩儀。兩儀生四象，四象生八卦，八卦定吉凶，吉凶生大業。」在揲蓍成卦的過程中，五十根蓍草捨棄其中一根蓍草，代表太極是混然一體的。再將四十九根蓍草一分為二，象徵天與地。挂一以象天地人，揲四以象徵四時，歸奇象徵五年一閏等。因此求卦過程具有天時循環，節氣演變，人與宇宙渾然相契的涵義。其次，六十四卦是仰觀天文，俯察地理，進取於身，遠取諸物所制定而成，故而代表宇宙的縮影。六十四卦既然是宇宙的縮影，因此人們企求在《周易》中尋找事物變化的趨勢與答案。

　　《易緯乾鑿度》云：「孔子曰：易始於太極，太極分而為二，故生天地。天地有春秋冬夏之節，故生四時，四時各有陰陽剛柔之分，故生八卦。八卦成列，天地之道，立雷風水火山澤之象定矣。」宇宙是由太極分出天地，天地間有四時循環，四時又分成八卦，以八卦統領宇宙演化。《易緯乾鑿度》又云：「昔者聖人因陰陽定消息、立乾坤，以統天地也。夫有形生於无形，乾坤安從生？故曰有太易、有太初、有太始、有太素也。」太易，無形、無象、無氣、無質，處於宇宙最初原始階段。太初，開始有氣，但沒有固定形態。太始，逐漸演化而產生形態，開始有形之始。太素，由形逐漸演化出質地，開始

成為宇宙賴以演化延綿的元素。由有氣到有形有質之初，仍然渾淪一體，視而不見，聽之不聞，循之不得，此時稱為太極，而後化出天地乾坤。

《老子》云：「道生一，一生二，二生三，三生萬物」都是討論宇宙生成的模式，也是中國傳統哲學的演化論述。宇宙演化學說在於討論，宇宙如何從虛空無有的形態轉化為實存實有形態的問題。宇宙進化是由太易→太初→太始→太素→太極，逐漸演化而成。往後北宋周敦頤提出太極圖說，宇宙演化是無極至太極元氣，元氣又分陰陽二氣與天地，交合後出現五行之分，五行生合，萬物生焉。邵雍則提出二分法，以二的倍數愈分愈細，沒有窮盡之時。古人以天神為天地萬物的本原，而老子與漢易開始理性探討宇宙與人類的起源，雖然受限於自然科學知識的不足，但將宇宙視為一個統一體，認為天地萬物與人類出現，應該是經由一個渾淪而清晰，單純而龐雜的過程，拋棄宗教創世說，是哲學思想的一大里程碑。

二十七、《周易》的宇宙本體學說

宇宙本體學說，是有關天地萬物產生、存在、發展、變化等依據的學說。本體論則從本質和現象關係的角度探討宇宙的統一性，標誌著人類理性思維進一步的發展。《易傳》認為，卦爻象的變化有一定的規律，乾坤卦象是有形的，形而下者謂之「器」；而爻象變化的法則是無形的，形而上者謂之「道」。卦象是為了表達情意，卦象有形可以感知，而義理無形，隱藏在卦變之中。因此通過形上之道與形下之器，象數與

義理等，交互的辯證，來說明本質與現象的關係，建構了宇宙本體論的學說。

　　提到《周易》哲學本體論，在魏晉有王弼為代表的無本論，以不用的一根筮草代表太極，其他的四十九根代表天地流轉變化。太極無形無象，不受限制，以少為貴，寡能統眾，寂然遂通而主宰一切有形有象的事物，成為宇宙的本體。因此「象生於義」，以無形之義理生出有形的卦象，導出以無為本的「無本論」。其他論說有「自然無為」、「動息則靜」、「得意忘象」等。

　　北宋程頤說：「體用一源，顯微無間」，理與象不相分離，理以象為自身表現形式，故理為本，象為末。南宋朱熹代表的理本論，將卦爻象變化的根源歸之為陰陽變易之理，以陰陽二氣為器，以其理為道，形而下的氣依賴形而上的道，因此理為本，氣為末。理本論將《易經》周流六虛的抽象義理，以卦義為主的思維方式，配合無形無象的太極，理解出天地萬物所以然之「理」，而事物的本質和規律被視為脫離個體事物獨立自存的實體。認為「往來屈伸只是理」、「性即理」、「理一而分殊」、「易只是個空底事物」等。

　　南宋楊簡代表的心本論，將卦爻象變化的根源歸於人心的產物，故將心理解為太極，以心為宇宙的本體。人心具有的法則與天地萬物及其變化的法則是相同的，發揮程顥和陸九淵的天人一本的思想，以人的本心解釋六十四卦的卦爻象和卦爻辭，以自我意識為核心的本體論。認為易之道即人之心，「天

地之心即道，即易之道，即人，即人之心，即天地，即萬物，即萬事，即萬理。」認為易即道心。陸九淵說：「人皆有是心，心皆具是理，心即理也。」又說：「宇宙便是吾心，吾心即是宇宙。」、「萬物森然於方寸之間，滿心而發，充塞宇宙，無非此理。」以心即理，即良知，易理與人心不容有二，卦爻辭義理即吾心之理，以道心為出發點，認為「易之道即人之心」、「名殊而道一」、「乾坤一道」，而具有主觀唯心的特色。

　　北宋張載和明清的王夫之代表的氣本論。氣本論來源於漢唐陰陽二氣說，張載以《周易》為宗，以《中庸》為體，以孔孟為法。提出「太虛即氣」，「凡象皆氣」等。張載以「一物兩體」解釋太極，太極之氣無形，其凝聚則轉為天地萬物，其散開萬物復歸於太極之氣。因此象與形可以解釋為，形有大小方圓等形體，象指剛柔動靜等性能，有象不一定有形，有形必有象；形可以轉化為象，象可以轉化為形，兩者只有幽明之分，並無有無之別。離開氣，便沒有象；離開象，便沒有意，有氣方有象。王夫之《易》學以「乾坤並建為宗，錯綜合一為象。」認為物生而有象，象成而有數，以象數為天地道體。太極乃絪蘊二氣相交運動之貌，剛柔相倚而不離，而肯定宇宙的本原為太極。

二十八、《周易》的宇宙形態學說

　　天地萬物是以甚麼樣的形態存在，也是哲學所探討的內容。有認為宇宙是靜止的，變化只是表面的現象，其原因在於

事物外部。而《周易》則強調天地萬物是不斷流轉與更新的，宇宙即是個體事物一生一滅，循環生息不止的過程。《程頤傳》云：「易，變易也，隨時變易以從道也。」一陰一陽之謂道，宇宙的變化就是陰陽對立，陰陽轉化，陰陽互易，陰陽和諧等一連串過程交互演變而成。

　　〈繫辭〉云：「剛柔相摩，八卦相盪，鼓之以雷霆，潤之以風雨。日月運行，一寒一暑。乾道成男，坤道成女。」當陰陽交感而致極端時，產生物極必反的現象。八卦互相推盪，又以震雷離電鼓動，滋潤以巽風坎雨，各成其作用。日為太陽，月為太陰，陰陽寒暑，運動作息，天地人三才之道自然而生。在社會人事，乾道剛健陽動，坤道自然柔順，得以氤蘊化生。「日新之謂盛德，生生之謂易。」古聖人因變通其事，體悟神化，足以合變其德，日日增新盛德，故陰陽轉易，獎善懲惡，生息不止。

　　「參伍以變，錯綜其數，通其變，遂成天下之文；極其數，遂定天下之象。非天下之至變，其孰能與于此？」《周易》窮極陰陽之變化，以定天下萬物之象。乾之老陽有二百一十六策，坤之老陰有一百四十四策，乾坤才能率領六十二卦完成如此奧妙的變化。〈繫辭〉云：「易之為書也不可遠，為道也屢遷，變動不居，周流六虛，上下无常，剛柔相易，不可為典要，唯變所適。」《周易》是仿效陰陽，擬議而動，不可遠離陰陽物象而虛妄脫序。六爻的變化雖然須遵行一定的規律，但並沒有固定不變的形式，故〈繫辭〉有「陰陽不測之謂神」、「神无方而易無體」的說法。至於變化的內在原因，是

因差別對立，相互推移，張載云：「兩不立則一不可見，一不見則兩之用息。」因此，事物運動變化的根源是對立面的鬥爭，還是對立面的依存，仍是哲學爭辯的問題。

二十九、《周易》哲學基本範疇

　　《易經》原本是卜筮之書。由於八卦的卦象，推理的過程，引發出體認哲理的作用，所以《易傳》出現後，每個時代都有學者精闢的說法。其中以〈繫辭傳〉所論述最豐富。其基本的範疇與命題大要有：

1.太極說
2.乾坤二元
3.乾知大始，坤作成物
4.一陰一陽之謂道
5.六位不失其時
6.三才一體
7.形上之道與形下之器
8.設卦觀象
9.陰陽不測之謂神
10.得意忘象
11.窮理盡性
12.神無方而易無體
13.易與天地準
14.生生之謂易
15.窮則變，變則通，通則久
16.有天地然後有萬物

三十、《周易》一陰一陽之謂道

　　《易經》中本無陰陽概念，直到《易傳》出現「一陰一陽之謂道」，《莊子‧天下篇》云：「《書》以道事，《禮》以道行，《樂》以道和，《易》以道陰陽。」《老子‧四十二章》云：「道生一，一生二，二生三，三生萬物。萬物負陰而抱陽，沖氣以為和。」指陰陽兩氣互相激盪，相互為根，相合相成後以化生萬物。因此孤陰不生，獨陽不長，均以對方的存在為生存條件。《周易》陰陽概念大約是在戰國時期。〈繫辭傳〉作者認為事物的內部，都包含著陰與陽相對待的兩面，互相對立又彼此依存，並在一定條件下相互轉化，這就是宇宙基本規律。

　　〈繫辭〉所指的陰陽抽象而廣泛，天為陽地為陰，暖為陽冷為陰，日為太陽月為太陰，晝為陽夜為陰，進為陽退為陰，主管為陽部屬為陰，君子為陽小人為陰。因此宇宙由自然到社會人事一切事物，均廣泛包含陰陽統一與對立。當陰陽對立時，〈繫辭〉說「分陰分陽，迭用柔剛」，強調差別、對立在錯綜變化中的作用。當陰陽統一時，〈繫辭〉說「陰陽合德而剛柔有體」，乾、坤二卦變化後生出六十二卦，乾為陽物，坤為陰物，若陰陽不合，則剛柔之體無從而生，陰陽相生萬物成焉，或剛或柔，各有其體。對於事物內部有陰陽兩種性質，陰陽在相推、相摩、相盪之間造成無窮的變化。因乾生坤成，故也可指為宇宙萬物的本源或本體。

　　基於相反的兩種性質，陰進則陽退，例如天山遯，初六、

六二陰爻往上發展，陽爻被逼退，小人受到重用，君子日漸消退，故君子隱遯。陽進則陰退，例如地澤臨，初九、九二陽爻進展，象徵君子日益長進，小人退縮。「道」的涵義有「無」或「虛無」，「氣」，「動靜」等解釋。《易傳》作者認為道為宇宙的總規律，其下可分天地人三才之道，乾坤男女之道，彌綸天地之道，通乎晝夜(幽明)之道等。

三十一、三才之道

〈繫辭下〉云：「《易》之為書也，廣大悉備，有天道焉，有人道焉，有地道焉。兼三才而兩之，故六。六者非它也，三材之道也。」三才之道的涵義，在〈說卦〉中提到：「昔者聖人之作《易》也，將以順性命之理，是以立天之道曰陰與陽，立地之道曰柔與剛，立人之道曰仁與義。兼三才而兩之，故易六畫而成卦。分陰分陽，迭用柔剛，故易六位而成章。」六爻比擬為天地人。所以初爻、二爻為地道，「柔」為湖水江澤，「剛」為山川丘陵。三爻、四爻比擬為人道，仁者，愛惠之仁；義者，斷割之義。五爻、六爻為天道，陰氣成物，陽氣施生，造化之功，陰陽變化成象而已。

《周易》推天道以明人事。古人仰觀天體運行變化的過程，稱「天道」。地表面萬物生長變化的法則，稱「地道」。人類社會活動的法則，稱「人道」。謙卦說「天道虧盈而益謙，地道變盈而流謙……人道惡盈而好謙。」將天地人統一在「謙」道之下，即天人合一。張載說：「一物而兩體，其太極之謂歟，陰陽天道象之成也，剛柔地道法之效也，仁義之道性之也。三才兩之

莫不有乾坤之道也。易一物而合三才，天人一，陰陽其氣，剛柔其形，仁義其性。」意思說事物有陰陽對立性，人具有仁義之本性，故能效法地道剛柔之形與天道陰陽之氣。性、形、氣與人、地、天相應。王夫之則說：「蓋乾坤之德具行於六子，六子各稟乾坤之撰，六子之用遍歷乎八卦，乾坤亦載六子之施，《易》之所以妙萬物而無典要，故六十四象，三百八十四變之大用顯焉。」六子指六爻，六爻地、人、天又各自分陰陽位，乾為陽，坤為陰，六十四卦才足以彌綸天地。

三十二、《周易》天文與人文合一

《周易》推天道以明人事，指設卦觀象，感應人心，則萬物皆一體同論。賁卦〈彖傳〉云：「賁亨，柔來而文剛，故亨。分剛上而文柔，故小利有攸往。天文也。文明以止，人文也。觀乎天文，以察時變，觀乎人文，以化成天下。」艮卦剛強在上，離卦文飾在下；天道以陰陽交錯變化，運轉不息。故人類理解天文，觀察陰陽剛柔，也以剛柔交錯，修飾人文，教化以《詩》、《書》、《禮》、《樂》。離卦〈彖傳〉云：「日月麗乎天，百穀草木麗乎土，重明以麗乎正，乃化成天下。」日月附麗天上，才足以綻放光明，草木茂盛必須依附土壤，光明也必須在二、五爻中庸之道，始有教化功德。

中國哲學向來將天地萬物與人相因相攝相成，因此對天象時節觀察後，認為人際脈絡也是有跡可循，因此〈彖傳〉在敘述上下卦關係，爻位變化，剛柔時中，天施地生的宇宙論等關係後，天道與人道相合。節卦〈彖傳〉云：「天地節而四時

成，節以制度，不傷財，不害民。」天道四時寒暑往來，各有其序。君王則以制度為節，使用之於正道，不可勞民傷財。革卦〈彖傳〉云：「天地革而四時成，湯武革命，順乎天而應乎人。」天地之道，陰陽升降，溫暑涼寒，交迭變革，才有四時更換；若不順應天道，則不得人道之感應，順天應人之舉，莫若湯武革命一般。

　　唐君毅先生說明：「所謂人文的思想，即指對於人性、人倫、人道、人格、人之文化及其歷史之存在與其價值，願意全幅加以肯定尊重。」朱熹說：「知，足以窮理。廉，足以養心。勇，足以力行。藝，足以泛應。而又節之以禮，和之以樂。使德成於內，而文見乎外，則材全德備。」故人文意涵指變化個人氣質，將道德深植於心，文采彰顯於外；即舉凡道德涵養，情感生活，宗教精神，藝術審美境界等。《周易》仰觀俯察，區別草木禽獸，進而洞悉天人關係，使人類以內在之靈明自覺性，探求生命源頭，從而能創作多樣性的文化內容，

三十三、《易經》與史學的關係

　　乾嘉學者章學誠提出「六經皆史」，非僅考古之「史」，且為社會進步之「史」觀。周朝立國，武功而後文治，將卜辭與各項文獻編寫成六十四卦，三百八十四爻辭。因此保留了不少商周史跡。例如「高宗伐鬼方，三年克之，小人誤用。」「震用伐鬼方，三年，有賞于大國。」「王用亨于西山」「東鄰殺牛，不如西鄰之禴祭實受其福」等。周朝開國君王有意利用《周易》，將道德治國的精神永續流傳，使國祚延綿。其

次，藉《周易》中的一些敘述理解古人的生活情狀，例如「結繩而為罔罟」，「日中為市，致天下之民，聚天下之貨」，「刳木為舟，剡木為楫」等。

　　筮卜與龜卜不同之處，龜卜無規則性，而筮卜是在六十四卦，三百八十四爻中反復推算，故筮卜出現无往不復，物極必反，亢龍有悔，陰疑於陽必戰等說法。復卦〈象傳〉云：「迷復之凶，反君道也。」泰卦九三：「无平不陂，无往不復。」未濟卦〈象傳〉云：「濡其尾，征凶，无攸利，不續終也。」而歷史總是重複不斷的循環，由開國時興盛清明，其間主政者不呼應人民期盼改革的願望，以至於一敗塗地而亡國者，比比皆是。革卦意義就是變動改革，〈彖傳〉云：「革而信之，文明以說，大亨以正，革而當，其悔乃亡。」歷史上的革命動力，經由《周易》流傳不息。

　　殷人迷信上帝，鬼神，無事不占卜，因而殷紂王自恃天命，暴虐無道，在面臨滅亡時，尚謬稱：「嗚呼！我生不有命在天。」周人知道天命不可依恃，因此在《詩》、《書》、《易》、《禮》等經書中，殷殷告誡子孫應有追求人文道德的精神。其次，《周易》的憂患意識存在於歷史中。〈繫辭傳〉云：「《易》之興也，其于中古乎？作《易》者，其有憂患乎？」念念不忘憂患的處境，〈否〉卦九五：「其亡其亡，繫于苞桑。」殷鑑不遠，戒慎恐懼。因此《周易》可以利用卦爻辭內容敘述，作出全方位的指導作用。其次，卦爻辭中的歷史變革，事在人為的思想，鼓舞人類推動歷史向前，藉由《周易》精神強調人的主觀能動，故孔子說：「不占而已矣」，荀

子說：「善為《易》者，不占。」

三十四、《周易》與神秘文化

　　許多社會人生與自然界現象，是目前科學知識無法解釋的，只能藉助某些神秘數術文化減輕心靈上的負擔。當人們有求於神秘時，往往是人生的低潮，處於昏昏之時。神秘文化是中國傳統文化的重要組成項目，因為博大精深，內容極為豐富，因此理智加以分析、判斷、承襲是必要的。《孟子‧盡心下》云：「賢者以其昭昭，使人昭昭。今以其昏昏，使人昭昭。」孟子感嘆賢能者治國，法制昭昭而明，使人民有所適從；而今之執政者，法度昏黯，潰亂其政，而欲使百姓循規蹈矩，猶如緣木求魚。《周易》既為卜筮之書，與神秘文化不可分。

　　《周易》的用辭優美而艱澀，有許多神鬼用字，例如：〈文言〉：「夫大人者，與天地合其德，與日月合其明，與四時合其序，與鬼神合其吉凶。先天而天弗違，後天而奉天時。天且弗違，而況于人乎？況于鬼神乎？」〈繫辭〉云：「精氣為物，遊魂為變，是故知鬼神之情狀。」又云：「陰陽不測之謂神」，〈說卦〉云：「昔者聖人之作《易》也，幽贊于神明而生蓍。」以上所提的「鬼神」並非宗教的神，而是理解為《易》道變化奧妙的境界。但因人對宇宙神秘的尊崇與畏懼，不免將《周易》開出一條數術之路，連繫神秘文化。

　　以《周易》陰陽五行為理論基礎的數術大約有：三錢代筮、梅花易數、鐵板神數、易數一撮金、太乙數、奇門遁甲、

大六壬、紫微斗數、河洛理數、四柱命學、手面相、堪輿風水。以陰陽五行為生計者，自然不免營造神秘的氛圍，使信眾發生畏懼之心。其次，若有預測靈驗之時，主持者也無法以科學角度提出解釋，因此還是以神秘收場；師傅留一手，一知半解、龍蛇混雜等原因，都增加《周易》與神秘文化的關聯性。

三十五、王弼與《易經》義理學

　　《周易》發展到魏晉玄學，以老莊學說為核心，扭轉了漢代象數學主流地位。漢末農民起義解除禁錮的思想，其次，曹魏時期經學大師王肅，繼承費氏易傳統，注重義理，以《易傳》的觀點解釋經文，文字力求簡明，並對馬融、荀爽、鄭玄等人本於古文經學派觀點一併吸收，而排斥今文經學派與《易緯》解易的學風，不講互體、卦氣、卦變、納甲等。王弼易學是曹魏時期古文經學與老莊玄學興起相結合的產物，《隋書·經籍志》說：「後漢陳元、鄭眾，皆傳費氏之學。馬融又為其傳，以授鄭玄。玄作易注，荀爽又作易傳，魏代王肅、王弼並為之注，自是費氏大興，京氏遂衰。」義理派以王弼為創始人，著作《周易注》、《周易略例》與《老子注》。王弼於《周易略例》一書中，提出對漢代象數的評論。其云：「是故觸類可為其象，合義可為其徵。義苟在健，何必馬乎？類苟在順，何必牛乎？爻苟合順，何必坤乃為牛？義苟應健，何必乾乃為馬？而或者定馬于乾，案文責卦，有馬無乾，則偽說滋漫，難可紀矣。互體不足，遂及卦變，變又不足，推致五行。一失其原，巧愈彌甚。縱復或值，而義無所取。蓋存象忘意之由也。忘象以求其意，義斯見矣。」王弼注《周易》體例有：

（一）、取義說

〈彖傳〉、〈象傳〉本來就偏重義理，王肅解義僅取本卦上下體，並以傳文中取象說解釋。王弼進一步發揮，先取八卦的卦義與卦德，例如乾為健、坤為順、艮為止等。其次六十四卦及其卦爻辭解釋亦採取義說。例如臨卦〈彖傳〉：「臨，剛浸而長，說而順，剛中而應，大亨以正，天之道也。」王弼注云：「陽轉進長，陰道日消，君子日長，小人日憂，大亨以正之義。」又剝卦〈彖傳〉：「剝，剝也，柔變剛也。不利有攸往，小人長也。順而止之，觀象也。君子尚消息盈虛，天行也。」王弼注云：「坤順而艮止也，所以順而止之，不敢以剛止者，以觀其形象也。強亢激拂，觸忤以隕身。身既傾焉，功又不就，非君子之所尚也。」以抽象的德性概括具體的物象，一掃漢易象數派繁瑣的學風。

（二）、一爻為主說

六爻各有意義，卦象與爻象，卦辭與爻辭有何聯繫？王弼《周易略例・明彖》云：「夫彖者何也？統論一卦之體，明其所由之主者也。」又說：「凡彖者通論一卦之體者也，一卦之體，必由一爻為主，則指明一爻之美，以統一卦之義，大有之類是也。」例如大有〈彖傳〉云：「大有，柔得尊位大中，而上下應之，曰大有。其德剛健而文明，應乎天而時行，是以元亨。」王弼注：「處尊以柔，居中以大，體无二陰以分其應，上下應之，靡所不納，大有之義也。德應於天，則行不失時矣。剛健不滯，文明不犯，應天則大，時行无為，是以元

亨。」大中指六五陰爻居中，德應於天，行不失時，故六五代表火天大有之卦義。一卦有主爻則「亂而不能惑，變而不能渝。」一爻為主的情況：其一，爻辭直接同卦辭相聯繫的一爻。其二，居中位之二五爻。其三，指一卦之中陰陽爻象之最少者，以少為貴。例如五陽一陰，陰爻為主。

（三）、爻變說

〈繫辭〉云：「神無方而易无體」，〈繫辭下〉又說：「《易》之為書也不可遠。為道也屢遷，變動不居，周流六虛，上下无常，剛柔相易，不可為典要。」爻象的變化，沒有固定的形式。王弼於《周易略例・明爻通變》中云：「夫爻者何也？言乎變者也。變者何也？情偽之所為也。夫情偽之動，非數之所求也。」情偽變動複雜多端，難以測度。其一，卦體與爻義雖相合，有時又相反。王弼以「合散屈伸，與體相乖。形燥好靜，質柔愛剛。體與情反，質與願違」解釋。其二，卦中的剛柔二爻，雖然相異，有時又相通。《周易略例》云：「陵三軍者，或懼於朝廷之儀，暴威武者或困于酒色之娛。近不必比，遠不必乖。同聲相應，高下不必均也。同氣相求，體質不必齊也。」爻位相進，未必相親；爻位相遠，未必相背。山天大畜，剛健篤實；乾體為剛陽，初九爻辭「有厲利己」，王弼注：「四乃畜己，未可犯也，故進則有厲，己則利也。」六四與初九相應，初九居陽剛之體，不畏三軍，但受六四陰柔之畜養，如果猛進必有危險，故以停止為利，總以和平相處為宜。其三，剛柔二爻，互相吸引，又相排斥。以中孚卦「鳴鶴在陰，其子和之」為例，王弼注：「處內而居重陰之下，而屢

不失中，不徇于外，任其真者也。立誠篤志，雖在闇昧，物亦應焉。」不揣淺陋，修治其德，遠近喜悅而相應。

（四）、適時說

　　王弼《周易略例・明卦適變通爻》云：「夫卦者時也，爻者適時之變者也。夫時有泰否，故用有行藏。卦有小大，故辭有險易。一時之制，可反而用也。一時之吉，可反而凶也。故卦以反對，而爻亦皆變。是故用無常道，事無軌度，動靜屈伸，唯變所適。」卦辭因時而異，爻辭也因時而變化。例如泰卦大通之時，所以其辭吉；否為不通之時，所以不利君子貞。泰時伸展志向，否時遠走高飛。王弼又說：「故觀變動者存乎應，察安危者存乎位，辯逆順者存乎承乘，明出處者存乎外內。遠近終始，各存其會。」觀察變動，如果有應則吉，利於行動。觀察遠近爻位，是否適合時機，得時者吉，失時者凶。

（五）、辨位說

　　初爻與上爻不論位。《周易略例・辨位》「案象無初上得位失位之文。又繫辭但論三五、二四同功異位，亦不及初上，何乎？」又說：「夫位者列貴賤之地，待才用之宅也。爻者守位分之任，應貴賤之序者也。位有尊卑，爻有陰陽。尊者陽之所處，卑者陰之所履。故以尊為陽位，卑為陰位。去初上而論位分，則三五各在一卦之上，亦何得不謂之陽位。二四各在一卦之下，亦何得不謂之陰位。初上者體之終始，事之先後也。故位無常分，事無常所，非可以陰陽定也。尊卑有常序，終始

無常主。故繫辭但論四爻功位之通例，而不及初上之定位也。」六十四卦以火水未濟收尾，故事情的發展是循環的。事物的變化總是一陰一陽而無窮，初爻上爻有時為陰，有時為陽。有時陽為始，有時陰為始。

總論王弼《周易》體例基本觀點，一為取義說。一為主爻位說。而排斥取象說、互體說、卦變說、納甲說等。李鼎祚《周易集解》云：「鄭(玄)多參天象，王(弼)乃全釋人事。且易之為道，豈偏滯於天人哉。」王弼側重以人事問題、政治哲學比附卦爻的變化；王弼解《易》雖不免引用卦象天時，但引人事不以卦氣。

王弼的玄學觀基本命題是「無」為天地陰陽之根本。《老子指略》：「夫物之所以生，功之所以成，必生乎無形，由乎無名。無形無名者，萬物之宗也。」所以義理是無形的，以取義說結合易學與玄學。王弼易學中的玄學觀有：

（一）、自然無為

王弼注臨卦六五爻「知臨大君之宜」云：「物以能而不犯焉，則聰明者竭其視聽，知力者盡其謀能，不為而成，不行而至矣。大君之宜如此而已。」又注坤卦六二爻辭：「直方大，不習，无不利。」云「居中得正，極于地質，任其自然而物自生，不假修營，而功自成，故不習焉而無不利。」又注釋損卦〈象〉文「損益盈虛，與時偕行」云：「自然之質，各定其分，短者不為不足，長者不為有餘，損益將何加焉，非道之

常，故必與時偕行也。」天道自然運作，反應漢末魏晉的人生觀與政治哲學，在歷經長年戰亂後，渴望生活安定的心聲。

（二）、乾坤用形

王弼認為天地萬物皆有剛健和柔順的德性，皆備乾坤兩卦之義理，所以乾坤非天地，亦非陰陽之氣，乃天地陰陽所以然之理。王弼注〈彖〉文「乾元」，說：「天也者，形之名也。健也者，用形者也。夫形也者，物之累也。有天之形，而能永保無虧，為物之首，統之者豈非至健哉！大明乎終始之道，故六位不失其時而成。」天為有形之物，形體是由剛健的德性所統帥。天道依靠至健的德性化生萬物，時乘六龍得以變化也是剛健之德所致。王弼注釋「坤元」：「地也者形之名也。坤也者用地者也。夫兩雄必爭，二主必為。有地之形，與剛健為偶，而能永保無疆，用之者不亦至順乎？」地依賴至順之德，生載萬物，「地道无成，而代有終也。」乾坤以無形之德統帥有形之天地，成為天地萬物存在和變化的基本規律。

（三）、動息則靜

王弼注釋復卦〈彖〉文：「復其見天地之心乎？」王弼注云：「復者反本之謂也。天地以本為心者也。凡動息則靜，靜非對動者也。語息則默，默非對語者也。然則天地雖大富有萬物，雷動風行，運化萬變，寂然至無，是其本矣。故動息地中，乃天地之心，見也。若其以有為心，則異類未獲具存矣。」天地萬物運動變化總有復歸於靜止，靜止不是來自於變

動，當復歸於虛靜時，即以無為心而相安無事。又其注《象》文：「先王以至日閉關，商旅不行，后不省方。」云：「冬至陰之復也。夏至陽之復也。故為復則至于寂然大靜，先王則天地而行者也。動復於靜，行復則止，事復則無事也。」此則源於《老子》「歸根曰靜」的想法。王弼《老子注》三十八章：「是以天地之廣，以無為心；聖王雖大，以虛為主。」故其政治觀以靜制動，以無為用，則莫不載也。

（四）、得意忘象

王弼詮釋〈繫辭傳〉「書不盡言，言不盡意」，「聖人立象以盡意，設卦以盡情偽，繫辭焉以盡其言」等言、象、意三者的關係。《略例・明象》云：「夫象者出意者也。言者明象者也。盡意莫若象，盡象莫若言。言生于象，故可尋言以觀象。象生于意，故可尋象以觀意。意以象盡，象以言著。」有卦義方有卦象，以利明其義理，而卦爻辭是存在於解釋卦象之上；因此「意以象盡，象以言著」。由尋象觀意則說：「故言者所以明象，得象而忘言。象者所以存意，得意而忘象。猶蹄者所以在兔，得兔而忘蹄；筌者所以在魚，得魚而忘筌也。然則言者象之蹄也，象者意之筌也。是故存言者，非得象者也。存象者，非得意者也。」將卦象存在心中，將執著於卦象，而無法轉化出卦義，所以必須忘言，忘象。王弼接著解釋：「象生于意而存象焉，則所存者乃非其象也。言生于象而存言焉，則所存者乃非其言也。然則忘象者乃得意者也，忘言者乃得象者也。得意在忘象，得象在忘言。故立象以盡意，而象可忘也。」本質藉現象表示自身的形式，探討本質不可受現象拘

泥，然而兩者割裂也是偏頗。

（五）、釋大衍義

〈繫辭注〉王弼云：「演天地之數，所賴者五十也。其用四十有九，則其一不用也。不用而用以之通，非數而數以之成，斯易之太極也。四十有九，數之極也。夫無不可以無明，必因于有。故常于有物之極而必明其所由之宗也。」王弼將筮法中的「一」或太極看成是世界的本原即「無」，把四十九根蓍草之數看成是「有」，有即天地萬物。然而「無不可以無明，必因于有」世界本原的無，是無法用「無」來說明的，必須憑藉有形有象的具體事物顯示其作用。因此在四十九數之上，在個體事物極限處，在個體事物窮盡之處，指明個體事物的由來，及其賴以生存的根據，就是不用的「一」與易學中的太極。從哲學史看，王弼通過對大衍之數的解釋，以太極為世界本原，進而將太極觀念玄學化，視其為虛無實體，否定《易緯》有神論，與太極為原初物質的觀點。因此，「一」是置於四十九之外，不參與揲蓍過程，乃居於天地萬物之上的實體。

附錄：六十四卦斷訣

乾為天　春吉。夏凶。秋平。冬吉。
1、天時：乾旱、秋則雨，又有晝晴夜雨之象。
2、家宅：居不安，移徙出國求財等不利。
3、己身：振作健行，進德脩業則吉。
4、婚姻：吉，女子貌美而端莊；須防中間小人作梗。
5、訴訟：朝和解有利。
6、盜賊：難尋，或遁隱於荒野山林。
7、失物：可望回復，宜往西南方或木石之間尋覓。
8、尋人：宜往西方，近旬則歸。
9、出門：獨行不利，宜夥伴同行。
10、行人：遲來，過旬可來。
11、買賣：買低賣高得利。
12、疾病：元氣虛弱，或為氣逆，成為浮腫，重病則凶。
13、希望：難有成就，進則悔，退無災，不可進退遲滯。
14、女子：得此卦，過於剛強妻占夫權宜謹慎謙虛。

坤為地　春吉。夏凶。秋平。冬凶。
1、天時：天雨。近辰巳之日可晴。
2、家宅：地勢吉順。
3、己身：逐漸通達，但為他人勞苦。
4、婚姻：吉，欲速則不達。
5、生產：平安，生男子，但上爻變時母凶。
6、仕宦：聲名顯達，官祿亨通。
7、訴訟：不利不動產爭訟，利於和解。
8、盜賊：行至西北，可捕獲。
9、失物：難尋，往西北方覓得。
10、出門：向西方行吉，不利東北。
11、行人：不來，等待音信回報。
12、買賣：讓利則吉。

13、疾病：重，速速求醫。
14、求事：不可急，急則反損財。
15、希望：成就宜緩，然有阻礙。

水雷屯　春吉。夏凶。秋吉。冬平。
1、天時：又有雷雨之兆。
2、家宅：修理吉，宜修理東北方。
3、己身：有福德，宜待時而動，適合草創。
4、婚姻：不合適，難有成就。
5、生產：可生男子。
6、仕宦：難成，無貴人。
7、求人：須再三求，有誠意然後可成。
8、訴訟：宜防女小人之害，和睦遲緩。
9、盜賊：利往西北方尋之可見。
10、失物：往草木茂盛之處尋找，過三日則難覓。
11、出門：往西北方有利。
12、家宅行人：來遲，尋人急尋則得；雖不遇，亦可知其居處。
13、買賣：無利不成。
14、疾病：防重症在身，三爻變則危。
15、希望：難成就，稍安勿躁。

山水蒙　春凶。夏平。秋不利。冬口舌。
1、天時：雨。
2、家宅：有山有水吉利，防噪音空汙。
3、己身：勞苦奔波。
4、婚姻：蒙昧難成。
5、生產：平安有福。
6、仕宦：進取而被錄用，吉。
7、求人：始不成，後有貴人出現而成。
8、訴訟：不可長，因他人之事而起。
9、盜賊：蒙昧難捕。

10、失物：在荒郊茅屋或園林墳墓等之中。
11、尋人：漂泊不定，難尋。
12、家宅出門：凶，損財，財不可露。
13、行人：遲來，途中有阻滯。
14、買賣：遲成無利。
15、疾病：下腹部循環系統，難治。
16、希望：始難成，後終成。

水天需　春自如。夏口舌。秋平。冬半吉。
1、天時：雨。間斷不止，六、七日後晴。
2、家宅：難以安居。
3、己身：吉時未至，暴躁急進則遇災。
4、婚姻：安靜難成，初爻或六四爻變則成。
5、生產：臨盆無礙。
6、仕宦：勞苦耗財而不成。
7、求人：有利，誠心有貴人。
8、盜賊：近北方熟悉之處，可捕得。
9、尋人：遠在天邊，近在眼前，不久可相遇。
10、出門：吉，貴人來遇有喜事。
11、行人：不來，雖來亦遲。
12、家宅買賣：有口舌，中人不利不成。
13、疾病：頭痛翻胃，或為酒毒。
14、希望：難有成就，心寬則緩。

天水訟　春凶。夏平。秋吉。冬凶。
1、天時：下雨將緩，不出三日可晴。
2、家宅：不安；雖欲遷居亦難成。
3、身體：不安，心煩諸事而憂患。
4、婚姻：凶。有口舌，非有貴人不成。
5、生產：可得男。
6、仕宦：極難成，阻礙多。

7、求人：為他人公益則成。

8、訴訟：宜止，尋求和解。

9、盜賊：隱於四方，官旺則可捕之。

10、失物：近求可得。

11、尋人：有口舌，不尋為妙，只可暗中打探。

12、家宅出門：不利，宜防同夥者之暗鬥。

13、行人：不來，無望。

14、買賣：可成，惟成即破敗。

15、疾病：雖治，有心腹疾痛。

16、希望：大抵難成，無則嘉勉。

地水師　春平。夏凶。秋凶。冬吉。

1、天時：晴偶有雲。

2、家宅：人口多，有得病之事。

3、己身：辛苦，夫婦有爭論之意。

4、婚姻：雖可成，然而後來則不吉，誠心經營。

5、生產：不安，生女；六五之爻動則母凶，上六動則子凶。

6、仕宦：需有貴人臨門一腳則吉。

7、求人：可以成功，雖有疑惑之事，以誠心解決。

8、訴訟：貴人吉，婦人凶。

9、盜賊：難以捕獲。

10、失物：難得回歸。

11、尋人：有小人阻隔，難遇。

12、家宅出門：宜低調獨行。

13、行人：可來。

14、買賣：成，可獲利。

15、疾病：有變症潛伏，凶。

16、希望：可成而遲緩。

水地比　春病。夏平。秋吉。冬大利。

1、天時：本雨者晴，本晴者雨。

2、家宅：孟母三遷，宜近貴人之居。
3、己身：先難後吉，萬事速則有利，遲疑則敗。
4、婚姻：可成可賀。
5、生產：安，春得女，秋得男，但二爻與四爻之變皆女。
6、仕宦：職務不高，積極進取則吉，退則無利。
7、求人：小事可成，大事需等待。
8、訴訟：宜和睦退讓。
9、盜賊：有二人以上，居東南，早尋可捕獲。
10、失物：在東北，雖可尋得若干，然已減少。
11、尋人：居寺院中，否則留連於婦人之所。
12、家宅出門：吉，宜近處。
13、行人：有信，暫不歸。
14、買賣：與人共之則得利。
15、疾病：胸腹有熱結之症，久則難治。
16、希望：成就遲緩。

風天小畜　春病。夏凶。秋口舌。冬吉。
1、天時：無風降雨，遇風則晴。
2、家宅：廣大，有二人同居之象，不可住女子，防口舌之禍。
3、己身：有受人防礙之象。
4、婚姻：可得再嫁之女，求復合可成。
5、生產：得男，秋冬占之則為女。
6、仕宦：遲成，五月或十月可成。
7、求事：可成，後有是非讒言，依賴女子則吉。
8、訴訟：凶，受女小人之害。
9、盜賊：居東北方陰暗之地，難捕。
10、失物：在東方，宜使女子尋之。
11、尋人：在荒郊野外。
12、家宅出門：不利，暫守家園待時。
13、行人：不來，來亦不留。
14、買賣：難成，少輸為贏。

15、疾病：小兒雖吉，大人凶。
16、希望：極難成就。

天澤履　春凶。夏平。秋凶。冬吉。
1、天時：晴帶青雲。
2、家宅：不安，留意風水。
3、己身：和平，子孫繁盛體健。
4、婚姻：難成，意志不足。
5、生產：得女；秋則得男，子利母不利。
6、仕宦：不成，無貴人。
7、求人：謀事，先難後成。
8、訴訟：吉，但損財。
9、盜賊：在西方，容易捕得。
10、失物：在外難尋覓。
11、尋人：難得回歸。
12、家宅出門：利遠行，不利近行。
13、行人：有信來。
14、買賣：難成勿強求。
15、疾病：危，注意頭胸，血液。
16、希望：遲成，勿等待。

地天泰　春吉。夏凶。秋凶。冬凶。
1、天時：降雨。
2、家宅：婦女不利，西南方趨吉避凶。
3、己身：心中多憂，有婦人之口舌。
4、婚姻：雖可成，然而後來難免離婚，須注意。
5、生產：安，生貴子。
6、仕宦：遇有貴人協助而可升進。
7、求人：望小得大。
8、訴訟：宜和睦，不利受裁判。
9、盜賊：有三四人，隱蔽東方近水處，難捕。

10、失物：向左右近處求之可得；此係自失，非被竊。
11、尋人：可求得：五爻變則其人不見，可聞音信。
12、出門：不可獨行，宜三人以上同行。
13、行人：不來勿奢望。
14、買賣：賣者利少，買者利多。
15、疾病：久病則凶。
16、希望：急則不成，稍安勿躁。

天地否　春吉。夏凶。秋平。冬吉。
1、天時：晴。
2、家宅：諸事不順，操煩累贅不絕，病痛不絕。
3、己身：目下諸事不利，後則吉，宜慎守，忌妄動。
4、婚姻：雖成，然有障礙，宜緩進。
5、生產：不安，初胎得女，再得男。
6、仕宦：不利，勿求。
7、求人：初難，求後則易。
8、訴訟：不利，有受冤罪之事，至冬則得利。
9、盜賊：有二人，居東方之山林或水邊。
10、失物：宜向東南方尋找。
11、尋人：向戌亥之方尋之可得。
12、出門：緩進有利，躁急有口舌。
13、行人：不來。
14、買賣：買有利，賣則不利，宜待時而賣。
15、疾病：為痞膈腹中之症，速求醫。
16、希望：先難後有成。

火天同人　春凶。夏吉。秋凶。冬吉。
1、天時：今日雨，明日放晴。
2、家宅：家和萬事興。
3、己身：目下有火焰升騰之象，同人，得朋友之扶助。
4、婚姻：成；惟不利年長之婦人貞定，不利於夫。

5、生產：安，產貴子。
6、仕宦：希望順遂。
7、求人：用群策群力可成。
8、訴訟：有同黨之私庇，不自愎和睦可望。
9、盜賊：早可捕得，久則無望。
10、失物：在西南，自家人取去，難尋。
11、尋人：可尋得同人。
12、出門：有伴相扶吉。
13、買賣：和氣生財。
14、疾病：寒熱往來，有身體疼痛之症難治。
15、希望：正事雖成，惟成頗遲。

火天大有　春吉。夏平。秋凶。冬吉。

1、天時：雨則化晴，晴則化雨。
2、家宅：有二人同居之象，利於成家。
3、己身：時運亨通，有福氣與健康。
4、婚姻：成，女子貌美而身矮。
5、生產：不安，勿奔波不利胎兒。
6、仕宦：得貴人提拔而顯達。
7、求人：初疑後成，意志成事。
8、訴訟：得公正之裁斷，初驚，終則吉。
9、盜賊：難捕，遠遁無迹。
10、失物：失而復得。
11、尋人：向東南方尋找。
12、出門：不急，稍緩數日，向西方行則有利。
13、行人：來，有佳音。
14、買賣：可成有劫財之兆，花錢買貴人。
15、疾病：乾有頭痛，離為眼目之疾，難癒。
16、希望：難成；關於財或文學諸事，有望。

地山謙　春平。夏吉。秋吉。冬吉。

1、天時：雨帶陰。
2、家宅：近於山麓，艮為山不利小兒。
3、己身：目下平順，逐漸步步高升之象。
4、婚姻：可成，有女子淫亂之象。
5、生產：安順可賀。
6、仕宦：難成無功。
7、求人：初不成，再懇求則成。
8、訴訟：宜和平，不宜紛爭，理在則順成。
9、盜賊：往近東南方，可捕得。
10、失物：宜向東南方林邊尋之。
11、尋人：自歸無事。
12、出門：雖有障礙而無礙，三人同行吉。
13、行人：大抵不至，雖至亦遲。
14、買賣：物價均平，薄利多銷，宜多待之。
15、疾病：為內鬱精神之徵候，難治。
16、希望：須待人之助，久而後成。

雷地豫　春平。夏吉。秋吉。冬凶。

1、天時：晴。
2、家宅：破損待修，防有變動。
3、己身：吉兆臨身。
4、婚姻：成，但女有傷夫之性，後將再嫁。
5、生產：不安，夏則得男。
6、仕宦：遲成暫緩。
7、求人：可成無利。
8、訴訟：大事化小，至為和睦。
9、盜賊：為女子，脫遁至西方，難獲。。
10、失物：難覓得，有心人取走。
11、出門：不可與體弱者同行。
12、行人：來，然有障礙利損。

13、買賣：物價騰貴，必有差價利得。
14、疾病：難治。
15、希望：穩定小成，堅持到底。

澤雷隨　春平。夏吉。秋凶。冬吉。
1、天時：春夏大雨而有雷，秋冬綿雨。
2、家宅：有怪異驚訝可尋。
3、己身：運氣平常，宜暫緩平靜，明年則宜遠行。
4、婚姻：可順理而成。
5、生產：平安得男，五爻變則母有災。
6、仕宦：宜待時緩求。
7、求人：謀事可成。
8、訴訟：有牢獄官非之災。
9、盜賊：隱遁東方之田野，或水邊之家。
10、失物：出於大意而遺失者，不在遠方，宜向近處探求。
11、尋人：可覓得平安。
12、出門：宜隨他人，亦可獨行。
13、行人：即至，隨來。
14、買賣：當下難成，來春則有利。
15、疾病：飲食難，有頭痛胸悶，難治。
16、希望：隨遇而安可成。

山風蠱　春平。夏吉。秋不利。冬凶。
1、天時：雨多晴少，變三爻則晴。
2、家宅：打理家務，方免大耗劫煞或亡神之災，破損之兆。
3、己身：雖有好運到，宜改頭換面，迎新送舊。
4、婚姻：凶，恐有男女蠱惑私情。
5、生產：小心異狀，三爻變則子母均凶。
6、仕宦：始不成，再求可成。
7、求人：難成，貴人不現。
8、訴訟：不受蠱惑，理不直勿訴訟。始勝，再負，終則可和。

9、盜賊：在東南，可捕得。
10、失物：可覓得，然而其物已壞，勿逐。
11、尋人：急尋可得，宜三人尋之。
12、出門：凶，有口舌。
13、行人：來，無利可圖。
14、買賣：蠱惑，貨物堆積損壞，宜急賣。
15、疾病：重，初始易治，但須防巫筮呪咀等患。
16、希望：難遂，凡事不可任性。

地澤臨　春平。夏凶。秋凶。冬吉。
1、天時：降雨，久而不止。
2、家宅：近澤水，家事旺盛，或與他姓同住。
3、己身：目下好運，女性主宰。
4、婚姻：成，防口舌是非。
5、生產：安，春夏得女，秋冬得男。
6、仕宦：可成有機運。
7、求人：事難成，稍安勿躁。
8、訴訟：非訟他人則害自己，和則有利。
9、盜賊：三四人，在東南山下，難捕。
10、失物：宜速尋，遲則難覓。
11、尋人：久則可遇。
12、出門：吉，無往不利。
13、行人：來，有朋自遠方來。
14、買賣：得利順成。
15、疾病：雖小而隱，治癒頗遲。
16、希望：可成有利。

風地觀　春平。夏凶。秋吉。冬凶。
1、天時：陰晴不定，有風不降雨。
2、家宅：近神社、佛閣、廟宇等處則吉。
3、己身：有文才藝能者吉，出外有利，家居無利。

4、婚姻：觀念有爭執，難成。
5、生產：安，初胎為女，再胎為男。
6、仕宦：其志可遂，貴人提攜。
7、求人：依賴高位之人或佛道中人有利。
8、訴訟：得理讓利，終可和睦。
9、盜賊：在廟宇中，急尋可得。
10、失物：應向西南方尋之。
11、尋人：應向西方求之。
12、出門：一人則凶，與眾人一同遠行則吉。
13、行人：不來勿求。
14、買賣：雖成無利。
15、疾病：隱疾難治。
16、希望：極難成就，勿奢求。

火雷噬嗑　春凶。夏吉。秋吉。冬吉。
1、天時：春夏有雷鳴而降雨。
2、家宅：有火雷之患，應加以防範。
3、己身：好運可發，有聲名上揚之兆。
4、婚姻：可成，有口舌。
5、生產：秋冬得男，春夏得女。
6、仕宦：可小成。
7、求人：宜二人求之；始不成，後則成。
8、訴訟：可得公平之判決，直言不諱。
9、盜賊：可向街市捕得，遁隱於市。
10、失物：被人取去，宜兩人向東南尋之。
11、尋人：可得勿急燥。
12、出門：吉，勿觸法。
13、行人：來，留不久。
14、買賣：成，非公無利。
15、疾病：有鬱熱之症，發狂之患，其兆凶。
16、希望：極難成，若有利欲則將受訟。

山火賁　春平。夏凶。秋吉。冬平。

1、天時：降雨。

2、己身：有阻礙，不如意之事多，宜遷居。

3、婚姻：雖可成，然而後分離。

4、生產：不安，慎養胎。

5、仕宦：久而後成。

6、求事：宜速，不可緩。

7、訴訟：初有喜而後有憂，終可和。

8、盜賊：居東北方人家，可捕得；四爻變則難尋。

9、失物：在水道，水口，可尋得。

10、尋人：可遇不可求。

11、出門：有利，低調而行。

12、行人：來，有利益。

13、買賣：成而有小言。

14、疾病：病危速速醫治。

15、希望：甚為難成。

山地剝　春吉旺。夏平。秋凶。冬不利。

1、天時：降雨無氣。

2、家宅：宜借他宅，不宜居自己之宅。

3、己身：運氣不佳。外表亮麗，內則虛有。

4、婚姻：凶，五爻陰盛若成，則為剋夫之女。

5、生產：第三胎，不足月而生，或為產時受驚。

6、仕宦：始困難而後有成。

7、求事：遠難成，近則可成。

8、訴訟：先失財，後和解，拿錢買貴人。

9、盜賊：向西南方去，逃之夭夭。

10、失物：難尋勿追。

11、尋人：難得不歸。

12、出門：宜有人同行相應。

13、行人：來有利。

14、買賣：成；資本厚，有聚財之利。
15、疾病：大凶速醫治。
16、希望：求財之類可十成七、八，不免因阻礙而有反覆。

地雷復　春口舌。夏凶。秋吉。冬吉。

1、天時：忽雨忽晴。
2、家宅：為家內不和，春雷一響，氣勢可移轉。
3、己身：好運將至，慎觀局勢則有利。
4、婚姻：成，又有破壞之兆。
5、生產：得男，三四爻變則母凶。
6、仕宦：難成勿追逐。
7、求事：可成莫追高。
8、訴訟：可勝無益。
9、盜賊：雷聲不定，或西、或東，居處無定，難捕。
10、失物：宜向東方尋之。
11、尋人：不藉他人而自求之，則可得。
12、出門：北方吉；然行至中途，則宜轉向西南。
13、行人：來而有利。
14、買賣：難成，成亦有爭。
15、疾病：今雖危篤，逐漸癒合。
16、希望：可成事緩則圓。

天雷無妄　春吉。夏平。秋凶。冬吉。

1、天時：晴，初爻動則雨，二爻動則風。
2、家宅：旺盛，為人口繁衍之兆。
3、己身：時運旺，貨財多，為妻所剋，難免疾病。
4、婚姻：可成，妻掌權。
5、生產：得男，得女子則母有災。
6、仕宦：依賴貴人則事成，不可自求。
7、求事：春夏成，秋冬不成，慎防女小人阻礙。
8、訴訟：凶，宜和睦讓利。

9、盜賊：匿西南廟宇神壇中，可捕得。
10、失物：靠可以尋得，不可問女子。
11、尋人：自己尋之則不利。
12、出門：不必疑慮，有利則往。
13、行人：來無咎。
14、買賣：久則成，可以多得利益。
15、疾病：先危後安，男子吉，婦女凶。
16、希望：時機未至，急躁無成。

山天大畜　春吉。夏凶。秋凶。冬平。
1、天時：降雨，久而不晴。
2、家宅：近山有利，為家事隆盛之兆。
3、己身：時運不佳，二年之後，運至福來，無往不利。
4、婚姻：凶，今雖可成，後將分離。
5、生產：雖得男，然而結果凶。
6、仕宦：至三十歲之後，可為國家之用。
7、求事：不宜速，宜遲，事緩則圓。
8、訴訟：始喜而繼憂，終則和。
9、盜賊：在東北方，熟悉之人；四爻動則難捕。
10、失物：難尋，久則可在東北水邊得之，失物在家內。
11、尋人：可得；四爻動則難尋。
12、出門：緩行則吉。
13、行人：不來勿待。
14、買賣：近則數月，遠則三年，可得大利。
15、疾病：兩爻土多不便利，腹滿阻塞。
16、希望：性急則誤，放空則利。

山雷頤　春凶。夏平。秋吉。冬利。
1、天時：陰。
2、家宅：宅在山上，有地盤震動之患，慎防雷電火災。
3、己身：貨財多，有聲名騰達之意，但妻緣薄。

4、婚姻：凶，夫妻互相剋制。
5、生產：得男，夏秋則為女，母有病。
6、仕宦：不遂；堅持到後則吉。
7、求事：初不成，後可成。
8、訴訟：可大事化小，依賴他人則凶。
9、盜賊：在東北，可捕得。
10、失物：混雜於他物之中，初雖不見，後則現。
11、尋人：不久可相逢有緣。
12、行人：不來。
13、買賣：守舊吉，為新事則無利。
14、疾病：凶，有不能進食之意，四爻變則難治。
15、希望：急則難成。

澤風大過　春吉。夏平。秋凶。冬平。
1、天時：久陰久雨。
2、家宅：利與他人同住，小人之交甜如蜜。
3、己身：貧窮而與妻不和，或兩妻。
4、婚姻：不利；配偶之間，老少不均。
5、生產：得女。
6、仕宦：不利，宜隱遁幽居。
7、求事：低調可成。
8、訴訟：有事理妨礙。
9、盜賊：隱於西方，可捕獲。
10、失物：墜於水中，難得。
11、尋人：難得，音信可得，尋之可得。
12、出門：吉。
13、行人：不來。
14、買賣：難成，成亦無利。
15、疾病：雖重，逐漸治癒。
16、希望：難成莫求。

坎為水 春吉。夏凶。秋凶。冬吉。
1、天時：久降雨而不晴。
2、家宅：遷居於江河之邊，卦象營造興作。
3、己身：一家分為二，又有異動之象。
4、婚姻：成，有親上加親之象。
5、生產：安，得男，產後虛驚平安。
6、仕宦：難成無就。
7、謀事：始無功，後可成。
8、訴訟：終吉。
9、盜賊：在近江河之處，又隱於山林。
10、失物：宜向水邊尋之，急尋可得，遲有變。
11、尋人：宜向南方。
12、出門：不宜，有死亡之恐，坎水為險。
13、行人：遠方悅來，近處不來。
14、買賣：得利出脫。
15、疾病：危篤，難治，帶疾脫病。
16、希望：有阻隔，急則難成。

離為火 春凶。夏吉。秋疾病。冬不利。
1、天時：降雨，或久陰。
2、家宅：有盜賊、火災之虞，不安寧。
3、己身：始不佳，後吉，妻掌權。
4、婚姻：難成，縱成亦有凶，必有繼妻。
5、生產：難，或將生變有災。
6、仕宦：進而求之，繼續可成。
7、求事：有阻隔，難成。
8、訴訟：爭動則凶，不虞人侵己，而己侵人則凶敗。
9、盜賊：由北方移至南方，善用外力，則可捕得。
10、失物：速問女子，可以覓得，遲則不得。
11、尋人：不得下文。
12、出行：不利西北，利東南。

13、行人：不來莫寄望。

14、買賣：成，遲而有利，獲利不多。

15、疾病：為熱症；男子可治，婦人難治。

16、希望：難成，寬緩對待。

澤山咸　春吉。夏平。秋凶。冬平。

1、天時：降雨。

2、家宅：成家添人口，感情融洽。

3、己身：萬事如意吉祥，恐有色情迷戀。

4、婚姻：有良緣可期待。

5、生產：生男。

6、仕宦：得志順遂。

7、求事：速則敗，遲可成。

8、訴訟：宜和，不宜訟，恐有枷鎖之虞。

9、盜賊：深山水泊難捉摸。

10、失物：在坑中或水邊尋找可得。

11、尋人：不利無望。

12、出門：有阻礙。

13、行人：在路平穩。

14、買賣：如意得利。

15、疾病：緩慢可治。

16、希望：遂其心意。

雷風恒　春吉。夏凶。秋失財。冬平。

1、天時：晴。

2、家宅：不宜新造，而宜守舊守恒。

3、己身：不安，親朋背離，得妻內助。

4、婚姻：吉祥如意，百年好合。

5、生產：得男，母有難。

6、仕宦：持之以恒可成。

7、求事：小利，望大則得小，小則得大，間有阻隔亦不為害。

8、訴訟：雖有驚恐，然而無害，不利西南方。

9、盜賊：三日之內不得，則三年之後可知其住處。

10、失物：在西南，難尋。

11、尋人：不急，尋時難得，速尋則得，宜有人同行。

12、出門：有口舌，宜循道而行，以防盜賊之害。

13、行人：既來之，則安之。

14、買賣：成，不可改換地方與買賣慣例。

15、疾病：不安心煩。

16、希望：難成無利可圖。

天山遯　春吉。夏凶。秋平。冬凶。

1、天時：雨。

2、家宅：門路不正，諸事不利，疾病多，遷徙為宜。

3、己身：不佳，萬事難成就。

4、婚姻：不成，強求則凶。

5、生產：有障礙不順。

6、仕宦：雖難成，然得樞要之地。

7、求事：終吉。

8、訴訟：終吉，和解有利。

9、盜賊：向遠方去，隱於東北山下。

10、失物：難得。

11、尋人：難遇。

12、出門：有災不宜遠地。

13、行人：不來莫奢望。

14、買賣：無利可圖。

15、疾病：為虛構之症，遁宜遷徙。

16、希望：難成，趁早打消。

雷天大壯　春凶。夏平。秋平。冬吉。

1、天時：降雨。

2、家宅：地盤不穩，地陷或滲水，天雷有火災之患，宜遷徙。

3、己身：運勢有利，前亨通，後止息。
4、婚姻：凶，暫不宜。
5、生產：得男，但有母難。
6、仕宦：先難而後易。
7、求事：難成；但初爻與五爻之動則可進取。
8、訴訟：有驚險，宜和解。
9、盜賊：宜慎防警備。
10、失物：難得，莫追。
11、尋人：可得，有動爻則難尋。
12、出門：不利，不可信小人之言，防途中失脫。
13、行人：不來。
14、買賣：難成，強求無利。
15、疾病：足疾多，大抵凶。
16、希望：不順遂。

火地晉　春吉。夏平。秋凶。冬吉。
1、天時：晴，二爻動則降雨。
2、家宅：門破不正，改門為宜。
3、己身：好運新來，百事晉吉。
4、婚姻：喜有成。
5、生產：得男吉。
6、仕宦：依賴知己，可以遂望，九四爻變則破局。
7、訴訟：久而得理，冤屈得洗。
8、盜賊：可向東南墓地之近邊求之。
9、失物：持向北方，難得。
10、尋人：可向未申之山林中求之。
11、出門：二人宜向東南行。
12、行人：近者來，遠者則遲滯。
13、買賣：與東南之人交易，可成。
14、希望：可成而無利。

地火明夷　春平。夏凶。秋凶。冬吉。

1、天時：降雨。
2、家宅：門前有小路，宅凶而憂慮多，或父子分居則尚可。
3、己身：有大難，宜晦藏。
4、婚姻：雖成，口舌干擾，非正娶。
5、生產：得女，母有產難。
6、仕宦：地火功名不顯為宜，顯則必有災害，忌初爻之變。
7、求事：難成，有阻礙。
8、訴訟：凶，有訟獄之虞。
9、盜賊：在近處，久可捕得。
10、失物：難得回歸。
11、出門：凶，明夷宜止。
12、行人：不來則吉。
13、買賣：難成無利。
14、疾病：危，只宜靜養。
15、希望：難成無望。

風火家人　春吉。夏凶。秋平。冬凶。

1、天時：降雨。
2、家宅：宜防火災。
3、己身：時運全盛，善邪由人，宜慎言行，依妻得利。
4、婚姻：成，有貴人之媒介。
5、生產：得男，冬則為女，五爻變則有難。
6、仕宦：雖成，不可信他人虛妄之言。
7、求事：雖成而難遂。
8、訴訟：雖有婦女之妨礙，然無害終吉。
9、盜賊：居西北隅，勿追。
10、失物：在南方，難得。
11、尋人：不久可歸，二五爻動則不歸。
12、出門：須待三四日之後。
13、行人：不來勿求。

14、買賣：成有小利。
15、疾病：難治緩癒。
16、希望：遲成勿急。

火澤睽 春吉。夏平。秋平。冬凶。

1、天時：降雨。
2、家宅：異性之人同住，家內不和，有壞垣破壁之象宜遷徙。
3、己身：目下運氣顛倒，宜待時而成事。
4、婚姻：成有口舌，女子將再婚。
5、生產：得男，有難。
6、仕宦：難成，睽違而分。
7、求事：有阻隔，難成。
8、訴訟：始有小言，終可和。
9、盜賊：應待再來而捕之，急則不吉。
10、失物：難得，但可向西北尋之。
11、尋人：難尋覓。
12、出門：有利可往。
13、行人：不來勿求。
14、買賣：不可急躁，久必後成，有重利。
15、疾病：重，治癒遲。
16、希望：難成緩求。

水山蹇 春凶。夏自如。秋吉。冬疾病。

1、天時：降雨時陰。
2、家宅：有被山水淹壞之憂。
3、己身：氣運艱難之時，蹇困後勉強出險。
4、婚姻：不成，成亦有口舌。
5、生產：先驚險後吉。
6、仕宦：先難，後成。
7、謀事：遲成緩則圓。
8、訴訟：宜停止，出訟庭則凶。

9、盜賊：在東北山下，宜早尋。
10、失物：宜向東北水邊尋之。
11、尋人：難得無訊息。
12、出門：有破財之事，遲出有利。
13、行人：不來。
14、買賣：隔而不成，蹇則無利。
15、疾病：急則難治，或有足疾。
16、希望：先難後成。

雷水解　春平。夏吉。秋凶。冬不利。
1、天時：長久降雨，又有風雷交加。
2、家宅：不利，有水火之患。
3、己身：可免災難，為振作之時。
4、婚姻：難成，成後亦凶。
5、生產：得男。
6、仕宦：三爻五爻動則成。
7、謀事：有阻隔而不成。
8、訴訟：長久，三爻、五爻動則可無事。
9、盜賊：窮寇莫追。
10、失物：財去人安樂。
11、尋人：難得音訊。
12、出門：凶有解難。
13、行人：不來。
14、買賣：始難終可成。
15、疾病：危險可痊癒。
16、希望：處事有利，遲則不成。

山澤損　春平。夏吉。秋吉。冬平。
1、天時：降雨。
2、家宅：有盜賊之損，宜注意不怠。
3、己身：目下性情不定，苦於六親之累贅而勞苦。

4、婚姻：成於貴人。
5、生產：難而損。
6、仕宦：先難後成。
7、謀事：雖成，然損財。
8、訴訟：雖損他人，然而己可得利。
9、盜賊：宜向東北方尋之。
10、失物：難得回復。
11、尋人：可得消息。
12、出門：不利有損財物。
13、行人：不來。
14、買賣：積極進行數次可成。
15、疾病：可治勿虞。
16、希望：極難成就。

風雷益　春凶。夏吉。秋大吉。冬平。
1、天時：陰。
2、家宅：多破損之處宜修理，又當慎防火災。
3、己身：運氣尚佳，尚需外力助益。
4、婚姻：男女互補而吉。
5、生產：平安。
6、仕宦：不吉。
7、謀事：不成。
8、訴訟：宜自己反省。
9、盜賊：難捕莫追。
10、失物：可以尋回。
11、尋人：難遇無音訊。
12、出行：急則有災，獨行則諸事不成。
13、行人：來遲勿急躁。
14、買賣：成而有利。
15、疾病：凶，緩慢癒合。
16、希望：難成。

澤天夬　春平。夏吉。秋福德。冬凶。
1、天時：陰，時有雨。
2、家宅：有水災，居住不安。
3、己身：氣運強盛，宜散財，不宜聚財。
4、婚姻：凶，快斷絕。
5、生產：得男吉慶。
6、仕宦：不成，有小人。
7、求事：始不成，堅決後可成。
8、盜賊：已向西方去，難以覓得，莫尋覓。
9、失物：向西北方尋之可得。
10、尋人：難遇無音訊。
11、出門：出則失財。
12、行人：不來亦吉。
13、買賣：難成無利。
14、疾病：凶，速速求醫。
15、希望：有妨礙，難遂。

天風姤　春不利。夏疾病。秋吉。冬半凶。
1、天時：陰有風，濛雨。
2、家宅：不吉，女命不宜習慣性外出。
3、己身：小事吉，大事則不利男子。
4、婚姻：雖成然不和。
5、生產：平安。
6、仕宦：雖成而無祿位。
7、謀事：依賴女子則可成。
8、訴訟：為時頗長。
9、盜賊：在西南方，可以捕得。
10、失物：難得，依賴女子則可得。
11、尋人：居南方親戚家中。
12、出門：向北方行則吉，被女人邂姤所留則不利。
13、疾病：循環系統有憂虞。

14、希望：太大則有禍，平安是福。

澤地萃　春吉。夏口舌。秋平。冬平。
1、天時：久不降雨。
2、家宅：宜防水災。
3、己身：平穩，有邑人不戒之利。
4、婚姻：親和可成。
5、生產：得女吉。
6、仕宦：遲成勿急躁。
7、謀事：與尚武掌權者共求則吉。
8、訴訟：終吉，宜和解。
9、盜賊：在東方，共有三人，可捕得。
10、失物：在西南方，難得。
11、尋人：向西南方尋之可遇。
12、出行：凶，有口舌小人。
13、行人：來而同悅。
14、買賣：成有利，小有言。
15、疾病：難治，勤於休養。
16、希望：小成無大利。

地風升　春吉。夏吉。秋平。冬平。
1、天時：降雨，可以早晴。
2、家宅：初小而後大，一家和樂。
3、己身：運氣升騰，漸入佳境，。
4、婚姻：可成，順水推舟。
5、生產：得女平安。
6、仕宦：中庸職位可成。
7、謀事：遲成，待時而動。
8、訴訟：理直終吉。
9、盜賊：在西南，急則可捕，不宜遲緩。
10、失物：在西南方，難覓。

11、尋人：可向西北尋之。
12、出門：宜往北方，進則吉，退則不吉。
13、行人：速來。
14、買賣：謙柔有利。
15、疾病：危而緩癒。
16、希望：成，凡事不宜速。

澤水困　春吉。夏凶。秋平。冬凶。

1、天時：將有大雨。
2、家宅：庭中有枯井，妻子有災。
3、己身：運氣不佳，宜安分等待時機。
4、婚姻：雖可成，然而後來則男禍女寡。
5、生產：四爻變則得女。
6、仕宦：難成，名成則身危，身存則名歸。
7、謀事：先難，堅持而後有成。
8、訴訟：終凶受困。
9、盜賊：隱於東南或臨水泊之地，可捕得。
10、失物：難尋，財去人安樂。
11、尋人：可遇不可留。
12、出門：利西北，不利東南。
13、買賣：不成而耗費精神。
14、疾病：危，下腹循環系統。
15、希望：難成勿求。

水風井　春凶。夏災。秋吉。冬有利。

1、天時：降雨，久不能晴。
2、家宅：近水而居則不安。
3、己身：宜安分守己，否則有損無益。
4、婚姻：半吉，鄰里尚可。
5、生產：不安，避免奔波流徙。
6、仕宦：不吉。

7、謀事：始難成，後可成。
8、訴訟：長久，有田產之爭。
9、盜賊：難捕無蹤跡。
10、失物：可回歸復得。
11、尋人：失散難得。
12、出門：吉，有貴人。
13、行人：歸來相依。
14、買賣：難成，成則有大利。
15、疾病：重治，癒遲，慎於休養。
16、希望：難成莫求。

澤火革　春凶。夏平。秋凶。冬吉。
1、天時：降雨則晴，晴則降雨。
2、家宅：火上有水，應防火災。
3、己身：運氣有水火反常之事，貨財被革出。
4、婚姻：可成，但妻權獨大，又有出妻改娶之象。
5、生產：平安可喜。
6、仕宦：難成，無官緣。
7、謀事：可順理而成。
8、訴訟：無中生有，災由外來，改革訟詞則有轉機。
9、盜賊：匿丑寅之方，可捕得。
10、失物：難覓，革去換新。
11、尋人：可重逢。
12、出門：宜二人同行。
13、行人：革去，難來相遇。
14、買賣：成而有利，必須改弦易轍。
15、疾病：難治，換醫師。
16、希望：初難，後成終吉。

火風鼎　春口舌。夏凶。秋凶。冬吉。
1、天時：降雨之後吹風。

2、家宅：火風，宜防火災或氣勢旺而損財。

3、己身：運氣旺盛，事業成功。

4、婚姻：雖成，然有口舌。

5、生產：不安鼎沸之象。

6、仕宦：先有阻礙，後可成。

7、訴訟：氣盛難止，宜和解，否則訟終凶。

8、盜賊：在東北方，阻礙難捉。

9、失物：在東北方，無跡難尋。

10、出門：宜三人同行，二人同行則失財。

11、尋人：居北方，無音訊難尋

12、行人：同氣相聚。

13、買賣：成，可得自然之利。

14、疾病：危，肝火之病。

15、希望：極難成就。

震為雷　春旺。夏平。秋平。冬半吉。

1、天時：春夏雷雨，秋冬驟雨。

2、家宅：有驚，應防災，宜遷徙。

3、己身：幸運來時凡事宜振作，先難後易。

4、婚姻：西北成，東北不成，女子醜。

5、生產：得男，有驚。

6、仕宦：秋冬不成，宜春雷夏雨。

7、謀事：難，自省振作。

8、訴訟：宜和解，否則有大害。

9、盜賊：在西南方，可以捕得。

10、失物：可向東西方尋得。

11、尋人：中途可遇。

12、出門：南方吉，東方凶。

13、行人：有信捎來。

14、買賣：成交有利。

15、疾病：先危後吉。

16、希望：有障礙，難成。

艮為山　春凶。夏吉。秋凶。冬吉。
1、天時：降雨止，有大風而可晴。
2、家宅：艮止，男女均相背，為不寧和之兆。
3、己身：宜退守，宜止住，不宜妄動。
4、婚姻：當下立成。
5、生產：生男有喜。
6、仕宦：遲成進途無路。
7、謀事：成於原位，貪功必敗。
8、訴訟：宜道理正直，始有利益。
9、盜賊：在未申方，離不遠。
10、失物：在原處可得，自己失誤。
11、尋人：在西南方。
12、出門：艮止，難行，推而行則凶，止而省則吉。
13、行人：艮止不來。
14、買賣：成，不可貪意外之財，止於慾望。
15、疾病：難治，病魔不止。
16、希望：不成。

風山漸　春吉。夏吉。秋吉。冬不利。
1、天時：降雨有風。
2、家宅：平安，注意家風、家聲。
3、己身：自己運氣雖有，在柔不在剛，逢春漸發。
4、婚姻：諧和可成。
5、生產：平安，秋得男，春夏得女。
6、仕宦：漸成官祿之象。
7、謀事：遲成緩進。
8、盜賊：其去不遠，追尋可以捕得。
9、失物：難得莫尋。
10、出門：不利南方，東方吉。

11、行人：徐緩而來。
12、買賣：漸可得利，速則無。
13、疾病：凶，慢慢調理。
14、希望：求財之類有阻礙，理想漸成。

雷澤歸妹　春凶。夏吉。秋凶。冬吉。
1、天時：降雨有雷。
2、家宅：不能長保，女人當家則吉。
3、己身：一時雖發動，然而不久即衰。
4、婚姻：雖成，難相依偕老。
5、生產：得女，得男則母子均凶。
6、仕宦：求小得大，化為泡沫。
7、謀事：婦人之見可以參考。
8、訴訟：宜和解，忌女性訴訟。
9、盜賊：在東南方，難捕。
10、失物：可以覓得，必有短少。
11、尋人：婦人難尋，小人勿尋。
12、出門：不可與女了同行。
13、行人：女性則來，男性遲緩。
14、買賣：不成無利。
15、疾病：凶，婦女病。
16、希望：有妨礙。

雷火豐　春吉。夏平。秋凶。冬平。
1、天時：降雨，春有雷，將有大水。
2、家宅：財氣頗豐，在山岳間，水澤間則破散。
3、己身：運氣旺盛，惟居豐不忘歉收，順逆相保無咎。
4、婚姻：個性不利婚事。
5、生產：不吉，暫緩為宜。
6、仕宦：可成，祿名顯達之象。
7、謀事：初難成，後有成。

8、訴訟：先吉後凶，大小之事均不宜。
9、盜賊：可得。
10、失物：在東方，可以尋得。
11、尋人：迷濛難見。
12、出門：宜緩進不宜躁急。
13、行人：不來勿追。
14、買賣：可成豐盛之象。
15、疾病：重，血液肝膽憂虞。
16、希望：暴進暴失，有成亦遲。

火山旅　春半吉。夏失財。秋凶。冬不利。
1、天時：降雨。
2、家宅：旅外有小屋，宜防火災。
3、己身：氣運未盛，若有災害，應自己解脫。
4、婚姻：女子無父母，不利夫家。
5、生產：得女平安。
6、仕宦：宜商不宜仕宦，求財不求官。
7、謀事：不依賴人，自求則成。
8、訴訟：宜和睦，不睦則有災。
9、盜賊：難捕。
10、失物：往遠處尋之可得。
11、出行：不利，僅經商可期。
12、行人：旅人歸來。
13、買賣：可得利益。
14、疾病：凶，注意心臟血液。
15、希望：小事成，大事難成。

巽為風　春平。夏吉。秋凶。冬吉。
1、天時：有風綿連。
2、家宅：宜近寺廟、僧院、道庵，二人同住為宜。
3、己身：運氣順遂，謙柔有禮，諸事平安。

4、婚姻：先難後易，水到渠成。
5、生產：秋夏得男，五爻變則難產。
6、仕宦：先難後安，祿位小成。
7、謀事：宜急求，勿怠慢。
8、訴訟：可以和解為宜。
9、盜賊：隱於西北方廟宇、僧院中，可以捕得。
10、失物：難於回歸。
11、尋人：可遇。
12、出門：宜二人同行，不宜往西北方。
13、行人：不來相會。
14、買賣：成，利市三倍。
15、疾病：危，筋骨之患。
16、希望：半吉退有利。

兌為澤　春吉。夏凶。秋吉。冬疾病。
1、天時：降雨綿延。
2、家宅：宜防女禍口舌，小有言，有憂無喜。
3、己身：運氣平穩，但防有病，注意劫財。
4、婚姻：有口舌，暫緩為宜。
5、生產：平安可喜。
6、仕宦：可成，宜依賴貴人外緣。
7、謀事：喜悅謙求可成。
8、訴訟：卑柔可和解。
9、盜賊：難捉，隱於東北方。
10、失物：難尋，徒增煩惱。
11、尋人：可得，喜悅相見。
12、出門：先有損失，後有喜慶。
13、行人：喜悅歸來。
14、買賣：有中人搓合，則可成。
15、疾病：重而危，毀折之象。
16、希望：多而難成。

風水渙 春平。夏吉。秋不利。冬吉。

1、天時：降雨有風。
2、家宅：前有阻礙，門風渙散，人不安寧。
3、己身：運氣雖亨通，宜防變渙動亂，胸無主張。
4、婚姻：三心兩意不成。
5、生產：春夏得男，秋冬得女。
6、仕宦：先難後成，緩慢中有利。
7、謀事：先成後敗，莫急躁渙散意志。
8、訴訟：可緩不可急。
9、盜賊：難捕，渙散逃之夭夭。
10、失物：患得患失無利。
11、尋人：在南方，可以覓得。
12、出門：不宜遠行，漫無目的。
13、行人：不來有阻。
14、買賣：難成財不聚。
15、疾病：凶，無症候。
16、希望：緩議可成。

水澤節 春吉。夏吉。秋凶。冬凶。

1、天時：降雨難歇。
2、家宅：吉，宜節制奢靡，防竊盜內賊。
3、己身：節，運氣未盛，宜待時。
4、婚姻：成，兩人同心結成良緣。
5、生產：平安得女。
6、仕宦：不成無外緣。
7、訴訟：節制無禮，可以和解。
8、謀事：再三堅持而後成。
9、盜賊：在西北方。
10、失物：難尋莫追。
11、尋人：急尋可遇。
12、出門：利西北，不宜急行。

13、行人：路途不順。
14、買賣：雙方節制，難成無利。
15、疾病：凶，心胸不開朗，憂鬱。
16、希望：難成，節而有成。

風澤中孚　春平。夏平。秋吉。冬吉。
1、天時：有風大於雨。
2、家宅：雖可久保，然有隱憂禍患。
3、己身：初盛後衰，宜防風波口舌之難。
4、婚姻：雖成而凶，注意口舌爭訟。
5、生產：平安，得女。
6、仕宦：可成有貴人提攜。
7、訴訟：急則有利，遲則有礙，宜理直氣不壯。
8、盜賊：在東方可捕得。
9、失物：難得，財去人安樂。
10、尋人：難遇無音訊。
11、出門：同聲相應吉。
12、行人：歸來相聚。
13、買賣：難成無利。
14、疾病：多凶可痊癒。
15、希望：可成好看無利。

雷山小過　春吉。夏吉。秋凶。冬平。
1、天時：降雨春有雷。
2、家宅：戶主有兩人，各自為政，無利。
3、己身：病難防，過猶不及。
4、婚姻：難成個性不合。
5、生產：有難，時機未熟。
6、仕宦：難遂無成。
7、謀事：可成無利可圖。
8、訴訟：宜和解，遭受責過。

9、盜賊：難捕莫追。
10、失物：難得，大意失荊州。
11、尋人：與他人同行，尋之可得。
12、出門：凶，路途阻礙。
13、行人：遲遲不歸。
14、買賣：難成，欠臨門一腳。
15、疾病：可以逐漸治癒。
16、希望：難成勿盼望。

水火既濟　春平。夏凶。秋平。冬吉。

1、天時：降雨調和。
2、家宅：不安，有幽昧之事。
3、己身：氣運全盛，盛極必衰，亢龍有悔，須防後患。
4、婚姻：急則凶，遲則吉，緩則圓。
5、生產：春夏得女，秋冬得男，平安喜慶。
6、仕宦：先有辛勞阻患，終則有顯職祿位。
7、謀事：堅持善行可得。
8、訴訟：後可和解，莫陷於水火之辯。
9、盜賊：遠在天邊，近在眼前，可捕得。
10、失物：難得莫追。
11、尋人：可得音訊。
12、出門：宜與人同往東北方，不宜獨行。
13、行人：來歸相聚。
14、買賣：賴貴人成交有利。
15、疾病：凶，富貴病。
16、希望：難成緩議。

火水未濟　春平。夏平。秋安。冬吉。

1、天時：降雨，晴後有乾旱之兆。
2、家宅：宜改易方向、門向。
3、己身：火水未濟，運途顛倒之時，諸事宜慎。